Heinisch · Fußballkatastrophen

„Von einem auf den anderen Tag waren sie nicht mehr da."
(Letícia Padilha, Witwe des Chapecoense-Torhüters Danilo Padilha, 2017)

Jörg Heinisch

Fußball-katastrophen

Tragödien, Schicksale und skandalöse Verschleierungen

Arete Verlag Hildesheim

Der Autor:
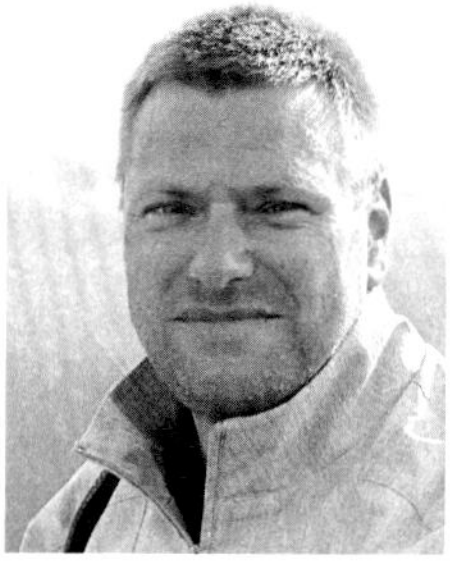
Jörg Heinisch, Jahrgang 1970, lebt in Flörsheim am Main, arbeitet für den Frankfurter Flughafenbetreiber Fraport AG und verhandelt mit Fluggesellschaften über die Bodenabfertigung ihrer Flugzeuge. Von ihm stammt die erste deutschsprachige Literatur zum Thema Groundhopping, aus der sich die dreibändige Reihe „Abenteuer Groundhopping“ ergeben hat. 2002 filmte er die Reise von Carlo Farsang und sich selbst im Zug zur Fußballweltmeisterschaft nach Südkorea. 2006 reisten beide für Filmaufnahmen nach Argentinien, um die dortige fanatische Stimmung zu dokumentieren – es entstand der im gleichen Jahr veröffentlichte und im Folgejahr mit anderen Dokumentationen auf DVD herausgegebene Film „Fútbol fanático“. 2022 veröffentlichten Farsang und er den Bildband „Fútbol fanático – Der Bildband. Fußballatmosphäre in Südamerika“, der die Stadionstimmung in allen Ländern Südamerikas dokumentiert. Über die Jahre schrieb Heinisch zudem einige Bücher zur Historie von Eintracht Frankfurt bzw. zu deren Fanszene, darunter zuletzt anlässlich des Europa-League-Gewinns den Titel „Die Eintracht – La Bestia Blanca“ im Arete Verlag. Auch Hörbücher hat er veröffentlicht. Seit 1994 ist er Mitherausgeber der Frankfurter Fanzeitung „Fan geht vor“.

In Kooperation mit „Fan geht vor“, www.fan-geht-vor.de.

Bibliografische Information der Deutschen Nationalbibliothek
Die Deutsche Nationalbibliothek verzeichnet diese Publikation in der Deutschen Nationalbibliografie; detaillierte bibliografische Daten sind im Internet über http://dnb.d-nb.de abrufbar.

Fotos Umschlag: vorne: Trauer in der brasilianischen Stadt Chapeco, nachdem Ende November 2016 fast die gesamte Mannschaft des Klubs Chapecoense bei einem Flugzeugabsturz in Kolumbien ihre Leben verlor (dpa/picture alliance); hinten: Ein Polizist trägt im April 1989 einen Liverpool-Fan in den Innenraum des Hillsborough Stadions (imago/Colorsport)
Lektorat: Florian Paulus
Kartenaufbereitung: Jörg Heinisch
Layout, Satz, Umschlaggestaltung: Composizione Katrin Rampp, Kempten
Druck: Plump Druck & Medien GmbH, Rheinbreitbach
ISBN 978-3-96423-103-1

Inhalt

Anhang

Vorwort

Über die diversen Nachrichtensendungen in den Medien – Fernsehen, Radio, Online, Print – erreichen uns laufend die Katastrophen dieser Welt – in der Regel, ohne dass sie Auswirkungen auf uns selbst hätten, sieht man davon ab, dass sie uns betroffen zurücklassen. Haben die Unglücke mit Fußball zu tun, für den wir uns auf welche Art auch immer interessieren, horchen wir vielleicht noch mehr auf, weil auch wir als Stadiongänger Gedränge kennen, weil wir auch schon erlebt oder davon gehört haben, wie sich Anhänger geprügelt haben, oder weil auch unser Klub mit dem Flugzeug reist. Jeder hat schon von berühmten Fußballmannschaften gehört, die verunglückt sind. Und mit „Heysel" verbindet man heute weder das Heysel-Stadion an sich, noch das dem Stadion den Namen gebende Heysel-Plateau, sondern einfach die Heysel-Katastrophe.

Ein Zug rast ohne Bremswirkung talwärts. Eine Flugzeugcrew ahnt nicht, dass sie ihr Fluggerät im Nebel auf eine Basilika zusteuert. Ein Busfahrer fährt in der Nacht auf eine Kreuzung mit einer Eisenbahnlinie zu, erkennt das Licht der entgegenkommenden Lok, hält dies aber für normalen Gegenverkehr auf der Straße. Von der Polizei abgefeuerte Tränengasbomben lassen Menschen panisch in Richtung Ausgangstore fliehen, die verschlossen sind. Eine jubelnde, gedrängte Menschenmenge schiebt sich auf eine große Treppe zu und fällt übereinander. Piloten verzichten auf dringend benötigtes Flugbenzin und fliegen an dem letzten Flughafen vorbei, auf dem sie den Treibstoff noch hätten bekommen können. Eine Holztribüne steht 99 Jahre und beginnt zwei Tage vor dem geplanten Abbau zu brennen. Zwei Kampfflugzeuge tauchen plötzlich auf und nehmen ein Stadion ins Visier.

Dieses Buch berichtet auch von unbekannten Unglücken, lässt aber solche Katastrophen, von denen die breite Öffentlichkeit Kenntnis genommen hat, natürlich nicht unberücksichtigt. Warum habe ich mich mit diesem Buchprojekt eines im Prinzip so düsteren Themas angenommen, bei dem es um so viel Leid geht? Die Recherchen haben bei einem Großteil der Fälle unglaubliche Hintergründe bzw. Fakten zutage gebracht, die man nicht wahrhaben möchte und die einem den Kopf schütteln lassen. Von dem, was es eigentlich überhaupt nicht geben dürfte und wozu es manchmal viele Jahre nach den Ereignissen noch Neuigkeiten zu berichten gibt, wollte ich erzählen.

Flugreisen waren lange Zeit weitaus gefährlicher als in der heutigen Zeit. Als Manchester United im Januar 1957 im Europapokal zu Athletic Bilbao flog, fanden die Piloten erst einmal den Flugplatz nicht. Die Spieler wurden aufgefordert, an den Fenstern nach etwas Ausschau zu halten, das wie eine Landebahn aussieht. Verschärfend kam hinzu: Der Flugplatz hatte bereits geschlossen und wurde nur deshalb wieder geöffnet, weil die Mannschaft dort von wartenden Landsleuten erwartet wurde, die auf die Wiedereröffnung des Platzes drängten. Vor dem Rückflug mussten die Spieler erst selbst auf die Tragflächen klettern und diese von Schnee befreien. Auch die technischen Begebenheiten und noch nicht ausgereiften Sicherheitsvorschriften ließen die Luftfahrt früher deutlich anfälliger für Unglücke sein, wie die

Welt im Fall von Manchester United im Jahr darauf erschütternd vorgeführt bekam. Nur wenige Spieler überlebten das Desaster von München.

Natürlich hat es nicht nur in der Verkehrssicherheit Fortschritte gegeben; auch die Sicherheit im Stadion wurde kontinuierlich verbessert, womit die Wahrscheinlichkeit neuer Unglücke verringert wurde. Doch zeigt dieses Buch, dass es gerade in Bezug auf Stadien auch an Lernerfolgen gemangelt hat. Mal hat fehlender Wille aufgrund finanzieller Schwierigkeiten eine Rolle gespielt, mal war es nicht vorhandenes Verantwortungsbewusstsein ausschlaggebend oder auch nur eine Ohnmacht aufgrund der Entstehung von Massenpaniken, für die man keine Patentrezepte hatte. Immer wieder treffen wir zudem auf Fahrlässigkeit als Ursache für das Auslösen solcher Paniken oder gefährlicher Gedränge.

Massenpaniken entstehen, wenn eine große Anzahl an Menschen zusammenkommt, nur schmale Ausgänge vorhanden sind und ein auslösender Grund die Massen in Bewegung setzt. Immer wieder kommt es dazu. Häufig entstehen daraus Unglücke, wenn z. B. Pilger gemeinsam unterwegs sind. Hierzu gibt es viele Meldungen. Der Anteil solcher Unglücke im Fußball an allen Massenpaniken ist im Verhältnis nicht so hoch, und doch ist ihre absolute Anzahl erschreckend groß.

Dieses Buch zeigt nicht nur, dass es wiederholt sogar in denselben Stadien Unglücke gegeben hat, sondern auch, dass die Sicherheitsverantwortlichen nichts von vorherigen Unglücken gelernt und sich gleiche Fehler immer wieder ereignet haben. Ob Tränengaseinsätze der Polizei, erneut die gleiche Treppe im Ibrox Park in Glasgow, die Abgänge im Estadio Monumental in Buenos Aires, permanent bewusst überfüllte Stadien in vielen Städten auf fast allen Kontinenten, versperrte Rettungswege und geschlossene Ausgänge oder sogar Notausgänge … Und doch haben die Experten und Politiker in vielen Ländern auch dazugelernt und Änderungen an den Vorgaben für Stadionsicherheit vorgenommen.

Aber was bringen verbesserte Vorschriften bei kriminellem Treiben, nicht ausreichend geschultem Sicherheitspersonal, verantwortungslos handelnden, Risiken eingehenden Vereinsfunktionären, panischem Verhalten, Gewaltausbrüchen, surrealem Geltungsbedürfnis, menschlichen Abgründen, einem Handeln, ohne sich über die Folgen bewusst zu sein, oder versagender Technik?

Warum ist die Polizei beim Qualifikationsspiel zum Afrika-Cup 2016 zwischen Nigeria und Ägypten nur einmal eingeschritten, als ein Fan einen nigerianischen Spieler umarmen wollte, nicht aber, als 40.000 Zuschauer – teilweise unkontrolliert über Mauern und Zäune – in das nur für 25.000 Zuschauer ausgelegte Ahmadu-Bello-Stadion in Kaduna eingedrungen sind, wo sie sich dann auch über die Laufbahn, Flutlichtmasten und Anzeigetafel verteilten? Der Gouverneur hatte alle Tageskarten aufgekauft, um dem Publikum freien Eintritt zu ermöglichen. Doch die Sicherheit war auf das Extremste gefährdet. Zum Glück ist nichts passiert.

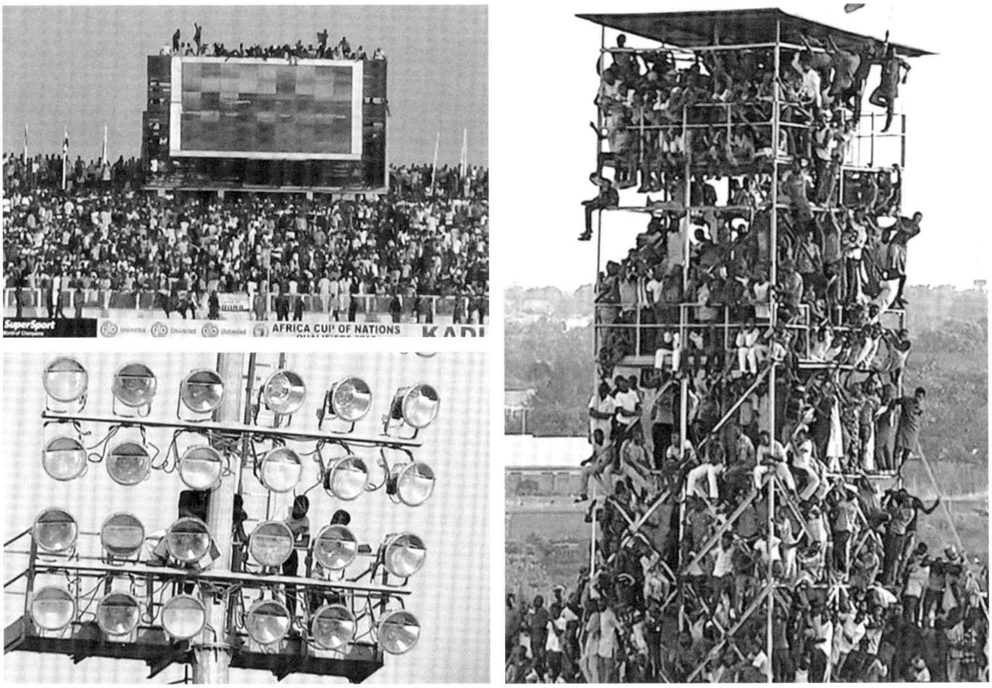

Nigeria – Ägypten, 2016.

Nicht jede Katastrophe endet mit einer hohen Zahl an Todesfällen. Aber selbst wenn keine Toten beklagt werden müssen, gibt es auch noch die vielen Verletzten, die mit den körperlichen und seelischen Folgen ihr Leben lang klarkommen müssen.

Die Auswahl der in diesem Buch näher beschriebenen Katastrophen wurde nicht nur nach der Schwere vorgenommen. Ein Entscheidungskriterium war zudem der unterschiedliche Hintergrund. Auf ähnliche Fälle wird am Ende eines jeweiligen Textes verwiesen.

Es gibt viele Ereignisse, die als Fußballkatastrophen in diesem Buch hätten besprochen werden können, die aber ausgeklammert bleiben und lediglich an dieser Stelle aufgelistet werden. Dazu zählen:

- die Morde an Spielern wie 1974 dem Mexikaner Octavio Muciño, ebenfalls 1974 dem Mexikaner Jamie López, 1982 dem Mexikaner José Guadalupe Ibarra, 1994 dem Kolumbianer Andrés Escobar, 2008 dem Mexikaner David Mendoza, 2010 dem Mexikaner Édgar García de Dias, 2010 dem Mexikaner Guillermo Meza, 2013 dem Mexikaner Noah Hernandez, 2014 dem Kolumbianer Ferley Reyes, 2016 dem Syrer Dschihad Kassab, 2017 dem Panamaer Amílcar Henríquez, 2018 dem Brasilianer Daniel Corrêa Freitas, 2021 Osagi Bascome aus Bermuda, 2021 dem Argentinier Lucas González und 2022 Konan Oussou von der Elfenbeinküste, wohlgemerkt alles Einzelfälle;

- die Entführungen von Spielern wie 1963 dem Argentinier Alfredo di Stéfano in Venezuela, 1981 dem Spanier Enrique Castro („Quini"), 2000 dem Kolumbianer Andrés Estrada Murillo, 2006 dem Iraker Ghanim Ghudajer, 2012 dem Nigerianer John Obi Mikel, 2012 dem Nigerianer Christian Obodo, 2015 dem Kolumbianer Roger Martiínez, 2016 dem Mexikaner Alan Pulido und 2005 dem argentinischen Trainer Rubén Omar Romano;
- die Verkehrsunfälle, bei denen einzelne Spieler wie 1983 Lutz Eigendorf, 1991 Maurice Banach und 2015 der Belgier Junior Malanda ihr Leben verloren, der Flugzeugabsturz des Argentiniers Emiliano Sala 2019 eingeschlossen;
- Verkehrsunfälle von teilweise ganzen Mannschaften aus dem Amateur- bzw. Jugendfußballbereich, wie das Unglück von 1948 aus dem Saarland, als der SV Rohrbach auf einem Lkw zum Auswärtsspiel unterwegs war, das Fahrzeug in einen Fluss abrutschte und 20 Menschen ertranken, oder wie das Schiffsunglück auf dem Albertsee 2016 im westlichen Uganda, als ein von Spielern und Fans eines lokalen Vereins gechartertes und überladenes Schiff auf dem Weg zu einem Freundschaftsspiel durch eine ausufernde Feier ins Kentern geriet und dreißig von ihnen ihr Leben verloren. Oder wie der Kleinflugzeugabsturz des brasilianischen Viertligisten Palmas FR im Jahr 2021, bei dem sechs Menschen starben;
- natürliche Tragödien von auf dem Spielfeld Verstorbenen;
- Todesfälle einzelner Personen bei Ausschreitungen, wie auch der des beninischen U20-Nationalkeepers Yessoufo Samiou, der nach einer 0:3-Niederlage gegen Nigeria bei der Juniorenafrikameisterschaft 2005 von aufgebrachten Anhängern zu Tode geprügelt wurde, der Tod von Haider Kadhim, der 2009 bei einem Spiel lokaler irakischer Mannschaften in Hilla kurz vor Spielende frei vor dem gegnerischen Torwart die Chance zum Ausgleich bekommen sollte, aber von einem Anhänger aufgehalten wurde, der ihn mit einer Pistole erschoss oder der Fall des Kameruners Albert Ebossé Bodjongo, der für JS Kabylie in Algerien bei der 1:2-Niederlage gegen USM Alger 2014 beim Verlassen des Spielfelds von einem durch einen Fan geworfenen Stein getroffen wurde und verstarb;
- Unglücke bei Siegesfeiern;
- Überfälle auf Mannschaften wie 2016 auf Venezuelas Erstligisten Trujillanos FC, als Spieler geschlagen und ihnen Mobiltelefone, Brieftaschen, Schmuck, Uhren, Hemden und Schuhe abgenommen wurden.

Letztlich ist die für dieses Buch vorgenommene Abgrenzung zwischen näher behandelten, in einer Übersicht berücksichtigten und nicht aufgelisteten Fällen auch nicht vollkommen kongruent. Wer möchte Grenzen zwischen hohen und niedrigen Opferzahlen ziehen? Wer möchte entscheiden, ob ein Unglück auf lokaler Ebene „weniger katastrophal" ist als in einer nationalen Liga? So fand eine Flutwelle, die im Jahr 2019 in Marokko sieben Menschen aus einem Stadion in den Tod gerissen hat, in diesem Buch in einer Übersicht Berücksichtigung, doch das Drama des von einem Flutlichtmast erschlagenen José Manuel Fernández Suárez im Februar 2022 im spanischen Estadio El Sotón beim Spiel SD Lenense gegen Lealtad de Villaviciosa nicht, sieht man von der Erwähnung an dieser Stelle ab.

Wie weit ist der Begriff der Fußballkatastrophe für dieses Buch gefasst? Ansichten zu Abgrenzungen wird jede(r) Leser(in) individuell haben. Als Autor habe ich mich dazu entschieden, mich nicht auf Unglücke zu beschränken, sondern auch Berichte über ein Kriegsverbrechen sowie langjährige Folter zu verfassen, doch die Themen Bau von Stadien und Infrastruktur zur Weltmeisterschaft in Katar mit einer vierstelligen Zahl verstorbener Arbeiter und der Anteil, den das Champions-League-Spiel zwischen Atalanta Bergamo und dem FC Valencia im Mailänder San-Siro-Stadion im Februar 2020 an der Verbreitung der Coronapandemie hatte, wurden beispielsweise nicht aufgenommen.

Um das sogenannte „Kiewer Todesspiel" von 1942 zwischen einer Flakmannschaft der Wehrmacht gegen eine ukrainische Betriebsmannschaft einer Brotfabrik (FC Start) im Zenitstadion ranken sich Legenden. Die Ukrainer gewannen, fünf von ihnen wurden später durch Deutsche getötet. Der Mythos um das Spiel wuchs, nicht zuletzt auch dank sowjetischer Propaganda und vier Verfilmungen, die zunehmend dramatischer gestaltet wurden (inklusive einer Hinrichtung durch Maschinengewehrsalven noch auf dem Spielfeld) und mit der russischen Version von 2012 mit dem Titel Матч (Das Spiel) zudem manipulativ war (nicht nur den Deutschen gegenüber: heroische Figuren sprechen Russisch, Kollaborateure Ukrainisch). Ein Beitrag hierzu mag in diesem Buch vielleicht erwartet werden, doch zu finden ist er nicht, da die historische Aufarbeitung durch den ehemaligen ukrainischen Geheimdienstler Volodymyr Prystaiko 2005 gezeigt hat, dass weder eine Tötungsdrohung gegen die Ukrainer für den Fall eines Sieges belegbar ist (im Gegenteil: die Ukrainer bestritten die Drohungen), noch dass diese plausibel gewesen wäre, da die deutschen Besatzer mit den durchgeführten Fußballspielen von deutschen und ukrainischen Teams (insgesamt etwa 150 Begegnungen) eine Normalisierung der Beziehungen mit der Bevölkerung erreichen wollten. Ein Spieler starb in der Woche nach dem Spiel (der FC Start hatte inzwischen noch 8:0 gegen das ukrainische Team FC Rukh gewonnen) bei einem Verhör (wohl in Zusammenhang mit Folter, der Trainer des ukrainischen Rukh-Teams hatte die Spieler zuvor bei der Gestapo als Agenten denunziert), vier weitere mit großem zeitlichen Abstand im Rahmen von Vergeltungsmaßnahmen, bei denen jeder (je nach Version) dritte oder fünfte vortreten musste.

Für LeserInnen, die sich mit den vorgestellten Fälle gerne noch tiefer beschäftigen möchten, werden – soweit möglich – Verweise auf entsprechende Literatur gesetzt und Verfilmungen und TV-Dokumentationen benannt. Waren diese zum Zeitpunkt der Erarbeitung im Internet frei abrufbar, so sind die entsprechenden Adressen angegeben, aber es werden auch QR-Links für die direkte Erreichbarkeit per Smartphone abgebildet.

Das Buch schließt mit einem großen Tabellenüberblick von Fußballkatastrophen inklusive solcher Ereignisse, die in den Texten in diesem Buch nicht berücksichtigt wurden.

Die ersten beiden Texte bilden in diesem Buch insofern eine Ausnahme, als sie Eindrücke aus Beinahekatastrophen schildern, die jene, die Tragödien zum Opfer fielen, nicht mehr vermitteln können.

Das Finale des weißen Pferdes

Die Beinahestadionkatastrophe in London, England 1923

Anlässlich der von 1924 bis 1925 stattfindenden British Empire Exhibition in London wurde ab 1922 innerhalb von genau 300 Tagen das British Empire Exhibition Stadium gebaut, jenes Stadion, das später als das ursprüngliche Wembley Stadium bekannt, im Jahr 2000 geschlossen und 2007 durch einen Neubau ersetzt wurde. Drei Tage nach der Vollendung des Baus sollte am 28. April 1923 das erste Fußballspiel im mit einer Kapazität von 127.000 Plätzen ausgestatteten Stadion ausgetragen werden. Für das FA-Cup-Finale zwischen den Bolton Wanderers und West Ham United, bei dem King George V. den Siegerpokal übergeben sollte, waren allerdings erst 36.000 Tickets im Vorverkauf abgesetzt worden – deutlich zu wenig. Entsprechend wurde für das große Spiel noch einmal viel Werbung gemacht. „Viel Platz und eine exzellente Sicht" würde es geben.

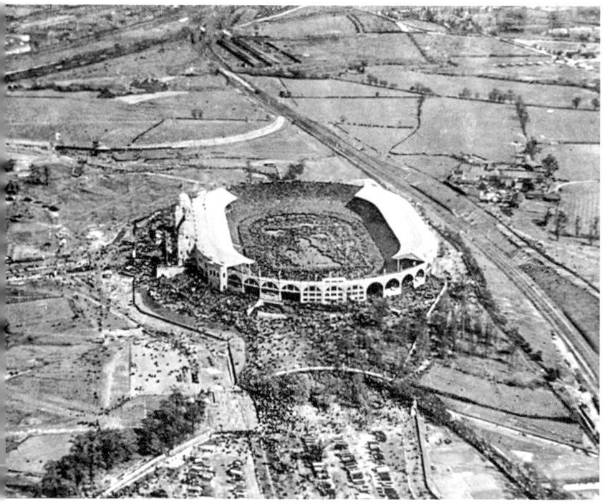

Das frisch fertiggestellte Empire Stadium in seiner Umgebung.

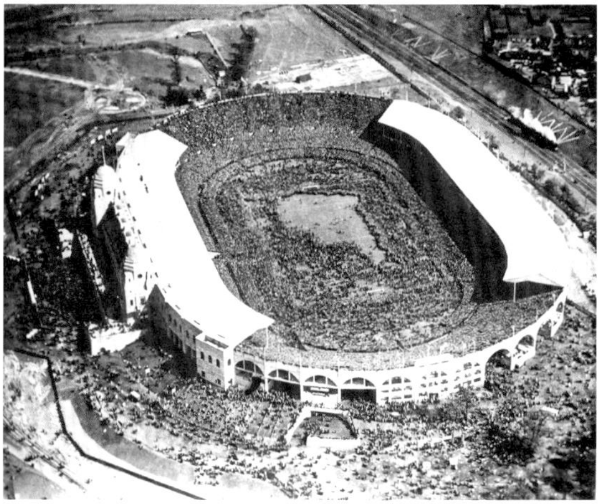

Der Andrang ist nicht mehr in den Griff zu bekommen.

Am Spieltag strömten die Massen zum Stadion. Um 11:30 Uhr wurden die Tore geöffnet, um 13 Uhr wurde gemeldet, alle 127.000 Plätze seien belegt. Die Tore waren längst geschlossen, doch noch immer drängten die Menschen heran und überwanden jede Absperrung. Zuschauer Denis Higham erinnerte sich: „Papa hat das sehr gelassen gesehen. Er sagte: ‚Lasst uns sehen, ob wir das Spiel sehen können.' Als wir im Wembley-Park ausstiegen, befanden wir uns in einer riesigen Welle von Menschen, die alle in die gleiche Richtung gingen. Es war einfach eine riesige Menschenmenge, obwohl ich mich nicht daran erinnern kann, jemals Angst gehabt zu haben, weil die Menge so gutmütig war. Am Eingang war eine brodelnde Masse. Papa sagte: ‚Seht mal, alle gehen durch die Drehkreuze. Lasst uns ihnen folgen.' Sie waren verschlossen. Das Personal hatte offensichtlich gerade abgeschlossen und war gegangen. Also kletterten wir über den Zaun und das Drehkreuz und fanden uns im Inneren des Geländes wieder."

Die Ordner schienen überfordert zu sein – sie konnten keine Auskünfte geben. Die Fans wurden nicht in bestimmte Bereiche zugeordnet. Die unteren Ränge wurden schneller gefüllt als die oberen. Die Polizei war nicht mehr Herr der Lage. Auch zusätzlich einbestellte Einheiten waren hilflos. Um 15 Uhr sollte die Begegnung eigentlich angepfiffen werden – ein unmögliches Unterfangen! Je nach Quelle befanden sich 250.000 bis 300.000 Zuschauer im Stadion. Da es keine Plätze mehr gab, stellten sich die nachgerückten Menschen überall dorthin, wo noch ein paar Quadratzentimeter frei waren – das Spielfeld eingeschlossen!

Der Mannschaftsbus von Bolton war derweil im Stau stecken geblieben. Den Spielern blieb nichts anderes übrig, als den 1,5 Kilometer langen Weg zum Stadion zu Fuß zurückzulegen. Die Ordner bemühten sich, das überfüllte Spielfeld freizubekommen. Aktiviert wurde dafür auch Reiter wie George Scorey, der mit seinem hellgrauen Pferd Billy die Polizei verstärkte. Als er vor Ort ankam, meinte er: „Das ist unmöglich." Doch: „Ich habe den Leuten gesagt: Wollt ihr das Spiel sehen? Dann sollen alle in der vordersten Reihe sich die Hände reichen und die Masse Schritt für Schritt zurückdrängen ... Mein Pferd war wunderbar. Es hat die

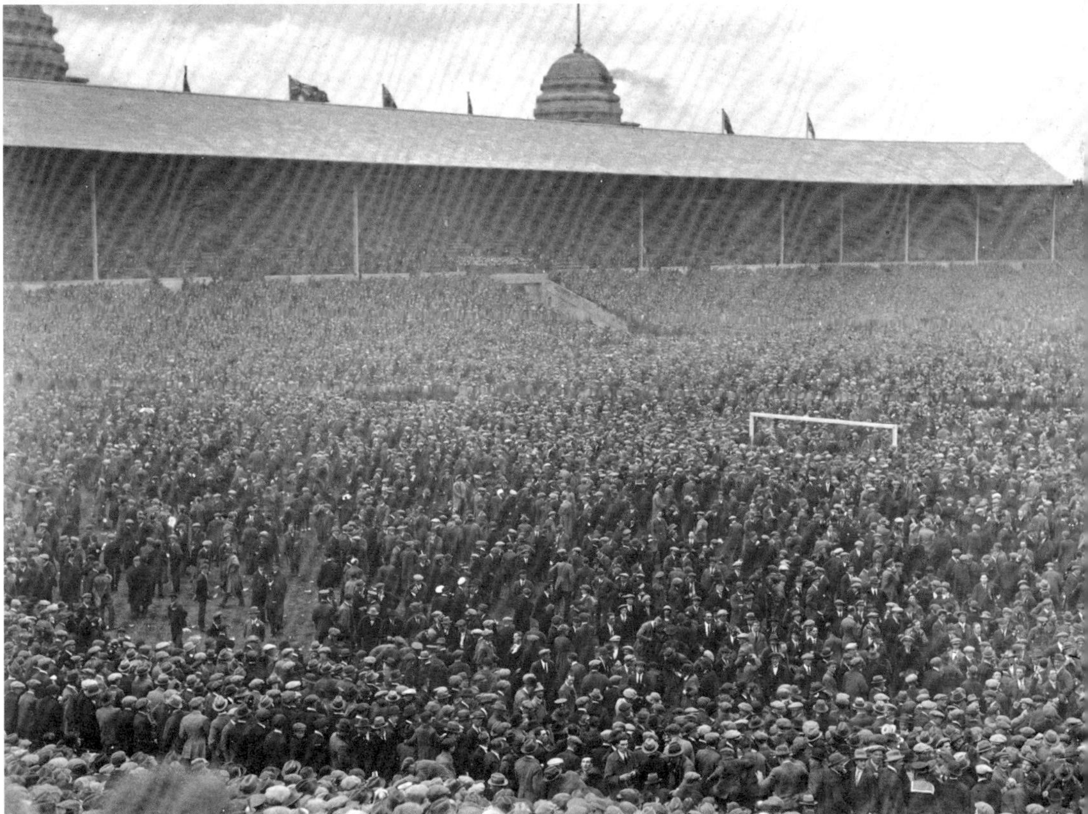

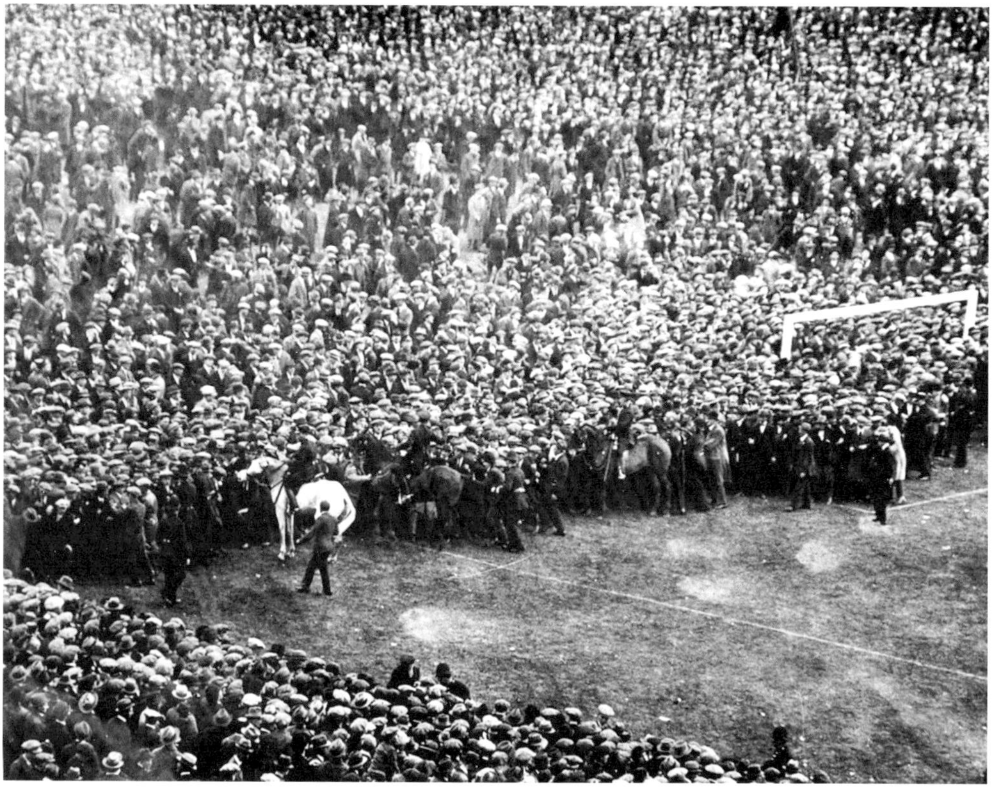

Das hellgraue Pferd macht das Spiel zum „White-Horse-Final". Dieses Fotomotiv ist das Sinnbild für die Ereignisse.

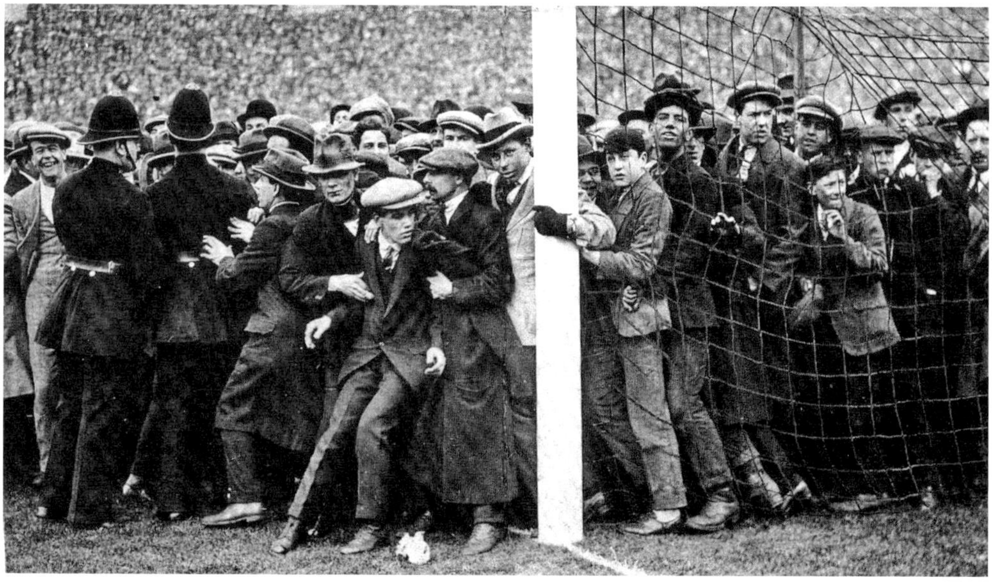

Am Torgehäuse ist das Gedränge weiter ein Problem.

Leute sanft mit der Nase und seinem Schwanz über die Torlinie gedrängt." Auf den Aufnahmen des Spiels sticht das Pferd direkt ins Auge. Entsprechend ging das Finale als „White Horse Final" in die Geschichte ein. Aus Respekt vor dem König und der Befürchtung, das Spiel könne noch abgesagt werden, spielten die Zuschauer mit. Als der König kam, wurde „God save the King" gesungen, womit die letzten Zuschauer das Feld räumten.

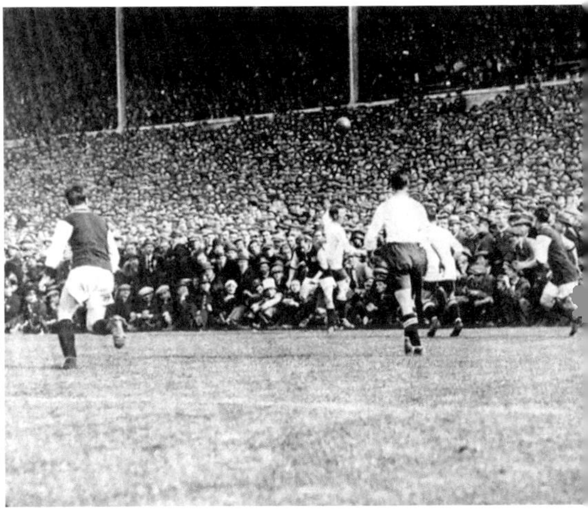

Mit 45 Minuten Verspätung erfolgte der Anstoß. Dicht gedrängt standen die Zuschauer an den Seitenlinien. Bei einem Einwurf wurde ein Spieler von West Ham von den Menschen neben ihm festgehalten. Dadurch war er nicht zur Stelle, als sein Gegenspieler das 1:0 in der 3. Spielminute für Bolton erzielte, wobei ein Zuschauer hinter dem Tornetz bewusstlos geschossen wurde. Flog der Ball ins Seitenaus, so prallte er auf Menschen. Bei einem Eckstoß gab es für die Spieler keinen Platz zum Anlauf. Kurz darauf liefen Zuschauer auf den Platz. Das Spiel musste kurz unterbrochen werden. Als der Pausenpfiff ertönte, kamen die Spieler nicht zu den Kabinen durch und verbrachten einfach acht Minuten als verkürzte Pause auf dem Spielfeld. In der Entstehung des zweiten Treffers von Bolton soll ein Zuschauer mit einem Pass involviert gewesen sein.

Die Bilanz des Tages: Bolton holte sich mit dem 2:0 den Titel. Charlie Paynter, der Trainer von West Ham, hatte einen Schuldigen für die Niederlage seiner Mannschaft ausgemacht: „Es war der Schimmel, der mit seinen großen Füßen auf das Spielfeld getreten ist, der es hoffnungslos gemacht hat. Unsere Flügelspieler purzelten überall herum und stolperten in große Spurrillen und Löcher." Den vielen Platz und die exzellente Sicht, die versprochen wurde, gab es nicht. Billy, das Pferd, starb 1930. Die „White Horse"-Bridge vor Wembley erinnert noch heute an dieses besondere Spiel.

Zum Glück gab es „nur" etwa 900 leicht verletzte Menschen, von denen lediglich 22 im Krankenhaus vorstellig wurden. Trotz der chaotischen und teilweise beängstigenden Zustände waren wie durch ein Wunder keine Todesopfer zu beklagen. Eine große Bewegung in der Menge, ein eine Panik auslösendes Vorkommnis, und es hätten Geschehnisse in Gang kommen können, wie sie bei den nachfolgend in diesem Buch erzählten Unglücken viel zu häufig vorkamen.

Videoeindrücke vom Finale:
https://www.youtube.com/watch?v=c4NqYsFTr1Q&t=10s, 7 min

Als Racing dem Tod ins Gesicht schaute

Der Beinaheflugzeugabsturz von Racing Club, Kolumbien 1967

Carlos Gardel, ein gebürtiger Franzose, der im Alter von zwei Jahren mit seiner Mutter nach Argentinien auswanderte und dort als Sänger und Komponist zu einem der größten Künstler im Bereich des Tangos wurde, aber auch folkloristische Lieder verfasste, wurde in Lateinamerika sehr verehrt. Der Musikstar, der mit Beginn des Paramount-Tonfilms auch in zahlreichen Musikfilmen auftrat, befand sich auf einer Tournee und wartete am 24. Juni 1935 mit mehreren Begleitern an Bord eines Flugzeugs auf dem Flughafen von Medellín in Kolumbien auf den Start. Die Maschine hob ab, änderte plötzlich und ungeklärt ihre Richtung und stieß mit einem anderen, am Boden wartenden Flugzeug zusammen. Der König des Tangos kam auf dem Höhepunkt seines Wirkens ums Leben. Millionen von Gardel-Fans weinten, mehrere nahmen sich das Leben.

Über 31 Jahre später – es war der 28. März 1967 – war eine Fußballmannschaft (begleitet vom Präsidenten des Klubs sowie einigen Ehefrauen und Fans) gut gelaunt am Flughafen „Olaya Herrera" in Medellín unterwegs. Zwei Tage zuvor hatten die Sportler ein wichtiges Spiel gewonnen. Nun wollten sie zum Gardel-Denkmal, jenem Ort, der an den großen Musi-

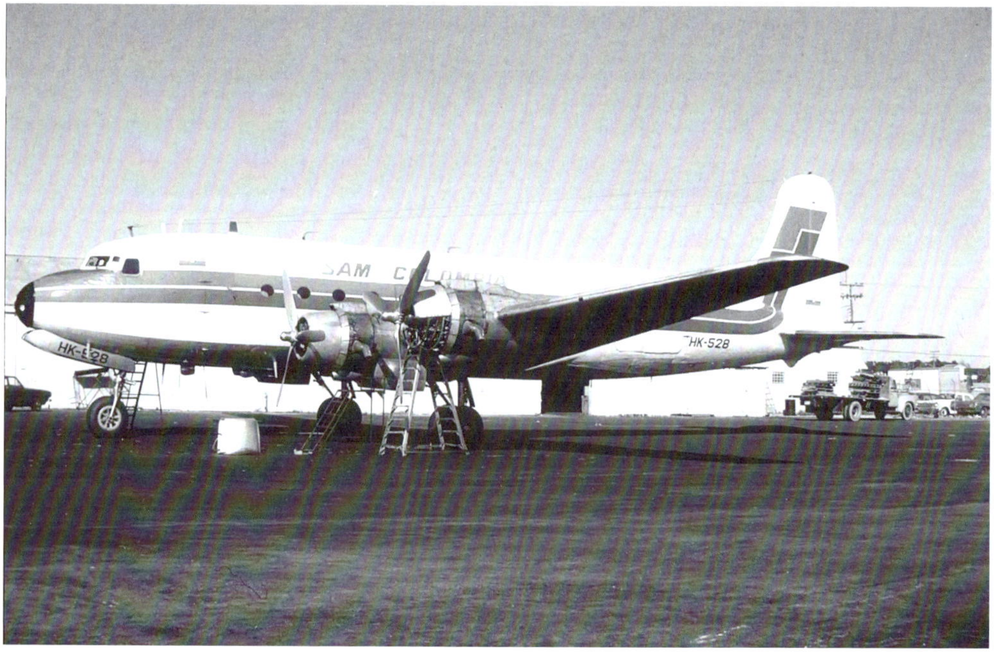

Von der von 1942 bis 1947 gebauten Baureihe DC-4 besaß die Fluggesellschaft Sociedad Aeronáutica de Medellín (SAM) ein einziges Modell, das sie von 1968 bis 1970 betrieb. Dieses Flugzeug mit der Kennung HK-528 wurde kurzerhand für Racing Club aus dem Hangar gezogen.

ker erinnerte, der hier vor so vielen Jahren verunglückt war. Zum Andenken wurden Fotos geschossen. Manche Spieler richteten in diesem Moment ihren Blick auf die umliegenden Berge, hinter denen sie einen bedrohlichen Sturm aufziehen sahen.

Die achte Auflage der Copa Libertadores bescherte Racing Club, einem der großen Vereine aus Buenos Aires, per Los eine Vorrundengruppe mit dem argentinischen Rivalen River Plate, den beiden bolivianischen Vereinen Club Bolívar und Club 31 de Octubre sowie den beiden kolumbianischen Teams von Independiente Santa Fe und Independiente Medellín. Am 26. März trat Racing nach einem 2:0-Heimsieg gegen River Plate und einer 0:3-Niederlage bei 31 de Octubre zum dritten Gruppenspiel an und gewann 2:0 in Medellín.

Die Argentinier warteten am Flughafen auf ihre Avianca-Maschine, die sie beim Zwischenstopp in Medellín aufnehmen und weiter nach Bogotá fliegen sollte, wo das Auswärtsspiel bei Independiente Santa Fe am 29. März ausgetragen werden sollte. Die Sicht wurde immer schlechter, woraufhin die Durchsage kam, dass das Flugzeug nicht landen könne und direkt weiter in die kolumbianische Hauptstadt fliegen würde. Was war nun zu tun? Man erkundigte sich nach den verschiedenen Flugzeugen, die am Flughafen abgestellt waren, schloss manche aus unterschiedlichen Gründen aus und entschied sich dann für eine im Hangar stehende, propellergetriebene DC-4 der kolumbianischen Fluggesellschaft SAM mit einer Kapazität von etwas über 30 Sitzen, die Spieler Juan Carlos Rulli „wirklich beängstigend“

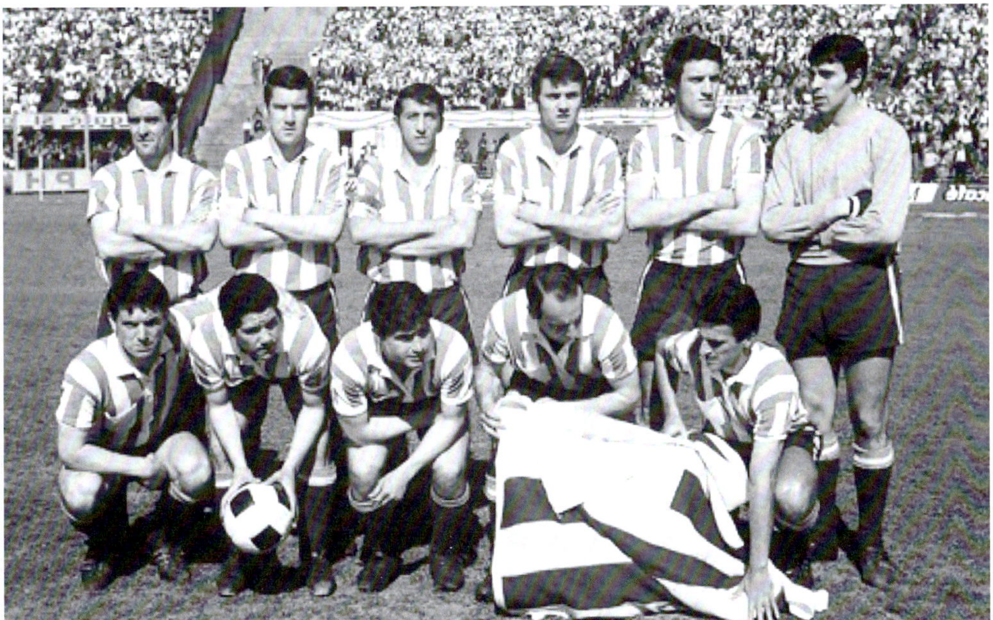

Racing nimmt Aufstellung im dritten und entscheidenden Spiel um den Weltpokal in Montevideo gegen Celtic Glasgow.

fand. Ein Arbeiter im Terminal sprach Rulli an und sagte ihm, dass er besser nicht in das Flugzeug einsteigen solle, weil es zu gefährlich sei, wenn ein Flugzeug, das gerade landen wollte, nicht herunterkäme. Rulli sagte dem Trainer auch, dass er Angst hätte zu sterben, aber man überredete ihn und die anderen Spieler und Begleiter. Da der Flug nicht länger als 40 Minuten dauern sollte, wurden Bedenken fallen gelassen.

Der Start lief komplikationslos. Doch der Sturm rüttelte am Flugzeug, Regen prasselte gegen die Fenster, Wasser tropfte in das Cockpit des alten Fluggeräts. Das Schwanken der Maschine wurde immer unerträglicher und der Donner immer lauter. Das Lachen sowie Gespräche hatten sich schon längst aufgelöst. Als die Reiseflughöhe erreicht war, begann ein Wagemutiger, sich abzuschnallen. Bei Rulli löste sich der Sicherheitsgurt. Auf einmal sank das Flugzeug mit voller Geschwindigkeit vielleicht 500 Meter in die Tiefe in ein Tal zwischen den Bergen. Alles drehte sich. Die Triebwerke waren ausgefallen. Panik breitete sich aus. Rubén Díaz hatte eine Stewardess um ein Glas Wasser gebeten, um eine Tablette nehmen zu können. Diese stand auf, um den Wunsch zu erfüllen, als sie durch den abrupten Sinkflug senkrecht nach oben flog und mit dem Kopf gegen die Decke des Flugzeugs krachte. Dabei war sie nicht die einzige, der das passierte; ein Fan, der die Mannschaft begleitete, erlitt das Gleiche. Einige Spieler weinten oder flehten um göttlichen Beistand. Norberto Raffo biss auf eine Medaille. Humberto Maschio rief: „Wir haben uns umgebracht!" Cheftrainer Juan José Pizzuti verabschiedete sich von seinen Spielern. Diáz wollte nicht mehr sehen, was passierte, und legte sich ein Tuch über die Augen. Alfio Basile, normalerweise einer der Heitersten, zündete sich eine Zigarette an und wartete auf das unausweichliche Ende. Der uruguayische Journalist Emilio Lafferranderie, der ebenso an Bord war und für El Gráfico arbeitete, schrieb: „Das ganze Flugzeug war mit Gebeten gefüllt. Wir haben alle spekuliert, ja, spekuliert, mit der Ernennung des Heiligen, der uns zu Hilfe kommen könnte. Dort haben wir schließlich das genaue Ausmaß unserer Kleinheit vor der Welt ausgemessen, unsere Schultern hängen gelassen, unsere Arme besiegt, unsere Gedanken erschöpft. Dort wurden unsere Lieben vorgeführt. Dort paradierten unsere Freunde. Das war der Weg des Lebens. Dort bereiteten wir uns darauf vor, den Tod willkommen zu heißen."

Nach 20 Schreckenssekunden stabilisierte sich die Maschine vollkommen unerwartet. Gerade noch hatten im Cockpit Angst und Verzweiflung geherrscht, als sich plötzlich eine unwirkliche Stille einstellte. Es waren wieder Motorengeräusche zu hören – aber nur für kurze Zeit. Auf einmal drehte sich das Flugzeug auf die Seite. Wieder brach an Bord Panik aus. Vor dem Flugzeug war ein Berg aufgetaucht. Der Pilot hatte das Steuer herumgerissen und den Aufprall damit verhindert. „Wir waren wie tot, niemand wagte ein Wort zu sagen", berichtete ein Spieler, bis sich Spielerfrauen aus dem hinteren Teil der Kabine mit Schreien meldeten. „Ich sah dem Tod zum ersten Mal in meinem Leben ins Gesicht, und wir kamen wie durch ein Wunder lebend davon", erzählte Alfio Basile viele Jahre später.

Der Pilot erklärte: „Wir hatten ein Luftloch, was in Kolumbien normal ist, aber nie so große wie heute. Ich dachte nicht, dass wir gerettet werden würden, die Flügel des Flugzeugs knickten ein, aber sie hielten stand, es ist schwer zu erklären, denn bei der Gewalt, mit der wir fielen, neigen sie dazu, zu brechen. Es war ein Wunder, dass wir die Motoren wieder zum Laufen bringen konnten."

Auf dem Flughafen „El Dorado" in Bogotá sanken die Delegation und ihre Begleiter nach einer normalen Landung – nach über 90 Minuten statt normalerweise maximal 40 Minuten Flugzeit – unter Umarmungen, Händeklatschen und erleichterten Rufen auf den Boden. Der Trainer lotste die Mannschaft zur Flughafenbar und bestellte den besten Whiskey für alle. Die Mannschaft kam stärker als je zuvor aus der Maschine. Der Trainer meinte: „Nach dem, was wir heute erlebt haben, haben sie keinen Zweifel, wir werden Weltmeister!" Und sie wurden es: Racing siegte nicht nur 2:1 beim Spiel in Bogotá, sondern wurde auch Erster der Vorrundengruppe, gewann dann die Zwischenrundengruppe gegen wiederum River Plate, die Peruaner von Universitario de Deportes aus Lima und CSD Colo-Colo aus Chile und setzte sich in einem dritten Spiel, einem Entscheidungsspiel im chilenischen Santiago, mit 2:1 gegen den uruguayischen Klub Nacional Montevideo durch. Im Aufeinandertreffen um den Weltpokal war es wiederum ein drittes Finalspiel zur Entscheidung in Montevideo, das gegen Celtic Glasgow den großen Triumph einbrachte.

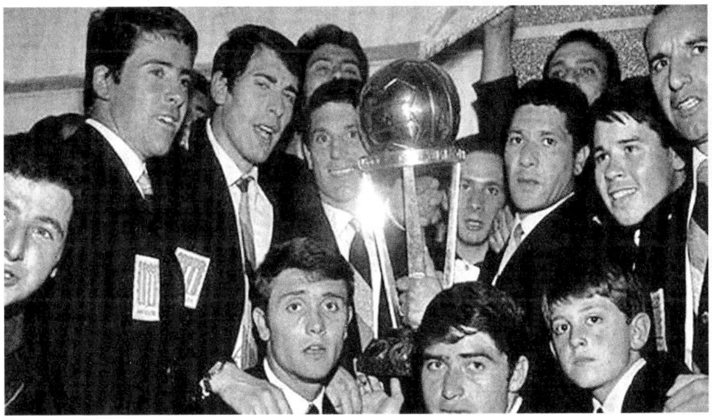

Der Weltpokalsieger aus Buenos Aires mit dem Pokal.

In Kolumbien blieb es 1967 bei den Nahtoderfahrungen. Rulli meinte Jahre später, nachdem die brasilianische Mannschaft von Chapecoense 2016 mit dem Flugzeug in Kolumbien abgestürzt war, dass die Racing-Spieler das Glück gehabt hätten, von den Ereignissen erzählen zu können, was Chapecoense nicht vergönnt gewesen ist. Dieses Glück gab es bei allen Ereignissen, die in der Folge beschrieben werden, leider weniger.

Die erste Ibrox-Katastrophe: Sturz in die Tiefe

Stadionunglück beim schottischen Fußballverband, Glasgow, Schottland 1902

Ende des 19. Jahrhunderts entwickelte sich der Fußball im Vereinigten Königreich mit zunehmendem Tempo. England, Schottland, Wales und Irland trugen jedes Jahr Freundschaftsspiele aus, bei denen jeder gegen jeden spielte. Ab 1884 wurde daraus ein Wettbewerb, die British Home Championship. Der Sieger dieser Viererrunde wurde automatisch als beste Nationalmannschaft der Welt angesehen, später – mit der Weiterentwicklung dieser Sportart – wurde jene Wertung zurückgenommen. Mit der Einführung der Fußballweltmeisterschaft 1930 verlor der Wettbewerb dann auch an Prestige, galt aber in mehreren Spielzeiten auch als Qualifikation zur Weltmeisterschaft (1950 und 1954) bzw. Europameisterschaft (1968). Seit 1983 wird die British Home Championship nicht mehr ausgespielt.

Das letzte Spiel der Auflage von 1902 sollte nach schwerem Regen in der Nacht vor der Begegnung zwischen den beiden führenden Teams ausgetragen werden und den Sieger der Meisterschaft ermitteln. Schottland hätte ein Unentschieden gereicht. Heute ist die Stadiontragödie, die sich am Nachmittag des 5. April 1902 in Glasgow ereignete, weitestgehend vergessen. Dabei handelt es sich um eine der tödlichsten im britischen Fußball. Im damals neu errichteten Ibrox Park in Glasgow, der eine Kapazität von 75.000 Zuschauern hatte, sollte das 31. Duell zwischen den Nationalmannschaften von Schottland und England ausgetragen werden. 70.000 bis 80.000 Zuschauer waren gekommen, um diesen emotionalen Klassiker zu verfolgen. Etwa die Hälfte der Menschen befand sich auf der Westtribüne. Noch nie hatte diese Tribüne so viele Menschen aufgenommen – bei früheren Nutzungen war sie maximal zur Hälfte besetzt gewesen. Da die Zuschauer auch die Laufbahn um das Spielfeld herum füllten und damit für Sichteinschränkungen sorgten, blieben die ersten Reihen der Tribüne frei – die Anhänger drängten stattdessen in obere Reihen, um etwas sehen zu können.

Ein großer Teil im hinteren Bereich der Westtribüne brach Untersuchungen zufolge 30 Minuten nach dem Anpfiff zusammen, als der Engländer Bobby Templeton bei seinem ersten Nationalmannschaftseinsatz am Ball war und viele Zuschauer nach vorne stürmten, um irgendwie einen Blick auf den Rechtsaußen werfen zu können. Bretter wurden zerbrochen, Menschen stürzten 45 Fuß (fast 14 Meter) in die Tiefe. Die Zuschauer, die sich um die Einsturzstellen herum aufhielten, kletterten über den Zaun und flüchteten auf das Spielfeld. Die Spieler, die von dem Ereignis zunächst nichts mitbekommen hatten, glaubten zunächst an einen Platzsturm und erkannten den tatsächlichen Ernst der Lage erst, als sie Sanitäter bei ihrer Arbeit sahen. Der schottische Spieler Alex Raisbeck gab später an: „Die Szenen, die sich dort abspielten, werde ich nie vergessen. Leichen und stöhnende Männer lagen auf den Sitzen, wo sich die schottischen Spieler noch vor kurzem ausgezogen hatten. Sogar einige Kleidungsstücke der Spieler wurden für Verbände beschlagnahmt."

Etwa 200 Zuschauer sollen direkt in die Tiefe gestürzt sein. Die meisten tödlichen Verletzungen wurden durch den Aufprall auf den Boden oder Stahlträger verursacht. Einige Opfer hingen schwer verletzt und kopfüber an den Latten von zerrissenen Trägern und Holzkonstruktionen, bevor sie zu Boden gelassen werden konnten. Die Rettungskräfte berichteten von einer „Szene unbeschreiblichen Grauens und Verwirrung … eine Masse verstümmelter und blutender Menschen, die Opfer übereinandergestapelt … genug, um den Stärksten zu entmannen." Das eingestürzte Material wurde direkt als Bahren verwendet, um die Verunglückten abzutransportieren.

Das Spiel wurde unterbrochen, damit die Verletzten behandelt werden konnten, dann aber nach etwa 20 Minuten wieder fortgesetzt. Die Behörden meinten, dass es bei einem Abbruch noch mehr Verwüstungen und Verletzungen hätte geben können als die 25 toten und 587 verletzten Zuschauer, von denen eine beträchtliche Zahl nichts von den Vorfällen mitbekommen hatte. Zahlreiche Zuschauer störten den Spielverlauf, als sie auf das Spielfeld strömten. Schottlands Torwart Ned Doig soll während der gesamten zweiten Hälfte geweint haben. Noch einmal Alex Raisbeck: „Keinem der Spieler tat es leid, als der Schlusspfiff ertönte, denn sie waren alle herzkrank."

William Robertson war 25 Jahre alt, als das Unglück geschah. Sein Vater nahm die Suche nach ihm auf und hoffte, ihn im Krankenhaus Western Infirmary zu finden. Als er ihn nicht unter den Verletzten sah, führte man ihn in die Leichenhalle. Er identifizierte eine Leiche als seinen Sohn. Als er gerade alles für die Beerdigung regelte, traf sein Sohn zu Hause lebend ein.

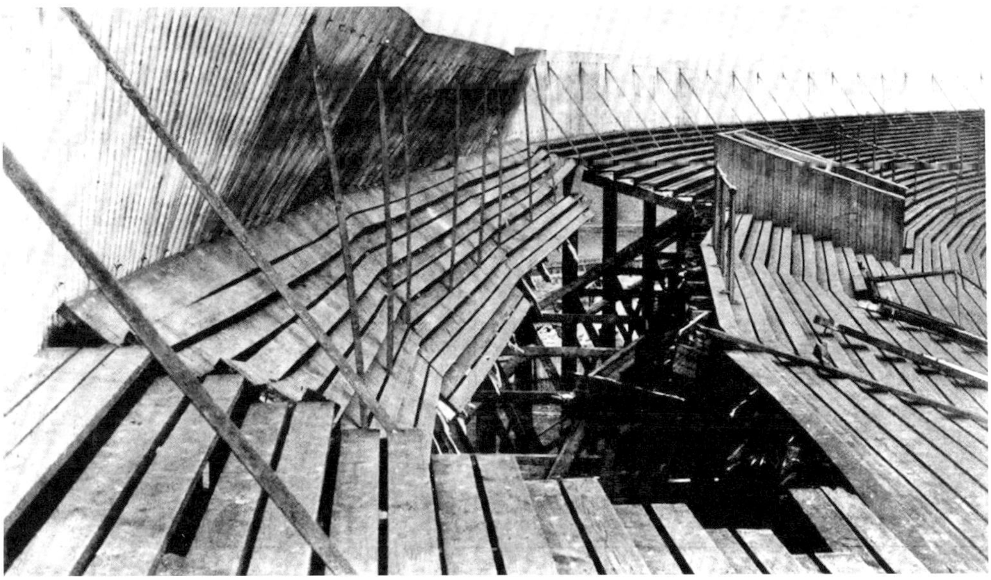

Die Unglücksstelle im oberen Tribünenbereich.

Das Spiel wurde letztlich annulliert und einen Monat später in Birminghams Villa Park neu ausgetragen. Schottland wurde Titelträger.

Die Untersuchung ergab, dass 17 Fugen nachgegeben hatten, wodurch ein 18 Meter breites Loch entstanden war. Augenzeugen berichteten von Knackgeräuschen und gebrochenen Holzbrettern. Experten gaben an, die Konstruktion sei für die Höhe der Belastung an diesem Tag nicht ausgerichtet gewesen. Die Rangers, Eigentümer des Ibrox Park, und der schottische Fußballverband wurden von strafrechtlichen und zivilrechtlichen Ermittlungen verschont. Angeklagt wurde jedoch der Hersteller der Baumaterialien. Zu einer Verurteilung kam es nicht. In Ibrox wurden hölzerne Terrassen auf einem Stahlgerüst verlegt. Dieses Verfahren wurde beim Tribünenbau danach nicht mehr angewandt. Für die Angehörigen der Verstorbenen wurden Spenden u. a. durch die Austragung eines Vereinsturniers gesammelt. Alle Einnahmen des Wiederholungsspiels sollen den Opfern zugutegekommen sein.

In der Folge gaben die Rangers viel Geld zur Sanierung des erst drei Jahre alten Stadions aus, um ein erneutes Unglück auszuschließen. Die Kapazität wurde zunächst auf 25.000 gesenkt, bevor nach der Umwandlung in ein ovales Stadion 63.000 Besucher kommen konnten. Für diese Investition mussten sie auch einige gute Spieler abgeben, die sich ausnahmsweise der katholische Stadtrivale Celtic sicherte, womit dieser sich so in den folgenden zehn Jahren sechs Meistertitel in Folge holte.

Das Desaster in den Teresópolis-Bergen

Das Zugunglück von Fluminense Rio de Janeiro, Teresópolis, Brasilien 1930

Es war zu Beginn der neuen Saison im März 1930, als sich die Mannschaft von Fluminense aus Rio de Janeiro zu einem Freundschaftsspiel in die Berge aufmachte. Ziel war an diesem Sonntag, dem 9. März 1930, die 90 Kilometer von Rio entfernt liegende Stadt Teresópolis in der Serra dos Órgãos auf einer Höhe von 871 Metern über dem Meeresspiegel, die die höchstgelegene Stadt des Bundesstaates Rio de Janeiro ist. Mit dem Bau einer Eisenbahnlinie erlebte die Siedlung einen gewissen Aufschwung, Fernstraßen wurden erst später gebaut. Der berühmte Fußballklub der Metropole nahm den Zug, der zu dieser Zeit ein beliebtes Verkehrsmittel war. Die Fahrt hatte Ausflugscharakter.

Fluminense gewann die Partie um die „City of Teresópolis Trophy" im Hochland gegen den União Football Club im Estádio Jorge Pereira da Silva mit 5:1. Um 17 Uhr traten die Fußballer ihre Rückfahrt an. Der aus einer Zahnradlokomotive und zwei Passagierwagen bestehende Zug war voll ausgelastet. Langsam fuhr er den Berg hinunter, die Lok bremste die dahinter positionierten und drückenden Wagen. Das an dieser Stelle eigentlich schöne Panorama wirkte durch den einsetzenden Regen trostlos und bildete einen Kontrast zur guten Stimmung, die die Fußballspieler auch unter den anderen Reisenden verbreiteten. Die Sportler gaben Auszüge von Karnevalsliedern zum Besten.

Nach den obligatorischen Halten in den Bahnhöfen Soberbo und Alto schien alles weiter bestens zu funktionieren, als die Lok plötzlich die Kontrolle verlor, weil sie selbst nicht mehr durch das Zahnrad gebremst wurde. Der Zug nahm eine atemberaubende Geschwindigkeit auf, was die Passagiere natürlich bemerkten. Manche sahen sich fragend an, andere rannten auf die Plattformen der Wagen, um von ihnen herunterzuspringen und sich in Sicherheit zu bringen. Frauen und Kinder sorgten mit ihrem Geschrei für einen infernalischen Lärm. Jorge Tavares Py, Spieler von Fluminense, versuchte die Bremsen eines Wagens zu betätigen. Die Lok konnte das Gewicht der überfüllten Wagen nicht mehr halten, sprang aus den Gleisen und prallte gegen eine Barriere. Dadurch drückten die beiden Wagen gegeneinander und in die Lok. Der gesamte Zug war gekippt. Py erholte sich von dem Aufprall und kümmerte sich dann wie andere

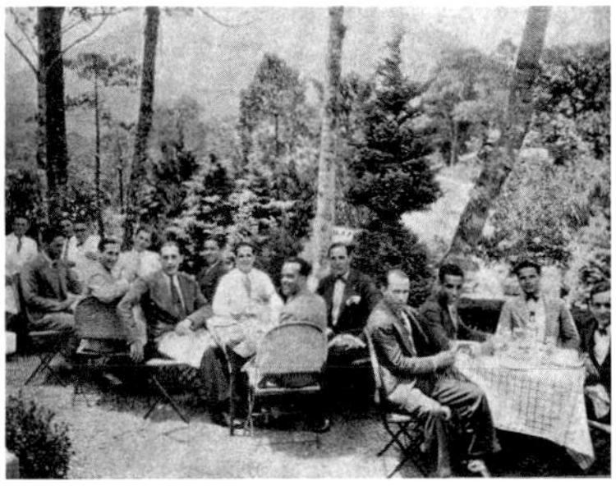

Hier ist die Welt noch in Ordnung. Die Mannschaft von Fluminense in der Residenz des Klubpräsidenten Dr. Arnaldo Guinle.

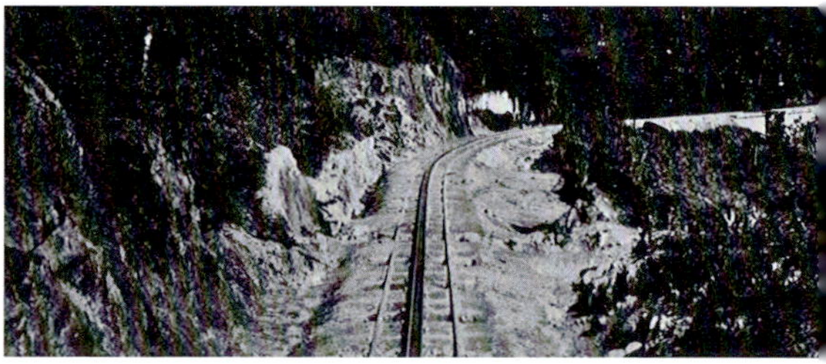
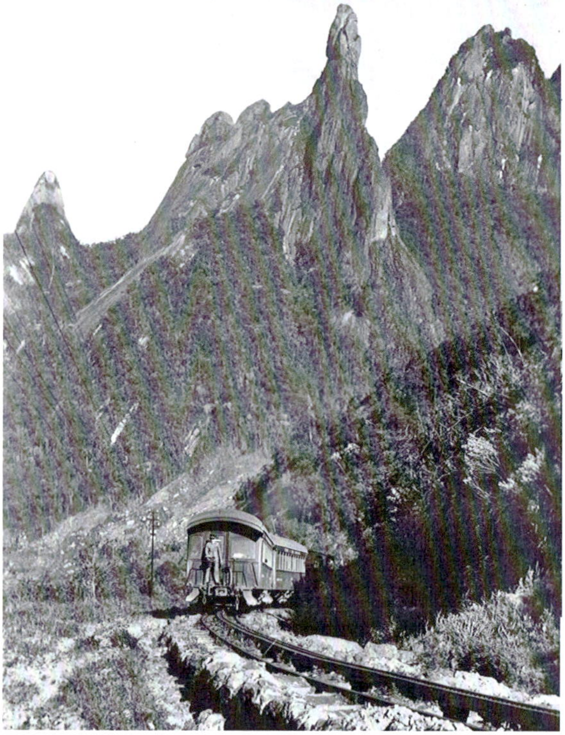
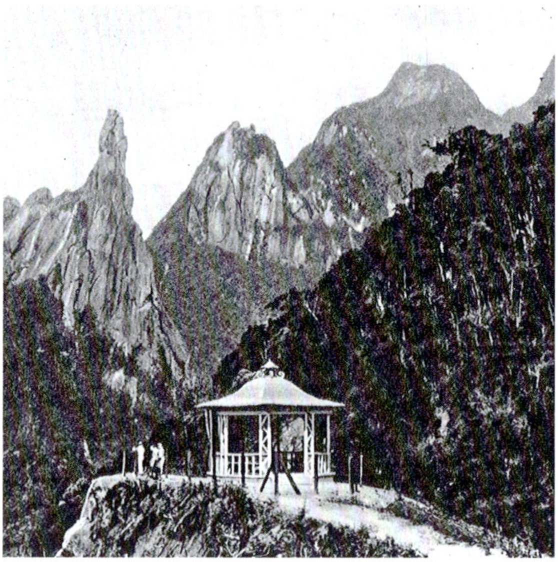
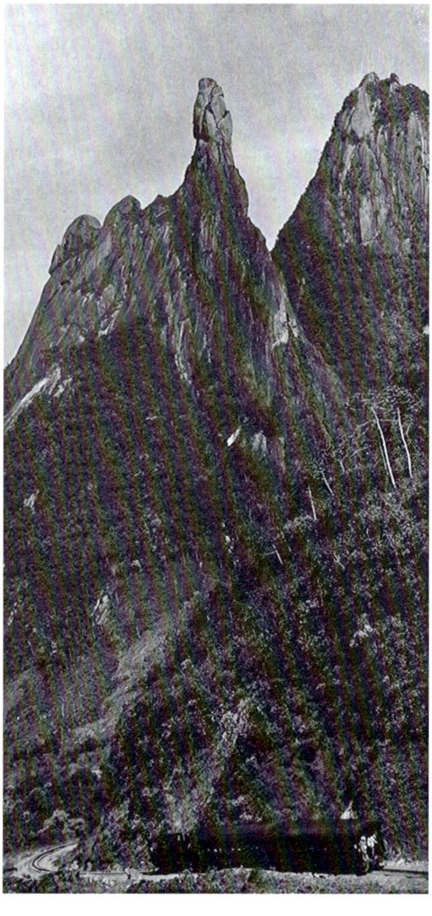
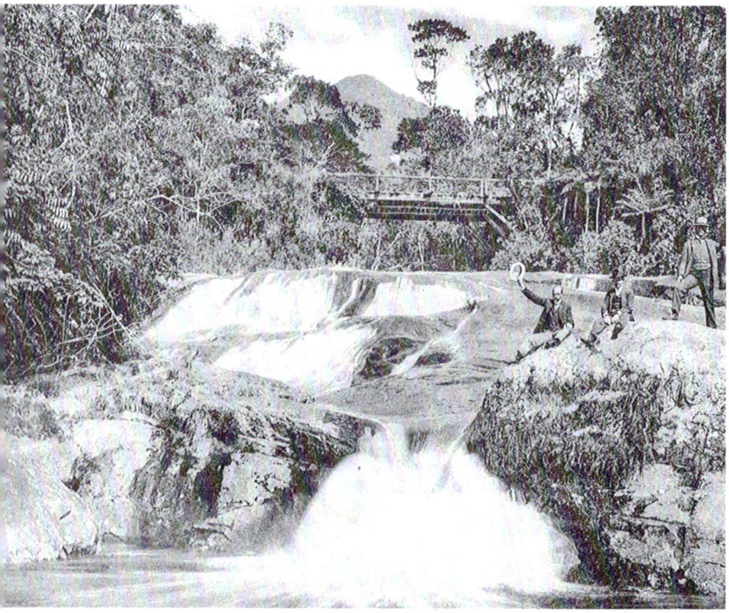

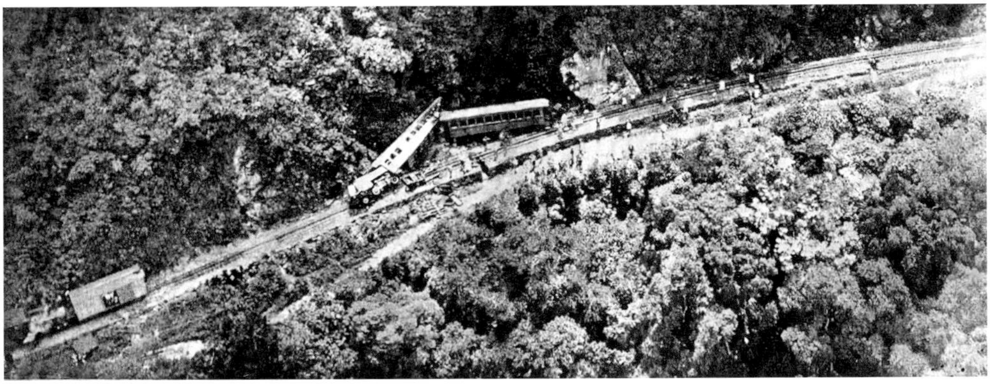
Eine Luftaufnahme des Bereichs, in dem der Zug gestoppt wurde.

um die Verletzten. Diese lagen zum Teil unter den Wagen und wurden zerquetscht. Bei den Hilfeversuchen geriet auch Py unter einen Wagen und verlor sein Leben. Acht Menschen starben insgesamt, Dutzende wurden verletzt, auch eine Reihe weiterer Fluminense-Spieler.

Die Mannschaft beschloss nach dem Unglück, weiter das Trikot vom Fluminense zu tragen, doch sie verlor den Fokus und brauchte einige Jahre, um sich wieder zu berappen. 1931 wurde ein „Jorge-Py-Pokal" ausgespielt, dessen Erlöse dem Sohn des verstorbenen Spielers gespendet wurden.

Weitere Eisenbahnunglücke mit Fußballklubs:

Die sogenannte Contigliano-Tragödie ereignete sich am 3. Oktober 1936 in Umbrien auf der eingleisigen Strecke Terni – Sulmona in der Nähe des Bahnhofs von Contigliano, unweit von Rieti. Unter den Passagieren eines aus nur einem Wagen bestehenden Schnellzuges befand

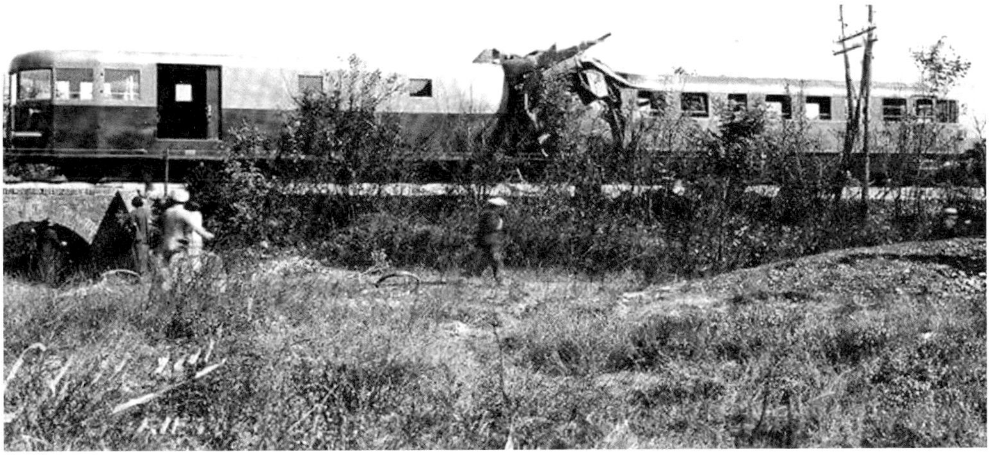
Die ineinander gefahrenen Züge bei Contigliano.

sich die gesamte Mannschaft des Serie-B-Klubs A.S. L'Aquila, die zum für den folgenden Tag angesetzten Ligaspiel bei AC Verona anreisen wollte. 105 Minuten nach dem Zustieg der Sportler in L'Aquila kollidierte der Zug mit einem in entgegengesetzter Richtung fahrenden Postzug. Mindestens 15 Menschen wurden bei dem Aufprall getötet, darunter L'Aquilas Trainer Attilio Buratti. Alle anderen 69 Passagiere wurden verletzt. Der Spieler Marino Bon wurde gar erst für tot erklärt, erlangte im Krankenhaus aber wieder das Bewusstsein. Die meisten der Spieler konnten nach dem Unfall nicht mehr weiter Fußball spielen. Der vorherige kometenhafte Aufstieg des Vereins war plötzlich beendet. Nie wieder erreichte dieser eine ähnliche Bedeutung. Nur drei Spieler blieben verschont: Zwei waren gesperrt und einer hatte den Zug verpasst. Verursacher war nach letzten Erkenntnissen der Bahnhofsvorsteher von Rieti, der den Postzug auf die Strecke ließ, ohne den Personenzug abzuwarten.

Am 17. Oktober 1943 war die gesamte Mannschaft des FC La Chaux-de-Fonds mit dem Zug auf dem Rückweg von einem Spiel in Lugano. Auf der eingleisigen schweizerischen Strecke Luzern – Bern sollte der Schnellzug der Fußballer in Schüpfheim einen dort wartenden Regionalzug passieren. Als der Zug die Weiche zum Ausweichgleis befuhr, wartete der diensttuende Beamte nicht ab, bis der Zug die Weiche komplett passiert hatte, sondern stellte diese verfrüht um. Dadurch wurden das hintere Fahrgestell des vorletzten Wagens und der letzte Wagen auf das Gleis geleitet, auf dem der Gegenzug wartete. Der vorletzte und letzte Wagen wurden auseinandergerissen. Der vorletzte Wagen raste schräg auf beiden Gleisen auf die Lok des Gegenzugs zu und wurde durch den Aufprall zurück auf sein eigentlich zu nutzendes Gleis geschleudert. Der letzte, für sich inzwischen allein rollende Wagen prallte auf die Lok und blieb vor dieser liegen. Mehrere Spieler des FC La Chaux-de-Fonds, die alle in einem der verunglückten Wagen saßen, wurden verletzt; der Mannschaftsbetreuer Charles Daepp verlor sein Leben. Insgesamt waren sechs Tote und rund 50 Verletzte zu beklagen.

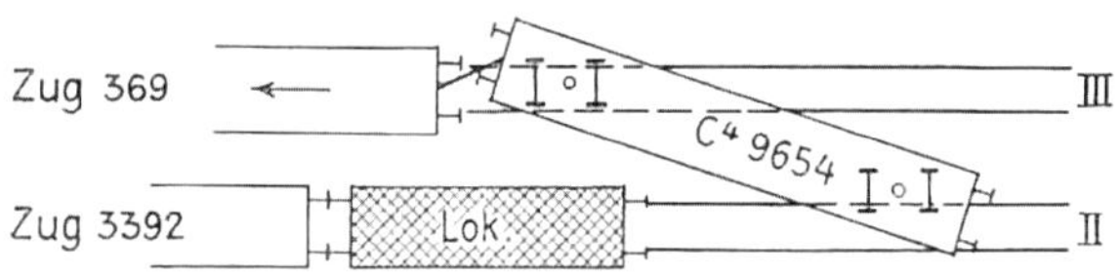

Unfalldarstellung.

Und das Spiel wurde direkt neben den Leichen fortgeführt

Stadionunglück in Bolton, England 1946

Im FA-Cup-Viertelfinale trafen 1946 Stoke City und die Bolton Wanderers aufeinander. Nach einem 2:0-Sieg für Bolton im Hinspiel in Stoke-on-Trent stand sieben Tage später, am 9. März 1946, das Rückspiel im Burnden Park in Bolton an. Der FA Cup wurde nach dem 2. Weltkrieg erstmals wieder ausgetragen. Während des Kriegs war die Meisterschaft auf eine Nord- und eine Südliga beschränkt. Die Wanderers hatten 1945 den Nordpokal gegen Manchester United geholt und danach im Nord-Süd-Finale den FC Chelsea besiegt. Stoke City wurde vom legendären Stanley Matthews angeführt. Das Interesse war riesig. Angesehene Spieler kamen von den Streitkräften zurück und sollten auf dem Platz stehen. Die Leute kamen von weit her. 65.000 Plätze wurden für das Spiel verkauft, das hieß: ausverkauft.

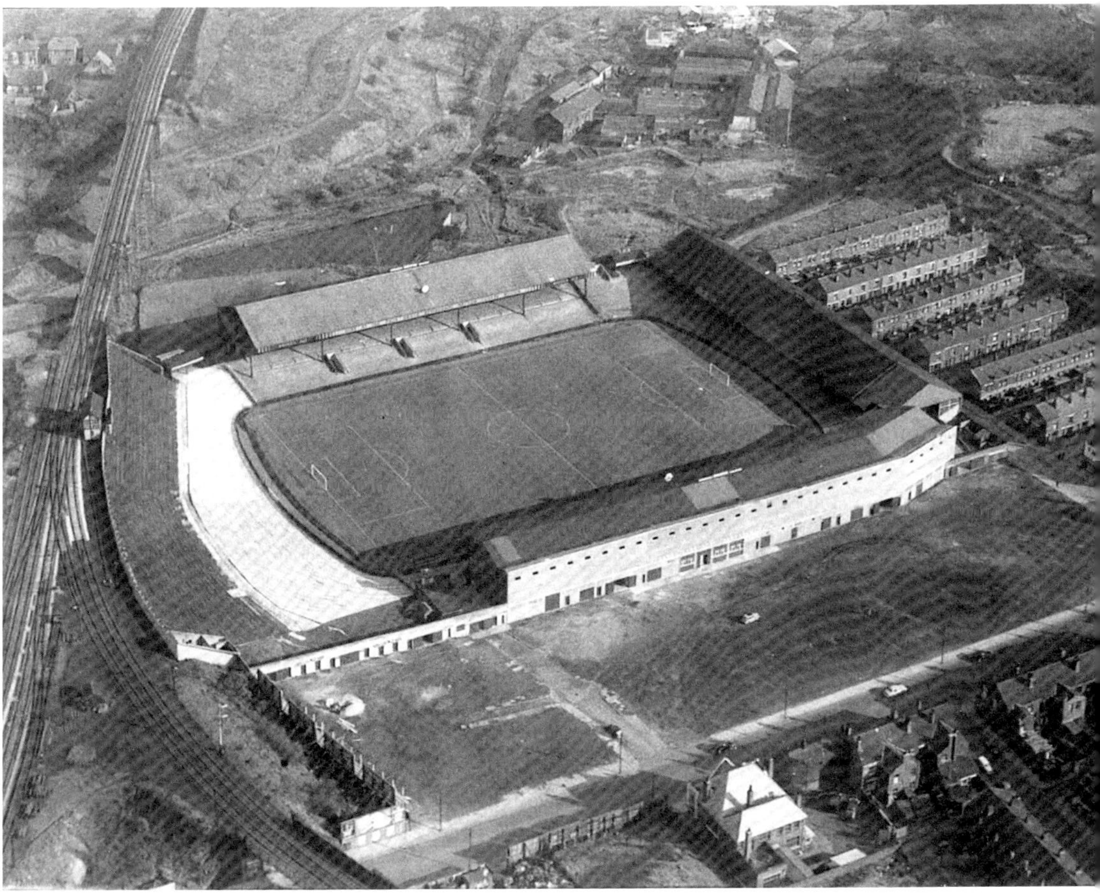

Der Burnden Park nach dem 2. Weltkrieg.

Der Eintritt wurde damals üblicherweise an den Drehkreuzen bezahlt. Eintrittskarten gab es hier nicht. Als das Stadion gefüllt war, beschlossen die Verantwortlichen, die Drehkreuze 20 Minuten vor dem Anpfiff zu schließen. Doch vor den Eingängen warteten noch immer viele Zuschauer. Auf der Stadionseite, die zum Bahndamm hin lag – der Bolton-Seite – und von wo es nur einen Zugang gab, gelangten die Menschen trotzdem ins Stadion, nachdem von hinten immer mehr Anhänger nachrückten. Sie kletterten über geschlossene Drehkreuze, drangen über einen Bahndamm in den Ground ein, indem sie Teile des Zauns entfernten, und drückten sich durch ein Tor, als es geöffnet worden war – ein Vater wollte mit seinem Sohn dem Gedränge entfliehen und hatte das Schloss geknackt. Der Druck wurde immer größer. Polizisten, die im Inneren des Stadions postiert waren, konnten ihre Kollegen außerhalb nicht erreichen, da es noch keine modernen Kommunikationsmittel gab. Es kam zu einem Handgemenge, das dazu führte, dass viele Anhänger unaufhaltsam seitlich des Spielfelds entlang, um das andere Spielfeldende herum und auf einen Parkplatz gedrängt wurden, von wo aus sie das Spiel nicht mehr verfolgen konnten. Kinder und Frauen wurden über die Köpfe der Menge in Richtung Vorderseite getragen, damit diese nicht Gefahr liefen, erdrückt zu werden. Menschen drängten in Lücken, aus denen es kein Entrinnen gab. Ein Fan beschrieb die Bewegung der Anhänger innerhalb der Menge so, als wäre sie wie ein Kartenspiel umgefallen.

Kurz nach Anpfiff wurde die Menge auf das Spielfeld geschoben, woraufhin das Spiel kurz unterbrochen wurde. 85.000 Zuschauer befanden sich nun im Stadion. Nach der Räumung des Spielfeldes kam es zum Einsturz zweier Metallbarrieren und einer Mauer, wodurch die Menschen nach vorne fielen und unten liegende Anhänger erdrückt wurden. Ein Polizist informierte Schiedsrichter George Dutton über erste Todesfälle, woraufhin das Spiel erneut unterbrochen wurde.

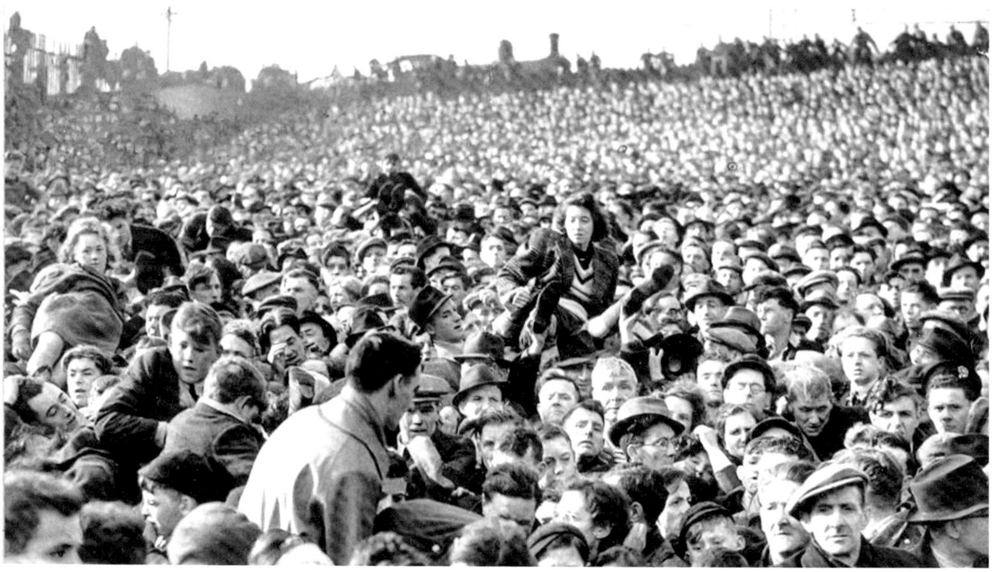

Phyllis Robb, die hier über die Köpfe hinweggehoben wird, überlebte die Bolton-Katastrophe.

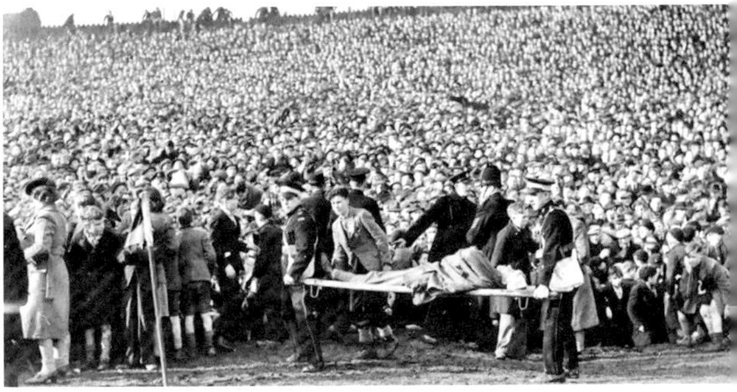

Wohin mit den Verletzten?

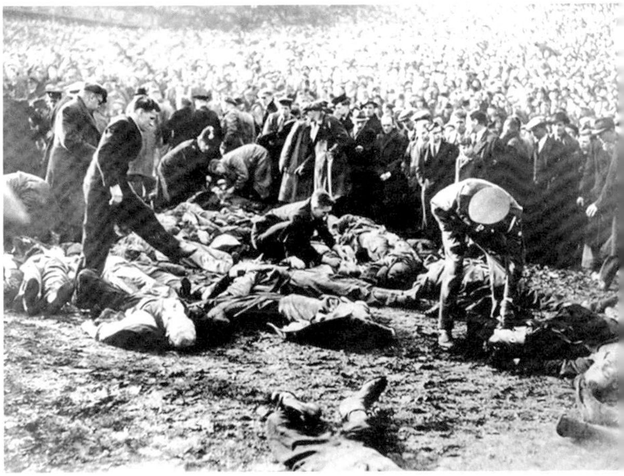

Es offenbart sich ein grausames Bild.

Tote und Verletzte wurden von den Rängen geholt, entlang der Seitenlinie aufgebahrt und umhüllt. Zuschauer Alf Ashworth verfolgte von der gegenüberliegenden Seite die Szenerie und sah, wie Menschen abtransportiert wurden, deren Arme über die Seiten der Bahren baumelten. Ashworth war sich sicher, dass diese Menschen nicht mehr lebten. Nach einer halben Stunde Unterbrechung wurde das Spiel ohne genaue Aufklärung der Spieler fortgesetzt. Diese hatten zwar ein wenig mitbekommen, kannten aber das Ausmaß nicht. Eine neue, mit Sägemehl ausgelegte Seitenlinie hatte das Spielfeld verkleinert und trennte das Spielgeschehen von den Leichen. Die zweite Hälfte schloss direkt an die erste an. Das Spiel endete 0:0. Der Vereinshistoriker der Bolton Wanderers Simon Marland erklärte später: „Niemand wusste, was passiert war. Die Polizei befürchtete, dass die Zuschauer in Panik geraten würden, wenn sie Menschen auf dem Spielfeld hinter den Toren liegen sähen, und beschloss daher, das Spiel fortzusetzen. Der Schiedsrichter ließ das Spiel zu Ende spielen, und es war nicht überraschend, dass es in einem Null-Null-Unentschieden endete."

Viele Menschen bekamen von dem Unglück nichts mit und erfuhren erst nach ihrer Rückkehr zu Hause, was passiert war. 33 Tote und etwa 400 Verletzte waren zu beklagen.

Der offizielle Bericht der Untersuchung gab u. a. an: „Innerhalb von 48 Stunden nach der Katastrophe gaben sowohl der Polizeipräsident von Bolton, W.J. Howard, als auch der Manager der Wanderers, Walter Rowley, Erklärungen gegenüber der Presse ab. Rowley äußerte sich im Namen der Vereinsführung erstaunt über ‚die Schritte, die die Menge unternommen hat, um ins Stadion zu gelangen. An fast allen erdenklichen Stellen wurden Löcher in die Umzäunung oben auf dem Damm gerissen.'" Der Zustrom von 200 bis 300 Zuschauern durch das von dem besorgten Vater geöffnete Tor war laut Ansicht des Richters letztlich wesentlich, wenn auch nicht „Hauptfaktor" für die Überfüllung des Bereichs, in dem das Unglück ausgelöst wurde.

Von Bedeutung war die Funktionsweise der Drehkreuze. An diesen waren mechanische Zähler angebracht, deren Funktion jedoch nur darin bestand, die Eintrittsgelder für die Ver-

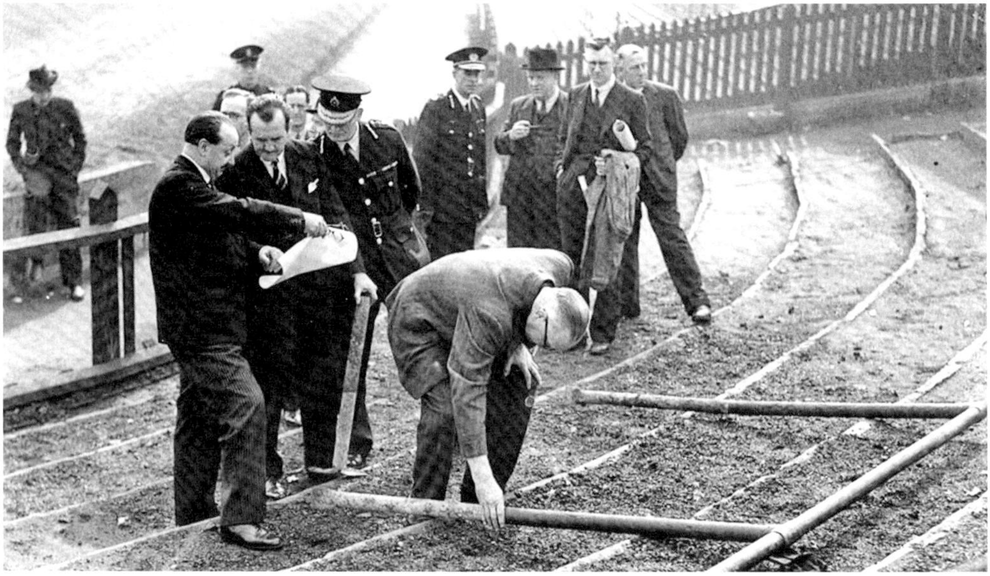

Die Untersuchungskommission bei der Arbeit.

gnügungssteuer zu erfassen. Es gab keine unmittelbar zugängliche Möglichkeit, eine fortlaufende Zählung der Eintritte vorzunehmen. D. h., der Oberaufseher konnte nur eine optische Bewertung vornehmen, wie voll es bereits war, bis er sich entschied, die Drehkreuze zu schließen.

Der Bericht empfahl u. a., dass für Plätze mit einer Kapazität von mehr als 25.000 Zuschauern vereinbarte Sicherheitsgrenzen gelten sollten. Im Burnden Park bestanden die Ränge nur aus Erde mit vereinzelten Steinplatten als Stufen. Bedrückend war, dass es eigentlich noch Platz im Stadion gegeben hatte, doch dieser Teil der Tribüne war nach dem Krieg noch nicht wieder in Betrieb genommen worden. Zudem waren noch seit 1940 Drehkreuze seitlich des Bahndamms gesperrt. Die eine eingestürzte Abgrenzung stellte sich als rostig und in baufälligem Zustand heraus. Der Klub hätte vorgewarnt sein können – einen Monat zuvor saßen bei einem Spiel mit 51.612 zahlenden Zuschauern viele auf dem Dach eines Unterstands hinter einem der Tore. Polizei und Wanderers wurden allerdings von jeder Schuld freigesprochen.

Die Wanderers schieden 14 Tage später im Halbfinale gegen Charlton Athletic aus.

Die Nationalmannschaften von England und Schottland spielten im August desselben Jahres ein Benefizspiel, dessen Einnahmen zusätzlich zu einem örtlichen Hilfsfond zugunsten der Opfer ausgezahlt wurden.

Die Tragödie, die von ihrem Geschehen her an das „White Horse Final“ von 1923 erinnert, über das zu Beginn des Buchs berichtet wird, galt als die größte in der Geschichte des britischen Fußballs, bis es 1971 im Ibrox Park in Glasgow zu einer weiteren kam. Eine Gedenktafel wurde 1992 angebracht, die nach dem Umzug der Wanderers in eine neue Heimstätte (1997) seit 2000 an der Wand eines Supermarkts montiert ist, der sich inzwischen an der Stelle des Unglücks befindet. 2015 brachten die Wanderers ein Trikot heraus, auf dem die Namen aller 33 Opfer eingestickt wurden.

Weitere Mauereinstürze und Geländerbrüche:

In Großbritannien hat es einige weitere Mauereinstürze mit Verletzten gegeben. Etwa 1914 im Hillsborough Stadium (75 Verletzte beim Spiel Sheffield Wednesday - Wolverhampton Wanderers), 1957 in Rutherglen (ein Toter und 50 Verletzte beim Spiel FC Clyde - Celtic Glasgow), 1971 in Oxford (29 Verletzte beim Spiel Oxford United - Watford) oder 1985 in Birmingham (ein Toter und 200 Verletzte beim Spiel Birmingham City - Leeds United).

Ein Geländerbruch soll vor Anpfiff eines Länderspiels von Chile und Brasilien in Santiago de Chile zu fünf Todesfällen und etwa 300 verletzten Personen sowie folgerichtig der Absage der Partie geführt haben. Die Ansetzung wurde in Quellen auf den April 1961 datiert, was nach eigener Recherche bezogen auf den Monat nicht zutreffen kann. Dieser Fall konnte daher nicht abschließend verifiziert werden.

Am 20. April 1968 brachen in Schottland beim Spiel Dunfermline Athletic gegen Celtic Glasgow zwei Geländer unter großem Druck zusammen. Zu einem späteren Zeitpunkt gaben noch weitere Geländer nach. Bei dem Spiel starb ein Mensch, 49 wurden verletzt. Es waren mehr Zuschauer als erlaubt in das Stadion gelassen worden.

In Ibagué in Kolumbien kam es bei der Partie von Deportes Tolima und Deportivo Cali am 18. November 1981 zu einem Einsturz eines Teils des Betongeländers der Westtribüne. Tausende von Personen sollen umgeworfen worden sein, Tausende in Panik geflohen sein. 19 Fans wurden von den Trümmern erdrückt, 45 Menschen wurden verletzt.

In Libyen ereignete sich 1988 beim Länderspiel Libyen - Malta in Tripolis eine Panik, ausgelöst durch einen Mann, der mit einem Messer oder einer Pistole um sich schlug. Die Menschen liefen Richtung Ausgang und verursachten den Zusammensturz einer Wand, der 30 Leben kostete und 40 Personen verletzte.

In Chiles Estadio Monumental war am 22. August 1993 Real Madrid zu Gast bei Colo-Colo. Viele Menschen hingen an einem Geländer, das nachgab. Fünf Personen fanden den Tod, 40 erlitten Verletzungen.

Die Tragödie der Superga

Der Flugzeugabsturz von AC Turin, Turin, Italien 1949

Der sechsjährige Alessandro „Sandro“ Mazzola war das Maskottchen des Klubs. An der Hand seines Vaters Valentino, dem großen Spieler des Vereins aus Turin, lief er vor Spielen mit auf den Platz. Seinen Spind hatte er neben dem seines Vaters. Im Training durfte er Elfmeter gegen den Keeper der großen Mannschaft schießen – dieser spielte mit, und so landete immer wenigstens ein Schuss im Netz. Von einem auf den anderen Tag war sein Vater plötzlich nicht mehr da. Näheres erfuhr er nicht. Er würde reisen und später wiederkommen, hatte man ihm gesagt. Da stand er nun vor einer großen Menschenmenge mit Blumen in der Hand und wusste nicht, dass sein Vater nur wenige Meter von ihm entfernt war – in der Holzkiste vor ihm …

Seine erfolgreichste Zeit erlebte AC Turin (heute FC Turin) zwischen 1942 und 1949. Diese basierte auch auf der taktischen Einstellung, aus einer sicheren Abwehr schnell das Mittelfeld zu überbrücken und mit einem schlagkräftigen Angriff Tore zu erzielen. Unter Führung ihres Kapitäns Valentino Mazzola holte sich der Klub – unterbrochen durch den 2. Weltkrieg – fünf Meisterschaften in Folge. Sechs Jahre lang verlor „Il Toro“ (benannt nach dem Stier im Wappen der Stadt) kein Heimspiel – 96 Spiele in der Summe. Für ein Länderspiel

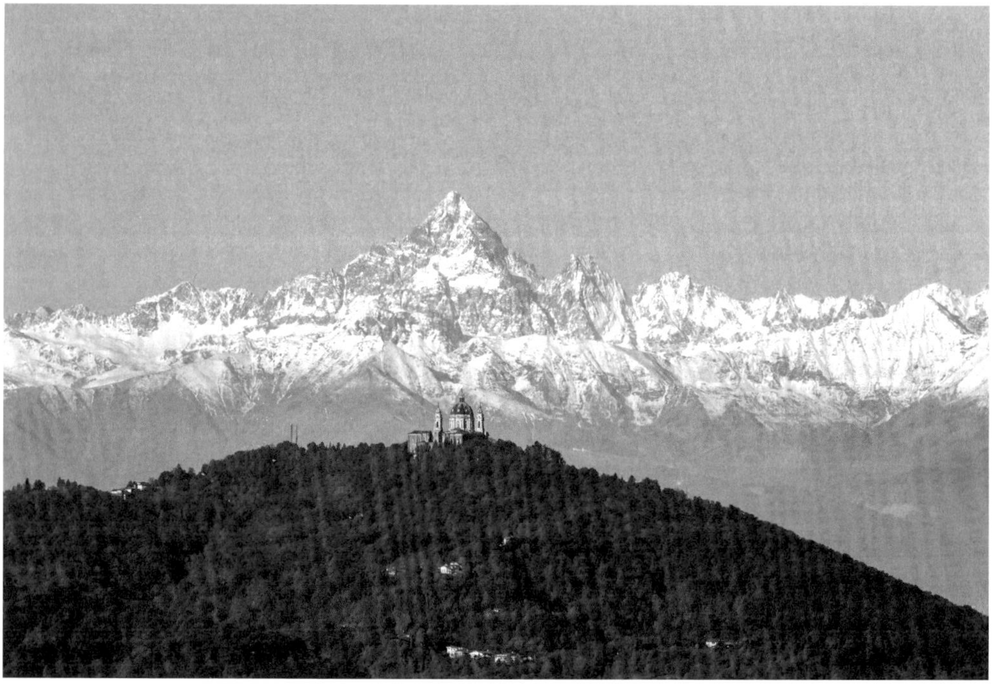

Die Basilica de Superga thront über Turin.

Italiens gegen Ungarn wurden 1947 gleich zehn Spieler von AC Turin aufgestellt. Als „Grande Torino“ ging das Team in die Fußballgeschichte ein. Der Titel von 1949 unter dem Briten Leslie Lievesley als Trainer, der bei der Royal Air Force bereits zwei Flugzeugabstürze überlebt hatte, wurde laut mancher Quellen bereits am fünftletzten Spieltag mit einem 0:0 beim größten Kontrahenten Inter Mailand gesichert. Doch diese vorzeitige Entscheidung gab es nicht, betrug der Vorsprung vor den letzten vier Spielen doch „nur“ vier Punkte. Dafür gab es eine andere Entscheidung: Der Klub vereinbarte eine Reise zu einem Freundschaftsspiel bei Benfica Lissabon. Die Kapitäne beider Klubs hatten während des zuvor stattfindenden Länderspiels zwischen Italien und Portugal in Genua besprochen, dass die Italiener anlässlich des Abschieds des Lissaboner Kapitäns Francisco Ferreira anreisen würden.

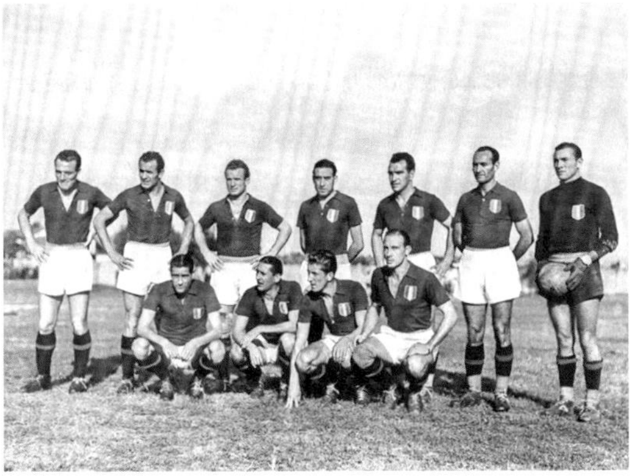

Grande Torino im Jahr 1949.

Außer dem Ersatzkeeper Renato Gandolfi, dem Nachwuchs-Mittelfeldmann Luigi Giuliano sowie dem am Meniskus verletzten Stammspieler Sauro Tomà waren alle Spieler mit nach

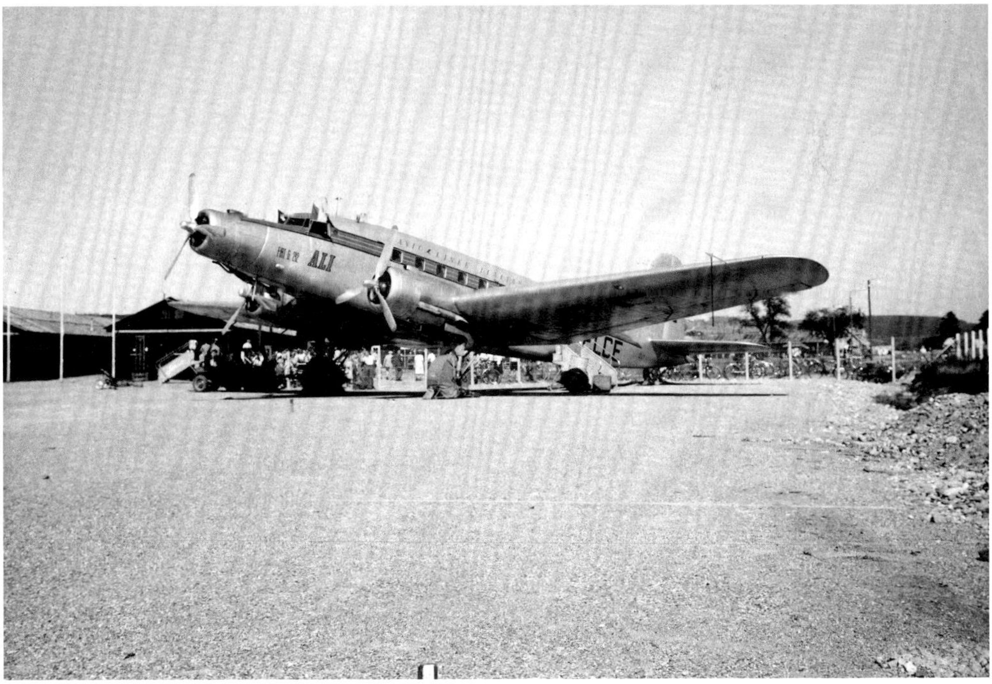

Die Unglücksmaschine der Avio Linee Italiane.

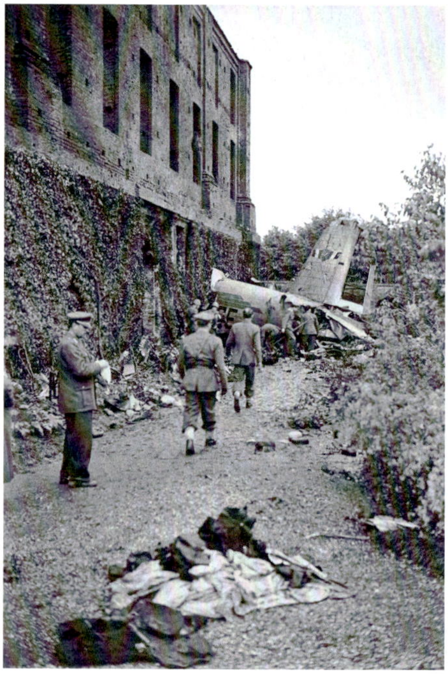

Das Flugzeugwrack an der Basilika.

Lissabon gereist. Die Italiener siegten vor 40.000 Zuschauern mit 4:3. Der Rückflug mit der Avio Linee Italiane am 4. Mai mit einer Zwischenlandung in Barcelona zum Auftanken gestaltete sich zunächst problemlos. Die Route führte über Cap de Creus, Toulon, Nizza, Albenga und Savona. Über Savona meldete die Cockpitcrew eine Flughöhe von 2.000 Meter und den Beginn des Landeanflugs mit ihrem Flugzeug vom Typ Fiat G.212 auf Turin. Dort herrschte schlechtes Wetter. Die Sichtweite am Flugplatz betrug 1.200 Meter. Außerdem gab es Regenschauer, starken Südwestwind mit Böen und in 400 Meter Höhe eine geschlossene Wolkendecke. Am Turiner Hausberg Superga, der eine Höhe von 675 Metern hat, gab es Nebel mit 40 Meter Sichtweite. Die Crew war gezwungen, in den Sinkflug überzugehen, um auf Sicht fliegen zu können. Während die Maschine sank, kollidierte sie um 17:03 Uhr mit der Stützmauer eines Erdwalls auf der Rückseite der Basilika von Superga, die auf dem gleichnamigen Hügel steht. 31 Menschen starben: 18 Spieler, drei Funktionäre, zwei Trainer drei Journalisten und ein Dolmetscher. Auch Leslie Lievesley verlor sein Leben – bei seinem dritten Flugzeugabsturz.

Nachdem er von dem Unglück erfahren hatte, eilte Sauro Tomà zum Superga, wurde aber von einem Teammanager nicht durchgelassen, damit er den schrecklichen Anblick seiner toten Mannschaftskameraden nicht ertragen musste. „Ich glaube, dass alle Jungen oder

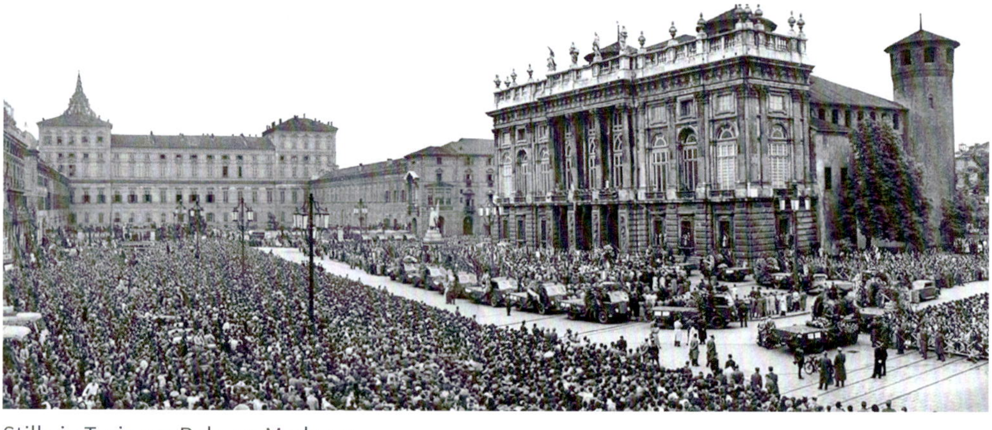

Stille in Turin am Palazzo Madama.

Männer meiner Generation ganz genau wissen, wo sie damals waren und was sie gemacht haben, als die Nachricht bekannt wurde“, meinte Rino Tommasi von der Gazzetta dello Sport. Vittorio Pozzo, zweifacher Weltmeistertrainer Italiens, musste am Unglücksort in Turin zusammen mit Klubfunktionär Roberto Copernico seine ehemaligen Spieler identifizieren.

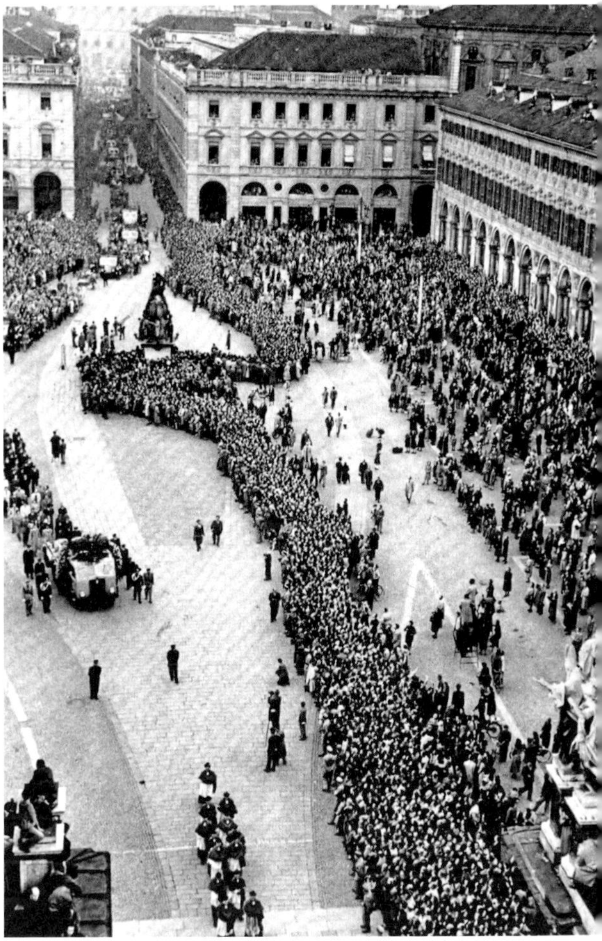

600.000 Menschen waren unterwegs.

Neben dem Wetter wurden eine schlechte Funkausstattung der Maschine und ein Navigationsfehler als Gründe für den Absturz genannt. Es wurde vermutet, dass das Flugzeug aufgrund starken Seitenwindes während einer Kurve gedriftet sein könnte, wodurch es von der Sinkflugachse abkam und auf den Superga-Hügel statt auf die Landebahn ausgerichtet wurde. Nach neueren Untersuchungen kann es auch sein, dass der Höhenmesser auf 2.000 Meter hängen blieb und die Piloten deshalb glaubten, sie befänden sich auf dieser Höhe, obwohl sie nur 600 Meter über dem Boden waren. Der Pilot, der dachte, den Hügel von Superga zu seiner Rechten zu haben, sah ihn plötzlich vor sich auftauchen (Geschwindigkeit 180 km/h, Sichtweite 40 Meter) und hatte keine Zeit mehr, etwas zu unternehmen: Die Anordnung der Wrackteile deutete nicht auf einen Versuch hin, abzudrehen.

Der italienische Verband erklärte in Absprache mit den Vereinen den Tabellenführer vorzeitig zum Meister. Verbandspräsident Ottorino Barassi streckte mit zitternden Armen auf dem Superga den Meisterpokal in den Himmel. Beim Trauerzug durch Turin waren etwa 600.000 Menschen auf den Beinen. Die Trauerfeier fand am 6. Mai im Palazzo Madama, der ehemaligen Residenz der königlichen Familie, statt, in dem alle Särge aufgereiht wurden. Es waren Vertreter aller italienischen und zahlreicher ausländischer Mannschaften anwesend. Ottorino Barassi wandte sich an die Särge, als könnten die Leichen darin seine Worte hören. Der Historiker Indro Montanelli schrieb: „Helden sind immer unsterblich in den Augen derer, die an sie glauben. Und so werden die Jungs glauben, dass Torino nicht tot ist: Sie sind nur weg.“

Die Saison wurde von der A-Jugend zu Ende gespielt. Beim ersten Spiel nach dem Absturz war das Filadelfia-Stadion ausverkauft. In großer Stille verfolgte das Publikum das Spiel, zu dem der Gegner Sampdoria Genua aus Respekt ebenso seine A-Jugend antreten ließ. Von der Tragödie erholte sich der Klub nicht mehr.

Für den 26. Mai 1949 wurde im Stadio Comunale ein Spiel organisiert, dessen Erlös den Familien der Opfer zugutekam. Gegen River Plate aus Buenos Aires wurde die sogenannte Torino-Simbolo-Mannschaft aufgestellt, eine Gruppe von elf Spitzenspielern, die von anderen Klubs ausgeliehen wurden und das Trikot der Turiner trugen.

Als Ende Juni/Anfang Juli in der ersten Auflage des Latin Cup, einem Vorläuferwettbewerb des Europapokals mit den Landesmeistern aus Portugal, Spanien, Frankreich und Italien, beim Halbfinale in Madrid eine 1:3-Niederlage gegen Sporting Lissabon und im Spiel um Platz 3 in Barcelona ein 5:3 gegen Stade de Reims erzielt wurden, stand bereits ein neu gebildetes Team auf dem Platz. Es folgten mittelmäßige Jahre. Nur 1975/76 konnte noch einmal eine Meisterschaft geholt werden.

Sandro Mazzola, der Sohn des großen Valentino Mazzola, wartete weiter auf die Rückkehr seines Vaters. Wenige Zeit nach der Trauerfeier holte ihn die (neue) Lebensgefährtin (mit der er und sein Vater bis vor kurzem zusammengelebt hatten) und brachte ihn bei Freunden in einer Mühle unter. Sie schien „etwas“ von dem Verstorbenen behalten zu wollen. Tatsächlich handelte es sich dabei um eine Entführung. Die Familie der Mutter, die Sandro direkt nach dem Absturz zu sich genommen hatte, benachrichtigte die Polizei und bat die Fans des Klubs, bei der Suche nach Sandro zu helfen. Diese zogen dann durch die Lande. Nach einem Monat fand man ihn. Zurück bei der Mutter kam der Vater weiter nicht heim. Der Verein hatte kein Geld, die Familien der Opfer des Flugzeugabsturzes finanziell länger zu unterstützen. Auch der Junge musste zusehen, wie er sich etwas Geld zum Überleben verdiente. Durch einen Zufall, ein Gespräch, dem er lauschte, erhielt er die Gewissheit, dass sein Vater nie wieder zu ihm zurückkehren würde. Und trotzdem meinte es das Schicksal besser mit ihm: Auch er spielte Fußball, spürte dabei immer den Druck durch den berühmten Vater, der über ihm schwebte, doch er setzte sich durch und wurde selbst zum Fußballstar bei Inter Mailand, der als Teil von „Grande Inter“ von 1960 bis 1977 alleine 565 Pflichtspiele mit 158 Toren und 70 Länderspiele mit 22 Toren absolvierte. Zur Titelsammlung gehören vier italienische Meisterschaften, zwei Siege im Europapokal der Landesmeister, zwei Weltpokalsiege, ein Europameistertitel und eine Vizeweltmeisterschaft.

Als Sauro Tomà seine Gefährten durch den Flugzeugabsturz verlor, begann er selbst auf den Moment zu warten, in dem er zu ihnen stoßen sollte. Er widmete sein Leben der Erinnerung an „Grande Torino“, schrieb Bücher und gab Interviews. Er vermittelte jedem, den er traf, wie es war, mit den Unbesiegbaren gelebt und gespielt zu haben. Mit dem Ende seiner aktiven Laufbahn begann er in der Nähe des Stadions in Turin als Zeitungshändler zu arbeiten. Er spielte mit den Kindern auf dem Platz Fußball und lud sie in sein Haus ein, in dem Erinnerungsstücke, Dokumente und Fotos von seinen Kameraden an damals erinnerten. Tagsüber grüßte er sie: „Hallo Valentino, hallo Castigliano …“ Er wurde täglich an sie erinnert.

Dieses Unglück war das erste überhaupt, bei dem quasi eine ganze Mannschaft ihr Leben verlor. Der Schock war in Italien so groß, dass der Verband seine Nationalmannschaft im folgenden Jahr sicherheitshalber per Schiff zur Weltmeisterschaft nach Brasilien schickte. Die Wallfahrtskirche Superga, die beim Absturz schwer beschädigt wurde, wurde zum Pilgerort der Turiner Fans. Zum 50. Jahrestag der Tragödie wurde eine Oper von Ermanno Eandi mit dem Titel „Superga 4 maggio 1949“ aufgeführt. 2014 erreichte eine Fernsehdokumentation von RAI eine Einschaltquote von über 30 Prozent. Als Sauro Tomà 2018 verstarb, schrieb der Klub zum Abschied: „Du bist zu Deinen Gefährten im Himmel gegangen. Ciao Sauro, Letzter der Unbesiegbaren.“ Auch er wurde im Palazzo Madama aufgebahrt, und Hunderte von Menschen nahmen Abschied von ihm.

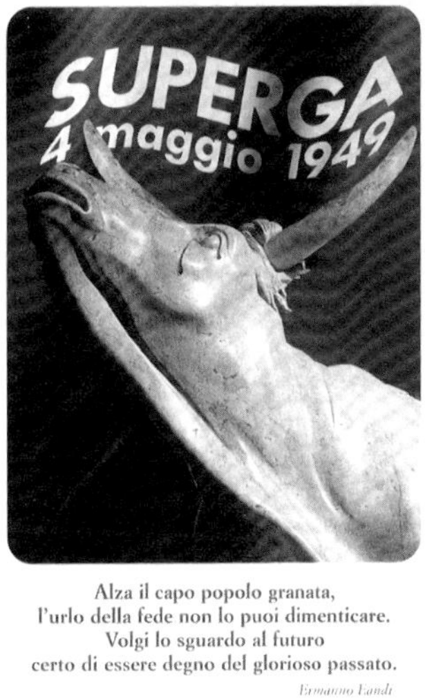

Plakat zur Oper.

TV-Verfilmung:
Il Grande Torino, 180 min, 2005.

Weiterführende Literatur (Auswahl):
Alexandra Manna & Mike Gibbs: The day Italian Football died. Torino and the tragedy of Superga, Derby 1999.
Giuseppe Culicchia: Superga 1949. Il destino del Grande Torino, Mailand 2019.

Ein weiterer durch das Wetter bedingter Flugzeugabsturz:

Am 16. Juli 1960 erschienen acht Spieler der dänischen Nationalmannschaft am Flughafen Kastrup, um in Vorbereitung auf die Olympischen Spiele in Rom mit einem Inlandsflug nach Jütland zu einem Testspiel geflogen zu werden. Doch das gecharterte Flugzeug aus London war wetterbedingt nicht eingeflogen. Kurzerhand wurde eine De Havilland Dragon Rapide des Zone Rescue Corps Air Service als Ersatzmaschine bereitgestellt. Das für Regenwetter nicht zugelassene Flugzeug (es hatte nicht einmal Scheibenwischer) geriet nach dem Start in einen Regensturm und bekam starken Seitenwind, womit der Pilot nicht zurechtkam. Er schaltete auf Instrumentenflug um, der erst bei voller Geschwindigkeit funktioniert. Die Maschine kam ins Trudeln und stürzte aus einer Höhe von etwa 100 Metern in den Øresund, knapp 50 Meter vom Land entfernt. Alle acht Spieler starben, nur der Pilot, dem ein Bein abgenommen werden musste, überlebte. Er schwieg aber bis zu seinem Tod 2008 zu den Geschehnissen. Die dezimierte Nationalmannschaft trat in Rom auch aus Respekt vor den Verstorbenen an und holte die Silbermedaille.

An der Kreuzung des Todes

Das Busunglück von Juan Aurich, Trujillo, Peru 1953

Peru 1922: Eine Gruppe von Arbeitern der Hacienda Batán Grande in der Provinz Ferreñafe beschloss, ein Fußballteam zu bilden, um an Meisterschaften von Betriebsmannschaften teilzunehmen. Als Name wurde der des Gutsbesitzers gewählt. So nannte man sich Deportivo Juan Aurich. Ab 1930 spielte der Verein in der regionalen Meisterschaft von Chiclayo. 1939 gelang der erste Titelgewinn. Nachdem 1951 in Peru der Profifußball eingeführt worden war, durch den ein Messen mit Klubs aus Lima und der Provinz Callao möglich war, bemühte sich die Vereinsführung darum, die Mannschaft mit wichtigen Neuzugängen von großen Klubs des Landes (Universitario, Municipal und Alianza) wettbewerbsfähig zu bekommen und eine Erlaubnis für die Einführung und die Teilnahme an einer Profiliga zu erwirken. Mit Alejandro „El Patrullero" González wurde ein ehemaliger Nationalspieler als Trainer verpflichtet.

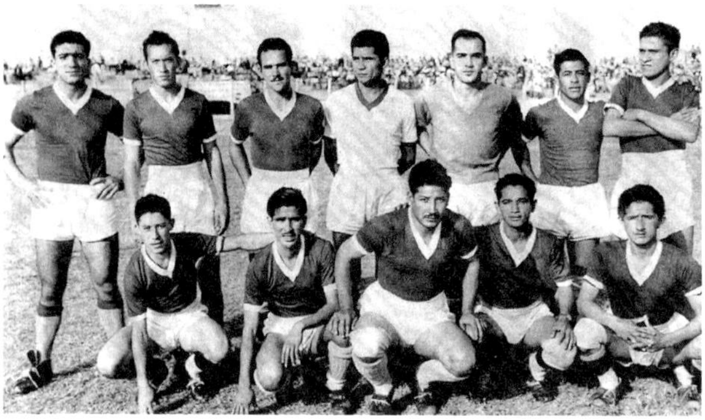

Die hoffnungsvolle Mannschaft von 1953.

Am Sonntag, den 5. Juli 1953 reiste das auch als „Ciclón" bezeichnete Juan Aurich mit einer 55-köpfigen Delegation mit dem Bus zu einem Freundschaftsspiel gegen Rambler de Salaverry im Mansiche-Stadion in Trujillo an. Es wurde als „das Spiel des Jahrhunderts" angekündigt, immerhin galt Juan Aurich als das höchstbezahlte Amateurteam des Landes. Die Begegnung endete mit einem 3:1-Sieg für Juan Aurich. Die Spieler feierten vor Ort, bevor sie den „Santa Fe"-Nachtbus, einen Linienverkehr, Richtung Chiclayo bestiegen. Nur der Spieler Luis Bernal nahm kurzfristig einen anderen Bus, der ihn direkt nach Lima brachte, wo er zu seinem kranken Sohn wollte. 55 Passagiere waren an Bord des Busses nach Chiclayo, alle Sitze und auch der Gang voll besetzt. Am Steuer saß ein junger Mann, der weder aus der Gegend stammte noch die Strecke – damals die berühmte Panamericana – schon einmal zurückgelegt hatte.

Parallel zur Straße verliefen für einige Kilometer die Eisenbahngleise der Ascope-Linie. Und auf diesen Gleisen fuhr zur gleichen Zeit in entgegengesetzter Richtung ein Güterzug, der Zuckerrohrsaft transportierte und dessen Lokführer sich mit der Lokpfeife bemerkbar machte – zumindest dachte er dies –, um auf die folgende Kreuzung von Straße und Gleis hinzuweisen. Doch an Bord des Busses herrschte gelöste Stimmung. Die Gesänge der Reisenden übertönten die Warnhinweise des Zuges. Als der Fahrer die roten Lichter des Zugmotors sah, glaubte er, dass ein anderes Fahrzeug entgegenkommen würde, weshalb er sich rechts auf der Fahrbahn hielt. Es war 20:50 Uhr, als der Bus auf Höhe der Kilometermarke 55 die Stelle erreichte, an der die Bahnlinie die Straße kreuzt, bekannt als „El cruce de la muerte“ (Kreuzung des Todes). Zug und Bus stießen frontal zusammen. Offiziell starben 24 Menschen, die Hälfte Spieler von Juan Aurich. Unter den Toten der Delegation befanden sich auch Trainer Alejandro „Patrullero“ González, zudem Marcelino Tello, ein namhafter Mittelfeldspieler, der an diesem Nachmittag sein Debüt für den „Ciclón“ gegeben hatte und dessen Frau zu Hause schwanger auf ihn wartete. Viele Menschen wurden verletzt, allein 18 schwer.

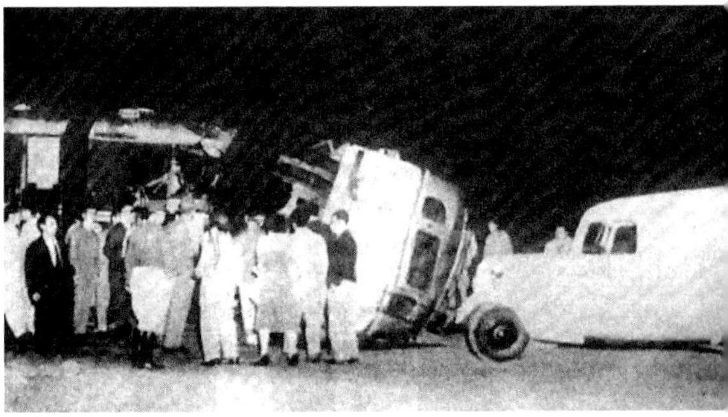

Der Bus liegt auf der Seite.

Der Historiker Efraín Trelles schrieb 2012 für das peruanische Internetportal RPP über den ersten Augenzeugen am Unfallort: „Don Antonio Quesada, ein Autofahrer aus dem Norden, der in der Nacht zu jenem tragischen Sonntag auf der Panamericana Norte unterwegs war. Er bremste abrupt, und was er sah, war die Hölle aus Blut, verbogenem Stahl und über den Sand verstreuten Leichen. Mit Entsetzen im Gesicht, ungläubig und jenseits von Tränen und Schmerz kehrte Antonio Quesada zum Fahrzeug zurück, drehte um, weil es keinen Durchlass gab, und fuhr mit der Geschwindigkeit, die nur tragische Nachrichten bringen können, nach Trujillo.“ Rettungsteams wurden mobilisiert. Über Telegrafenleitungen ging die Meldung in die ganze Welt. Die Anhänger des Klubs bestürmten die Krankenhäuser, um Blut zu spenden.

Luis Bernal hielt man erst für tot, bis er seine Angehörigen lebendig überraschte. Der Unfall erschütterte das ganze Land. Die Regierung verhängte eine Staatstrauer und übernahm die Kosten für die Versorgung der Verwundeten, die Särge und die Beerdigung der Verstorbenen.

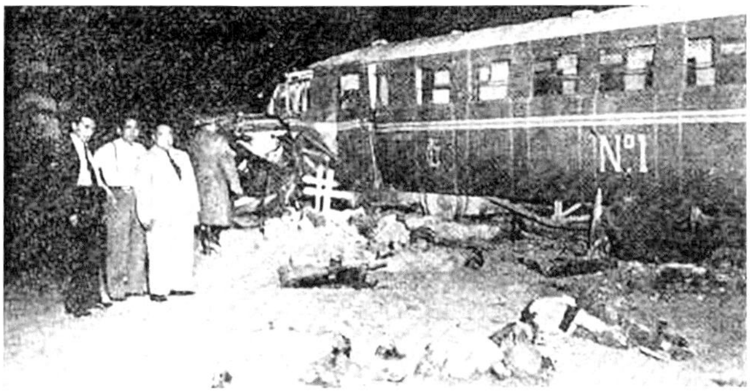

Der Zug ist zumindest stehen geblieben.

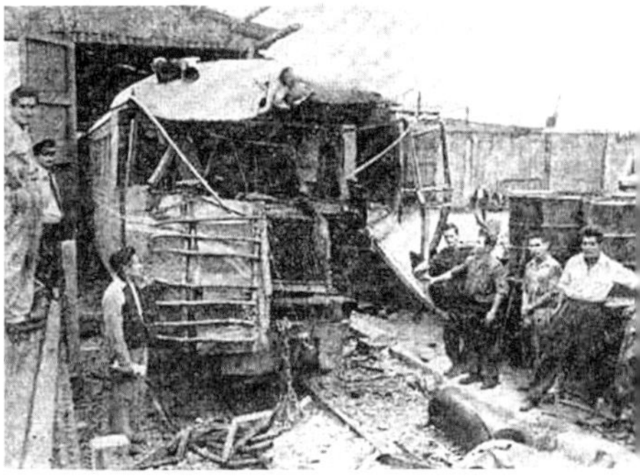

Die auf ein Werksgelände geschleppte Lok in der Frontalsicht. Ein Totalschaden!

Torhüter Teódulo Legario spürte das plötzliche Ableben seiner Freunde vielleicht am meisten. Er konnte den Schmerz nicht ertragen und versuchte, diesen mit seinem Gesang für die Toten zu lindern. Der Text seines Liedes mit dem Titel „Desastre“, das nur drei Tage nach dem Unfall aufgeführt wurde, lautet wie folgt:

> Welche Hoffnung wir im Leben noch haben
> Welche Traurigkeit, welcher schreckliche Schmerz
>
> Wenn das Schicksal mit beißender Grausamkeit
> Vierundzwanzig Leben beenden konnte
>
> Und die Tränen der Mütter und Kinder
> Und die Tränen der Mütter und Kinder
>
> Wir werden keine Ballerei mehr sehen
> Die Sterne funkeln
> Sie kündigen ihnen den Ort an
> Dass sie im Himmel wohnen werden
>
> Castañeda José war einer von ihnen
> Alejandro González und Ugaz
> José Navarro und Marcelino Tello
> Wer in den Gerichten wusste, wie man kämpft
> Und sie haben gewonnen
> In Mansiche gegen Rambler
> Ein Ort
> In Unsterblichkeit

Der Traum von der dezentralisierten Profimeisterschaft war mit dem Unglück von Juan Aurich geplatzt – erst zwölf Jahre später wurde die erste landesweite Meisterschaft ins Leben gerufen. 2011 gewann Juan Aurich seine erste und bisher einzige Meisterschaft von Peru und gedachte der Opfer der Tragödie von 1953.

Heutzutage ist die einst frei in der Landschaft befindliche „Cruce de la Muerte“ trotz der längst abgebauten Bahnstrecke nicht nur weiterhin ein Ort, an dem tragische Verkehrsunfälle passieren, sondern auch Schauplatz von Überfällen und Verbrechen in einer mittlerweile dicht besiedelten Umgebung, in der die Erinnerung an das Unglück immer noch lebendig gehalten wird.

Die Katastrophe von Wilsele

Das Zugunglück der deutschen Fans, Wilsele, Belgien 1954

Herkenrath – Posipal, Kohlmeyer – Erhardt, Liebrich, Harpers, Kaufhold, Pfeiffer, Seeler, Derwall, Beck. Die deutschen Schlachtenbummler blickten auf das heilige Grün. Dort standen am 1. Dezember 1954 die Nationalspieler Deutschlands zum Vergleich mit der Nationalmannschaft Englands in Londons Wembleystadion auf dem Rasen – erstmals spielte Deutschland an dieser Stelle. Der amtierende Weltmeister, der auf die verletzten Toni Turek, Horst Eckel, Fritz Walter und Hans Schäfer sowie die „Hepatitis-Fälle" Helmut Rahn, Max Morlock und Heinz Kubsch verzichten musste, trat in England mit Neulingen und Spielern aus der zweiten Reihe an. Die Anreise hatte lange gedauert. Mit Sonderzügen ab Frankfurt über Brüssel waren viele Anhänger bis zum Ärmelkanal nach Ostende gereist und wechselten dann auf Fähren nach Dover, um dann wieder den Zug zu nehmen. Endlich ging es mit dem Klassiker an dieser historischen Stätte los. 12.000 Deutsche waren unter den 100.000 Zuschauern.

3:1 gewannen die Gastgeber das Freundschaftsspiel. Nach den vorherigen Niederlagen gegen Belgien und Frankreich hatte es wieder eine Enttäuschung gegeben, die Bundestrainer Sepp Herberger schwer beschäftigen musste. Für die Fans aus Deutschland stand aber die Heimreise an. Zurück ging es wieder im Zug nach Dover, mit der Fähre nach Ostende und dann in einen der dort wartenden Fansonderzüge.

Ein Sonderzug, der am Morgen des 2. Dezember aufgrund der Elektrifizierung der Strecke Brüssel – Lüttich über Mechelen umgeleitet wurde, befand sich um kurz nach 7 Uhr mit sei-

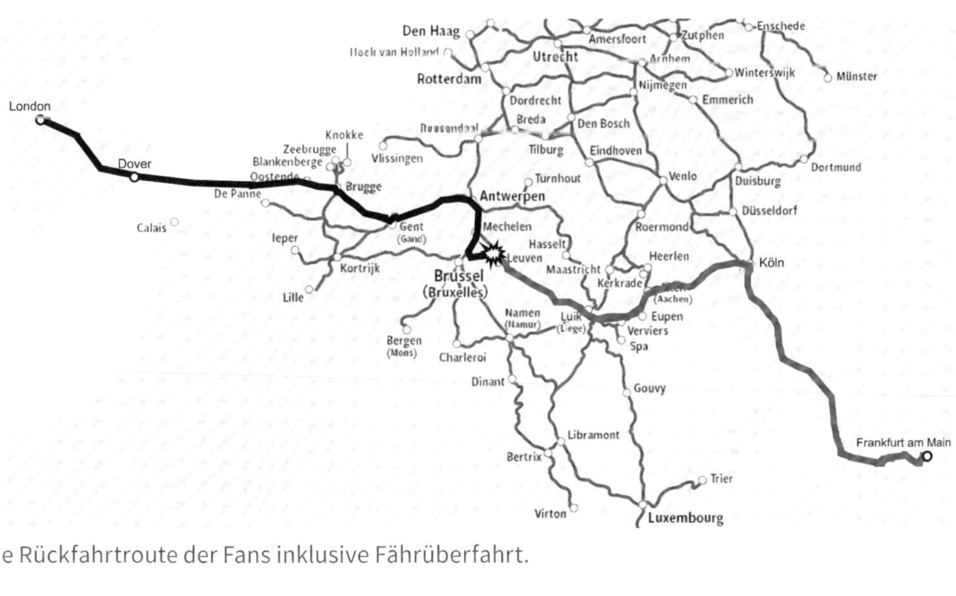

Die Rückfahrtroute der Fans inklusive Fährüberfahrt.

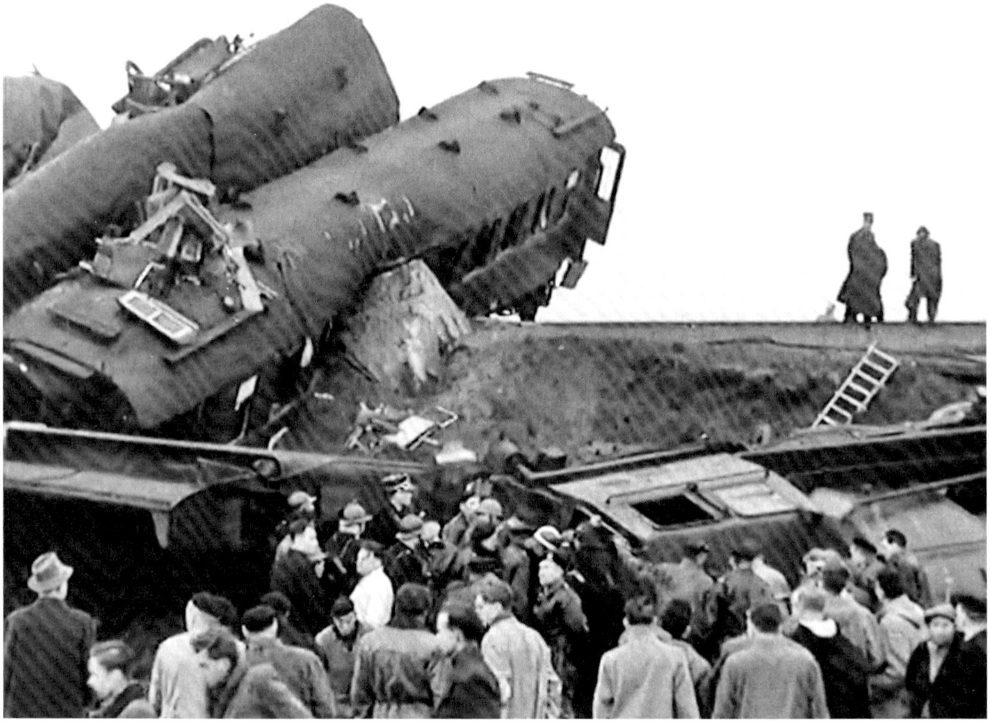

Der Unglücksort in Belgien.

nen insgesamt 700 Reisenden in Höhe von Wilsele (heute zu Leuven gehörend) auf einem eigentlich zweigleisigen Abschnitt, der aber aufgrund von Bauarbeiten an einer Brücke über den Fluss Dijle nur eingleisig befahrbar gewesen ist. Der Zug näherte sich mit hoher Geschwindigkeit der Brücke und musste von der linken auf die rechte Seite ausweichen. Unklar ist, was das folgende Unglück auslöste: entweder eine Schienenbeschädigung durch eine Entgleisung wenige Tage zuvor oder die fehlende Vertrautheit des Lokführers mit der Strecke, der deshalb extra einen Lotsen angefordert hatte. Für diese Stelle galt – bedingt durch den erforderlichen Gleiswechsel – eine Anweisung zur langsameren Fahrt von maximal 30 km/h, die nicht beachtet wurde: 78 km/h war der Zug zum Zeitpunkt des Unfalls schnell. Die Lok und drei der zwölf Waggons sprangen aus den Schienen und kippten von dem vier Meter hohen Bahndamm. Alle anderen Wagen entgleisten. Der zweite Wagen wurde komplett zerstört. Der Lokführer und der Heizer waren tot, insgesamt 21 Todesopfer wurden gezählt, dazu 80 Verletzte. Zahlreiche Reisende wurden durch den Aufprall aus dem Zug geschleudert, noch mehr waren zwischen Wrackteilen eingeklemmt. Es bot sich ein schrecklicher Anblick. Die Rettungskräfte waren pausenlos damit beschäftigt, Opfer aus den Wrackteilen zu bergen.

Ein Polizeibeamter sagte wenige Stunden nach dem Unglück: „Es war brutal, ein Massaker. Zwei Wagen stießen so heftig aufeinander, dass fast nichts von ihnen übrig blieb. Darin befinden sich noch immer Menschen ...“ Ein Mitglied des Bergungsteams erklärte: „Die Wagen waren so ineinander gedrückt, dass Innenwände, Sitzplätze und Gepäck einen Klumpen bildeten, woraus die Lebenden und die Toten nur mit größter Mühe herausgeholt werden konnten. Wir mussten uns durch die Stahlkarosserien hindurch brennen, um zu den Opfern zu gelangen. Es war fast unmöglich, sich durch die stark geneigten Wagen zu bewegen.“ Noch am selben Tag besuchte der belgische König Baudouin mit kleinem Gefolge die Unglücksstelle, wo er sich ausführlich über die Umstände der Katastrophe berichten ließ.

Der Unglückszug war der vierte von elf eigens für die deutschen Fußballfans eingesetzten Sonderzügen. Die weiteren wurden nach dem Unfall umgeleitet.

Dokumentationsfilm zum Unglück:
Louvain – 19 killed in Soccer Special, 1954, 88 min
Ausschnitte zu o.g. Film:
https://www.youtube.com/watch?v=GSWYkvoY4Nw, 69 sec

Andere Vorfälle bei der An- oder Abreise von Fans:

Unfälle mit Bussen gibt es zahlreiche, häufig sind sie auf die örtlichen Begebenheiten in den Ländern – wie Straßenverhältnisse – zurückzuführen. Drei Fälle aus den letzten Jahren seien an dieser Stelle beispielhaft genannt:

Am 5. August 2012 befand sich ein Bus mit 70 Fans des angolanischen Erstligisten Kabuscorp FC do Palanca aus Luanda auf der Rückreise vom Meisterschaftsspiel bei CRD Libolo und etwa 600 Kilometer von der Heimat entfernt in der Provinz Kwanza Sul. Der Bus verunglückte mit hoher Geschwindigkeit. 23 Fans starben, 29 weitere wurden verletzt.

Ein für bis zu 27 Passagiere ausgelegter Minibus, der mit 37 Fans von Erstligist Club Deportivo O’Higgins überfüllt war, verunglückte am 9. Februar 2013 in Chile. Der Bus stürzte einen etwa 100 Meter tiefen Abhang hinunter. 16 Menschen verloren dabei ihr Leben, alle anderen 21 wurden verletzt.

In Ecuador traf es am 12. August 2018 nach dem Spiel von Deportivo Cuenca gegen Barcelona SC zwölf Fans der Gastmannschaft, die starben, als ein Busfahrer ein Überholmanöver versuchte und dabei von der Straße abkam. 30 Fans wurden zudem verletzt. Acht Tote und mindestens 45 Verletzte gab es am 15. Februar 2020 bei einem Fanbusunglück wiederum des Barcelona SC in Peru. Der Bus war auf dem Rückweg von einem Spiel gegen Sporting Cristal in Lima, kam in der Provinz Talara in einer Kurve von der Straße ab und stürzte 15 Meter tief.

Die Leningrader Fußballrevolte

Volksaufstand bei Zenit Leningrad, Leningrad, Sowjetunion 1957

Der Journalist Michail Grigoriew schilderte im Rahmen einer Abhandlung zu den in der Folge beschriebenen Geschehnissen: „Das Stadion war in der UdSSR, wie der große Komponist und Fußballkenner Dmitri Schostakowitsch bemerkte, fast der einzige Ort, an dem man laut die Wahrheit über das Gesehene sagen konnte. Die Menschen auf den Tribünen verschlangen gierig die Freiheit und vergaßen, dass es außerhalb des Zauns der Sportanlage ‚Normen des sozialen Rechts' gab." Schon 20 Jahre zuvor im Jahr 1937 äußerte der Schiedsrichterverband nach Ausschreitungen beim Spiel zwischen Dinamo Leningrad und Dinamo Moskau, dass „politische Erziehungsarbeit" völlig fehle und eine Diskussion sowohl über das Auftreten der Spieler als auch die Fangewalt notwendig sei, woraufhin Soldaten zum Einsatz kamen, um randalierende Zuschauer vom Spielfeld fernzuhalten. Nach dem 2. Weltkrieg, der auch in der Sowjetunion für traumatisierte junge Männer gesorgt hatte, die ihren Emotionen freien Lauf ließen, war die Zusammensetzung des Publikums vorgegeben. Der Großteil der Karten ging an registrierte Käufer aus großen Fabriken, Einrichtungen und Organisationen. Weitere Zuteilungen versorgten die Dauerkarteninhaber sowie Invaliden („Helden der Sowjetunion und der sozialistischen Arbeit"). Nur wenn dann noch Karten übrig waren, konnten Fans noch am Spieltag im freien Verkauf Zugang zum Stadion erlangen.

Nachdem Zenit Leningrad und Torpedo Moskau am 14. Mai 1957 im Leningrader Kirow-Stadion aufeinandergetroffen waren, schrieben die großen Zeitungen Leningrader Prawda, Vecherniy Leningrad, Smena und Sovetskoye Sport knapp das Übliche über den 5:1-Sieg der Gastmannschaft. Die Hauptschlagzeilen lauteten damals: „K.J. Woroschilows Aufenthalt in Indonesien", „Alte ungarische Kommunisten in Leningrad", „Mehr Fleisch, mehr Öl pro Kopf", „Atomkrieg kann und muss abgewendet werden", „Leningrader unterschreiben aktiv für den Staatskredit 1957". Nichts deutete auf die außergewöhnlichen Geschehnisse im Stadion hin. Das ist nicht verwunderlich, galt es in dieser Zeit doch, Ausschreitungen, Katastrophen, ethnische Konflikte und kriminelle Vorfälle gut zu vertuschen. Erst am 3. Juni 1957 gab es eine Zeitungsmeldung der Leningrader Prawda, nach der Hooligans nach besagtem Spiel Widerstand gegen Ordnungskräfte geleistet hätten. 16 von ihnen seien verhaftet worden. Später wurden ihre Verurteilungen verkündet.

Was passierte also wirklich?

Boris Nielov war ein Invalide, der im Krieg ein Bein unterhalb des Knies verloren hatte. Er gab an diesem Tag seinen Gehstock an einen Nachbarn in einer Wohngemeinschaft weiter. Das wurde zu seinem Verhängnis …

Vladimir Farykin, der den Spitznamen „Pie" hatte, spielte von 1953 bis 1960 in fünf verschiedenen Klubs aus Leningrad. Seine Position: das Tor. Seine Mitspieler betrachteten ihn als einen von Gott geschenkten Torwart. Er galt als bescheiden. Nach einem Spiel wusch er sein Trikot in der Umkleidekabine, wrang es aus, zog es wieder an und ging nach Hause. In den Trainingseinheiten waren die Feldspieler auf verlorenem Posten, wenn es darum ging, von der Strafraumgrenze gegen Farykin ein Tor zu erzielen. Für Mitspieler Valentin Zarizyn war Farykin der zweitbeste Torhüter in der Vereinsgeschichte von Zenit – und das obwohl er nur in einem Jahr – 1957 – den Platz im Gehäuse von Zenit eingenommen hatte. Doch am 14. Mai gegen Torpedo war einfach nicht sein Tag …

Die Saison begann für Zenit nicht wirklich gut. Der Klub vollzog einen Generationenwechsel. Sieben Spiele ohne Sieg – vier Niederlagen und drei Unentschieden – standen zu Buche. Spiele von Zenit gegen Mannschaften aus der Metropole Moskau zeugten schon immer von großer Konfrontation. Hier wurde der Lokalpatriotismus mit Leningrad mehr als deutlich. Dass es vor dem Spiel gegen Torpedo eine Heimniederlage gegen Lokomotive Moskau und nur ein Unentschieden gegen CSKA Moskau gegeben hatte, ließ die Anspannung nicht geringer sein. Quellen sprechen von bis zu 100.000 Zuschauern bei der Partie gegen das zu dieser Zeit mächtige Torpedo um den Star Eduard Streltsov. Es schien gut zu laufen, doch Zenit-Torhüter Vladimir Farykin unterliefen unverzeihliche Fehler.

Die Leichtigkeit, mit der die Torpedo-Spieler mit Zenit umgingen, und insbesondere das Ergebnis von 1:5 verletzten das Selbstwertgefühl einiger verärgerter Zuschauer. Auslöser aller Ereignisse war Zuschauer Wassili Kajukow, der einige Minuten vor Ende der Begegnung – Zenit lag deutlich zurück – die Tribüne verließ und sich zu Vladimir Farykin aufmachte. Bei diesem angekommen, klopfte er dem Schlussmann auf die Schulter, bot ihm an, ihn zu vertreten, führte ihn – je nach Beobachter auf unhöfliche oder ruhige Weise – aus dem Tor und zog sich selbst die Jacke der Nr. 1 an. Er nahm seinen Platz zwischen den Pfosten ein. Die Tribüne lachte, ebenso manche Spieler. Spieler Valentin Zarizyn dachte sogar, es sei ein Streich. Das Schiedsrichtergespann und die Polizei hatten den „Wechsel" nicht gleich bemerkt. Nach dem Abpfiff griffen sich die Polizisten Kajukow und begannen, ihn in Handschellen zum Südtunnel des Stadions zu bringen. Der Unruhestifter wehrte sich, fluchte und rief um Hilfe. Auf der Tribüne setzte sich nun die Menge für Kajukow ein. Daraufhin reagierten die Polizisten mit Brutalität und verletzten ihn stark am Kopf, indem sie sein Gesicht auf den Betonrand zwischen Laufbahn und Tribüne blutig schlugen. Nun schmissen auf ihren Plätzen sitzen gebliebenen Zuschauer mit Flaschen und Steinen auf Sicherheitskräfte, während andere auf das Spielfeld stürmten. Zenit-Spieler Yury Morozov viele Jahre später: „Die Zuschauer waren schon aufgeregt, aber hier drehten sie völlig durch. So etwas hatte ich noch nie gesehen, schon gar nicht in Leningrad. Die Flaschen fielen wie ein Wasserfall auf das Feld."

„Schlagt die Polizei!", „Schlagt die Bastarde!" und „Schlagt die Fußballer!" wurde gerufen. Eine der ersten fliegenden Flaschen durchbohrte den Kopf eines jungen Soldaten. Nun griff die Polizei bei dem Versuch, die Täter zu ergreifen, die Zuschauer auf der Tribüne an, Unbeteiligte eingeschlossen. Manche Zuschauer bewaffneten sich mit Arbeitsgeräten (Schaufeln und Brechstangen, aber auch Teile von Wasserleitungen, Fliesen und Steine), die aufgrund von Bauarbeiten vor Ort gelagert wurden und nun gegen Polizisten und Soldaten eingesetzt wurden. Dabei wurden die wenigen Ordnungskräfte von der Menge in den Tunnel gedrängt.

Die Schiedsrichter und Spieler beider Mannschaften flohen vor der aufgebrachten Meute. Die Torpedo-Spieler wurden durch die zerstörten Fensterscheiben ihrer Umkleidekabine mit Gegenständen beworfen. Die Zenit-Spieler flohen in ein Nachbargebäude, als die Anhänger den Innenhof zu stürmen versuchten. Noch einmal Yury Morozov: „Kaum hatten wir die Umkleidekabine betreten – niemand schaffte es, auch nur die schmutzigen Kniestrümpfe auszuziehen –, kam jemand aus der Verwaltung hereingestürmt: ‚Leute, da hat sich was getan! Schnell, gehen wir in das Gebäude nebenan, in den ersten Stock!' Wir sind dorthin gelaufen. Wir schauten aus den Fenstern und trauten unseren Augen nicht: Eine riesige Menschenmenge stürmte die Tore, die den Hof vom Platz trennten. Sie drangen von zwei Seiten in den Hof ein. Aber das Tor auf der Tunnelseite war aus Metall und fest verschlossen. Ich verstehe immer noch nicht, warum sie nicht über den Platz eingebrochen sind. Die Menge tobte, und wenn sie uns oder die Torpedo-Truppe (die sich in einem anderen Gebäude, ebenfalls im ersten Stock, verbarrikadiert hatte) erreicht hätten, hätten sie wahrscheinlich niemanden verschont. Offen gesagt, es war sehr beängstigend."

Auch Torpedo-Spieler Valentin Ivanov erinnerte sich: „Das gesamte Team musste zwischen den Fenstern zu Boden gehen. Wir lagen eine ganze Weile da, bis sich die Situation etwas abgekühlt hatte. Wir verließen das Stadion etwa eineinhalb Stunden nach dem Spiel. Ich weiß nicht mehr, ob wir eine Eskorte hatten, aber wir erreichten den Bahnhof ohne Zwischenfälle. Damals versuchte man, über solche Skandale zu schweigen. Vielleicht wussten deshalb bis vor kurzem nicht viele Menschen, dass wir, die Spieler und Trainer, manchmal unser Leben für den Fußball riskieren mussten."

Beide Mannschaftsbusse wurden demoliert. Große 150 bis 200 Kilogramm schwere Metallvasen wurden von der Außentribüne geworfen, um zu verhindern, dass Spieler bei Krankenwagen Schutz suchen konnten, wodurch aber Verletzte nicht abtransportiert werden konnten. Einige Polizisten wurden in die angrenzende Ostsee geworfen. Das Tor zum Innenhof wurde eingenommen und die Herausgabe von Torpedo-Spieler Farykin und Trainer Alov gefordert. Oberst Pchelkin von der eingekesselten Miliz forderte zögerlich Verstärkung an. Zunächst rief er nur die Feuerwehrleute, die mit dem Nassspritzen die Menschen nur wilder machten und dann auch von der jubelnden Menge niedergeschlagen wurden. Als das Tor aufgebrochen wurde, feuerte ein Polizist einen Warnschuss ab, woraufhin sich die Angreifer im Tunnel auf den Boden legten und drei von ihnen festgenommen wurden.

Erst spät um Mitternacht traf Verstärkung ein, woraufhin die Spieler das Stadion verlassen konnten. Feuerwehrleute spritzten die verbliebenen Zuschauer ab, Polizisten brachten diese dann weg, während andere Stadionausgänge blockiert wurden. Die Durchsuchung des Primorsky Park endete laut Journalist Borislaw Michailitschenko in einem „Massaker". Hier bzw. am Straßenbahnring wurden 16 Personen festgenommen, darunter solche, die nach eigener Aussage unbeteiligt waren, aber auch Vitaly Klau, der als eigentlicher Krawallmacher ausgemacht wurde, und Yuri Garanin, der als Urheber eines Aufrufs zu einem neuen Ungarn-Aufstand (sechs Monate nach der Niederschlagung der Unruhen in Ungarn) festgesetzt wurde.

Vor Gericht wurde von Verletzungen bei 107 Personen berichtet, die durch die kriminellen Handlungen der Angeklagten verursacht worden seien. Diese Zahl der Verletzten deckt allerdings nur jene unter den Polizisten, Militärkräften und anderen Sicherheitseinheiten ab – die Zahl der Verletzten auf Seiten der Zuschauer wurde nicht ermittelt.

Ernsthafte Beweise gab es keine, die Urteile des Gerichts über Rowdytum basierten alleine auf den Aussagen der Ordnungskräfte. Garanin erhielt eine Gefängnisstrafe über acht Jahre, Klau und zwei weitere Verurteilte je sieben Jahre. Die weiteren Strafen lagen zwischen drei und sechs Jahren. Zur Strafe gehörten zudem Aufenthaltsverbote für Leningrad bzw. Moskau für die Zeit nach der Inhaftierung. Im Dezember 1959 wurden alle 16 Verurteilten amnestiert; das Aufenthaltsverbot wurde aufgehoben.

Vitaly Klau berichtete dem Journalisten Michail Grigoriew viele Jahr später: „Es gab nicht genügend Polizisten, und die Menge trieb sie schnell in den Tunnel. Es gab keine Organi-

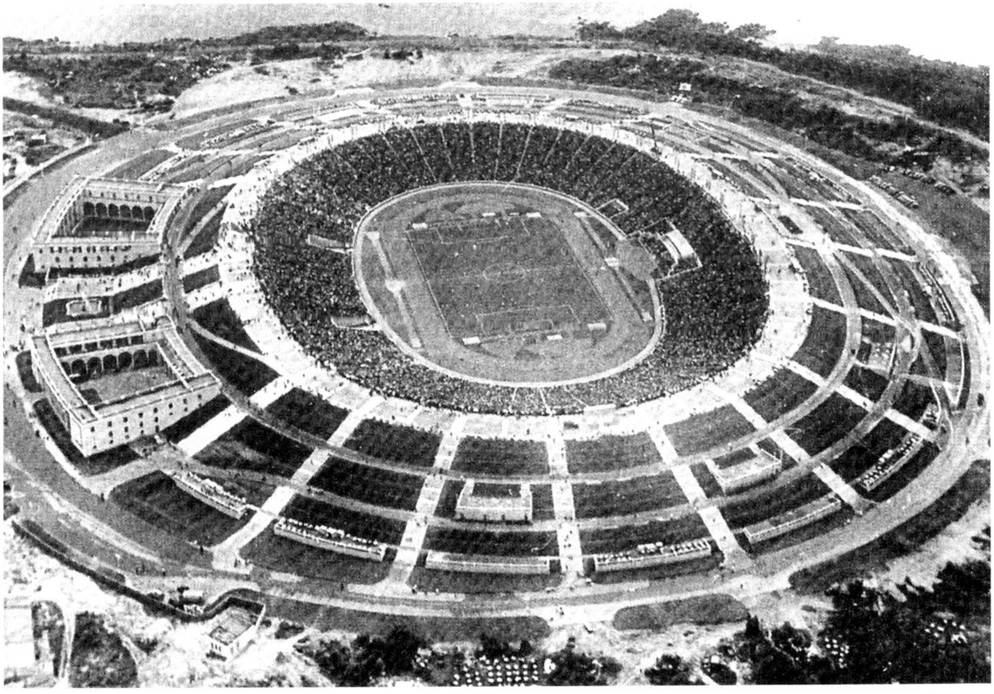

Das Kirow-Stadion in Leningrad liegt direkt an der Ostsee. Die Aufnahme datiert aus dem Jahr 1950.

satoren, alles geschah spontan. Es gab einfach eine Menge Betrunkener – sie kauften [den Alkohol; Anmerkung des Autors] direkt im Stadion. Die Polizei war nicht sehr beliebt – sie verprügelte die Leute oft grundlos. Und dann, als die Fabriken ein weiteres staatliches Darlehen beantragten, mussten sie die Hälfte ihres Gehalts abgeben. Die Leute waren wütend ... Dann beruhigte sich alles von selbst, die Leute begannen sich zu zerstreuen, und ich ging ebenfalls zum Straßenbahnring. Und dann tauchten Lastwagen mit dem MIA-Begleitregiment auf. Sie begannen, alle zu packen und mit Gürteln zu schlagen. Sie nahmen mich auch mit, brachten mich zum DPZ [Untersuchungsgefängnis; Anmerkung des Autors] in der Nähe des Palastplatzes, wo sie alle auf dem Hof verprügelten. Beim Verhör haben sie uns auch verprügelt. Zuerst versuchten sie, uns alle für eine ‚Konterrevolution' zu halten – sie sagten, wir hätten eine Rebellion wie die ungarische im Stadion inszeniert [gemeint ist der antikommunistische Aufstand in Ungarn 1956; Anmerkung des Autors] Doch dann sagte Chruschtschow [der nach den Vorfällen extra nach Leningrad gereist war; Anmerkung des Autors], dass es in der UdSSR keine politischen Gefangenen gibt, und die Anklage wurde in ‚Rowdytum' geändert. Ich hätte nicht gedacht, dass sie uns so viel Zeit geben würden, sieben Jahre. Ich hoffte, dass ich höchstens drei Jahre bekommen würde. Ich war in der Nähe von Slatoust inhaftiert. Im Dezember 1959 kam eine Kommission mit den Rechten des Obersten Gerichtshofs in das Lager. Sie ließen mich frei, sprachen mich von meinem Verbrechen frei und ließen mich nach Leningrad zurückkehren." Hierbei handelte es sich allerdings um eine Amnestie für alle Verurteilten in diesem Fall, aber keinen Freispruch.

Auch der Verurteilte Boris Nielov erinnerte sich: „Ich bin mit meinen Kumpels ins Stadion gekommen. Ich trug eine Prothese – mein Bein fehlte seit 1942 bis zum Knie." Als er den Aufruf hörte, das Stadion zu verlassen, ging er die Treppe zum Kirow-Denkmal hinunter, wurde aber müde und setzte sich auf eine Bank, um auszuruhen. Nielov: „Plötzlich hält ein Auto an, zwei Polizisten springen heraus, packen mich und schleppen mich weg. Einer schreit den älteren Mann an: ‚Er trägt eine Prothese!' Und der Ältere sagt: ‚Das spielt keine Rolle, sie sind hier alle die Anstifter.' Sie warfen mich mit solcher Wucht in das Auto, dass ich ohnmächtig wurde. Vor dem Verhör diktierte der Ermittler Noskov den Komsomol-Brigademitgliedern Bankov und Brisker ihre Aussage, als hätten sie gesehen, wie ich mit einem Knüppel gegen die Kadetten gekämpft habe. Als ich das hörte, standen mir die Haare zu Berge! Sie haben mich nur einmal verhört und dann nach ‚Kresty' [eine Untersuchungshaftanstalt; Anmerkung des Autors] gebracht. Die Wachen, diese Mistkerle, machten immer wieder Witze darüber, dass wir bald ‚gefurzt', d. h. erschossen werden würden. Bei der Verhandlung wurde die Anklageschrift geändert: Man hatte wohl erkannt, dass es albern war, einen Behinderten wegen Rowdytums anzuklagen. Ich wurde wegen Aufwiegelung zu vier Jahren Haft verurteilt. Das war sehr beleidigend: Ich war mein ganzes Leben lang ein gesetzestreuer Mensch gewesen, und sie schickten mich für nichts ins Gefängnis."

Zur Vorgeschichte dieser Revolte gehören folgende Hintergründe: Vier Jahre nach dem Tod von Josef Stalin waren viele politische Gefangene aus Internierungslagern freigelassen worden – diese sahen keinen Grund, ihren Mund gegenüber der Polizei zu halten. Wenige Tage vor dem Spiel hatte sich in Leningrad das Gerücht verbreitet, ein Mann sei von der Polizei brutal zusammengeschlagen worden. Grund für den spontanen Zorn des Volkes waren aber auch Staatsanleihen, die jeder Sowjetbürger mit jedem Gehaltsscheck kaufen musste. Am 19. April 1957 erließen das Zentralkomitee der KPdSU und der Ministerrat der UdSSR dann ein Dekret, mit dem die Inanspruchnahme und die Rückzahlung aller Anleihen der vergangenen Jahre um 20 Jahre verschoben wurden. Den Menschen wurde faktisch das ihnen versprochene Geld vorenthalten.

Zuschauer Valentin Semenov meinte bei der Aufarbeitung der mehrere Stunden dauernden Geschehnisse in den Neunzigerjahren zum Journalisten Borislaw Michailitschenko, dass Wassili Kajukow natürlich eine Strafe verdient hatte, „aber die Art und Weise, wie die Polizisten das gemacht haben, war unmöglich. Die Zuschauer, die in der Nähe saßen, hörten sogar Kajukows Ausruf. Und er schrie weiter, während er langsam und geduckt an den Tribünen entlang in einer Schlange zum Südtunnel des Stadions geführt wurde. Auf dem Weg dorthin war Kajukows Gesicht blutverschmiert auf dem Betonrand, der die Laufbahn von den Tribünen trennte. Rufe wie ‚Hey, was macht ihr mit dem Mann?' wurden beantwortet: ‚Wir bringen dich auch hin!'" Das war der Tropfen, der das Fass zum Überlaufen brachte.

Wie viele Verletzte hat es wirklich in der Summe gegeben, bezieht man die Zuschauer mit ein? Es ist nicht zu klären. Der Schwester des ebenfalls inhaftierten Alexej Matjuschkin wurde in der Warteschlange des Gefängnisses gesagt: „Wenigstens stehen eure Leute vor Gericht, aber wir können unsere eigenen immer noch nicht finden ..." Über die Vermissten – also offenbar Toten dieses Tages – gibt es auch keine Angaben …

Ähnliche Vorfälle gab es laut der Zeitung Nevskoe Vremya in Kiew, Tiflis, Jerewan, Donezk, Baku, den georgischen Städten Kutaissi und Lanchkhuti sowie den usbekischen Städten Ferghana und Namangan.

Torwart Vladimir Farykin absolvierte insgesamt acht Spielzeiten in der obersten Liga der UdSSR. Doch der Alkohol wurde ihm zum Verhängnis. Im Mai 1962 ertrank er im betrunkenen Zustand im Fluss Vuoksi.

Der Aufstand im heutigen St. Petersburg galt bis 2002 als die größte Unruhe im russischen Fußball. Dann ereignete sich am 9. Juni beim Public Viewing in der Moskauer Innenstadt auf dem Maneschnaja-Platz direkt an den Kremlmauern eine stundenlang andauernde Katastrophe. Anhänger waren über die Niederlage des russischen Teams bei der Weltmeisterschaft gegen Japan so enttäuscht, dass sie Schaufenster zerschlugen, Autos umkippten und eine Massenschlägerei anzettelten. Dutzende Menschen wurden verletzt, darunter viele Personen asiatischen Aussehens, ein 17-jähriger Schüler verlor sein Leben.

Die Tragödie der Busby Babes

Das Flugzeugunglück von Manchester United, München, Deutschland 1958

Die Briten schwärmten in der zweiten Hälfte der Fünfzigerjahre von den „Busby Babes“, die mit überragendem und gekonntem Fußballspiel ihre Herzen erobert hatten. Der Name ging zurück auf ihren Trainer Alexander Matthew „Matt“ Busby, einem Schotten, der 1928 als Spieler zu Manchester United gekommen war, 1945 das Traineramt übernommen hatte und dabei eine Machtfülle erhielt, die es im englischen Fußball damals noch nicht gab. Er leitete das Training selbst, stellte die Mannschaft auf und war auch für die Spielertransfers zuständig. Er änderte die Struktur in der Mannschaft und war damit erfolgreich. Nach vier Vizetiteln unter ihm gelang 1952 die Meisterschaft. Für die gealterten Meister kamen junge Spieler ins Team, mit denen er attraktiven Fußball zeigen konnte. Dieses Team mit vielen Talenten nannte man die „Busby Babes“. 1956 wurde eine weitere Meisterschaft errungen. Im Jahr darauf drang die Mannschaft bis in das Halbfinale des Europapokals der Landesmeister vor, wo gegen den Dauersieger dieser Jahre, Real Madrid, mit einem 1:3 in Madrid und einem 2:2 in Manchester der Wettbewerb für die Briten

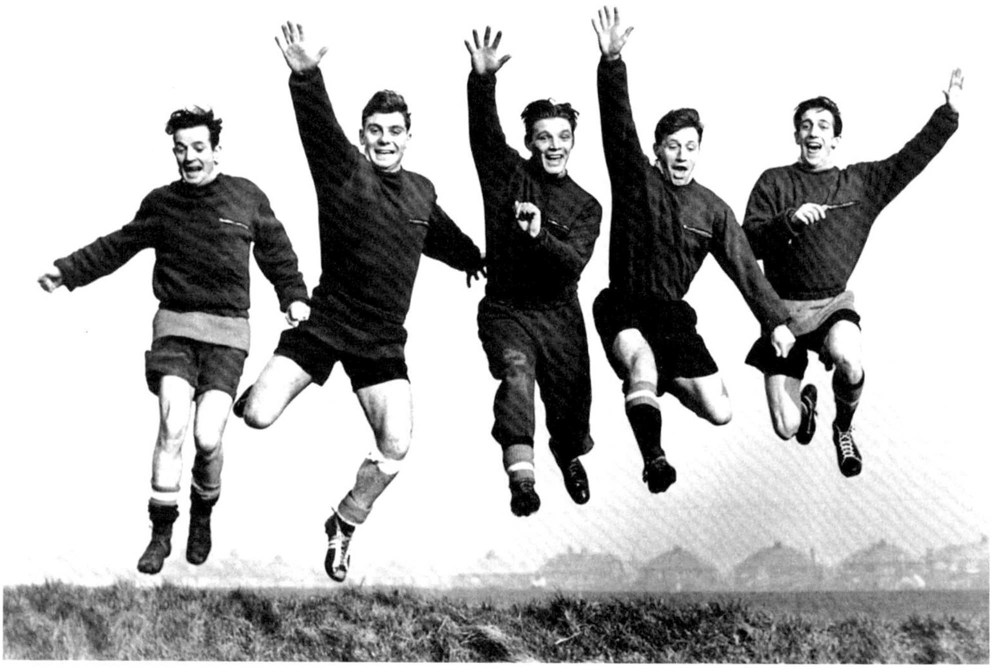

Die Busby Babes begeistern England.

beendet war. Im Finale des FA Cups gab es eine Niederlage gegen Aston Villa. Doch der englische Meistertitel des Jahres 1957 wurde erneut gesichert.

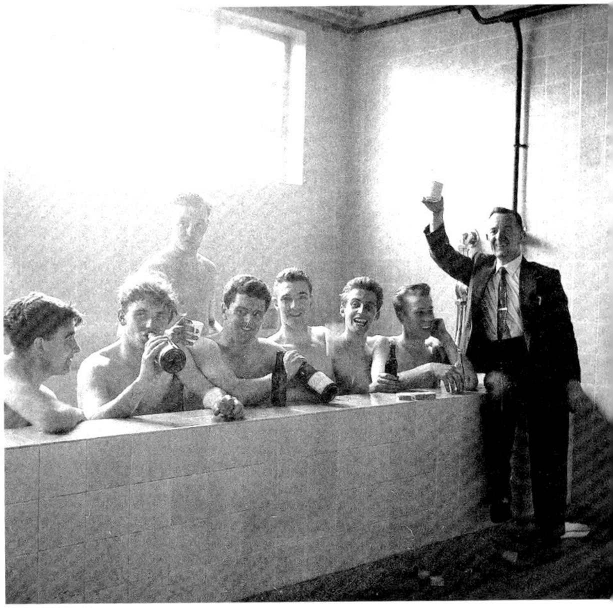

Hier wird nach dem Gewinn der Meisterschaft 1957 entspannt gefeiert.

Im Europapokal der Landesmeister 1957/58 hatte Manchester United keine Mühe, den irischen Meister Shamrock Rovers (A 6:0, H 3:2) in der Vorrunde zu eliminieren. In der 1. Runde reichte es gegen die Tschechoslowaken von Dukla Prag zum Weiterkommen (H 3:0, A 0:1). Im Viertelfinale reiste Roter Stern Belgrad zum Hinspiel in Manchester an. Die Engländer siegten 2:1 und waren damit noch lange nicht im Halbfinale. Beim Rückspiel in Jugoslawiens Hauptstadt Belgrad wurde es am Mittwoch, dem 5. Februar 1958, spannend, wonach es allerdings lange nicht aussah: Die Gäste schossen in einem hart geführten Spiel bis zur 31. Minute eine 3:0-Führung heraus, kassierten dann aber in der zweiten Hälfte bis zur 58. Minute den Ausgleich. Doch Manchester United brachte das Unentschieden über die Zeit, vermied damit ein Entscheidungsspiel und stand im Halbfinale. Die britische Botschaft lud die Spieler beider Teams zu einem Cocktailempfang nach dem Spiel ins Majestic Hotel, wo die Stimmung gelöst war.

Für den Samstag stand die wichtige Begegnung gegen die Wolverhampton Wanderers an, den aktuellen Tabellenführer. Manchester United belegte Platz 3. Auf dem Rückflug von Belgrad nach Manchester durfte es keinesfalls Probleme geben, wie sie sich bereits nach dem Spiel in Prag offenbart hatten, als der Linienflug wegen Nebel in England auf unbestimmte Zeit verschoben wurde, Umbuchungen auf andere Flüge wegen nicht mehr verfügbarer Sitze nicht mehr möglich waren und nur noch eine Umsteigeverbindung über Amsterdam nach Manchester für die Mannschaft genutzt werden konnte. So charterte der Klub diesmal eine Maschine für die Mannschaft und die mitreisende Presse. Fluggesellschaft war British European Airways, die eine Airspeed Ambassador mit 74 Sitzen einsetzte. Der Hinflug war bereits nicht unproblematisch gewesen, da sich am Zielort eine tiefe Wolkendecke und eine eingeschneite Landebahn befanden. Am Flughafen in Belgrad rechnete man nicht damit, dass die Maschine hätte landen können, doch die erfahrene Crew meisterte die Landung.

Am folgenden Tag, dem 6. Februar, sollte morgens der Abflug erfolgen. Da es genug Platz an Bord gab, konnten fünf weitere Passagiere die außerplanmäßige Verbindung Richtung Manchester nutzen, darunter die Frau des jugoslawischen Luftattachés in London mit ihrem

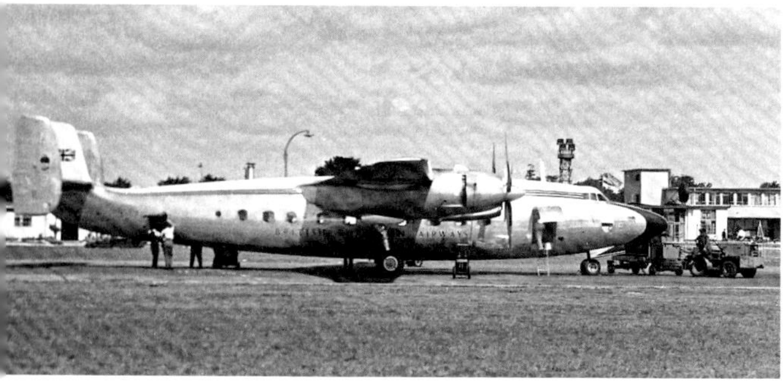

Mit diesem Flugzeug, hier auf einer Abbildung etwa aus dem Jahr 1955, flog Manchester United nach Belgrad.

Baby. Nun waren 30 Personen an Bord. Flug B-Line 609 hob bei gutem Wetter mit einer Stunde Verspätung ab – United-Spieler Johnny Berry hatte seinen Reisepass verlegt. Der aufgrund der Distanz notwendige Tankstopp – wie beim Hinflug in München – schien allerdings nicht unproblematisch zu werden. Der Wetterbericht kündigte niedrige Wolken, Schnee und Regen an. So musste im Flieger beim Anflug auf München auch die flugzeugeigene Enteisungsanlage eingeschaltet werden. Als das Flugzeug wieder mit dem Boden Kontakt hatte, spritzten zu beiden Seiten hohe Fontänen mit nassem Schneematsch über das Bugrad.

Es schneite zwar in München, doch die Tragflächen waren durch die beim Landen vorgenommene Enteisung noch warm. Die Temperaturen lagen noch über dem Gefrierpunkt. Der Schnee schmolz sofort auf den Tragflächen. Als der Tankwart über diese ging, rutschte er nicht – dafür wurde er zur Zielscheibe der ausgestiegenen Spieler, die eine Schneeballschlacht veranstalteten. Eis oder Schnee auf der Maschine hätten deren Auftrieb beim Start gestört. Bei der Begutachtung der Tragflächen entdeckte die Crew zwar einen leichten Eisfilm, dieser war jedoch am Abtauen, was man am ablaufenden Wasser erkennen konnte. So entschied sich die Crew gegen eine Enteisung vor dem Abflug. Eine Stunde nach der Landung bat die Crew um die Rollerlaubnis zur Startbahn. Nach der Ankunft an der Startbahnschwelle absolvierte die Crew die letzten Checks und meldete sich startbereit. Nachdem die Startfreigabe erfolgte, setzte sich das Flugzeug in Bewegung und beschleunigte ohne merklichen Verzögerungseffekt durch den Matsch auf der Startbahn. Als auf einmal merkwürdige Geräusche aus den Triebwerken zu vernehmen waren, rief Co-Pilot Kenneth Rayment: „Startabbruch!“ Er zog den Schubhebel zurück, bevor er die Steuersäule nach vorne drücken konnte. Rayment stieg voll in die Bremsen, womit die Maschine erheblich langsamer wurde und die Startbahn entlang schlitterte. Die Crew meldete dem Tower den Startabbruch und erbat die Freigabe zum Zurückrollen, die auch erteilt wurde. Hintergrund des Vorfalls war ein plötzlicher Anstieg des Ladedrucks, der den beiden Piloten bereits in der Vergangenheit aufgefallen war. Es handelte sich um eine Kinderkrankheit dieses Flugzeugtyps, die bei hoch gelegenen Flughäfen auftreten konnte, vom Hersteller aber als Nebenerscheinung abgetan wurde, während die Piloten dem Problem kritisch gegenüberstanden. Durch ein langsameres Öffnen des Schubhebels konnte man dem Ladedruckanstieg entgegenwirken, weshalb die Piloten einen zweiten Startversuch angingen.

Kapitän James Thain übernahm die Überwachung des Ladedrucks und der Geschwindigkeitsanzeige. Nach dem erneuten Check und der Startfreigabe öffnete Rayment den

Schubhebel und löste kurz darauf die Bremsen. Die Maschine rollte immer schneller, Thain bestätigte „volle Leistung", als plötzlich der Ladedruck wieder anstieg. Thain rief erneut: „Startabbruch!" Rayment schob die Schubhebel wieder schnell zurück und bremste scharf. Das Flugzeug verlangsamte sich erneut auf Rollgeschwindigkeit. Wieder wurde um die Erlaubnis zur Rückkehr auf das Vorfeld gebeten. Die Crew kündigte diese zum Abfluggebäude an. Thain steuerte das Flugzeug mühsam über die mit Neuschnee zugedeckten Rollwege. Die Passagiere leiteten aus der Durchsage von Rayment technische Probleme der Maschine ab. In der Reisegruppe machte sich Unmut breit. Ihr stand offenbar eine längere Wartezeit bevor. Es wurde Kaffee bestellt; schon bald wurde die Verzögerung vergessen und stattdessen gewitzelt. Der Techniker in der Crew, Bill Black, beriet sich mit den Piloten. Eigentlich wäre jetzt eine neue Abstimmung der Triebwerke vonnöten gewesen, womit eine Übernachtung notwendig geworden wäre, doch diese Unbequemlichkeiten wollte niemand in Kauf nehmen. Da immerhin noch ein Triebwerk funktionierte und die Crew glaubte, mit einer noch vorsichtigeren Bedienung des Schubhebels das Problem in den Griff zu bekommen, entschied man sich für einen dritten Startversuch. Benötigt wurde lediglich eine lange Startbahn, die in München vorhanden war. Offen war wieder die Frage der Enteisung, doch da der Schnee durch die beiden Startversuche von den Tragflächen beseitigt war, verzichtete die Crew weiter darauf. Der wetterbedingt schlechte Zustand der Startbahn besorgte die Crew nicht.

Da in Kürze eine Maschine mit einem deutschen Minister erwartet wurde, inspizierte ein Fahrzeug des Flughafenbetreibers die Bahn. Eine etwa ein Zentimeter dicke Schneematschschicht bedeckte zwei Drittel der Bahn – das letzte Drittel war von den Flugzeugen unberührt geblieben, weshalb sie nur flüchtig in Augenschein genommen wurde. Hier schien alles in Ordnung zu sein. Eine Räumung der Bahn gab es nicht. Maximal 13 Millimeter Matsch waren laut den Betriebsvorschriften zulässig.

Flug 609 hatte nach den beiden Startabbrüchen Aufmerksamkeit erregt. Der Flughafendirektor, Auszubildende und ein Fotograf verfolgten die Vorbereitungen für den neuen Start. Nur zehn Minuten nach ihrem Ausstieg wurden die Passagiere schon wieder herbeigerufen. Diese reagierten erstaunt. Die Kaffeetassen waren noch nicht geleert, als die Fluggäste zögernd wieder das Flugzeug betraten. Aus den vorherigen Späßen wurden nervöse, bissige Witze. Matt Busby meinte: „Wenn es für uns nicht so wichtig wäre, uns wenigstens vor Samstag in Manchester auszuschlafen, könnten wir ja ruhig bis morgen in München bleiben." Doch niemand hörte zu. Nachdem alle Passagiere wieder Platz genommen hatten, teilte die Crew mit, dass der technische Fehler behoben worden sei. Der Flug erhielt nach sämtlichen neuen Checks eine erneute Startfreigabe, die allerdings nur noch gültig war, wenn er nach zwei Minuten in der Luft wäre. Wieder schob Rayment den Schubhebel nach vorne, nur langsamer als zuvor. Entsprechend langsamer nahm das Flugzeug Geschwindigkeit auf. Vom Fahrwerk wurden gewaltige Schneematchfontänen herumgeschleudert. Thain übernahm den Schubhebel von Rayment. Dann wurde volle Leistung erreicht. Das Ladedruckproblem schien gemeistert zu sein. Thain konzentrierte sich inzwischen auf die Geschwindigkeitsanzeige. Als diese gerade 110 Knoten angab, zeigte sich die Nadel des Instruments immer träger – sie flackerte auf der Stelle. Bei 117 Knoten rief Thain: „V1", was bedeutete, dass nun gestartet werden musste – ein Abbruch war nicht mehr möglich, da es nicht mehr genug Startbahnlänge gab. Bei 119 Knoten würde Thain „V2" rufen, was die geringste Sicherheitsgeschwindigkeit im Fall eines Triebwerksausfalls nach V1 wäre. Dann hätte er die Steuersäule zu sich ziehen, abheben und die Sicherheitshöhe erreichen können.

Das Flugzeug war nicht mehr fern von der unberührten Schneematschdecke. Die Geschwindigkeitsanzeige verharrte bei 117 Knoten und fiel plötzlich um etwa vier bis fünf Knoten. Dann sank sie auf 105 Knoten. Die Geschwindigkeit reichte nicht mehr zum Abheben. Und das Startbahnende war zu nah, um noch abbremsen zu können. Die Maschine schoss darüber hinaus und schlitterte durch den Schnee in Richtung Begrenzungszaun des Flughafens. Rayment schrie: „Mein Gott, das schaffen wir nicht!" 180 Meter nach dem Ende der Bahn pflügte das Flugzeug den Zaun um und rutschte über eine kleine Straße. Thain knallte die bereits voll geöffneten Schubhebel raus. Rayment versuchte noch immer, das Flugzeug in die Luft zu bekommen. Er rief: „Fahrwerk rein", Thain gehorchte. Das Flugzeug suchte sich einen Weg zwischen einem Haus und einem Baum. Im Tower sah man durch den stark einsetzenden Schneefall nichts mehr, sie hörten nur noch den Funkoffizier George Rodgers, der eine Meldung absetzen wollte, und ein heulend-wimmerndes Geräusch, bis es im Hintergrund laute Geräusche gab. Das Flugzeug krachte direkt in das Haus. Dabei wurde

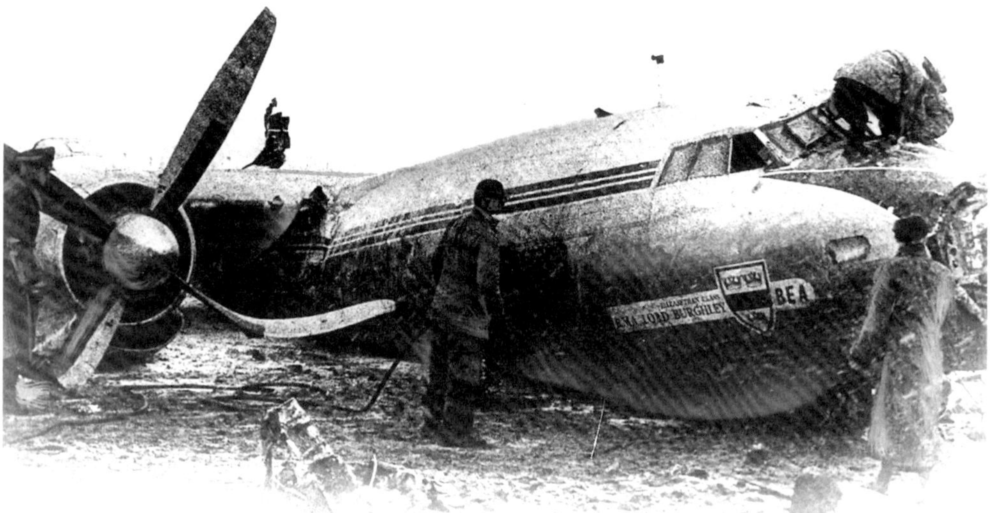

Die ersten Rettungskräfte an der brennenden Maschine versuchen auch, den festgeklemmten Kapitän Rayment nach oben zu befreien.

die linke Außenbordtragfläche abgerissen und ein Teil der Heckeinheit aufgeschlitzt. Das Haus stand kurz darauf in Flammen. Das Flugzeug kollidierte mit dem Baum, der die linke Seite des Cockpits aufriss. Die Maschine rutschte noch immer durch den Schnee. 90 Meter hinter dem Haus erwischte die hintere Rumpfhälfte eine hölzerne Garage, in der ein Lastwagen stand. Das Heck brach auseinander. Der Benzintank des Lastwagens explodierte und ließ die Garage niederbrennen. Der Bugteil schlitterte noch weitere 60 Meter, das bereits abgerissene Backbordtriebwerk noch ein paar Meter weiter. In der Maschine flog alles wild durcheinander, die Passagiere wurden im brennenden Flugzeug stark durchgeschüttelt. Dann herrschte Stille.

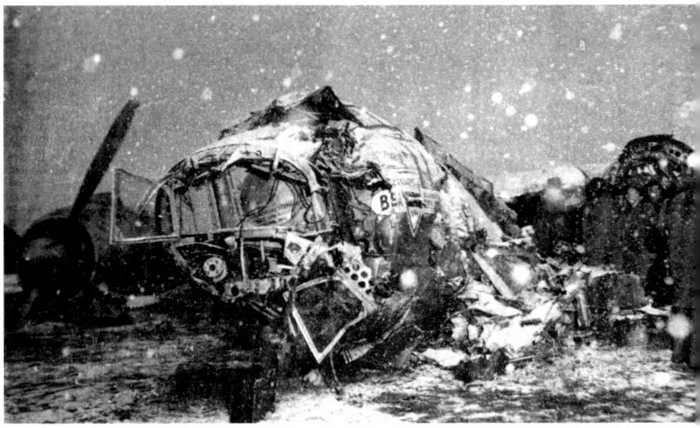

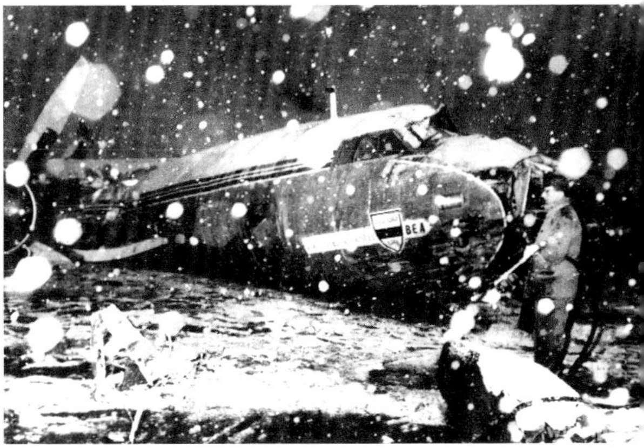

Die Maschine nach der Bergung der Überlebenden.

Der unverletzte Thain gab die Anweisung zur Evakuierung, Rodgers schaltete die Batterie aus und legte zur Brandeindämmung mehrere Sicherungen lahm. Der schwer verletzte Rayment hatte seinen Fuß eingeklemmt und konnte auch mit Hilfe seinen Platz nicht verlassen. Die Tür zur Passagierkabine war verklemmt, doch Thain und Rodgers konnten den Notausstieg der Bordküche nutzen. An vereinzelten Stellen brannte es leicht, aber der Brennstofftank blieb überraschenderweise unbeschadet, weshalb es zu keiner Explosion kam. Die beiden Stewardessen standen zwischen den auf ihre Sitze geschnallten Passagieren, wurden aber von Thain aufgefordert, sich in Sicherheit zu bringen. Thain und Rodgers selbst krochen selbst wieder in die Maschine, um die beiden Feuerlöscher zu holen. Ein Fotograf und sein Assistent kamen durch einen Spalt im Rumpf heraus. Torhüter Harry Gregg kletterte aus der Maschine, kehrte aber schnell zurück, um anderen Passagieren aus dem Wrack zu helfen, beginnend mit dem Baby, das er schreien hörte, und danach dessen Mutter. Der rechte Verteidiger Bill Foulkes wurde von Thain aus seiner Lethargie gerissen, geriet in Panik, befreite sich, schlüpfte durch ein Loch vor sich aus der Maschine und lief 180 Meter vom Flugzeug weg, bis er zur Ruhe kam. Die Feuerlöscher reichten nicht aus, um die Flammen wirksam bekämpfen zu können. Alle Geretteten kehrten zur Maschine zurück, um den anderen zu helfen. Matt Busby hatte zerschmetterte Rippen. Bobby Charlton saß bewegungslos in seinem Sitz. Dennis Viollet wirkte völlig apathisch. Beiden schien man nicht mehr helfen zu können, doch beim Eintreffen der Rettungsmannschaft kamen sie beide wieder zu sich. Harry Gregg

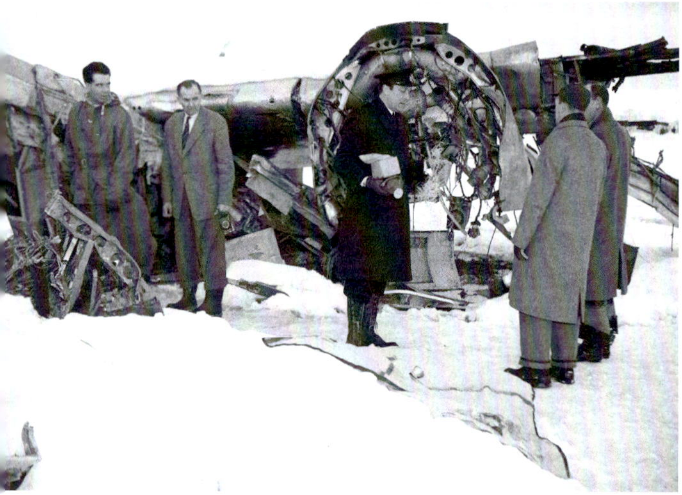

Das Unglück wird untersucht.

hatte sich herausgeschleppt. Jackie Blanchflower überlebte mit schweren Schnittwunden. Im vorderen Teil des Flugzeugs hatte es wenig Tote geben, aber es wurden insgesamt 21 Passagiere tot geborgen, darunter elf Mitglieder von Manchester United: sieben Spieler, ein Trainer, dessen Assistent, ein Sekretär und ein Direktor. Auch acht Fußballjournalisten, ein Steward und ein jugoslawischer Mitreisender überlebten nicht. Von 24 Überlebenden wurden 15 ins Krankenhaus gebracht, darunter Kenny Rayment, Matt Busby und die Spieler Johnny Berry und Duncan Edwards. Die Bewohnerin des Hauses und ihre drei Kinder überlebten.

Am Montag nach dem Unglück wurden die sterblichen Überreste, geschmückt mit dem Union Jack, nach England überführt. Am folgenden Morgen wurden die Särge in einer Prozession vor etwa 100.000 Menschen durch die Straßen von Manchester nach Old Trafford getragen.

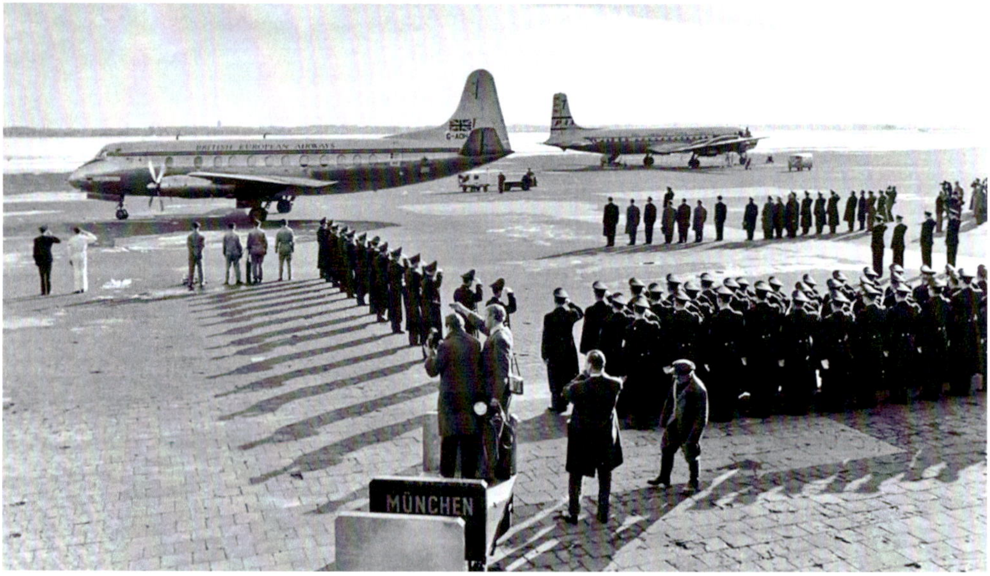

Die Überführung von München nach Manchester.

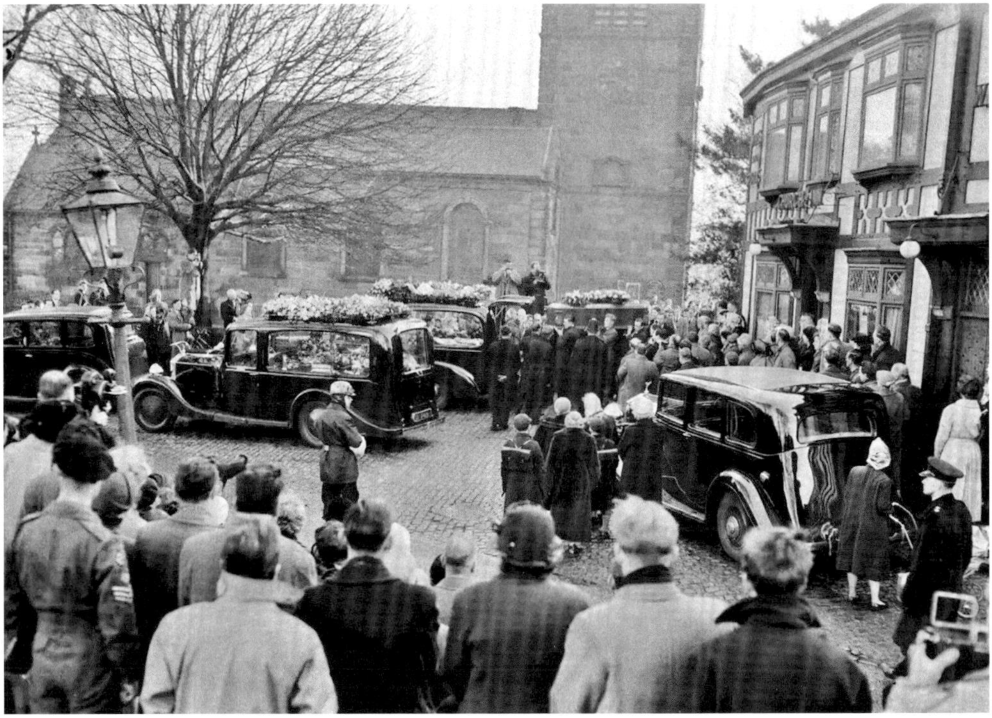

Die letzte Reise durch die Straßen von Manchester.

Der linke Mittelstürmer Duncan Edwards starb 15 Tage nach dem Absturz im Krankenhaus und somit nach Geoff Bent, Roger Byrne, Eddie Colman, Mark Jones, David Pegg, Tommy Taylor und Liam Whelan als achter Spieler. Co-Pilot Kenneth Rayment erlag seinen Verletzungen nach drei Wochen. Alle anderen konnten aus dem Krankenhaus entlassen werden. 23 Menschen waren letztlich gestorben. Die Zahl der Verletzten lag bei 21. Johnny Berry und Jackie Blanchflower trugen so schwere Verletzungen davon, dass sie ihre Fußballkarriere nicht fortsetzen konnten.

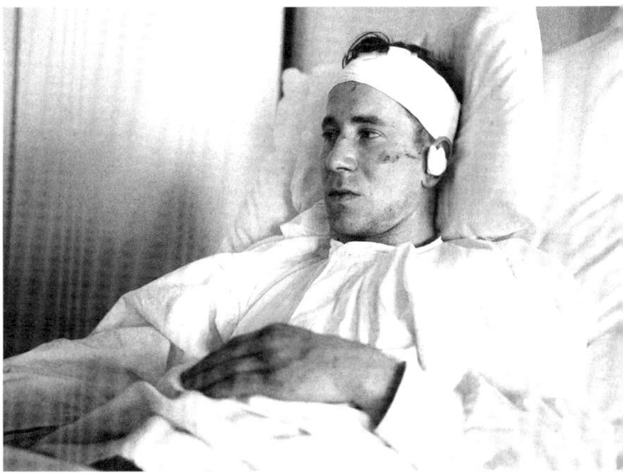

Bobby Charlton im Krankenhaus in München.

Abgesehen von der Begegnung zwischen Manchester United und den Wolverhampton Wanderers fanden an dem Wochenende alle Spiele in England statt. Nur zwei Wochen nach dem Unglück spielte Manchester United schon wieder Pflichtspiele. Am 19. Februar wurde Sheffield Wednesday durch eine von Assistenztrainer Jimmy Murphy neu formierte Elf im FA Cup 3:0 geschlagen (Murphy war wegen einer parallelen Tätigkeit für die

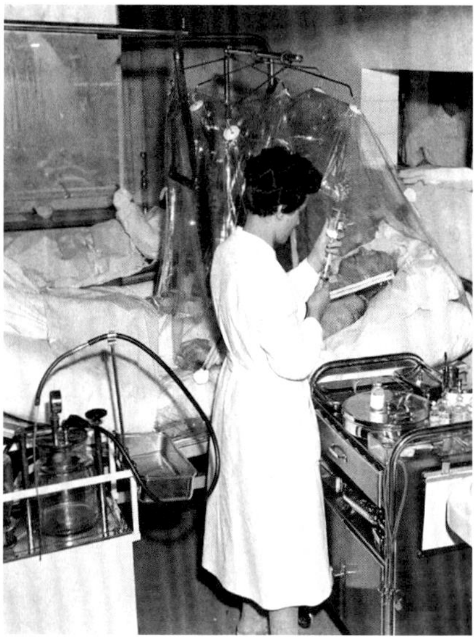

Matt Busby im Sauerstoffzelt.

Nationalmannschaft von Wales nicht mit nach Belgrad gereist). In Wiederholungsspielen hatten in den folgenden Runden auch West Bromwich Albion und der FC Fulham das Nachsehen, doch im Finale am 3. Mai in Wembley unterlag das Team von Manchester United vor 99.756 Zuschauern den Bolton Wanderers mit 0:2. In der League Division 1 wurde die Mannschaft von ihrem 3. Platz bis Saisonende noch auf Platz 9 durchgereicht. Es reichte in den verbliebenen 14 Meisterschaftsspielen nur noch zu einem Sieg bei fünf Unentschieden und acht Niederlagen. Am 8. Mai trat Manchester United im Halbfinale des Europapokals gegen den AC Mailand an. Einem 2:1 in Manchester folgten eine Woche später in Italien ein 4:0-Sieg der Mailänder und damit das Aus der Engländer in dem Wettbewerb.

Matt Busby überlebte das Unglück schwer verletzt. Erst nach neun Wochen wurde er aus dem Krankenhaus entlassen. Er sah sich um sein Lebenswerk gebracht und wollte den Trainerjob an den Nagel hängen, wurde aber von seiner Frau zum Weitermachen überredet. Zu Beginn der neuen Saison war Busby wieder am Ruder. Um die Überlebenden und beförderte Talente baute er die Mannschaft neu auf. 1959 wurde – getragen von einer Welle der Sympathie – geradezu sensationell die Vizemeisterschaft geholt. Zehn Jahre nach der Katastrophe von München gewann Busbys Team sogar den Europapokal der Landesmeister (4:1 gegen Benfica Lissabon). 1969 gab Busby die Trainerrolle ab, blieb aber als Funktionär im Klub und bekleidete von 1982 bis zu seinem Tod im Jahr 1994 das Präsidentenamt.

In den Untersuchungen betonte Flugkapitän Thain, dass der Grund des Unglücks darin zu suchen sei, dass der tiefe Schnee am Ende der Startbahn die Beschleunigung des Flugzeugs verzögert habe. Die englischen Experten fanden an den Triebwerken nicht den geringsten Fehler. Das deutsche Verkehrsministerium kam zum Schluss, dass die Ursache eine Tragflächenvereisung gewesen sei, womit die Schuld beim Kapitän gelegen hätte. Eine britische Untersuchung zielte auf die nicht geräumte Startbahn ab, für die der Flughafen München die Verantwortung gehabt hätte. Vor Gericht erklärte der zuständige Richter letztlich, dass eine Eisschicht im Wesentlichen zu dem Unfall geführt hätte, dass aber unmöglich Klarheit über sämtliche Vorgänge erlangt werden konnte und nicht auszuschließen sei, dass andere, nicht mehr rekonstruierbare Umstände den Unfall verursacht hätten.

Die Pilotenlaufbahn von Thain war damit beendet. Dieser bemühte sich um eine Wiederaufnahme, suchte nach weiterem Beweismaterial und konnte Zeugen aus dem Rettungsteam benennen, die bestätigten, dass sie keine Eisablagerungen auf den Tragflächen gesehen hätten, und eine zuvor nicht protokollierte Lotsenaussage vorwiesen, die bestätigte, dass Rayment es zwischenzeitig schaffte, das Bugrad in die Luft zu bekommen. Doch ein Wiederaufnahmeantrag wurde abgelehnt. Versuche aus dem Jahr 1964 belegten, dass die Maschine bei nur einem halben Zentimeter Matschtiefe einen 50 Prozent längeren Rollweg gebraucht hätte. Im November 1965 kam es zu einem erneuten Verfahren, bei dem aber keine neuen Zeugen zugelassen wurden. Das Urteil aus dem Jahr 1958 wurde bestätigt. In Großbritannien war man entsetzt. Das zuständige Ministerium widersprach dem Spruch des deutschen Gerichts und folgerte, „dass die Hauptursache des Unfalls die Einwirkung von Schneematsch auf der Startbahn war." Der britische Premierminister Harold Wilson erwirkte eine neue Verhandlung in London. Am 10. Juli 1968 traten alle verfügbaren Zeugen auf, ob persönlich oder durch schriftliche Aussagen. Dabei überraschte der deutsche Zeuge Reinhardt Meyer, der nicht nur als Erster am Unglücksort, sondern auch Flugingenieur und Pilot war, dass er mit Sicherheit keinerlei Eisbildung gesehen habe und dies auch dem Leiter der deutschen Untersuchung mitgeteilt habe. Ein Fotobeweis unterstrich dies. Diese Erkenntnisse führten zu folgendem Schluss: „Wir sind zu der Überzeugung gelangt, dass das Bugrad des Flugzeugs bei oder kurz nach Erreichen der Geschwindigkeit V1 wieder mit dem Schneematsch in Berührung kam; sonst hätte das Flugzeug abgehoben … Wir sind ebenfalls davon überzeugt, dass die erneute Bodenberührung des Bugrads durch den zunehmenden Widerstand auf das Hauptfahrwerk resultierte … Dieser vom Schneematsch verursachte Widerstand ist nach unserer Ansicht die Hauptursache für das Unglück … Unser Untersuchungsergebnis hat somit den klaren Beweis erbracht, dass Kapitän Thain von jeglicher Schuld an dem Unfall freizusprechen ist." Thains Kampf um die Rehabilitierung hatte Spuren hinterlassen. 1975 starb er 54-jährig an einem Herzinfarkt.

Mehrere Gedenktafeln wurden im Laufe der Jahre für Old Trafford angefertigt. Die aktuelle ist im „Münchner Tunnel" des Stadions zu finden. Zwei Gedenkstellen gibt es zudem in München.

Ende 2007 flog Harry Gregg, der nach dem Unglück wegen seiner Retterrolle als Held gefeiert wurde und bei der im Sommer 1958 folgenden Weltmeisterschaft in Schweden zum besten Torhüter des Turniers gewählt wurde, nach Belgrad. Dort traf er Vera Lukić und Tochter Vesna – Mutter und Baby auf dem Flug –, denen er geholfen hatte. Was Gregg damals nicht wusste und erst 25 Jahre später erfuhr: Vera Lukić war damals erneut schwanger gewesen. Und so stand ihm auch Sohn Zoran gegenüber, den es ohne Gregg nicht gegeben hätte. Gregg: „Für jene, die den Crash überlebten, waren die psychischen Qualen die schlimmsten Verletzungen. Wir alle hatten einen konstanten Kampf gegen die Trauer, die Schuld und Verbitterung. Über Jahrzehnte hing eine dunkle Wolke über mir. Ich habe damit gelebt, dass man mich einen Helden nennt, aber ich bin nicht wirklich ein Held. Helden sind Menschen, die mutige Dinge tun und dabei die Konsequenzen ihres Handelns kennen. An diesem Tag hatte ich keine Ahnung, was ich da tat."

TV-Verfilmung:
United, 2011, 94 min.

TV-Dokumentation:
Der Unfall wurde zudem vom National Geographic Channel unter dem Titel „Manchester United“ in der Episode 5 der Staffel 11 von Mayday – Alarm im Cockpit verfilmt. 45 min.
https://www.mayday.world/mayday-detail.php?title=mayday-alarm-im-cockpit-s11e05-manchester-united

Vertiefende Literatur (Auswahl):
John Roberts: The team that wouldn’t die. The story of the Busby Babes, Manchester 2018.
Frank Taylor: The day a team dies. The classic eye-witness account of Munich, 1958, London 2018.
Carl Abbott & Roy Cavanagh: The day two teams died, 2018.
J. Paul Harrison: Manchester United in Tears, London 2017.
Jeff Connor: The Lost Babes. Manchester United and the forgotten victims of Munich, London 2007.
Stephe R. Morrin: The Munich Air Disaster, Dublin 2007.

Salvemos al Fútbol

Die argentinischen Fußballtoten, Argentinien seit 1922

Es sind Meldungen, die schon gar nicht mehr um die Welt gehen. Für sich genommen handelt es sich um dramatische Vorfälle, an die man sich fast schon gewöhnt hat, obwohl sie in Deutschland unvorstellbar erscheinen. Doch in Argentinien sind sie zu einem traurigen Dauerzustand geworden, der nur bedingt eingeschränkt werden konnte und kann. Die Hemmschwelle zur Gewaltausübung ist hier definitiv sehr niedrig.

Die Todesfälle im argentinischen Fußball sind von der Organisation Salvemos al Fútbol (Lasst uns den Fußball retten) dokumentiert. Die im Internet veröffentlichte Liste aller Opfer, die die 346 Schicksale (Stand 31.1.2023) aufzeigt, erschlägt den Leser und lässt ihn bedrückt zurück. Sie steht für eine nicht enden wollende Katastrophe, aus der in der Folge Beispiele genannt werden.

Die Anzahl baubedingter Todesfälle ist noch überschaubar: Tribüneneinstürze am 28. Mai 1959 bei Estudiantes de La Plata, zwei Tote; am 3. Dezember 1975 wiederum bei Estudiantes de La Plata, ein Toter; am 6. Mai 1984 bei Progreso, ein Toter; am 16. Juni 1991 bei Fraile Pintado, ein Toter im Alter von zwölf Jahren; ein eingestürzter Schutzzaun am 3. Februar 1991 bei Atlético in Tucumán. Selbst verschuldete Unfälle: Ariel Sergio Aranguez stürzte beim Spiel Rosario Central – Independiente von einer mehr als 18 Meter hohen Tribüne in den Abgrund und wurde erst 41 Stunden später gefunden – er starb nach der Einlieferung ins Krankenhaus. Der Belgrano-Fan Luciano Adrián Jaime stürzte am 8. November 2014 vom Dach einer Tribüne.

Erstickungen bzw. Zerquetschungen durch Gedränge kommen in Argentinien relativ gesehen nicht so häufig vor, sieht man von den schlimmen Fällen ab, die an anderer Stelle in diesem Buch behandelt werden. Miguel Pistán starb allerdings auf diese Weise, als er am 28. Juni 1992 durch eine der durch das Spielgeschehen häufig ausgelösten Wellen in der Menge gegen den Drahtzaun gedrückt wurde.

Die meisten Taten sind solche, bei denen von Anhängern Schusswaffen gezogen wurden, ob im Stadion oder außerhalb. Es gibt aber auch Fälle, bei denen Waffen gar nicht mitgeführt wurden: Marcelo Gulowaty wurde am 6. Februar 1990 beim Spiel Boca - Racing stranguliert. Germán Barbaresi verlor sein Leben durch innere Blutungen, als er am 25. November 1995 beim Spiel Vélez Sarsfield – Argentinos Juniors durch einen der in den Stadien verwendeten Sonnenschirme aufgespießt wurde.

Aber auch Steinwürfe auf Busse oder Züge forderten Opfer. Die zehnjährige Soledad Sonja Cantisano kam dadurch am 5. Dezember 1993 ums Leben, als sie mit ihrer Familie in einem Zug saß, der von Minderjährigen angegriffen wurde, die damit Anhänger treffen wollten.

Norma Esther Cuenca wurde am 26. Januar 2001 auf dem Bürgersteig vor ihrem Haus erschossen, als sechs Anhänger von River Plate vorbeikamen. Gabriel Aguirre trug am 10. Oktober 2013 sein Newell's-Trikot, als zwei auf einem Motorrad vorbeifahrende Rosario-Central-Fans ihn erspähten und mit einem Schuss in den Rücken niederstreckten, ohne dass es zu einer Konfrontation gekommen wäre.

Bernardo Mulet blieb beim Spiel zwischen San Lorenzo und Temperley am 20. Februar 1984 nach einer gruppeninternen Auseinandersetzung schwer verletzt auf der Straße liegen, als die Anhänger aus seiner Gruppierung loszogen, um das Spiel zu sehen. Interne Vorfälle sind nicht selten, häufig sind Machtkämpfe innerhalb einer Gruppe der Grund dafür. Miguel Cedrón wurde am 31. Januar 2000 in den Bauch geschossen, als es unter Boca-Juniors-Anhängern einen Zusammenstoß gab. Roque Miranda erlag am 5. September 2000 den Verletzungen einer Stichwunde in der Brust, als es unter Fans von Talleres aus Córdoba zu Streitigkeiten beim Verteilen von Eintrittskarten kam. Guillermo Francisco De la Canal wurde nach Auseinandersetzungen über die Führung der dominanten Fangruppierung von Estudiantes de La Plata am 1. Mai 2006 in seinem Haus erschossen. Den gleichen Hintergrund gab es bei den Morden an Daniel Margarone am 11. November 2007 aus der Fanszene von Rosario Central und an Cristian Ponce am 14. Januar 2009 aus jener der Boca Juniors. Als Fabián Guzman aufgrund von Streitigkeiten in Quilmes am 28. Februar 2016 ermordet wurde, nahmen die Angreifer auch seiner zweijährigen Tochter das Leben.

Mario Ferreyra starb am 8. April 1962 beim Spiel Atlanta – Quilmes an einer Schusswunde im Nacken. Gregorio Noya erwischte am 17. Mai 1976 bei einem Spiel von Estudiantes de La Plata gegen Huracán ein Schuss in den Rücken – abgegeben von Polizeikräften, die eine

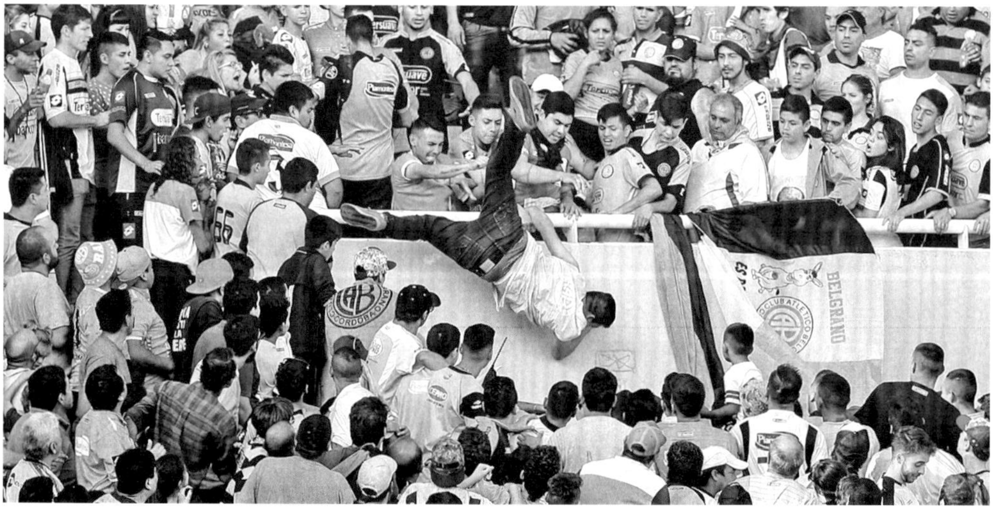

Am 15. April 2017 wird der 22-jährige Emanuel Balbo beim Córdoba-Derby zwischen Belgrano und Talleres von Belgrano-Anhängern fälschlicherweise für einen Talleres-Fan gehalten. Sie verfolgen und stürzen ihn in die Tiefe. Er stirbt zwei Tage später im Krankenhaus.

Luftballonaktion einer Gruppe unterbinden wollten. José Nocilia lag ein Jahr und 25 Tage im Koma, nachdem er bei einem Spiel in Álvarez in der Provinz Santa Fe als Zuschauer von Polizisten verprügelt wurde, bis er am 26. Mai 1968 für tot erklärt wurde. Luis José Záccara wurde am 22. April 1989 beim Spiel Alem – Claypole Opfer eines amoklaufenden Unteroffiziers, der Záccara mit einer Gasgranate tötete. Die 15-jährige Adriana Guerrero wurde am 2. September 1990 beim Spiel Kimberley – Aldosivi von einem Polizisten erschossen, der daraufhin zu elf Jahren Gefängnis verurteilt wurde.

Marcelo Blanco wollte einen Streit zwischen Anhängern von River Plate und Boca Juniors schlichten. Als Blanco, der ein River-Shirt trug, dazwischenging, wurde er mit einem Küchenmesser erstochen – man rammte es ihm in den Rücken, in die Leiste und in den Oberschenkel. Die elfjährige Romina Méndez wurde am 9. Mai 1999 durch eine Kugel in die Brust getroffen. Sie wollte aus der Entfernung einen Streit schlichten, bei dem Anhänger von Boca Juniors und River Plate aufeinander losgingen.

Schiedsrichter Augustin Basso wurde am 5. Februar 1972 von mehreren Spielern bei einem mit 30.000 Dollar dotierten Turnier zu Tode getreten, weil diese mit seinen Entscheidungen nicht einverstanden waren.

Die Gewalt macht vor der obersten Etage in den Klubs nicht Halt. Beim Lokalderby von Tiro Federal und Newell's Old Boys in Rosario im Oktober 1922 kam es zum Streit zwischen Newell-Schatzmeister Francisco Campá und dem früheren Tiro-Federal-Manager Enrique Battcock. Campá verschwand, kehrte mit einer Waffe zurück und schoss nach zuvor noch erfolgten Schlägen von beiden Seiten Battcock nieder. Ignacio Torres betrieb ein Geschäft in der Nähe des Stadions von Club Español und wurde in seinem Geschäft mit Terpentin überschüttet und angezündet. Bevor er nach fünf Tagen Höllenqualen am 20. Juli 1994 starb, beschuldigte er den Präsidenten seines Klubs, Rios Seoane, dessen Widersacher er war und der ihn zuvor bedrohte hatte, hinter dem Anschlag zu stecken. Nach zehn Tagen Flucht wurde Seoane gestellt, als er auf dem Fluss Tigre entkommen wollte. Im Folgejahr kam er unter dubiosen Umständen wieder frei.

In Argentinien wurden 2013 Anreiseverbote für Auswärtsfans erlassen, doch wer sich mit den einzelnen Fällen auseinandersetzt, merkt, dass sich ohnehin viele Fälle der Gewalt außerhalb der Stadien in den Vierteln abspielen. Und wenn dann viele Vereine aus der gleichen Stadt kommen, sind die Wege zum Gegner ohnehin kürzer. Selbst der Zufall spielt eine Rolle: Da trägt ein Passant die falsche Kleiderfarbe, die einem bewaffneten, vorbeifahrenden Autofahrer nicht passt, und schon ist der Fußgänger erschossen. Keine Fiktion, sondern Realität im Argentinien des 21. Jahrhunderts, zu der auch gehört, dass ein Großteil der von Sicherheitskräften letztlich verursachten Todesfälle nicht wirklich untersucht wird und damit ungesühnt bleibt.

Ein weiteres Land mit einer bestürzenden Bilanz von Fußballtoten:
Das „Argentinien Asiens“ ist Indonesien. Alleine von 1994 bis 2019 sind 75 Todesfälle bekannt. In der 18 Klubs starken Liga existiert eine Vielzahl gewalttätiger, oft tödlicher Rivalitäten. In den Fanlagern gibt es wie Milizen aussehende Gruppen in einheitlicher Kleidung, angetrieben von Kommandeuren, die auch mal Hundemarken um den Hals tragen. Die Feindseligkeit ist teilweise so groß, dass die Mannschaften in gepanzerten Transportern zu den Begegnungen gebracht werden. Oft werden nur Heimanhänger zu den Spielen zugelassen. „Es ist traurig, dass der Verband keine Lösung für dieses Problem hat. Der Verlust von Menschenleben bei einem Fußballspiel wird also als normal angesehen“, erklärte 2019 Akmal Marhali, der seit Jahren Vorfälle von Gewalt in Indonesien dokumentiert und Korruptionsvorwürfe in der Liga untersuchte. „Spielmanipulationen sind eine chronische Krankheit in Indonesien“, so Marhali. Weiter: „Bevor [die Fans] überhaupt ins Stadion kommen, haben sie das Ergebnis schon erfahren. Und es passiert auf dem Spielfeld, was sie wütend macht.“ Als der 23-jährige Haringga Sirila, Anhänger von Persija Jakarta, im September 2018 bei einem Spiel seines Klubs bei Persib Bandung durch seinen Ausweis als Auswärtsfan ausgemacht wurde, verfolgte und tötete man ihn. Er wurde geschlagen und getreten; manche Angreifer benutzten dafür Werkzeuge. In einem weit verbreiteten Video von der Tötung ist Haringga zu sehen, wie er diejenigen um Hilfe bittet, die untätig zusehen. Eine Untersuchung von 70 der 75 Todesfälle ergab, dass 21 von einem Mob verursacht wurden. Von den übrigen Opfern wurden 14 mit Stichwaffen niedergestochen, zwölf stürzten von Fahrzeugen, elf wurden mit harten Gegenständen geschlagen, sechs verloren ihre Leben bei Tumulten, zwei fielen von Tribünen, zwei starben durch Tränengas, einer bei einer Explosion von Feuerwerkskörpern, und einer wurde erschossen. In diesem Buch kommen wir später noch einmal auf Indonesien zurück.

Das verschollene Grüne Kreuz

Der Flugzeugabsturz von Green Cross, Chile 1961

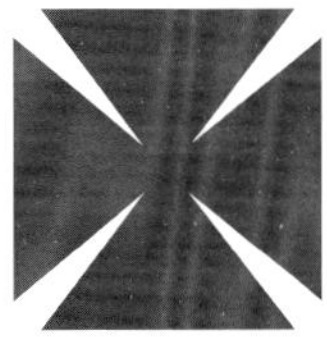

Im Juni 1916 gründete sich in Santiago de Chile ein Verein, dessen Vereinsfarben weiß und grün waren. Das Wappen bestand aus einem grünen Kreuz, das den Namen der Stadt symbolisierte. Man gab sich einen englischen Namen: Green Cross, „Grünes Kreuz". Als in Chile 1933 die Liga Profesional de Fútbol gegründet wurde, war Green Cross Gründungsmitglied. Der größte Erfolg des Klubs war der Gewinn der nationalen Meisterschaft im Jahr 1945. Bei manchen Ligaspielen lockte die Mannschaft bis zu 70.000 Menschen ins Stadion.

Zu Beginn der Saison 1961– die bundesdeutsche Fußballnationalmannschaft hatte gerade am 26. März mit 1:3 in Santiago de Chile vor 60.000 Zuschauern gegen Chile verloren – stand die erste Runde der Copa de Chile an. Green Cross, das in den eigenen Reihen auch den Mittelfeldspieler Eliseo Mouriño von Boca Juniors aus Buenos Aires als Neuzugang begrüßen konnte, der nach erfolgreichen Jahren in Argentinien nun seine Karriere langsam ausklingen lassen wollte, bekam den unterklassigen Klub Osorno Selección zugelost. Osorno liegt im Süden des Landes, einige Flugstunden von Santiago de Chile entfernt. Doch bei den Entfernungen, die Chile durch die langgestreckte Form hat, war die Anreise keine Besonderheit. Nach einem 1:1 im Hinspiel verlor Green Cross das zweite Aufeinandertreffen und schied aus dem Pokalwettbewerb aus. Durch die hohe Nachfrage nach Flugtickets über die Ostertage war eine gemeinsame Abreise von Mannschaft und Betreuern vom Flughafen Osorno am 3. April nicht möglich. Die Fußballer mussten sich in zwei Gruppen aufteilen. Die Mehrheit entschied sich für den Lan-Chile-Flug 621 mit einer DC-3, der um 16 Uhr von der noch 275 Kilometer südlicher gelegenen, sich auf der Insel Chiloé befindenden Stadt Castro abfliegen sollte und Stopps in Puerto Montt, eben Osorno und Temuco, der Hauptstadt der Region Araucanía, haben sollte. Die zweite, kleinere Gruppe nahm stattdessen einen Flug von Osorno, der Zwischenlandungen in Pucón, Temuco und Concepción vorsah. Bevor sie sich trennten, alberten die beiden Gruppen noch miteinander. Aus der größeren Gruppe, also jener, die den Lan-Chile-Flug 621 nehmen sollte, wurden gegenüber der kleineren Gruppe scherzhaft Anspielungen auf die Flugzeugabstürze von Manchester United und AC Turin, über die in diesem Buch auch berichtet wird, gemacht und die Spieler als „die acht Verurteilten" bezeichnet, berichtete Rechtsverteidiger Santiago García im Jahr 2015 gegenüber der Zeitung La Tercera. Dann trennten sich

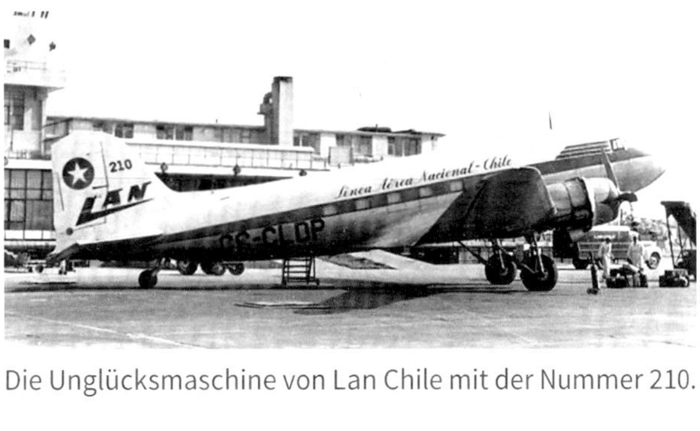

Die Unglücksmaschine von Lan Chile mit der Nummer 210.

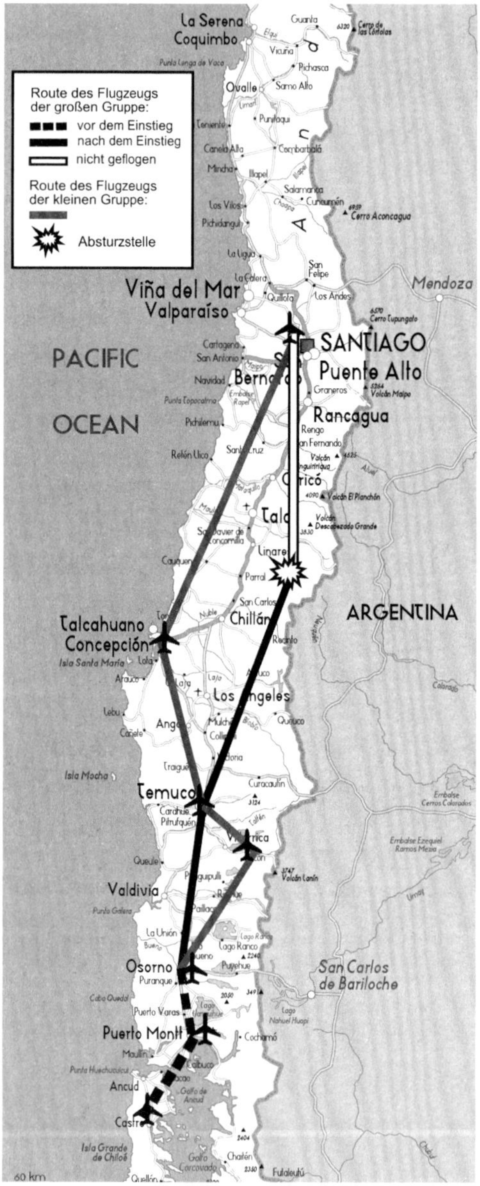

ihre Wege. Die beiden Flugzeuge waren sich noch auf der Landebahn in Temuco begegnet, als die Maschine der größeren Gruppe zum Tanken kam. Die kleinere Gruppe konnte die Maschine der größeren noch in der Luft ausmachen, bis sie sie aus den Augen verlor.

Als dann später ein Spieler der kleinen Gruppe, die sich bereits in Santiago befand, angesichts der verspäteten Ankunft seiner Kollegen die Bemerkung machte, dass „das Flugzeug abgestürzt sein muss“, waren seine Kollegen sehr verärgert. „Wir hätten ihn fast verprügelt“, erinnerte sich Custodio Sepúlveda 2016 gegenüber La Tercera.

Die große Gruppe sollte in Santiago tatsächlich nie ankommen. Nach dem Start von LA 621 in Temuco ereignete sich das Geschehen, das der offizielle Unfallbericht wie folgt schildert: „Die DC-3 startete um 18:30 Uhr Ortszeit in Temuco zum letzten Teil des Fluges und folgte den Luftstraßen 45 und 40 in einer Höhe von 8.500 Fuß. Die geschätzte Flugzeit betrug zwei Stunden und 30 Minuten. Während des Fluges wurde der Pilot angewiesen, auf 9.500 Fuß zu steigen, da auf 8.500 Fuß anderer Verkehr herrschte. Um 19:10 Uhr forderte die Besatzung einen Sinkflug auf 9.000 Fuß an, da sich Eis auf den Tragflächen gebildet hatte. Der Lotse genehmigte den Sinkflug nicht, da auf der Luftstraße 4 kollidierender Verkehr (Lan-Flug 205) herrschte. Später gab der Lotse dem Flug die Erlaubnis, auf die Luftstraße 45 umzukehren und dann auf 6.500 Fuß abzusinken, die Stadt Curicó zu überfliegen und auf der Luftstraße 40 zum Leuchtfeuer von Santo Domingo weiterzufliegen. Es gab keinen weiteren Funkkontakt mit dem Flugzeug.“

Es begann eine Suche, die nach sieben Tagen nur zum Teil erfolgreich war, als das Heck sowie einige menschliche Überreste nach einer Sichtung aus einem darüber fliegenden Flugzeug gefunden wurden. Der Unfallbericht hierzu: „Das Flugzeug war auf dem Cerro La

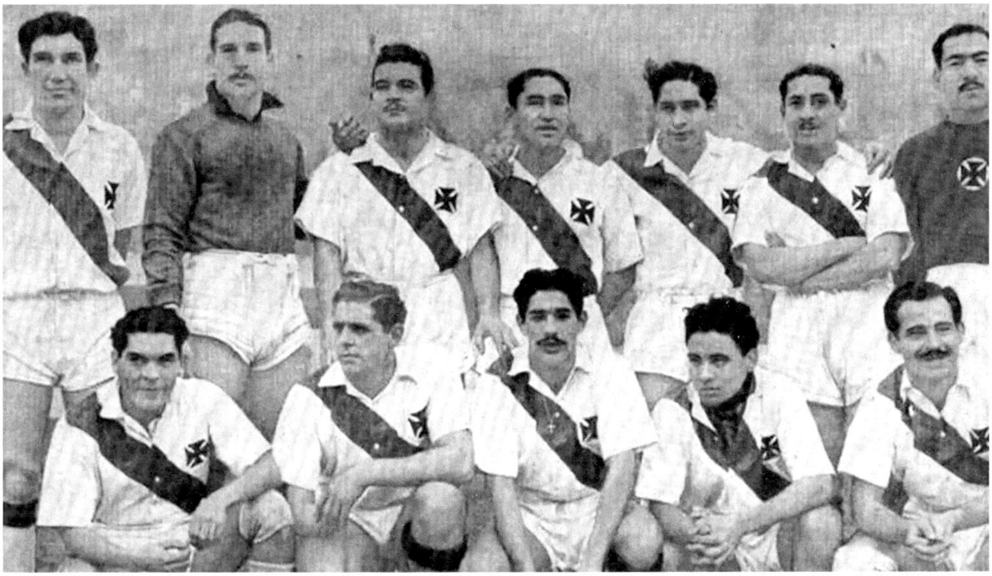

Gotera aufgeschlagen, einem Berg in einem Sektor der Sierra de las Ánimas und ostnordöstlich eines Hügels namens Lástimas del Pejerrey. Das Flugzeug flog in südwestlicher Richtung und schlug 50 Meter unter dem Gipfel des Berges auf einer Höhe von etwa 3.500 Metern auf. Das Wrack rutschte etwa 14 Meter nach unten, bevor es zum Stillstand kam." Als wahrscheinlichste Ursache des Unfalls wurde festgehalten: „Das Flugzeug stürzte auf den Berg La Gotera in der Gebirgskette Lástima-Pejerrey ab. Anhand der Position des Wracks wurde festgestellt, dass der Flug in südwestlicher Richtung verlief, obwohl es aufgrund der völligen Zerstörung und des Ausbrennens des Flugzeugs nicht möglich war, seine Geschwindigkeit oder Höhe zu bestimmen oder festzustellen, ob der linke Motor ausgefallen war. Beim Aufprall schien das rechte Triebwerk noch zu funktionieren."

Der Rest der Maschine inklusive Rumpf und dem Großteil der menschlichen Überreste blieb verschollen. In Santiago fand eine symbolische Beerdigung statt. Die Leichen lagen weiterhin im Gebirge, in den Särgen befanden sich Steine.

Sieben der Verstorbenen waren Spieler: Manuel Contreras, Dante Coppa, Berthe González, David Hermosilla, José Silva, Alfonso Vega und Eliseo Mouriño. Mit an Bord waren auch Trainer Arnaldo Vásquez, die Schiedsrichter Gastón Hormazábal, Roberto Gagliano und Lucio Cornejo. Insgesamt gab es 24 Tote.

Die Tragödie von Green Cross schockte das Land. Es gab Solidaritätsbekundungen aus dem Ausland. Es dauerte fast 54 Jahre bis in das Jahr 2015, als der Rumpf des Flugzeugs sowie weitere Knochenreste nahe des Dorfs Maule in einer Höhe von 3.200 Metern in der Bergkette von Linares, weit entfernt von dem Ort, an dem der Unfall ursprünglich gemeldet worden war, von einer Bergsteigergruppe gefunden wurden. Seit vielen Jahren hatte es Expeditio-

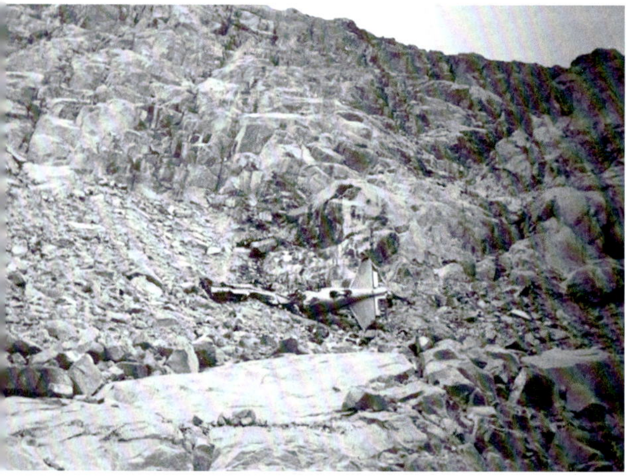

Das Wrack an der Absturzstelle.

nen solcher privater Gruppen gegeben, die nach dem Flugzeugrumpf suchten – 2015 hatte man schließlich Erfolg.

Green Cross geriet nach dem Absturz in finanzielle Turbulenzen. Der Vorsitzende der Fußballabteilung, Fernando Jaramillo Phillips, gleichzeitig stellvertretender Schatzmeister der chilenischen Zentralbank, zweigte bei der Bank Geld für seinen Klub ab, um Schulden und Prämien der Spieler bezahlen zu können, was aber nicht verborgen blieb und zu einer Haftstrafe von zwölf Jahren führte. Green Cross stieg 1962 ab und im Jahr darauf als Zweitligameister direkt wieder auf. Später fusionierte der Verein aufgrund einer zu geringen Fanbasis in Santiago mit einem Klub aus Temuco, wo der neue Verein auch ansässig wurde. Green Cross ist inzwischen längst aus dem Namen des Klubs verschwunden und existiert nur noch als Marke.

Ein weiteres Flugzeugunglück in den Anden:

Als der tödlichste Flugzeugabsturz in der chilenischen Luftfahrt gilt jener vom 6. Februar 1965, als Lan-Chile-Flug 107 von Santiago de Chile nach Buenos Aires kurz nach dem Start südöstlich von Santiago abstürzte. Der Pilot war bewusst von der vorgegebenen Route abgewichen und in einem Canyon geflogen, hatte aber die notwendige Höhe über einem Bergkamm nicht erreicht und durch die Routenwahl keine Ausweichmöglichkeit. Unter den 87 Toten befanden sich 22 Spieler der Mannschaft des Amateurvereins Antonio Varas aus Santiago, die auf dem Flug zu einem Freundschaftsspiel nach Uruguay waren.

Die Legende von Negro Bomba

Die Stadionkatastrophe von Lima, Peru 1964

Im Oktober 1964 wurden die Olympischen Spiele in Tokio ausgetragen. Südamerika erhielt zwei der 16 Startplätze des Fußball-Turniers. Der Qualifikationsmodus der Südamerikaner sah für die sieben Länder, die teilnehmen wollten, ein Turnier jeder gegen jeden vor, das komplett im Mai des gleichen Jahres in Lima ausgetragen werden sollte. Peru legte mit einem Unentschieden gegen Ecuador und immerhin zwei Siegen gegen Kolumbien und den großen Favoriten Uruguay gut los. Die Euphorie unter den Anhängern stieg. Am erfolgreichsten zeigten sich die Argentinier mit vier Siegen gegen Kolumbien, Ecuador, Chile und Uruguay. Die Gastgeber aus Peru erhofften sich vor ihrem vierten Spiel gegen die Argentinier, die bereits zum fünften Mal antreten sollten, einen Sieg, mit dem sie dem östlichen Nachbarn auf die Pelle rücken und mit den punktgleichen Brasilianern zumindest Schritt halten konnten.

Víctor Melacio Vásquez, Negro Bomba (Schwarze Bombe) genannt, war nicht irgendein Fan Perus. Er war der Jüngste der Familie, die in Breña wohnte, und pflegte schon in jungen Jahren, andere Jungen zu beschimpfen. Er hatte mit Vorliebe immer eine Chaveta dabei, ein griffloses Messer eines Zigarrendrehers. Mit dieser traf er eines Tages einen kleinen Hund, der daraufhin durch die Luft flog, erinnerte sich der Journalist Roberto Salinas im Jahr 2011 an Bomba, den er einst als Jungen erlebt hatte und von dem er selbst Schläge einstecken musste. Bomba lief nach dem Wurf hinter dem kleinen Hund hinterher, um seine Waffe

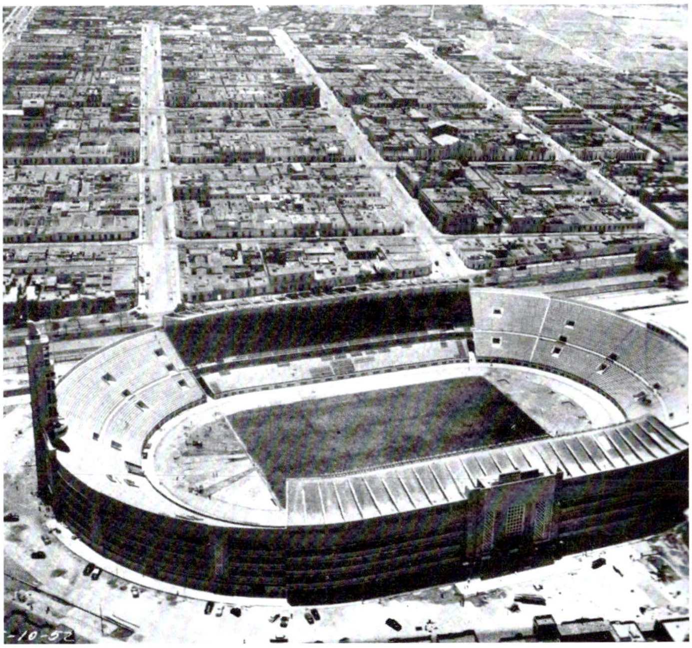

Das Nationalstadion in seiner Umgebung.

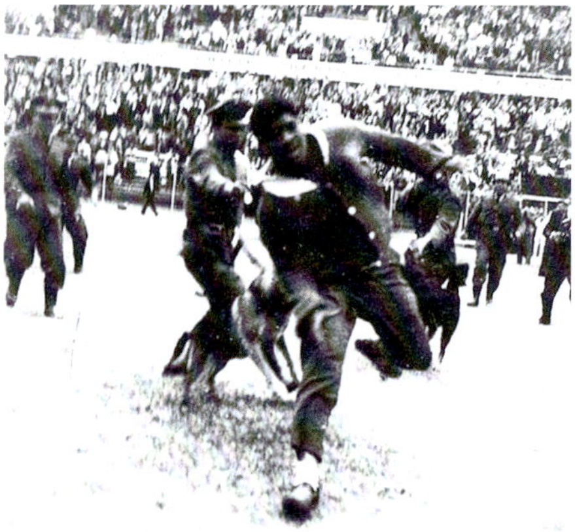

Víctor Melacio Vásquez, genannt Negro Bomba, im Visier der Polizei.

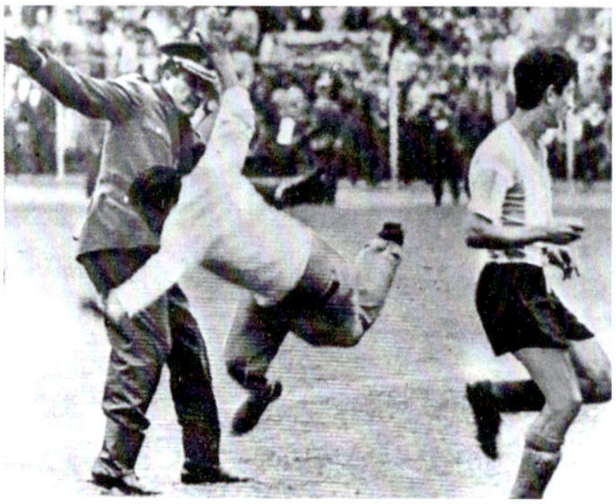

Auch Edilberto Cuenca wird zu Boden gestreckt.

wieder zurückzubekommen. Er und seine Brüder waren gefürchtet. Die Familie soll die Bewachung eines Sportplatzes der Luftwaffe übernommen haben. Dass Bomba, der nicht nur ein Selbstjustizler war, sondern auch als Mann galt, der bei Provokationen hart durchgreifen konnte, einmal eine nicht unwichtige Rolle in der Geschichte seines Landes spielen sollte, konnte man früher nicht ahnen.

Im Estadio José Díaz, dem Nationalstadion, gab es große Erwartungen. 47.157 Zuschauer wollten sich das Spiel nicht entgehen lassen. Als Schiedsrichter wurde der Uruguayer Ángel Eduardo Pazos nominiert. Nach einem 0:0 zur Halbzeit traf Argentiniens Néstor Manfredi zum 1:0 für die Gäste. Zehn Minuten vor dem Ende der Spielzeit setzte sich Perus Víctor „Kilo" Lobatón gegen seinen Gegenspieler Horacio Morales durch und traf ins Tor der Argentinier. Die peruanischen Spieler und das Publikum feierten den Ausgleich. Allerdings postierte sich der Schiedsrichter an der Stelle, an der sich die beiden Gegenspieler zuvor bekämpft hatten und zeigte einen indirekten Freistoß für Argentinien an. Später erklärte er, dass Lobatón gefährlich gespielt habe. Damit brach Unmut auf den Rängen aus. Ein stämmiger Fan, Bomba, schlich sich durch den Drahtzaun, sprang – bewaffnet mit einer Flasche – von der Südtribüne auf das Spielfeld und begann, den Schiedsrichter zu verfolgen – an ihm wollte er seine Wut auslassen. Bomba war, inzwischen 29-jährig, einer der Anführer der örtlichen Barra, der harten Fans, Leibwächter von Gangstern und bekannter Straftäter. Ein Polizeibeamter stoppte ihn mit der Hilfe von losgelassenen Hunden. Dann schlugen die Uniformierten vor aller Augen wild mit Gummiknüppeln auf ihn ein. Damit geriet das Publikum noch mehr in Rage. Bomba war bewusstlos, vielleicht sogar tot? Von allen Seiten wurde geschrien, Gegenstände geworfen. Ein zweiter Anhänger, Edilberto Cuenca, betrat das Spielfeld und wurde von der Polizei ebenfalls malträtiert, Bisse der Polizeihunde inbegriffen. Die Lage eskalierte. Die Menge begann, Feuer auf den Tribünen zu legen und mit Stahlbolzen die im Beton verankerten Bänke herauszureißen. Mehrere Gruppen von Zuschauern versuchten, auf das Spielfeld zu gelangen. Anhänger beider Lager bekämpften sich mit Messern und Stöcken.

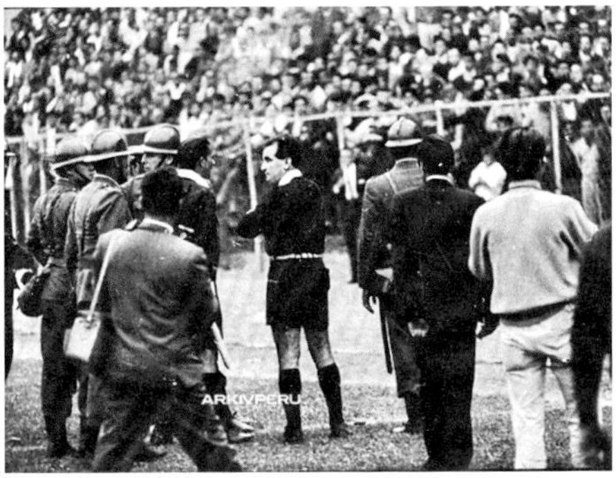

Schiedsrichter Ángel Eduardo Pazos betrachtet das Geschehen.

Jorge Azambuja, Kommandant der Polizeigruppe vor Ort, gab nun den Befehl, Tränengas anzuwenden. Damit setze ein Chaos ein, das in der bis heute schlimmsten Katastrophe in der Geschichte des Fußballs mündete. Die Spieler und das Schiedsrichterteam brachten sich in Sicherheit. Die verzweifelten Menschen auf der hohen Tribüne sprangen zur nächsttieferen. Die Tore waren mit Vorhängeschlössern versperrt worden, um keine nachrückenden Fans in die bereits gefüllten Blöcke zu lassen. Die Menge drückte dagegen – und ein Mensch nach dem anderen starb an diesen Toren. Mauricio Gil, ein Journalist der Zeitung El Comercio schrieb viele Jahre später: „Die Luft geht aus. Die Lunge schrumpft. Rippen knacken. Die menschliche Lawine verwandelte die Angst in Hysterie, als die Menschen gegen die geschlossenen Türen rannten. Metallene Hindernisse, die sich nur nach innen öffneten und die Treppe beendeten, den Abstieg in den Tod. Die Masse ist ein Fluss aus Schreien und Panik: unaufhaltsam und unwissend reißt sie die Menschen mit, die stolpern und unter dem Getrampel fallen. Es gab keinen Weg zurück, keinen Weg nach oben vor dem falschen Fluchtweg, keinen Weg nach oben in die Tribüne, wo trotz der giftigen Dämpfe Freiheit herrschte und nicht dieses Gefängnis von Körpern, die sich zusammendrückten, erstickten, sich gegenseitig umbrachten. Der Druck derer, die sich der Kaskade von Menschen anschlossen, machte es unmöglich zu entkommen."

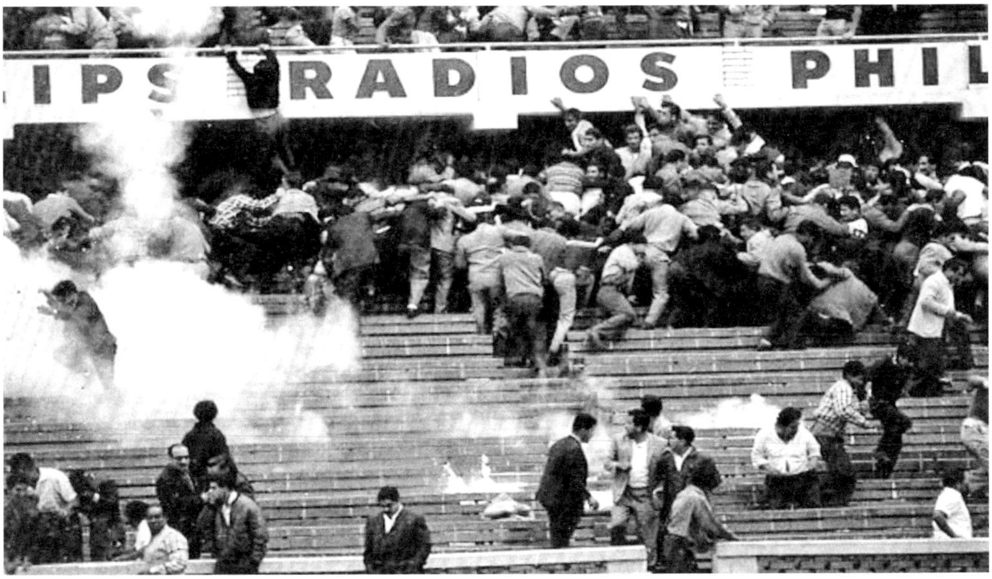

Tränengas verdrängt das Publikum auf den Tribünen.

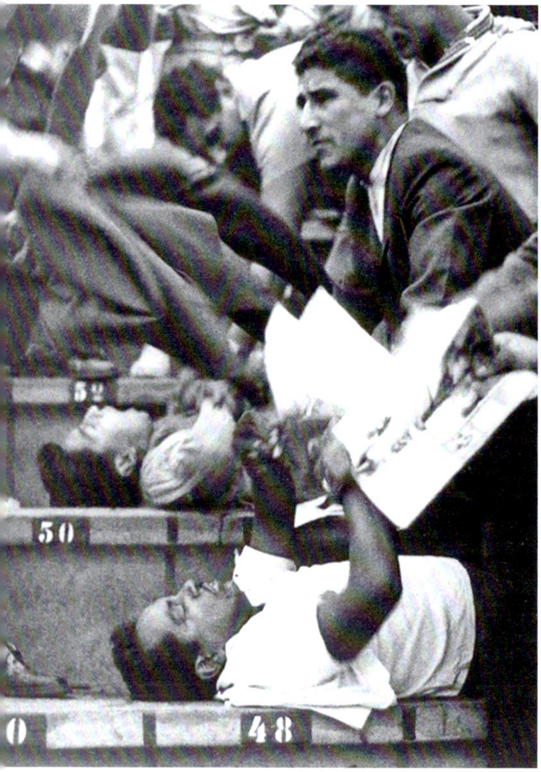

Liegenden Zuschauern wird Luft zugefächelt.

Die das Stadion verlassende Meute suchte ihr Ventil und schlug auf den Straßen zu. Mehr als 100 Fahrzeuge wurden zerstört, Geschäftshäuser wurden in Brand gesetzt bzw. mit Hageln von Steinen bombardiert. Geschäfte wurden geplündert, Restaurants verwüstet und zwei patrouillierende Polizisten zu Tode geschlagen. Die Polizei erhielt einen Schießbefehl. Die Szenerie kam einem Bürgerkrieg nahe.

„Ich war derjenige, der das Tor geschossen hat", erinnerte sich der Argentinier Néstor Manfredi, Spieler von Rosario Central, in einem Interview. Er erzählte, dass die Spieler nach dem Spiel mehrere Stunden in der Umkleidekabine verbrachten, bis sie das Stadion in Begleitung verlassen konnten: „Wir blieben in der Umkleidekabine, bis ich weiß nicht wie lange. Als wir mit dem Bus abfuhren und sahen, was alles passiert war, sah es wie ein Krieg aus, denn es gab kaputte Autos, die in Brand gesetzt wurden, es war schrecklich. Wir hätten nie gedacht, dass es so weit kommen würde." Dann blieben sie ein paar Tage im Hotel: „Wir wurden auf mehrere Zimmer aufgeteilt, und sie sagten uns: ‚Ihr müsst immer bereit sein, denn wenn wir eine Nachricht von der Botschaft erhalten, müssen wir rausgehen.' Und eines Abends, etwa zwei Tage nachdem alles passiert war, waren wir gerade mit dem Abendessen fertig, als jemand kam und sagte: ‚Meine Herren, lasst uns gehen, lasst uns gehen, lasst uns gehen...' Und sie brachten uns gegen 23 oder 24 Uhr nachts schnell hinaus. Es war verrückt, schrecklich."

In den ersten Berichten war von 315 Toten und mehr als 200 Verletzten zu lesen, auch drei Polizisten und drei Polizeihunde verloren ihr Leben. Am Ende wurden inoffiziell (es gab nie eine offizielle Mitteilung) 328 Tote und etwa 800 Verletzte (es gibt Quellen, die mehr als 4.000 Verletzte angeben) beklagt; dies sind Zahlen, die sich nur auf das Stadion beziehen und nicht die Dutzende von Toten und Verletzten außerhalb des Stadions einschließen. 90 % der Verstorbenen sollen erstickt sein. Laut Medienberichten und auch dem Buch „La ópera de los fantasmas" des Journalisten Jorge Salazar gab es viel mehr Tote, als die inoffizielle Zahl angab, und zwar nicht nur durch Ersticken, sondern auch durch Schüsse. Die Leichen sollen demnach in einem Massengrab in Callao verschwunden sein. Belege hierfür liegen nicht vor. Laut dem Richter Benjamín Castañeda wurden Häftlinge genutzt, die die Leichen auf geheimen Friedhöfen begraben haben sollten. Nie gab es mehr Opfer bei einem Stadionunglück. Für diese wurde eine Woche Staatstrauer ausgerufen.

Zwei Tage nach dem Spiel wurde Bomba verhaftet und wegen Anstiftung zur öffentlichen Unruhe angeklagt. Bomba: „Etwa 40 Ermittler umstellten den gesamten Block, einschließlich des Daches. Sie klopften an meine Wohnungstür, und ich fragte, wer da sei, und sie sagten: ‚Ich möchte zu Víctor.' Sobald ich die Tür öffnete, kamen etwa sechs Personen herein, und zwar auch durch das Dach. Der ganze Block war umstellt … Ich bin Nationalist, deshalb wollte ich den Schiedsrichter, der den Ausgleichstreffer nicht gegeben hat, auspfeifen. Es tut mir weh, dass er das peruanische Tor nicht anerkannt hat."

40 Polizisten wurden aus dem Staatsdienst entlassen. Polizeikommandant Azambuja schob die Schuld auf den Schiedsrichter, die auf das Spielfeld stürmenden Anhänger und den Fanatismus auf den Rängen. Und er beharrte darauf, dass er angewiesen hätte, fünf Tränengasbomben auf das Spielfeld zu werfen, statt eine nicht beschränkte Zahl auf die Tribünen. Schuld wären außerdem die Torwächter, die die Tore verschlossen hätten – schließlich hätte es auf der Stadionseite, auf der die Tore offen gewesen seien, keine Toten gegeben. Bestraft wurden aber weder Bomba, der zuerst auf das Spielfeld sprang, noch der Polizeikommandant. Doch auch ohne Verurteilung sei die Reue laut Journalist Roberto Salinas

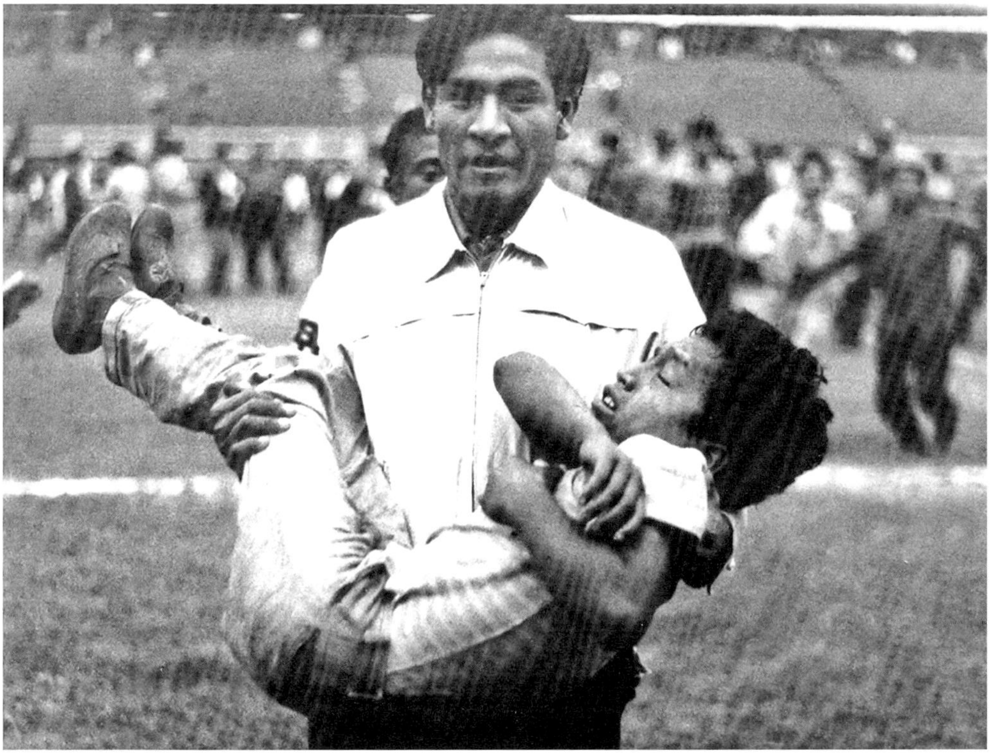

Ein junges Opfer wird getragen. Dieses Foto wurde eines der bekanntesten der Katastrophe.

Bombas schlimmste Strafe gewesen. Er hätte zu trinken begonnen, eine Zeit lang in einem bekannten Bordell gearbeitet, Drogen genommen und sei dann „als Opfer seiner Einsamkeit und Exzesse“ gestorben. Doch mit seinem Todestag am 14. März 1999 war das Kapitel um Bomba nicht abgeschlossen. Sein Auftritt im Jahr 1964 wurde von manchen auch als mutig verstanden. Bomba gilt nicht nur als Mitauslöser der schlimmsten Katastrophe im Fußball bis heute, er wurde auch zu einer Legende. Die Journalistin Diana Bueno schrieb über ihn: „Sein Handeln hat etwas Heroisches und Tragisches an sich. Er war der einzige Fan, der sich entschloss, auf die ungerechte Aberkennung eines legitimen Tores zu reagieren.“

Die Kapazität des Stadions wurde aufgrund des Fehlens eines angemessenen Evakuierungssystems von 53.000 auf 45.000 Zuschauer heruntergesetzt. Das Spiel zwischen Peru und Argentinien wurde mit 0:1 gewertet, alle anderen fünf noch nicht ausgespielten Begegnungen wurden abgesagt. Argentinien war damit in der Endrunde dabei. Der Fünftplatzierte, Kolumbien, hatte vor der Katastrophe bereits alle sechs Spiele absolviert, konnte sich nicht mehr qualifizieren, nur Peru und Brasilien kamen noch als zweiter Qualifikant in Betracht. So wurde für den 7. Juni ein Play-off-Spiel zwischen beiden Mannschaften in Rio de Janeiro angesetzt, das Brasilien 4:0 für sich entschied. Sowohl Argentinien als auch Brasilien scheiterten beim Endturnier in Japan in der Vorrunde.

Weiterführende Literatur:
Efraín Rúa Sotomayor: El gol de la muerte. La leyenda del Negro Bomba y la tragedia del estadio, Lima 2014.

Weitere Unglücke infolge von Ausschreitungen:

Am 17. September 1967 trafen Kayserispor und Sivasspor erstmals aufeinander. Beide Klubs wurden 1966 bzw. 1967 durch Fusionen anderer türkischer Klubs gegründet. Das Verhältnis der Bewohner beider knapp 200 Kilometer voneinander entfernt liegender Städte war durch eine gute Stadtentwicklung in Kayseri und der parallelen Vernachlässigung von Sivas schlecht. Und entsprechend verhielten sich die Tausende, die mit 40 Bussen und Zügen aus Sivas angereist waren, schon vor dem Spiel. Es gab Spannungen, weil die Gästeanhänger ihre Rechnungen in den Restaurants nicht zahlten und sogar Geschäfte plünderten. Das setzte sich bei der Begegnung fort. Nachdem der Gastgeber in der 20. Minute umstritten mit 1:0 in Führung ging, provozierten die Heimfans die Gästeanhänger, woraufhin beide Lager mit Pistolen, Messern, Steinen, Stöcken und abgebrochenen Flaschen aufeinander losgingen. Dies führte auch zu einer Panik mit Quetschungen und Erstickungen. 44 Tote und etwa 600 Verletzte waren letztlich zu beklagen. Nach dem abgebrochenen Spiel kam es zu einer Welle von Gewalt außerhalb des Stadions sowie in Sivas, wo die vollkommen übertriebene Information gestreut wurde, dass 5.000 Anhänger, die nach Kayseri gingen, getötet wurden und dass die Einwohner von Kayseri sogar mit den Köpfen der Leute von Sivas Ball gespielt hätten. Daraufhin wurden in Sivas die aus Kayseri Zugezogenen angegangen und deren Geschäfte geplündert und in Brand gesetzt. Die Zugangsstraßen von und nach Sivas wurden gesperrt. Acht Sivasspor- und 18 Kayserispor-Anhänger wurden festgenommen und die Klubs für 17 Spiele gesperrt. Am 25. Juni 1969 gab es fast eine Kopie der Ereignisse in Kırıkkale nahe Ankara beim Spiel Kırıkkalespor – Tarsus İdman Yurdu. Hier schoss die Polizei zudem in die Menge. Es starben zehn Anhänger. 102 Verletzte waren zu beklagen.

Im brasilianischen Salvador wurde die Kapazität des Estadio Fonte Nova von 35.000 auf 110.000 Zuschauer erhöht. Zur Wiedereinweihung unter den Augen von Brasiliens Präsident Emílio Garrastazu Médici am 4. März 1971 wurden zwei Spiele angesetzt. Erst spielte Bahia gegen Flamengo, danach Vitória gegen Grêmio. Während des zweiten Spiels soll eine Schlägerei unter Zuschauern Ausgangspunkt für eine Massenpanik gewesen sein. In einer Kettenreaktion liefen einige Menschen weg, um der Schlägerei zu entkommen, stolperten, fielen und wurden von nachfolgenden Menschen niedergetrampelt. Viele Leute flüchteten auf das Spielfeld und warfen Absperrungen um. Es kam zu Feuern und einem Flutlichtausfall. Vier Menschen starben, etwa 1.500 wurden verletzt.

Das indische Kalkutta-Derby hat schon immer die Fans angezogen. Der Zuschauerrekord für die Begegnung zwischen Mohun Bagan und East Bengal liegt bei 131.000. Die Anhänger der Klubs sind verfeindet – die Ursprünge dafür liegen in unterschiedlichen Volksgruppen. East Bengal ist der Klub, hinter dem sich die in der Regel armen Vertriebenen aus Ostpakistan versammelt haben. Von der großen Masse an Flüchtlingen bedroht sahen sich die ursprünglichen Westbengalen, die hinter Mohun Bagan standen. Wut, die sich in der Gesellschaft

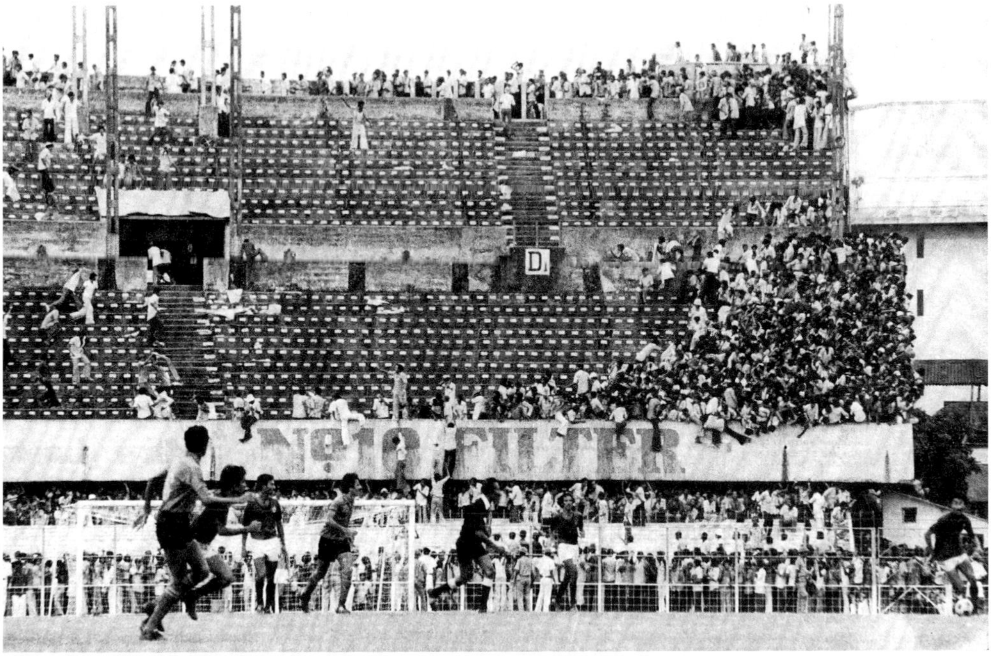

Kalkutta 1980. Flucht vor kämpfenden Anhängern.

entlud, zeigte sich auch im Stadion. Diese Mischung konnte jederzeit explodieren. Beim Derby am 16. August 1980 waren die Fanlager nicht wie üblich in verschiedenen Stadionbereichen getrennt, sondern saßen gemischt im Stadion. Nachdem der Schiedsrichter auf beiden Seiten einen Spieler vom Platz stellte, brach auf den Tribünen ein offener Kampf aus, in den die Polizisten – wie üblich zu dieser Zeit – lange nicht eingriffen. Große Mengen von Ziegelsteinen und Steinblöcken standen plötzlich als Waffen bereit – diese stammten von einer nicht gesicherten Baustelle der Metro unterhalb des Stadions. Die in den Kampf involvierten Anhänger wie auch jene, die allem aus dem Weg gehen wollten, standen oder lagen schnell ohne Schuhe, mit zerrissener Kleidung, Schnittwunden und Prellungen da. Fans auf der Flucht sprangen von oberen Tribünen in darunter befindliche Bereiche – oder sie wurden geworfen. Das Spiel wurde einfach fortgesetzt, und erst als es fast zu Ende war, griffen die Polizisten mit voller Wucht und Bambusschlägern ein. Menschen wurden in einer Panik in engen Gängen und Ausgangskorridoren zerquetscht. 16 Personen fanden den Tod, über 100 wurden verletzt.

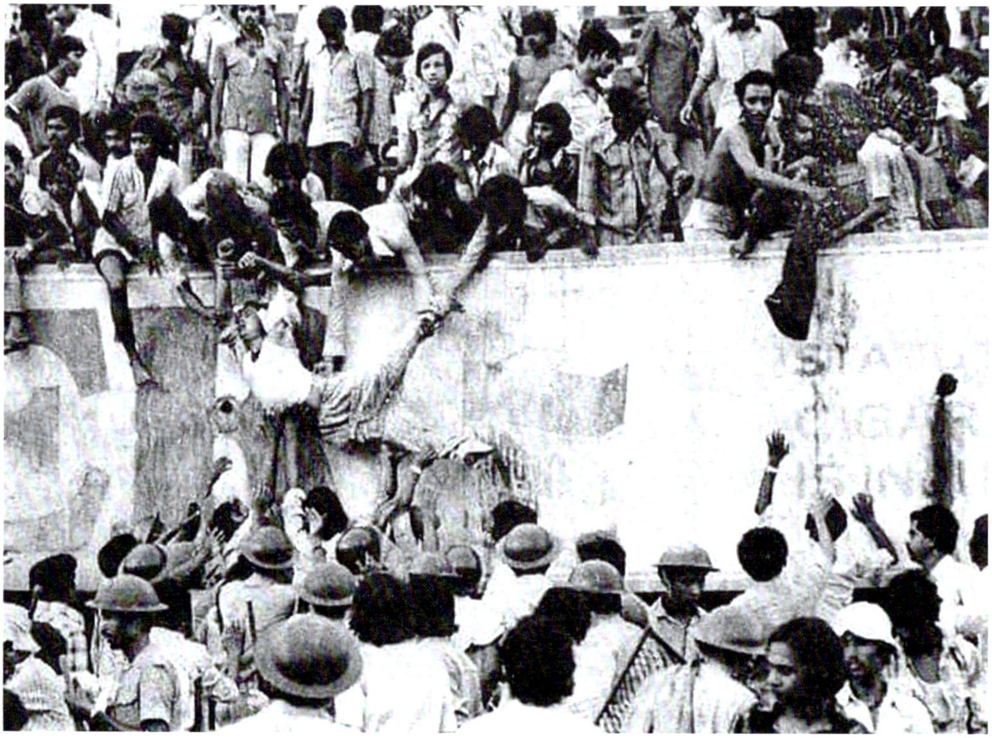

Die Tragödie von Tor 12

Stadionunglück in Buenos Aires, Argentinien 1968

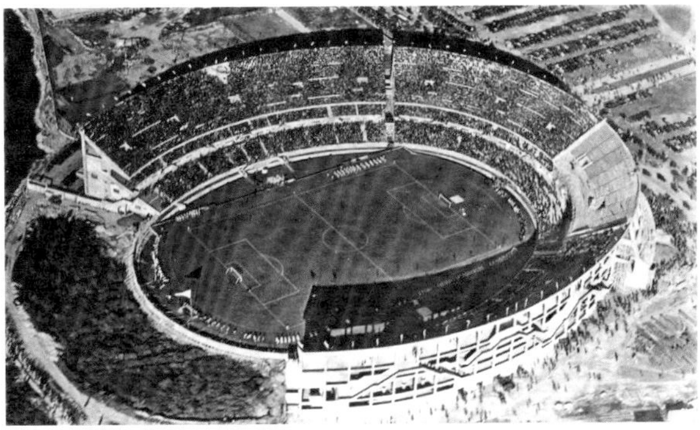

El Monumental in den Fünfzigerjahren.

Schiedsrichter Bartolomé Macías hatte wirklich keinen guten Tag am 2. Juli 1944. Er leitete im Monumental, das eigentlich Estadio Antonio Vespucio Liberti heißt, die Begegnung zwischen River Plate und San Lorenzo, beides Vereine aus Buenos Aires. Die Gästefans waren angesichts der Entscheidungen von Macías aufgebracht. Die Polizei musste die Anhänger zurückdrängen. Nach dem Abpfiff der von River Plate 2:1 gewonnenen Partie kam es dazu, dass eine Menschenmenge, die den Abgang zum Tor 11 gewählt hatte, am Ende nicht das Stadion verlassen konnte, weil das Tor geschlossen war. Eine Person stürzte und löste damit eine Lawine aus. Letztlich starben neun Menschen, zwölf wurden verletzt. Eine offizielle Untersuchung, weshalb das Tor überhaupt geschlossen war, ist nicht bekannt.

24 Jahre später, am 23. Juni 1968, stand während der von 1966 bis 1970 andauernden Diktatur unter Juan Carlos Onganía das Fußballspiel schlechthin im argentinischen Fußball auf dem Programm: der sogenannte Superclásico zwischen River Plate und dem größten Rivalen, den Boca Juniors, zu dem das Stadion selbstverständlich mit 90.000 Besuchern bestens gefüllt war. Es sollte ein spannungsarmer Kick werden, bei dem der Höhepunkt war, dass Boca-Spieler Angel Clemente Rojas dem River-Keeper Amadeo Carrizo vor dem Anpfiff die Mütze wegnahm, was der Torhüter damit konterte, dass er sich zehn Minuten vor dem Ende auf das Spielfeld setzte und sich damit über die mangelnde Offensive von Boca lustig machte.

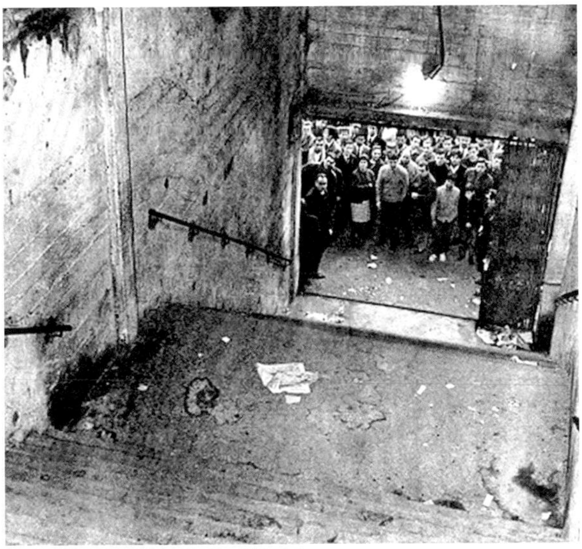

Mit dem Abpfiff machten sich die gelangweilten Zuschauer schnell auf den Weg. „Die Atmosphäre

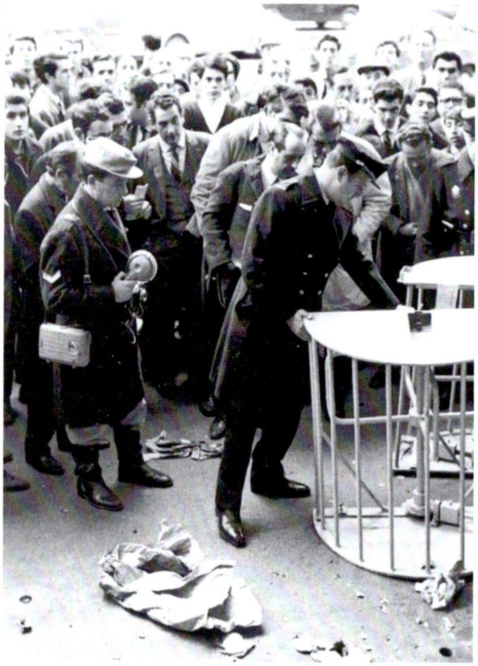

war gefährlich. Einige Fans hatten River-Fahnen verbrannt. Andere warfen Raketen, Münzen und Uringläser auf die Menschen im unteren Bereich der Tribüne. Es fehlte nicht an Schlägen und kleinen Lawinen", berichtete der Anhänger Eduardo Anatucci 1968 gegenüber der Zeitung Clarín. Die letzte Treppe auf dem Weg zum Tor 12, das zum Gästebereich gehört, hat 80 Stufen zwischen dem letzten freien Bereich im ersten Stock und dem zur Straße führenden Tor. Maximal 15 Personen konnten sich gleichzeitig auf einer Stufe befinden. Es handelt sich um einen dunklen und gefährlichen Tunnel – es gab keine Beleuchtung, keine Handläufe, und der Boden war rutschig. Eine Falle ist es, wenn die Menschen ganz am Ende nicht weichen können und von oben gedrängelt wird. Der 14-jährige Miguel Murrieu berichtete, es sei zunächst eine normale Lawine gewesen, die aber immer größer geworden sei. Plötzlich hatte er keinen Kontakt mehr zum Boden: „Etwas begann schiefzulaufen. Die Lawine kam zum Stillstand. Es wurde immer enger und enger. Es gab Schreie der Panik, der großen Angst. Die Leute unten wollten hochklettern. Wir lagen übereinander und standen unter einem schrecklichen Druck, der uns keine Luft zum Atmen ließ. Ich bin gestürzt und dann ohnmächtig geworden. Was war der Grund für diese Tragödie? Ich habe es nie gewusst. Ich wurde durch ein Wunder gerettet. Vielleicht dank der Leute, die mir geholfen haben, weil ich der Jüngste von allen war und weil die Lawine aufhörte, als ich an einer Biegung der Treppe war."

Der vermutete Grund war, dass der Ausgang nicht frei war. Offiziell befanden sich dort Drehkreuze, die mit einem Eisengitter versehen waren. 71 Fans starben, 113 verletzten sich, inoffizielle Schätzungen kommen auf 150 bis 200 Verletzte. Das Durchschnittsalter der Toten lag bei 19 Jahren.

Doch weshalb war der Ausgang nicht geöffnet? Und stimmt diese Darstellung überhaupt? Dies ist bis heute nicht geklärt. Die strafrechtlichen Ermittlungen endeten ohne einen Schuldspruch. Es gab Behauptungen, die Polizei hätte die Menge am Verlassen über diesen Ausgang gehindert. Es passte zum furchterregenden Image, das die Polizei unter dem mit Gewalt herrschenden Diktator Onganía hatte. Julián William Kent, Präsident von River Plate, wusste zu berichten: „Die Fans erleichterten sich in Kaffeebechern und bewarfen die berittenen Polizisten auf der Straße mit Urin und Exkrementen. Das hat die polizeiliche Repression und dann die Tragödie ausgelöst." Juan Carlos Tabanera, ehemaliger Generalinspektor der Stadtverwaltung, berichtete 1988 gegenüber dem Radiosender Domingos Populares, dass Polizisten auf die Ordner an der Treppe von Tor 12 einwirkten, ihre Position zu verlassen, woraufhin berittene Polizei aufzog: „Dort kam es zu dem Aufstand und der Tragödie. Das Tor war offen und die Drehkreuze waren entfernt. Ich war dabei und kann das bezeugen. Meine Hypothese ist, dass sie die Fehler der Polizei vertuschen wollten und die Sache mit den Drehkreuzen erfunden haben."

Der Überlebende Juan Carlos Alomo erzählte: „Sie dachten, ich sei tot, und schrieben mir die Zahl 19 auf die Brust, als wäre ich bereits tot. Erst im Krankenhaus Pirovano stellten sie fest, dass ich noch atmete. Ich hatte blutunterlaufene Augen und eine kohlefarbene Haut. Mein Ohr ist geplatzt und ich habe fast mein Augenlicht verloren. Sie hatten mich dem Tod überlassen. Ich erinnere mich nur noch daran, wie ich nach dem Spiel in das Treppenhaus am Tor 12 kam. Danach kann ich mich an nichts mehr erinnern, aber meine Frau hat auf einem Video gesehen, dass die Drehkreuze eingeschaltet waren und die Polizei zugeschlagen hat. Ich wurde gerettet, weil ich einen großen Brustkorb habe." Der Arzt Jorge Izza aus dem Krankenhaus Pirovano meinte: „Ich erinnere mich an die Angehörigen, die verzweifelt durch die Gänge rannten. Die Krankenhäuser waren nicht auf die Aufnahme von Massen von Opfern vorbereitet. Diejenigen, die gerettet wurden, wurden nur aufgrund ihrer körperlichen Stärke gerettet. Präsident Onganía ist sogar gekommen, um sich zu zeigen."

Es wurde eine Staatstrauer ausgerufen. Aus Spanien, Chile und Paraguay boten Klubs an, zu Benefizspielen anzureisen. Der argentinische Verband und die beiden Vereine stellten 32 Millionen Pesos für die Opfer bereit, womit die Angehörigen pro Opfer etwa 1.000 US-Dollar

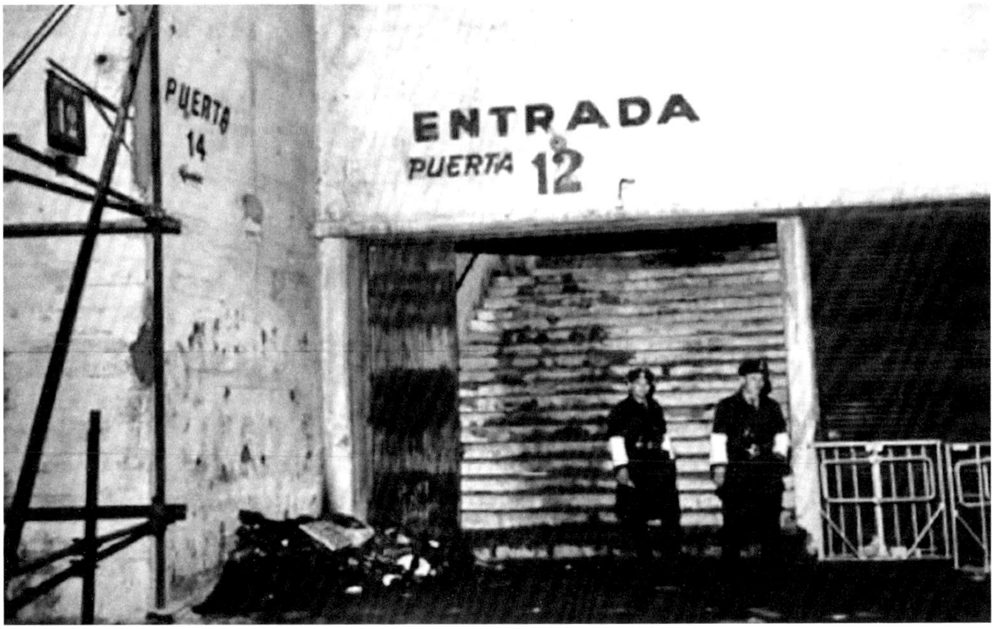

erhielten, zeitgleich aber auf weitere rechtliche Schritte gegen River Plate verzichteten. Zwei Klagen von Familien, die sich nicht darauf einlassen wollten, folgten. Diese erhielten dann jeweils ca. 50.000 US-Dollar zugesprochen. Es blieb bis heute die größte Katastrophe im argentinischen Fußball.

Die beiden Ereignisse der Jahre 1944 und 1968 hatten aber dennoch Folgen: Die Ausgänge sind heute anders gestaltet, doch die letzte Treppe ist noch immer ein schlecht beleuchteter Gang, in dem immerhin ein zentrales Geländer angebracht ist. Im Jahr 2018 fertigten die Boca-Fans ein Wandbild an, bei dem auf der einen Seite Boca-Fans zu sehen sind, während auf der anderen Seite die Polizei am Ausgang des Tores 12 wartet, um diese zu verdrängen.

Theaterstück:
La puerta 12, 1968.

Dokumentarfilm:
Puerta 12, 90 min, 2008.

Weitere Unglücke mit verschlossenen Ausgangstoren:

Am 8. Februar 1981 trafen im Karaiskakis-Stadion im griechischen Piräus die Teams von Olympiakos und AEK Athen aufeinander. Nach dem 6:0-Heimsieg stürmten die Fans euphorisch auf die Ausgänge zu. Dabei fielen einige ihr Gleichgewicht verlierende Fans vor Tor 7 auf die Treppe. Die ahnungslos folgenden Anhänger fielen über sie, bis die nächsten über sie stiegen. Ein Aufstehen oder Wehren war für die unten liegenden Fans schwierig. Insgesamt 21 von ihnen verloren ihr Leben, zu weiteren 57 sind Verletzungen bekannt.

Als nach einem 2:1-Sieg Nigerias gegen Guinea in der Qualifikation zur Weltmeisterschaft 1998 in Frankreich die 40.000 Zuschauer ihren Heimweg antraten, waren drei der fünf Haupttore des Stadions in Lagos geschlossen. In dem Gedränge an diesem 5. April 1997 starben fünf Fans, über ein Dutzend erlitt Verletzungen.

Die zweite Ibrox-Katastrophe: Stairway 13

Stadionunglück bei den Glasgow Rangers, Glasgow, Schottland 1971

Im Ibrox Park in Glasgow gab es eine Treppe, die zu dem Ausgang führte, der der U-Bahn-Station Copland Road am nächsten lag. „Stairway 13“ wurde im Jahr 1963 als „möglicherweise nicht sicher“ eingestuft. Hier war immer mit einem hohen Druck der Menschenmenge zu rechnen, während nur wenig Freiraum für Bewegungen vorhanden war. Zwei Menschen wurden am 16. September 1961 beim Derby der Rangers gegen Celtic – Old Firm genannt – bei einem entsprechenden Vorfall getötet, über 100 verletzt. Rangers-Fan John Hodgman berichtete im Dezember 2020 im Guardian über das Zustandekommen seiner schweren Verletzung, als Celtic mit einem weniger als eine Minute vor Schluss erzielten Tor gewann, während bereits viele Fans den Heimweg angetreten hatten: „Einige Fans auf der steilen, breiten und baufälligen Treppe 13 versuchten, wieder nach oben zu kommen, um sich den wilden Feiern anzuschließen, während Tausende von anderen – singend, skandierend und in vielen Fällen alkoholisiert – sich in Richtung Treppe bewegten, um das Stadion zu verlassen. Es war eine Zeit, in der die Fußballfans daran gewöhnt waren, dicht gedrängt auf den Tribünen zu stehen und das Gedränge auf den Treppen für selbstverständlich hielten.“ Doch diese Stufen waren gefährlich: Die hölzernen Ränder lagen frei, sodass man leicht über sie stolpern konnte.

Der Ibrox Park in Glasgow.

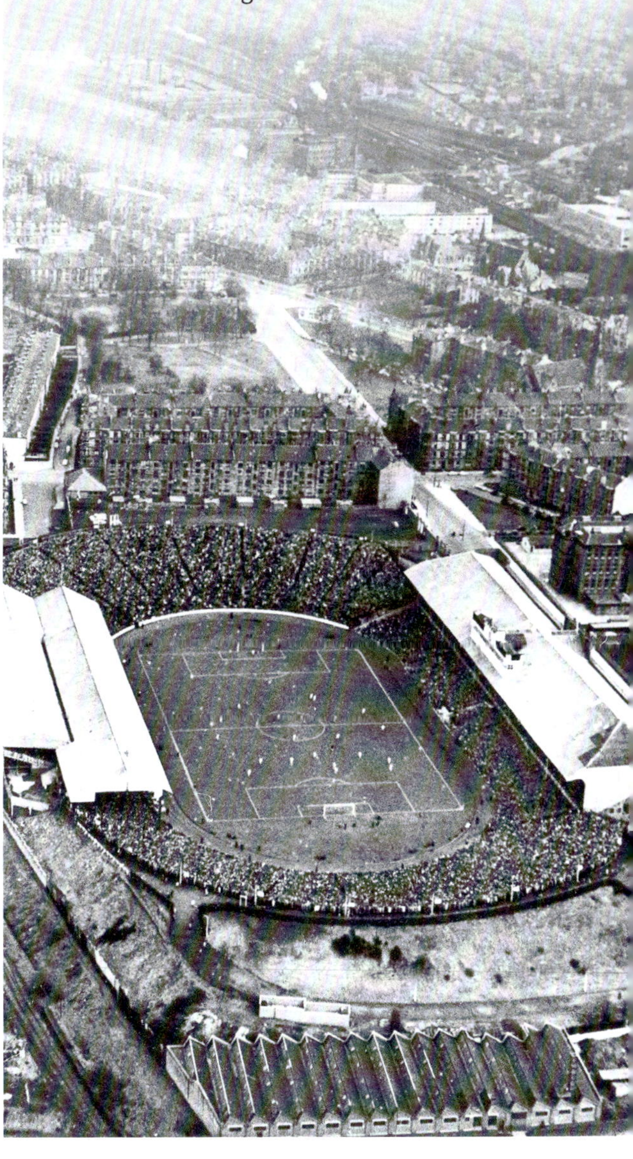

John Hodgman weiter: „Da ich ein kleiner Junge war, berührten meine Füße den Boden nicht, als ich in einer Flutwelle von Menschen über den Rand der Treppe hinuntergerissen wurde.

Ich versuchte meine Arme zu befreien, aber ich war eingeklemmt wie ein Weinkorken. Der Abstieg war durch röhrenförmige Metallgeländer unterteilt. Ich befand mich an keinem von ihnen. Ich war in der Mitte einer dicht gedrängten Masse singender Fans eingekeilt, mein adretter italienischer Anzug drückte gegen breite Rücken und starke Arme, meine Augen befanden sich etwa auf Schulterhöhe mit den meisten der umstehenden Männer. Wir rollten langsam über die erste Treppe, ohne zu bemerken, dass weiter unten die Fans, die in ihrem Gedränge die halbe Treppe wieder hochgekommen waren, wie Kegel umgeworfen wurden.

In der einen Minute bewegten wir uns abwärts und taumelten auf die dritte Treppe zu, in der nächsten standen wir still. Ich stand überhaupt nicht; meine Füße waren mindestens zehn Zentimeter vom Boden entfernt. Ich spürte das schreckliche Gefühl, zerquetscht zu werden, wie ein langsamer, fester Schlag in den Solarplexus. Es dauerte nur ein paar schweißtreibende Sekunden, bis es schwankte und wir wieder halb nach vorne fielen. In diesem Moment stand ich auf einem Bauch. Zuerst erkannte ich ihn nicht, es war nur eine weiche Fläche, die unter meinem linken Fuß nachgab. Dann wackelte er. Ich spähte in die Dunkelheit hinunter und sah ein Paar Beine in dunklen Hosen, das strampelte. Ich konnte nichts hören, aber da war ein Mann, der unter der Menge verzweifelt versuchte, aufzustehen. Er hatte nicht den Hauch einer Chance, der Widerstand wurde von vielen unwilligen Füßen aus ihm herausgepresst.

Ich schaute mich erschrocken nach den großen Männern zu beiden Seiten um, aber sie schrien und sangen immer noch lauthals. Jetzt war ich an dem sterbenden Mann vorbei und gewaltiger Druck umhüllte mich, und ich rang nach Atem. Der Gesang um mich herum erstarb. Der Mann neben mir keuchte: ‚Steig auf! Um Himmels willen, bewegt euch! Bewegt euch, ihr Bastarde!'

Aber niemand konnte sich bewegen. Ich geriet in Panik. Es war, als wäre ich zu lange unter Wasser gewesen. Meine Lungen waren leer und schnappten nach Luft. Ich begann zu zappeln und versuchte, mich nach oben zu zwingen, auf die Spitze der Menge, aber meine Ellbogen wurden hart gegen meine Rippen gedrückt. Meine Ohren taten weh. Überall um mich herum drehten sich die Köpfe nach hinten, als wir merkten, dass das Gedränge durch die Tausenden hinter uns, die sich auf uns stürzten, noch größer wurde. Einige, die ihre Arme vor der Brust verschränkt hatten, machten einen frei und winkten den grölenden Horden über uns zu. Sie winkten triumphierend zurück.

Ich weinte und fluchte lautlos. Ich spürte, wie meine Augen hervortraten. Dann knackte ein Ohr. Ich schmeckte Blut, und meine Brust fühlte sich an, als würde sie zersplittern." Doch weder waren die Rippen gebrochen, noch war das Trommelfell geplatzt. Er hatte Glück gehabt, erklärte ihm bald ein Arzt im überfüllten Krankenhaus.

Vier Jahre nach dem Unglück erhielten die Verletzten von den Anwälten der Rangers einen Fragebogen zu den Geschehnissen auf der Treppe. 150.000 Pfund investierte der Klub in die Sicherheit. Aber an der Treppe schien sich nichts zu ändern. 1967 und 1969 gab es weitere Unfälle auf ihr mit acht bzw. 26 Verletzten.

John Hodgman verlor an den Rangers das Interesse und zog weg. 1970 kehrte er nach Glasgow zurück, begann als Reporter bei der Zeitung Daily Express und erhielt den Auftrag, mit dem Blickwinkel beider Klubseiten vom anstehenden Old Firm am 2. Januar 1971 zu berichten, für das sich über 80.000 Zuschauer eine Eintrittskarte besorgt hatten.

In der 90. Minute erzielte Celtic die Führung, was den Block der Gästeanhänger ordentlich in Bewegung brachte. Den Rangers gelang mit dem letzten Schuss noch der Ausgleich. Das Stadion explodierte. John Hodgman hatte für den Bericht die erste Hälfte bei den Celtic-Anhängern verbracht, die zweite bei denen der Rangers. Er wollte unbedingt Stairway 13 vermeiden und die andere sichere, breite Alternative über den Hauptausgang nehmen. Doch nun hatte er keine Wahl, da er selbst auf den letzten Metern stand, auf denen man noch den Blick auf das Spielfeld hatte. Dort hatte er kurz vor dem Ausgleich gewartet. Aber jetzt stürzte sich die jubelnde Menge in diesem Bereich Richtung Ausgang, Richtung Stairway 13. Er war sich der Situation mehr bewusst als die Anhänger um ihn herum. Er zog seine Arme schnell in Schulterhöhe, war aber sofort eingeklemmt worden. Einer seiner Füße wurde über den Boden geschleift. Die Erinnerung an die Vorfälle von 1961 wurde sofort ihn ihm wach. Laut sagte er: „Ich muss hier raus!“ Die Menge schob ihn in Richtung der Treppe. Er umfasste mit seinen Fingern zwei Streben eines Zauns, klemmte seine andere Hand zwischen anderen Streben ein und hielt sich fest, als ob sein Leben davon abhing. Was es auch tat …

Die Masse an Menschen sang euphorisiert. Sie kam nur langsam vorwärts. John Hodgman hielt dem Druck stand und rief den Leuten Warnungen zu – doch diese verstanden ihn nicht. Er bemerkte, wie einige Menschen vor Schreck weiße Taschentücher schwenkten. Hodgman: „Ich sah, dass der Wasserfall von Fans, der sich von der Bahn auf die Treppe ergoss, eine Pyramide von Menschen verursachte, die sich weniger als die Hälfte der Treppe hinunter auftürmten.

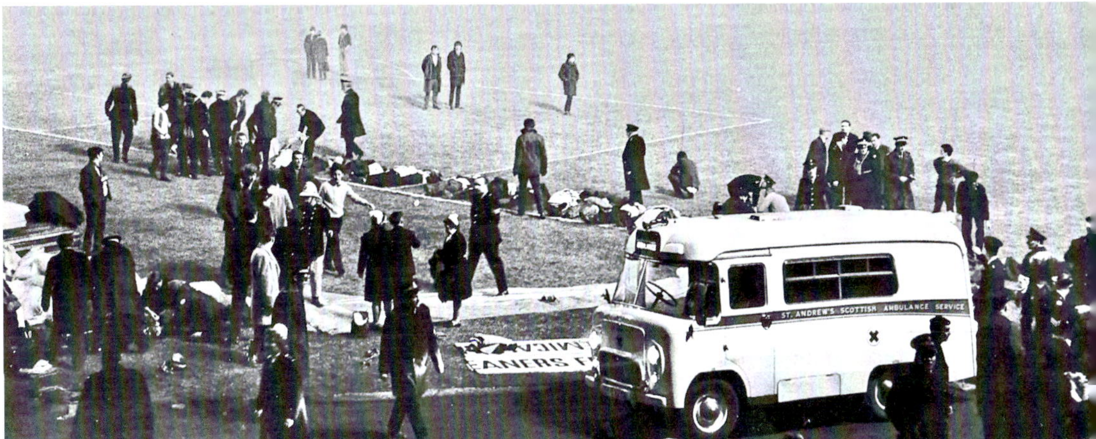

Die Opfer werden auf dem Spielfeld abgelegt.

Auf der anderen Seite des Menschenhügels, auf der leeren Treppe darunter, stürmte die Polizei nach oben. In einem mutigen und verständlichen Versuch, das Gemetzel aufzuhalten, verschränkten die Polizisten die Arme, merkten aber, dass sie den Druck erhöhten und die Situation noch verschlimmerten, also lösten sie sich auf und versuchten, die Leute aus dem wachsenden Haufen herauszuziehen.

Die Menge, die sich am oberen Ende der Treppe 13 vor mir versammelt hatte, blieb regungslos. Dann, als der Druck hinter ihnen nachließ, begannen auch sie sich zu bewegen, entlang des eingezäunten Weges zum Hauptausgang und in Sicherheit. Ihr Gesang und ihre Sprechchöre dröhnten immer noch. Sie waren nur noch wenige Meter von einem Massaker entfernt und gingen in Unkenntnis dessen weiter."

John Hodgman wollte helfen, sah wie Uniformierte mehrere Leichen herauszogen und konnte selbst niemanden wieder ins Leben zurückholen: „Die tiefe, breite Treppe war ein Kriegsgebiet, Leichen lagen überall auf den Stufen und auf den schmutzigen Plattformen zwischen den Stufen verteilt. Die Metallschienen, die die Treppe in mehrere offene Gänge unterteilten, waren zerfetzt, plattgedrückt und verbogen, aber nicht gebrochen." Hodgman musste nach seinen Hilfeversuchen erst wieder zu sich kommen. Er hatte neben einer Leiche gesessen, hatte gesehen, wie zwei Polizisten ein kleines, abgedecktes Bündel die Treppe hinauftrugen, und einer von ihnen offen weinte, während er immer wieder sagte: „Es ist nur ein kleiner Junge." Hodgman ging dann in eine Bar, in der die Fans feierten und von nichts etwas mitbekommen hatten, und versuchte etwas später, das Erlebte niederzuschreiben. Er selbst war an der gleichen Stelle zum zweiten Mal dem Tod so nahe gewesen.

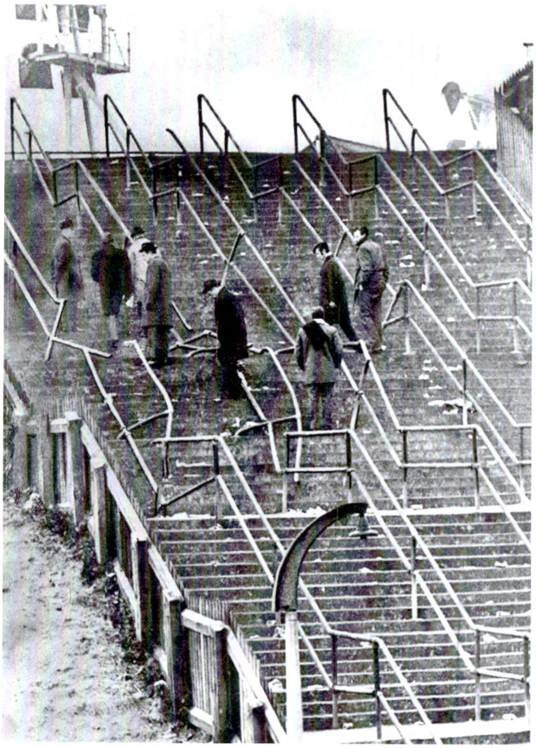

Treppe 13 wird in Augenschein genommen.

66 Menschen starben, darunter 30 Teen-ager. Das jüngste Opfer war neun Jahre alt. Über 200 Zuschauer wurden verletzt.

Die Angehörigen der Toten fragten sich, warum aus den vorherigen Unglücken keine Lehren gezogen worden waren. Die Rangers hatten nach den Unfällen auf der Treppe von 1967 und 1969 einen Bauingenieur beauftragt, einen Bericht zu erstellen. Die Empfehlungen daraus wurden allerdings nicht umgesetzt. Eine Reihe von Verbesserungen hatte es nur nach dem Unglück von 1961 gegeben. Wurde erst spekuliert, dass es zu einem Zusammenstoß von früh abgewanderten und beim Ausgleichstreffer umgekehrten Zuschauern mit den Fans, die erst mit dem Abpfiff gingen, gekommen war, so ergab die offizielle Untersuchung, dass diese Annahme nicht zutraf und alle Zuschauer zum Zeitpunkt des Unglücks in die gleiche Richtung liefen.

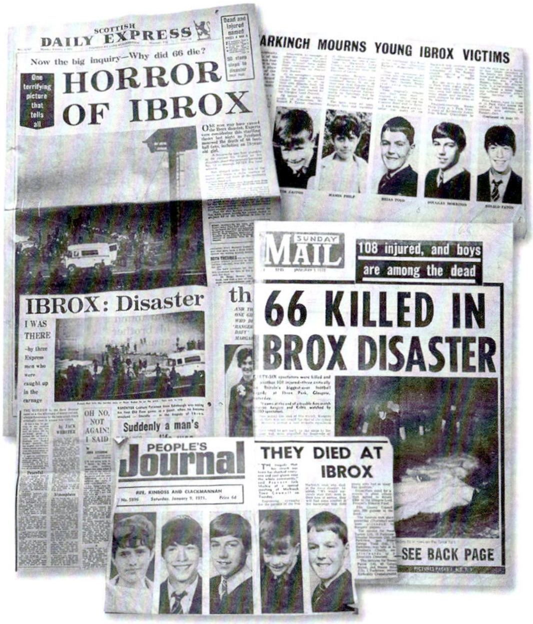

Es waren fast drei Jahre vergangen, als die Familie eines Verstorbenen die Rangers verklagte und gewann. Der Klub musste 26.000 Pfund Schadensersatz zahlen. Sheriff Irvine Smith befand den Vorstand und die Vereinsvertreter vor Gericht der vorsätzlichen Täuschung, Unklarheit und Verschleierung für schuldig. In dem Urteil vom 23. Oktober 1973

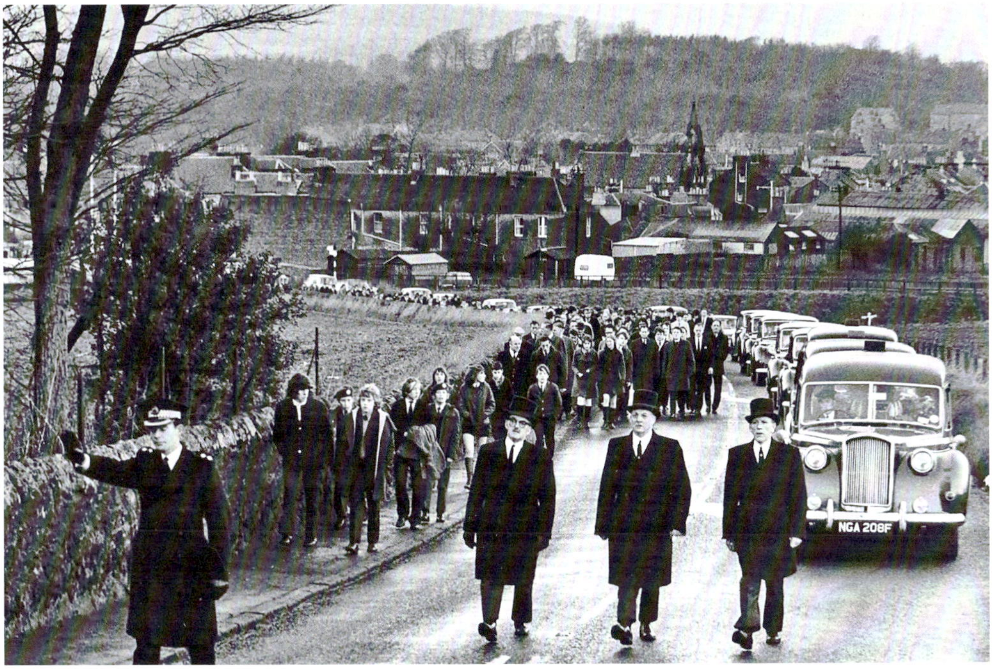

Der Beerdigungszug.

hieß es von ihm: „Soweit es die Beweise betrifft, hat der Vorstand nie auch nur in Erwägung gezogen, sich mit der Frage der Sicherheit auf dieser speziellen Treppe zu befassen (...) und scheint – ich will es nicht höher ausdrücken – von der Ansicht ausgegangen zu sein, dass das Problem, wenn man es nur lange genug ignoriert, schließlich verschwinden würde (...) Es geht sogar noch weiter, denn bestimmte ihrer Handlungen können nur als bewusster und scheinbar erfolgreicher Versuch interpretiert werden, andere zu täuschen, dass sie etwas taten, obwohl sie in Wirklichkeit nichts taten."

TV-Dokumentation:
Stairway 13, 2021, 55 min.
https://www.youtube.com/watch?v=CrrnmbwBYjo

Weitere Stadionunglücke, die von Gedränge nach Spielende ausgelöst wurden:

Am 25. März 2005 trat der Iran in der Qualifikation für die Weltmeisterschaft 2006 in Deutschland in Teheran gegen Japan an. Über 100.000 Zuschauer eilten nach der Begegnung in Richtung Ausgänge. Von jenen acht waren allerdings vier verschlossen und einer durch einen Hubschrauber des nationalen Polizeichefs Mohammad Bagher Ghalibaf versperrt. Es kam zu einer Massenpanik, in der sieben Menschen zu Tode gequetscht und über 40 verletzt wurden.

In Chililabombwe in Sambia kam es am 2. Juni 2007 zu einem Gedränge nach Ende des Afrika-Cup-Qualifikationsspiels von Sambia gegen die Republik Kongo. Viele Fans wollten den kostenlosen Shuttlebus-Service in Anspruch nehmen und drückten die Besucher, die durch die viel zu wenigen Ausgänge ins Freie gelangen wollten. Zwölf Menschen starben, 46 erlitten Verletzungen.

Die Flugzeugkollision von Dniprodserschynsk

Das Flugzeugunglück von Pachtakor Taschkent, Sowjetunion 1979

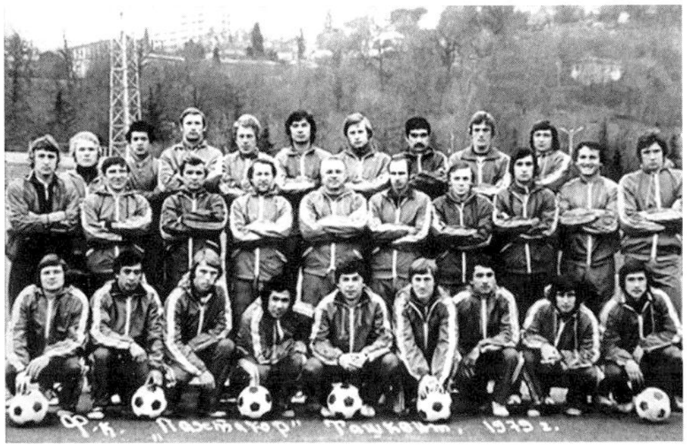

Der Kader von Pachtakor im Jahr 1979.

Ein sehr langer Bericht eines Journalisten der ukrainischen Fußballplattform www.ua-football.com aus dem Jahr 2008 über den Zusammenstoß zweier Flugzeuge in der Sowjetunion am 11. August 1979 beginnt damit, dass in den Tagen der „Großen und Mächtigen“ Katastrophen tabu gewesen seien. In der Sowjetunion habe es keine Flugzeugabstürze gegeben, keine Zusammenstöße von Zügen und keine gesunkenen Schiffe. So gab es auch zunächst keine Informationen darüber, was sich an jenem Augusttag 1979 ereignet hatte. Leser von Zeitungen erhielten keine Antwort, warum das Ergebnis des Spiels der obersten sowjetischen Liga zwischen Dinamo Minsk und Pachtakor Taschkent nicht veröffentlicht wurde. Erst mit einer Woche Abstand konnte man eine winzige Meldung über die Beerdigung von 14 Spielern und drei Managern nach einem Flugzeugabsturz in Taschkent finden. Der Absturz fand allerdings nicht auf dem Gebiet der usbekischen SSR statt, sondern der ukrainischen. Es blieb nicht die einzige Falschmeldung. Wiederholt gab es Berichte von Journalisten, die – teilweise schlecht präsentiert – aufmerksamen Lesern offenbarten, dass etwas an der Berichterstattung nicht stimmen konnte. Es wurden Bezüge konstruiert, die nichts mit der Wirklichkeit zu tun hatten und Motive für ein Eingreifen von außen suggerierten. Plötzlich sollen Vereinsführer zweier Klubs verfeindet gewesen sein, eine Luftabwehr die Flugzeuge abgeschossen haben, weil sie über geheime Einrichtungen geflogen oder in eine Militärübung eingedrungen wären. In Wirklichkeit sollte wohl „unter der Decke gehalten werden“, dass eine populäre Profimannschaft (aber u. a. auch 36 Kinder unter zwölf Jahren) durch menschliches Versagen getötet wurde.

Die Akte wurde 2004 zwar offiziell von ukrainischen Behörden zur Einsicht freigegeben, aber es wurde Druck ausgeübt, diese nicht einzusehen und den Fall ruhen zu lassen. Besagter Journalist ermittelte trotzdem und bediente sich dabei auch eines namentlich nicht genannten Luftfahrtexperten, der in Kommissionen zur Untersuchung von Flugzeugabstürzen eingebunden war und die Originalakte kannte.

Pachtakor Taschkent wurde 1956 gegründet und war der einzige Verein aus der usbekischen SSR, der es schaffte, in der obersten Liga der Sowjetunion zu spielen. Der erste Aufstieg gelang 1959, das beste Ergebnis mit Platz 6 wurde 1962 erreicht. Als größter Erfolg zu UdSSR-Zeiten gilt die Finalteilnahme im Pokal, bei der man 1968 gegen Torpedo Moskau mit 0:1 unterlag. Dem usbekischen Volk wurden in der Sowjetunion Muttersprache und Religion

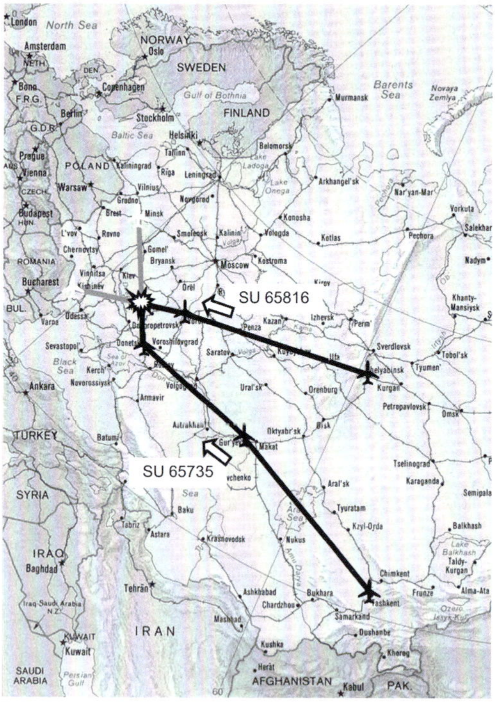

Die Routen der beiden Flugzeuge.

vorenthalten. Es gab wenig Grund zum Jubeln. Umso mehr hatte der Klub Rückhalt in der Bevölkerung – er war ein Ventil für die nationalen Gefühle. 1978 kehrte Pachtakor nach vorübergehender Zweitklassigkeit wieder in die höchste sowjetische Liga zurück.

Am 11. August 1979 war die Mannschaft auf dem Weg zum Auswärtsspiel in Minsk. Sie war an Bord von Aeroflot-Flugzeug 65735, Flugzeugtyp Tupolew 134, von Taschkent (usbekische SSR) mit Zwischenlandungen in Guryev (1992 in Atyrau umbenannt, kasachische SSR) und Donezk (ukrainische SSR) nach Minsk (belarussische SSR). Um 13:30 Uhr befanden sich drei Flugzeuge auf einem Kurs, der sie in die Nähe voneinander bringen würde. Darunter Fluggerät 65735, das sich inzwischen mit 77 Passagieren und sieben Crewmitgliedern auf der Etappe von Donezk nach Minsk befand; dazu der Aeroflot-Flug 65816, ebenfalls Flugzeugtyp Tu-134, von Tscheljabinsk (russische SFSR) über Woronesch (russische SFSR) nach Kischinew (1989 in Chişinău unbenannt, moldauische SSR) auf seiner letzten Etappe mit 88 Passagieren und einer sechsköpfigen Crew sowie ein Aeroflot-Flugzeug 86676, Flugzeugtyp Iljuschin 62, nach Charkiw, letzteres auf einer Höhe von 9.000 Metern. Der Lotse wies die Maschine nach Minsk an, von 7.200 auf 8.400 Meter zu steigen. Er hatte zuvor errechnet, dass der Flug beim Kreuzungspunkt mit der Flugroute der Maschine nach Kischinew um etwa drei Minuten auseinanderliegt. Doch er hatte sich verrechnet, korrekt war weniger als eine Minute. Der Überwacher des Lotsen erkannte den Fehler, dass sich beide Flüge in einer Höhe von 8.400 Metern auf direktem Kollisionskurs befanden. Zu diesem Zeitpunkt verblieben noch eine Minute und 31 Sekunden bis zum Aufeinandertreffen. Er schaltete sich ein und wies erst die Il-62 an, auf 9.600 Meter Höhe zu steigen. Die bestätigte dies mit 18 Sekunden Verzögerung. Eine Sekunde zuvor erging der Lotsenbefehl an die Minsk-Maschine zu steigen. Neun Sekunden danach – noch eine Minute und fünf Sekunden bis zum Aufeinandertreffen – kam ein Funkspruch an, der lautete: „Roger … (Störung), 8.400." Der Lotse glaubte, die Minsk-Crew hätte den Steigbefehl bestätigt. Damit schien die Situation geklärt zu sein. Die Aufzeichnungen zeigen, dass die Lotsen danach emotionale Gespräche untereinander führten.

Was die Flugüberwachung nicht wusste, war, dass es ein Missverständnis gegeben hatte. Hatte es sich um ein anderes Flugzeug gehandelt? Diese Deutung hatte es nach dem folgenden Unfall auch gegeben. Um 13:35 Uhr und 38 Sekunden kollidierten beide Flugzeuge in einer geschlossenen Wolkendecke über dem Ort Dniprodserschynsk (heute „Kamjanske"). Beide Flugzeuge hatten die Höhe von 8.400 Metern genau eingehalten. Um 13:37 Uhr meldete eine in niedriger Höhe fliegende Antonow 2: „Da fällt etwas vom Himmel!"

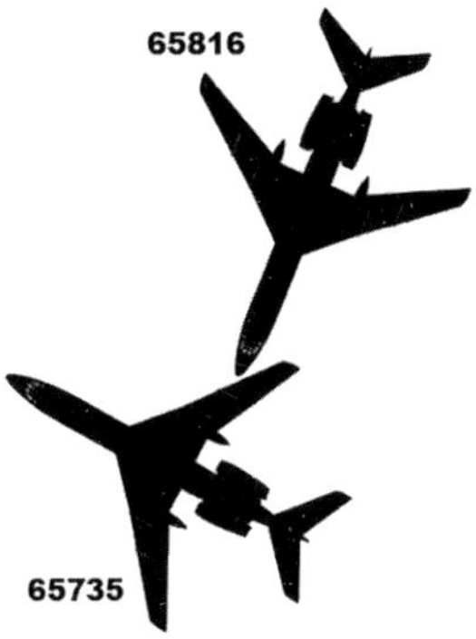

Die Darstellung zeigt, wie die Maschinen aufeinandertrafen.

Verfolgt man die Aufzeichnung der Funksprüche, so wird der Hörer mit den Störungen und schwer verständlichen Übertragungen konfrontiert. Hinzu kommt die Überlagerung von Funksprüchen. Die Il-62 antwortete im Prinzip im selben Moment, in dem die letzte Lotsenanweisung an die Minsk-Maschine zum Steigflug, verbunden mit der Warnung einer Kreuzung in Höhe von 8.400 Metern, rausging. Im Artikel des russischen Journalisten wird mit Logik nachvollziehbar argumentiert und quasi vom Fachmann bestätigt, dass der Minsk-Pilot durch die Zerstückelung des Lotsenspruchs aufgrund von Interferenzen eine Anweisung, auf 8.400 Meter zu wechseln, zu verstehen glaubte. Der Fachmann ist irritiert, dass der Lotsenüberwacher nach der scheinbaren Klärung trotz der ungewöhnlichen Kommunikation mit den Piloten nicht eine erneute Bestätigung bei klarem Empfang angefordert hatte. Die Zeit, die Situation zu entschärfen, wäre noch vorhanden gewesen.

Die rechte Tragfläche von Flugzeug 65735 schnitt den vorderen Rumpfteil von Flugzeug 65816 auf, womit Insassen in diesem Bereich getötet wurden. Damit kam es zu einem plötzlichen Druckabfall (explosive Dekompression). Das rechte Triebwerk von Flugzeug 65735 saugte Trümmerteile ein und wurde damit beschädigt. Beide Flugzeuge drehten sich um ihre vertikale Achse und stießen erneut zusammen, als das linke Triebwerk von Flugzeug 65816 das Seitenleitwerk von Flugzeug 65735 traf und damit auch das Höhenleitwerk abriss. Flugzeug 65816 zerbrach in mehrere Teile. Die Piloten von Flugzeug 65735 wollten eine Notlandung versuchen, doch sie verloren die Kontrolle – das Flugzeug ging in einen Sturzflug über und stürzte ab. 178 Menschen verloren ihr Leben.

Der Luftraum über Charkiw mit seinen Luftkreuzungen dank vieler Routen war als Problematik bekannt. Die Lotsen arbeiteten hier schon immer unter einer hohen Belastung und befanden sich zum Zeitpunkt ihrer Fehler bereits sieben Stunden im Schichtdienst. Der Schichtleiter Sergejew wies dem Praktikanten Schukowski den Sektor zu, in dem das Unglück passieren sollte, und übertrug dem Lotsen Sumskoy die Aufgabe, Schukowskis Handlungen zu überwachen, obwohl dies die Aufgabe von Sergejew gewesen war. Während Sergejew nicht vor Gericht musste, wurden die beiden Untergebenen zu jeweils 15 Jahren Haft in einer Strafkolonie mit minimaler Sicherheitsstufe verurteilt. Das Urteil enthält einen Verweis auf einen „groben Verstoß gegen die Phraseologie des Funkverkehrs“. Sumskoy wurde nach sechs Jahren wieder entlassen, Schukowski ertrug die Situation nicht und beging Selbstmord.

Zu den beschämenden Fakten bei diesem Unglück zählt das Verhalten von Anwohnern der Absturzstelle. Während die Untersuchungskommission ihrer Arbeit nachging, begegneten ihr Bewohner, die Pachtakor-Trainingsanzüge trugen – das Gepäck der Getöteten wurde geplündert.

Anatoliy Dvornikov, einer der Masseure von Pachtakor, hatte am Tag vor dem Flug Geburtstag. Die Spieler verließen die Wohnung, in der sie feierten, um 23 Uhr, doch der Masseur und einige seiner Freunde dachten nicht an ein Ende der Party und feierten weiter. Dvornikov verschlief, genau wie Journalist Oleg Yakubov, der ebenfalls nach Minsk mitfliegen wollte. Sie verpassten die Maschine um ein paar Minuten. Yakubov erzählte später, dass Dvornikov und er in der Folge auf der Straße regelrecht gemieden wurden. Dvornikov wurde am Stadion ausgepfiffen und musste sich „Alkoholiker“-Rufe anhören. Dvornikov: „Alkoholiker, aber lebendig …“

Der eingangs erwähnte Journalist von www.ua-football.com schließt seinen Bericht mit einer Bemerkung zur Katastrophe, „von denen es zu Sowjetzeiten leider einige gab und die nur deshalb so lautstarke Resonanz fand, weil die gesamte Mannschaft abgestürzt ist – es war unmöglich, dies vor der Öffentlichkeit zu verbergen“.

Pachtakor baute eine neue Mannschaft auf. Der sowjetische Fußballverband sicherte dem Klub für drei Jahre zu, nicht aus der obersten Spielklasse absteigen zu können. Die anderen Spitzenvereine wurden angewiesen, Pachtakor mit Spielern zu versorgen. Der Klub erreichte 1982 seine beste Position mit Platz 6. Inzwischen ist er Rekordmeister und Rekordpokalsieger in Usbekistan und erreichte 2003 und 2004 das Halbfinale der Champions League des asiatischen Verbandes AFC.

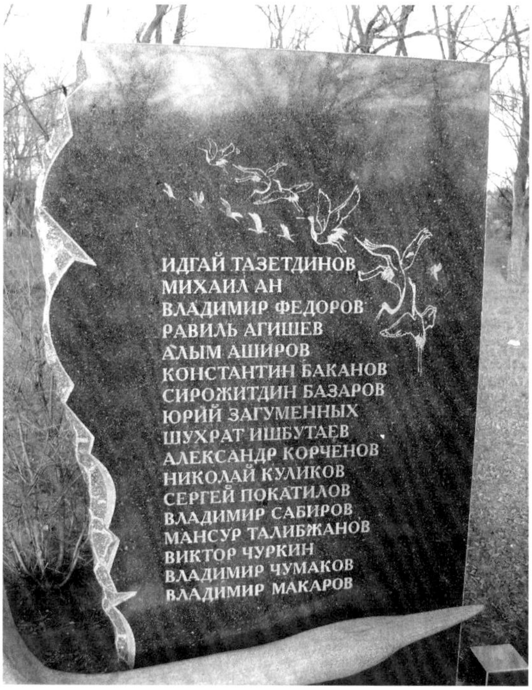

Pachtakor-Monument nahe Kamianske (früher Dniprodserschynsk) in der Ukraine.

Das dunkle Geheimnis von Luschniki

Das Stadionunglück von Spartak Moskau, Moskau, Sowjetunion 1982

Die Tageszeitung „Vechernyaya Moskva" berichtete am 21. Oktober 1982 mit einem Dreizeiler von einem Vorfall des Vortages: „Während des Fußballspiels gestern im Luschniki-Stadion hat es einen Unfall gegeben. Unter den Zuschauern gab es einige Verletzte." Die sowjetische Verschleierungsmaschine lief bestens. Mehr erfuhr die Öffentlichkeit erst dank der Sportzeitung „Sowetzki Sport" im Jahr 1989 durch einen Bericht mit dem Titel „Das dunkle Geheimnis von Luschniki".

In den Siebzigerjahren hatte sich in der UdSSR eine Fankultur nach westeuropäischem Vorbild entwickelt. In erster Linie waren es die Anhänger Moskauer Klubs, die aus roten Pioniertüchern Schals anfertigten und diese auch außerhalb von Spieltagen trugen. Der Staat konnte die organisierten Gruppen nicht durchschauen, meinte zügellose und kapitalistische Praktiken zu erkennen und fürchtete – auch aufgrund von Alkoholexzessen, Auseinandersetzungen und Zwischenrufe seitens vieler Anhänger – einen freien Lauf an Emotionen bis hin zu politischem Protest. Flaggen und Schals wurden verboten – Verstöße konnten den Arbeitsplatz, die Ausbildung oder das Studium kosten. Stadionbesucher mussten wenigstens 16 Jahre alt sein. Seit dem Frühjahr 1982 wurden die Zuschauer in den Stadien Moskaus mit Durchsagen darauf hingewiesen, dass Blockbildung und Fangesänge verboten seien. Kam es zu Sprechgesängen, wurde die Tribüne geräumt.

Das Wetter hatte es an diesem Tag nicht gut gemeint. Es hatte Schneeregen gegeben, die Temperatur lag bei –10 °C. Zum Heimspiel von Spartak Moskau im UEFA-Pokal gegen HFC Haarlem aus den Niederlanden im 80.000 Plätze umfassenden Zentralen-Lenin-Stadion

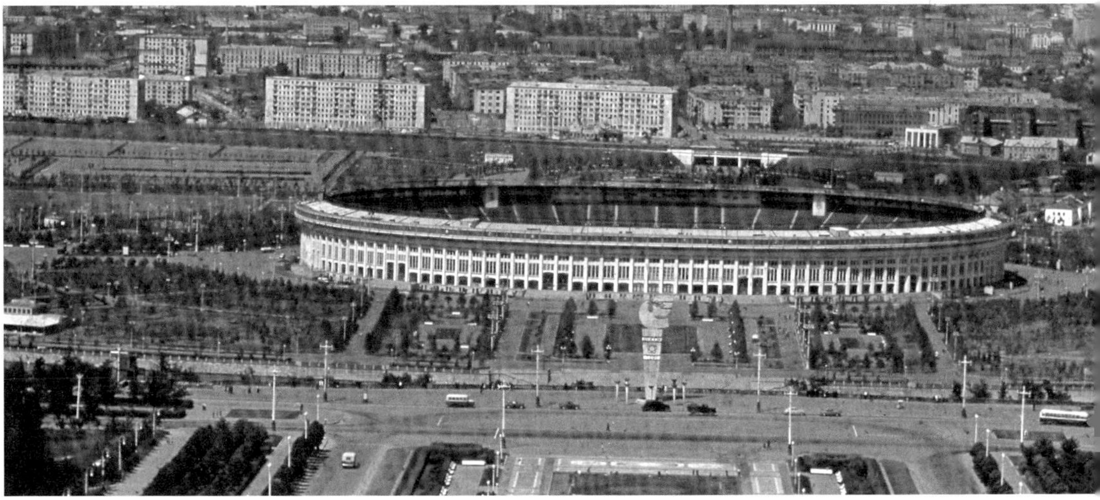

Das Zentrale-Lenin-Stadion, auch Luschniki-Stadion genannt, im Jahr 1960.

kamen nur etwa 10.000 Zuschauer. Das Stadion war noch nicht überdacht. Nur die Tribünen A und C waren von Schnee und Eis befreit worden. Um das Publikum besser kontrollieren zu können, wurde es hauptsächlich auf die Tribüne C gedrängt, auf der der Boden trotz der Räumung glatt und die Geländer vereist waren, weshalb die Zuschauer bei jedem Schritt aufpassen mussten, nicht auszurutschen. Laut der offiziellen Untersuchung sollen die Zuschauer allerdings freiwillig auf diese Tribüne gegangen sein, da die Metrostation dadurch schneller erreichbar gewesen sei. Um seitens der Miliz leichter zugreifen zu können, wurde nur ein Ausgang offen gelassen.

Laut Augenzeugen hätten sich jugendliche Spartak-Fans gesetzt und ihre zuvor verborgenen rot-weißen Schals und Mützen hervorgeholt. Manche Zuschauer hätten „heimlich gegen die Kälte getrunken". Manche Fans zeigten Flaggen und begannen mit Sprechchören. Als die Miliz anrückte und erste Festnahmen erwirkte, wurde diese mit einem Hagel aus vereisten Schneebällen zurückgedrängt. Der Leiter der Ermittlungen sprach 1989 von 150 Festnahmen nach Schnellball- und wenigen Flaschenwürfen.

In der Kälte froren Publikum und Ordnungskräfte gleichermaßen. Das Spielgeschehen trug nicht zum Aufwärmen bei, lediglich ein frühes Tor sollte in der normalen Spielzeit fallen. Als in der 2. Minute der Nachspielzeit das 2:0 für Spartak durch Sergej Schwezow erzielt wurde, eilten Zuschauer, die den Ausgang erreicht hatten, zurück. Gleichzeitig drängten Zuschauer von der Tribüne Richtung Ausgang. Der Druck, der auf das Stahlgeländer des Treppenhauses ausgeübt wurde, ließ das Geländer zusammenbrechen: Schrauben brachen, Metall verbog sich und Schweißnähte hielten nicht mehr. Die Menschen fielen mit dem auseinandergebrochenen Geländer auf den Beton und wurden zerquetscht. Jeder stürzte im Dominoeffekt über jeden.

Nicht nur, dass laut Augenzeugen nur einer von drei Ausgängen geöffnet war; der einzige offene Ausgang wurde an seinem Ende auch noch durch ein Ausziehgitter so verkleinert, dass nur drei Menschen gleichzeitig hindurchgehen konnten, während am Anfang des Ausgangs die Zuschauer von der Miliz angetrieben wurden, zügig hinauszugehen. Offenbar wollte die Miliz am Ausgangsende die Schneeballwerfer aus dem Verkehr ziehen.

Es dauerte 40 Minuten, bis die ersten Krankenwagen am Unglücksort eintrafen. Die Miliz hatte das Treppenhaus des Ausgangs gesperrt, in dem die vielen Toten und Verletzten lagen, und damit auch verhindert, dass dort liegenden Menschen von anderen Zuschauern Hilfe geleistet werden konnte. Offizielle Berichte nennen 66 Tote, doch unabhängige Quellen geben bis zu 340 Todesfälle an. 500 Verletzte soll es gegeben haben. Die Miliz legte die Leichen zwischenzeitig vor dem Lenin-Denkmal am Stadion ab, bevor diese abtransportiert wurden.

Die Delegation der holländischen Gäste bekam kaum etwas mit. Die westlichen Journalisten registrierten zwar Sirenen, wurden aber sehr intensiv beobachtet und auffällig abgeschirmt.

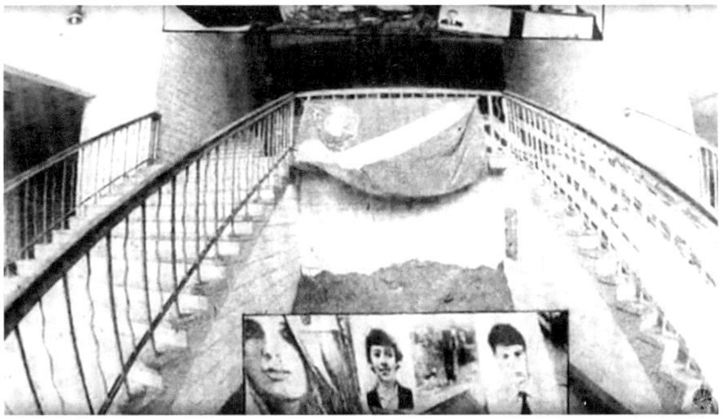
Das Treppenhaus, in dem das Unglück geschah.

Eltern bemerkten, dass ihre Kinder nicht nach Hause gekommen waren, und eilten zur Polizei, wo sie keine Auskunft erhielten. Sie fuhren zum Stadion, das abgesperrt war. Am nächsten Morgen waren die Leichenhallen ihr Ziel, wo sie versuchten, die Leichen ihrer Kinder zu identifizieren. Erst nach 13 Tagen wurden die Leichen für die Beerdigung freigegeben. Diese lagen bereits in Särgen, die auf dem Weg zum Friedhof für festgelegte 40 Minuten nach Hause gebracht werden durften, bevor es Richtung Friedhof weiterging. Die Polizei stand immer dabei. Nina Alexandrowna Nowostrowa, die ihren einzigen Sohn verlor, berichtete, dass die persönlichen Gegenstände der Kinder nicht zugeordnet werden konnten, weshalb die Leichen völlig nackt übergeben wurden. Mit bebender Stimme sagte die Mutter: „Wir waren krank davon, zu erfahren, wer die wahren Schuldigen am Tod unserer Kinder waren." Die Wahrheit war die Verschwörung des Schweigens.

Die Miliz übte Druck auf die bekannten Anführer der Fangruppen aus, geplante Protestaktionen zu unterlassen, da sonst Gefängnisstrafen verhängt würden. Fußballfans, die ein schwarzes Band über dem Fanschal trugen, wurden festgesetzt. Die trauernden Angehörigen der Verstorbenen wurden überwacht. Treffen auf Friedhöfen wurden durch den KGB dokumentiert. Männer in schwarzen Jacken und Krawatten verhinderten an Jahrestagen, dass die Angehörigen Blumen an den Gräbern oder im Stadion ablegten. Manfred Zeller zitiert in seinem Buch „Das sowjetische Fieber" den Anhänger Amir Chusljutdinov, der mit anderen zusammen mit Ausnahme seiner Armeezeit jeden Jahrestag das Grab einer Freundin aufsuchte, und „von so vielen KGBlern und Milizionären" am ersten Jahrestag berichtete, „das war schrecklich. Sie standen neben jedem Baum".

Mikhail Kuzenkov war 16 Jahre alt, als es zu dem Unglück kam. Er war einer der Letzten, der lebend geborgen wurde. Er war nicht imstande zu laufen. Im Krankenhaus wurden bei ihm zunächst nur eine Kompression der Brust und eine Nekrose der Haut (absterbende Zellen) an den Beinen diagnostiziert. Doch plötzlich wurde daraus – so Kuzenkov – eine Ausrenkung des Schultergelenks. Ein Jahr lang konnte er nicht gehen. Seine Eltern wurden gedrängt, eine Geheimhaltungsvereinbarung zu unterzeichnen. Auch ihm befahl man dies, als er sich wieder bewegen konnte.

Anfang Februar 1983 gab es eine Gerichtsverhandlung, von der die Angehörigen ausgeschlossen waren. Hier nannte die Staatsanwaltschaft die offizielle Zahl von 66 Toten, obwohl die Friedhofsverwaltung schon am Tag nach dem Unglück von 102 identifizierten Toten gesprochen hatte. Der Einsatzleiter des Stadions und ein Kommandant wurden jeweils zu drei Jahren „Besserungsarbeit“ verurteilt; die Strafen wurden bald halbiert.

Seitens der Sicherheitskräfte wurde die Schuld für die vielen Todesfälle bei den Anhängern selbst gesehen. Die Repression gegen die Fans wurde noch einmal verschärft. Die gemäßigteren Fans empfanden den Druck als Terror und verzichteten fortan auf Stadionbesuche. Andere Anhänger organisierten sich und wurden gewaltbereiter. Erst mit der Perestroika unter Michail Gorbatschow bemühte sich die Staatsführung um die Förderung lokaler Strukturen für Fans.

Ein bescheidenes Denkmal aus dem Jahr 1992, ein umzäunter Betonklotz in einem Park am Stadion, erinnert heute an die Katastrophe. Angehörige kommen jedes Jahr am 20. Oktober zum Denkmal, um ihrer verlorenen Familienmitglieder zu gedenken.

Vertiefende Literatur:
Iwan Tol: Drama in het Lenin-stadion, Amsterdam 2007.

TV-Dokumentation:
Russian Night, the hidden football disaster, 2008, 52 min.

Notdurft in Cali

Stadionunglück in Cali, Kolumbien 1982

Die kolumbianische Fußballliga befand sich in der letzten Phase der Meisterschaft, in der in einer Finalrunde der besten acht Klubs (der sogenannte „octagonal“) der „Clásico Vallecaucano“ in Cali zwischen América de Cali und Deportivo Cali anstand. América, das beste Team der Saison, Tabellenführer und einige Wochen später auch neuer Meister, war an diesem 17. November 1982 Favorit gegen Deportivo, das aber nur einen Punkt hinter América stand. „Das Finale, das alle wollen“, titelte die Tageszeitung El País vor dem Spiel. „Ein kompromissloser, offener, spektakulärer Kampf wird heute im Pascual stattfinden“, lautete die Schlagzeile.

Was sich an diesem Tag tatsächlich ereignen sollte, gilt als das traurigste Kapitel des Fußballs im Valle del Cauca und Kolumbien.

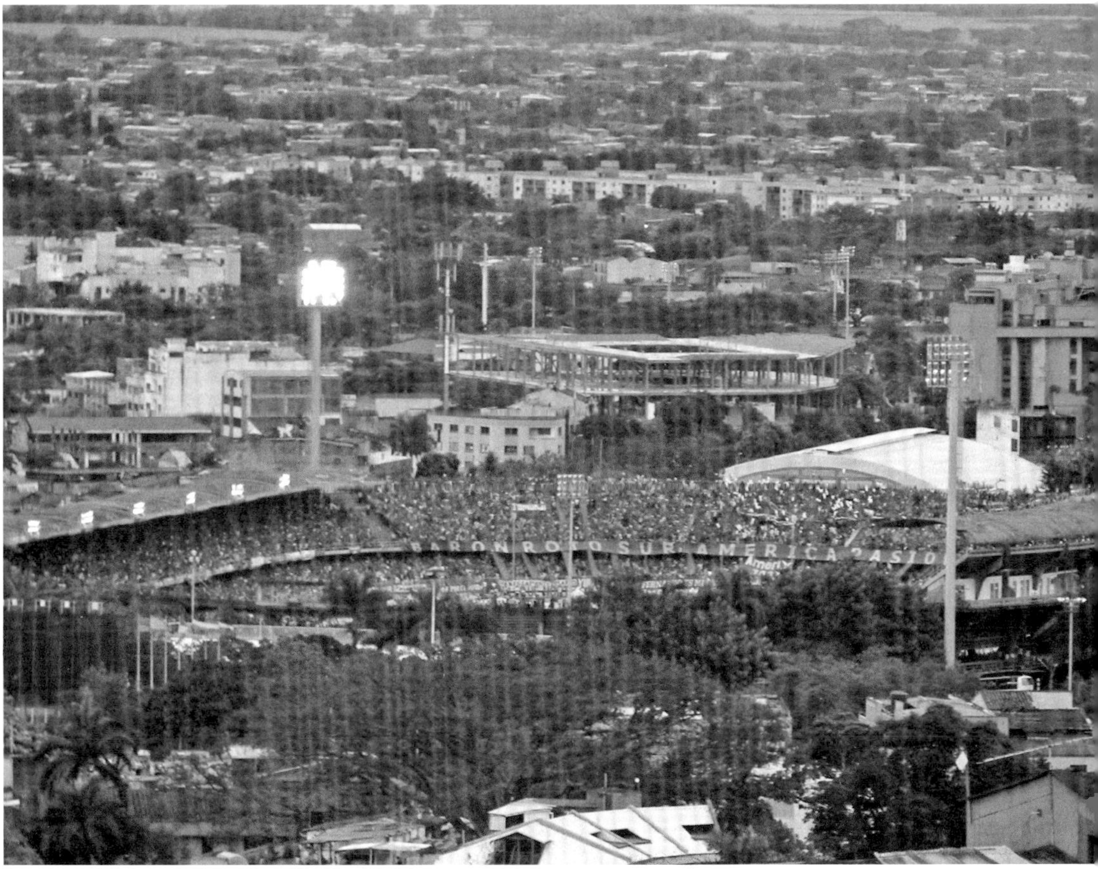

Das Estadio Olímpico Pascual Guerrero in Cali, hier eine Aufnahme aus dem Jahr 2008 vor dem das Stadion deutlich verändernden Umbau im Jahr 2011.

Die Zuschauer sahen im Estadio Olímpico Pascual Guerrero ein spektakuläres Spiel, das nach 90 Minuten 3:3 endete. Deportivo gelang nach einem 1:3-Rückstand noch spät mit einem Tor der Ausgleich. Die Fans zeigten sich angesichts des mitreißenden, um 22:40 Uhr abgepfiffenen Spiels glücklich und wollten zufrieden den Heimweg antreten, als sich etwas Unerwartetes ereignete. Einige Anhänger urinierten von der Südtribüne auf den darunter befindlichen Bereich. Dort rannten die Menschen panisch davon in Richtung der Ausgangstore, von wo allerdings auch Zuschauer zurückkamen, die schon früher die Ränge verlassen hatten und durch die Torschreie des späteren Ausgleichs zurückgelockt wurden. In Sekundenbruchteilen kam alles in Bewegung, doch vor den Toren staute sich die Menge. Eine Rampe stürzte ein, dann eines der Geländer. Der Ansturm von hinten hatte großen Druck ausgeübt, durch den viele Zuschauer zu Fall kamen. Nachdrängende Menschen trampelten über die Gestürzten. Das forderte 24 Tote und eine Zahl an Verletzten, die je nach Quelle zwischen 100 und 250 angegeben wird. Als Todesursache wurde hauptsächlich Erstickung genannt. Die meisten zu Tode gekommenen Zuschauer waren männliche Erwachsene, aber auch sieben Kinder und drei Frauen, eine davon schwanger, waren darunter. Bei den Verletzten gab es viele Knochenbrüche.

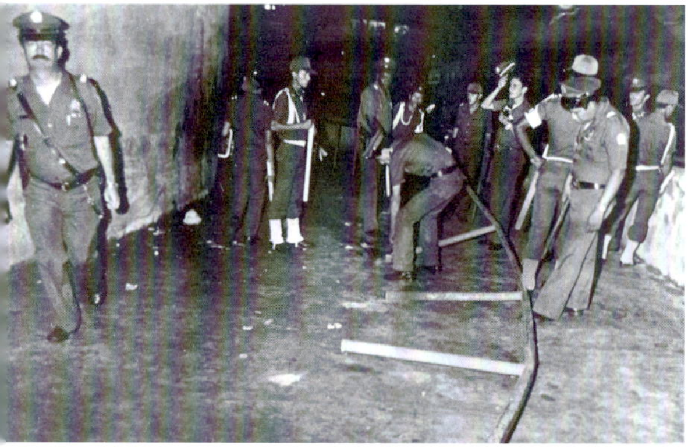

Die Unglücksstelle wird begutachtet.

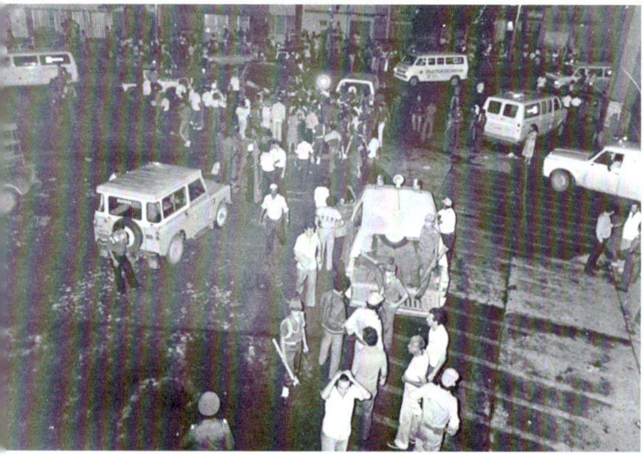

Nach der Katastrophe ist die Unsicherheit über die Schicksale groß. Die Menschen wollen mehr erfahren.

Im Parque Panamericano vor dem Stadion standen die Menschen eng beieinander und warteten darauf, zu erfahren, was sich ereignet hatte. In den Krankenhäusern der Stadt versammelten sich Angehörige und Freunde, um sich über das Schicksal der eingelieferten Opfer zu informieren. Über 100 Ärzte arbeiteten über ihre Schichten hinaus, um die Situation unter Kontrolle zu bringen, während die Blutreserven aufgebraucht wurden. Der Großteil der Todesopfer stammte aus armen Verhältnissen. Die Viertel, aus denen sie kamen, erlebten eine große Mobilisierung, wie sie in der Stadt nur selten zu sehen ist.

Alfonso Vargas Carrillo war Ersthelfer beim Roten Kreuz. „Ich war mit der Polizei auf der Leichtathletikbahn des Stadions, als verzweifelte Menschen kamen und schrien, dass die Südtribüne eingestürzt sei. Ich schaute nach, aber der Stand war unversehrt, also rannten wir nach draußen und sahen diese schreckliche Szene. Die Menschen lagen da und bluteten“, gab er Jahre später gegenüber El País an. Vargas berichtete, dass es nicht genügend Tragen gab und Polizisten die Menschen mit Schildern trugen. „Ich erinnere mich an einen Mann, der in einem der Rohre der Rampe gefangen war, und sobald wir ihn herausgezogen hatten, starb er an dem Überdruck des Blutes.“

Rosa Elvira Ramírez, damals 21 Jahre alt, berichtete El País: „Ich bin mit meinem Freund zu diesem Spiel gegangen, und als die Leute anfingen, schnell zu gehen, habe ich ihm gesagt, er solle noch ein bisschen warten, denn ich hatte schon immer Angst vor Menschenmengen. Als wir abfuhren, bot sich uns ein schrecklicher Anblick: Menschen lagen zertrampelt und tot am Boden. Wir gingen ins Krankenhaus, um zu sehen, ob wir jemanden kannten, und wir sahen viele Menschen mit gebrochenen Knochen. Wir wurden an diesem Tag gerettet, weil ich Angst hatte, schnell zu gehen.“

Die Spieler selbst erfuhren von dem Unglück erst in der Nacht bzw. am nächsten Tag. Sie unterstützten die Angehörigen der Opfer finanziell. Auch wenn es Anschuldigungen gab, wurden die Täter nie gefasst. Niemand wurde vor Gericht gestellt.

Weitere Massenpaniken mit ungewöhnlichen Hintergründen:

In diesem Buch werden Massenpaniken mit unterschiedlichsten Ursachen vorgestellt. Besonders ungewöhnliche Auslöser sind in diesem Abschnitt versammelt – manche von ihnen möchte man nicht wahrhaben, nicht nur wegen der Folgen, sondern weil sie unglaublicher nicht sein könnten.

João Havelange, Präsident des brasilianischen Sportverbandes und von 1974 bis 1998 Präsident der FIFA, wollte höchstpersönlich zur Stadioneinweihung in Teresina am 26. August 1973 kommen. Sein Flugzeug flog in der 25. Spielminute über das mit 30.000 Zuschauern gefüllte Stadion hinweg und brachte es dabei zum Vibrieren. Ein Fan schrie, die Tribüne würde einstürzen, woraufhin es zu einer Massenpanik kam, durch die Druck auf ein Sicherheitsgitter ausgeübt wurde, woraufhin dieses brach und mehrere Personen in einen fast drei Meter tiefen Graben stürzten. Fünf bis sieben Menschen starben, mehrere Hundert wurden verletzt.

Am 11. Dezember 1976 spielte Haiti in Port-au-Prince in der Qualifikation für die CONCACAF-Meisterschaft gegen Kuba. Als der Gastgeber neun Minuten vor dem Ende die erst zwei Minuten zuvor erzielte Gästeführung wettmachte, wurden Feuerwerkskörper gezündet, die von vielen Menschen als Maschinengewehrsalven gedeutet wurden, woraufhin es zu einer Massenpanik kam, die sechs Menschenleben forderte.

In Lagos in Nigeria trafen am 13. August 1979 Shooting Stars SC und Bendel Insurance im Halbfinale des Challenge Cups aufeinander. Wenige Minuten nach dem Spiel wurde das Flutlicht ausgeschaltet. Die dicht gedrängte Menge eilte zu den Ausgängen, ohne zu wissen, dass die Ausgänge am nördlichen Ende des Stadions noch verschlossen waren. Die ersten Menschen an diesen Ausgängen wurden durch den Ansturm an der Absperrung eingeklemmt. Unter dem Gewicht brachen die Tore zusammen, die vorne stehenden Leute wurden niedergetrampelt. Medizinische Versorgung stand nicht sofort zur Verfügung. Es gab je nach Quelle 24 oder 26 Tote und 50 bis etwa 80 Verletzte.

Das größte bekannte Stadiondesaster in Asien (vor dem später im Buch behandelten Unglück in Indonesien vom 1. Oktober 2022) wird auf den 12. März 1988 datiert, als im nepalesischen Kathmandu zum Finale um den Tribhuvan Challenge Shield Cup zwischen Janakpur Cigarette Factory und Liberation Army 30.000 Zuschauer im Dasarath-Rangasala-Stadion zusammenkamen, das auf drei Seiten terrassenförmig angelegt ist und nur auf einer Seite eine überdachte Tribüne hat. Ein einsetzender Sturm, der große Hagelkörner mit sich brachte, löste eine gewisse Panik unter den Zuschauern auf den drei ungeschützten Seiten aus, woraufhin die Zuschauer auf den überdachten Bereich drängten, dort aber von der Polizei abgewehrt wurden. Diese Menschen kehrten um. Es bildete sich daraufhin ein Gedränge in einem Tunnelausgang der südlichen, nicht überdachten Tribüne. Da die Stadionausgangstüren aber verschlossen waren, wurde dies für viele Besucher zum Verhängnis. Es gab 93 Tote und über 100 Verletzte. Die Regierung lehnte eine Entschädigung der Opfer ab, da diese freiwillig ins Stadion gekommen seien.

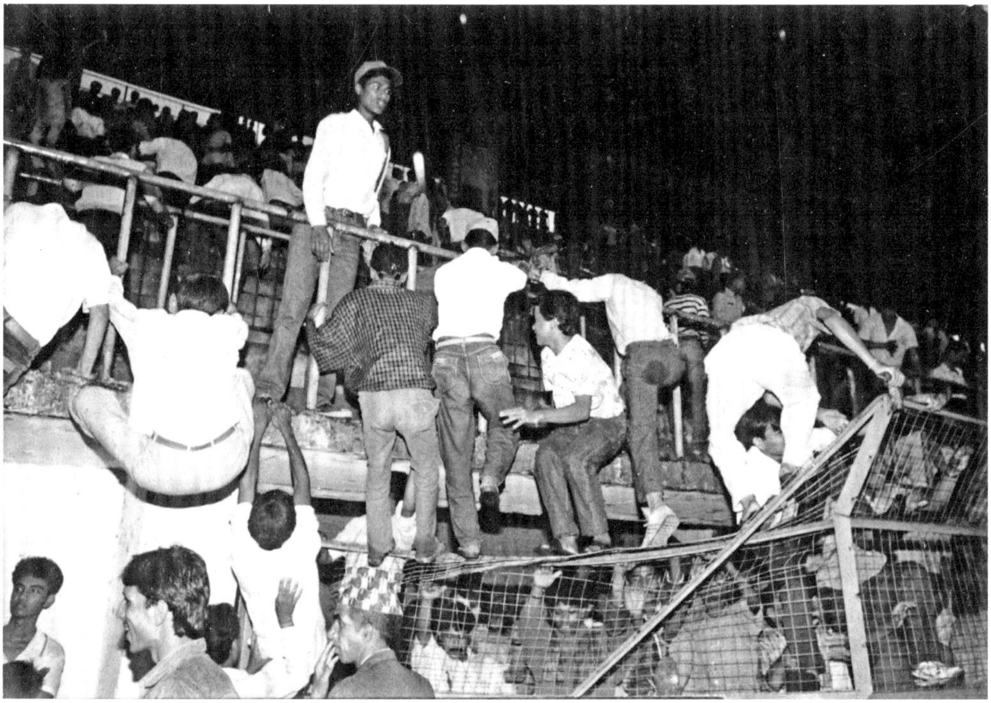

Kathmandu 1988. Die überdachte Tribüne wird gestürmt.

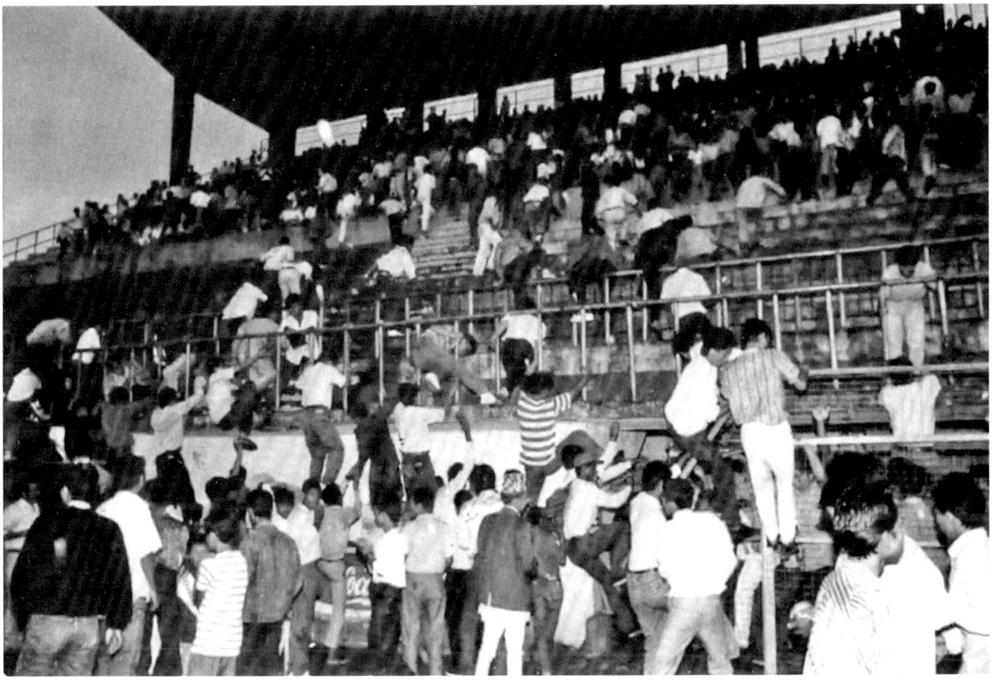

Die überdachte Tribüne wird gestürmt.

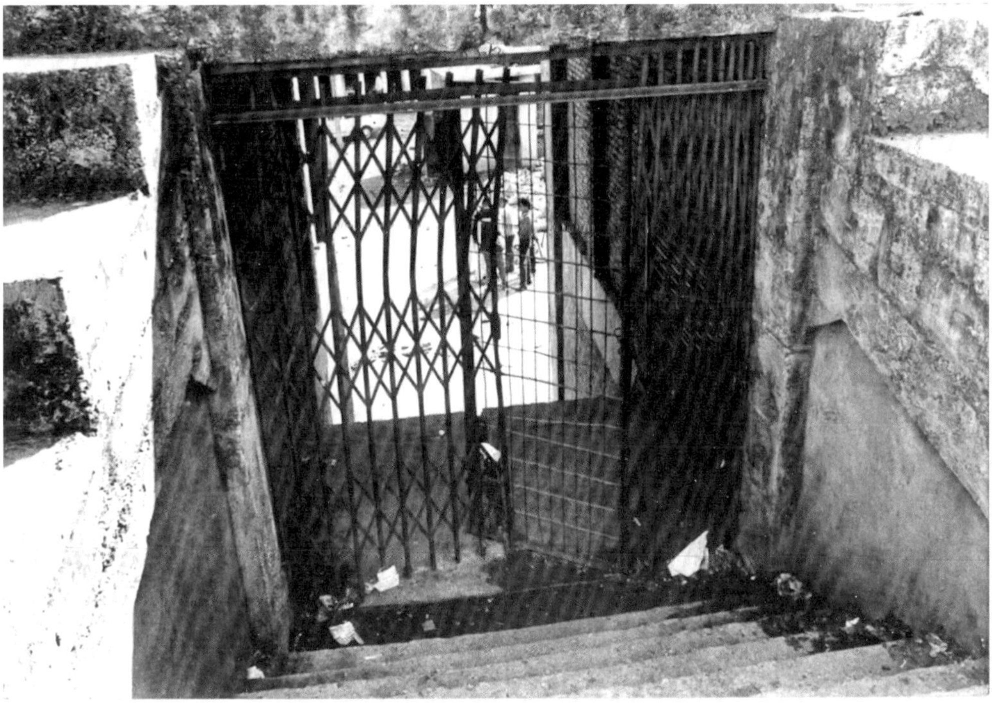

Ein verschlossenes Ausgangstor wird zum Verhängnis.

Beim Weltmeisterschaftsqualifikationsspiel von Sambia gegen den Sudan ereignete sich am 16. Juni 1996 in Lusaka nach dem Spiel eine Panik, die durch einen Zuschauer ausgelöst wurde, der auf der Tribüne das Gerücht verbreitete, im Stadion sei eine Bombe versteckt. Im Gedränge starben neun bis 15 Menschen, die Zahl der Verletzten lag bei 72 bis 78.

Der 10. Oktober 2004 wurde ein schwarzer Tag für den afrikanischen Kontinent. Es war ein Großkampftag in der Qualifikation zur Weltmeisterschaft 2006 in Deutschland. In Lomé in Togo traf Togo auf Mali. Im Stade de Kégué fiel das Flutlicht aufgrund eines Stromausfalls aus, wodurch eine Massenpanik mit vier Toten und acht Verletzten verursacht wurde. Am gleichen Tag kam es zu drei Todesfällen nach einer Panik in der Warteschlange beim Spiel Guinea – Marokko in Conakry, zudem gab es vermutlich drei Tote und hundert Verletzte bei Straßenschlachten, Plünderungen und Brandstiftungen im Zusammenhang mit dem Spiel von Liberia und Senegal in Monrovia sowie Verletzte in nicht genannter Höhe durch Ausschreitungen bei den Begegnungen der Demokratischen Republik Kongo gegen Sambia in Brazzaville und Benin gegen die Elfenbeinküste in Cotonou. Am Tag zuvor war dies zudem schon in Blantyre in Malawi gegen Tunesien der Fall gewesen.

Der Tribünenbrand des Valley Parade

Das Stadionunglück von Bradford, England 1985

Es war der letzte Spieltag der Saison 1984/85 in der britischen Football League Third Division. Bradford City hatte vor dem letzten Spieltag die Meisterschaft durch einen 2:0-Sieg gegen die Bolton Wanderers gewonnen und damit den Aufstieg gesichert. Vor dem Anpfiff des letzten Spiels gegen Lincoln City wurde dem englischen Pokalsieger von 1911 feierlich die Meistertrophäe übergeben, die erste seit 56 Jahren. Bei diesem Spiel herrschte aber auch Abschiedsstimmung: Die alte Haupttribüne, eine 1886 erbaute Holztribüne mit dem Namen Valley Parade mit 5.300 Sitz- und 7.000 Stehplätzen im vorderen Bereich, sollte zwei Tage später abgerissen und dann durch eine neue Stahltribüne ersetzt werden, deren Teile bereits angeliefert waren. Ein TV-Sender übertrug live. 11.076 Fans verfolgten das Spiel im Stadion, darunter 3.000 auf der Haupttribüne.

Nach 40 eintönigen Spielminuten bemerkte der TV-Kommentator John Helm ein glühendes Licht im Bereich der Haupttribüne. In einem Zeitungsinterview beschrieb er später, was passierte: „[Ein] Mann aus Australien, der seinen Sohn besuchte, hatte zwei Eintrittskarten für das Spiel. Er zündete sich eine Zigarette an, und als sie zu Ende war, legte er sie auf das Bodenbrett und versuchte, sie mit dem Fuß zu löschen. Sie rutschte durch ein Loch im Bodenbrett. Eine Minute später sah er eine kleine Rauchwolke, also schüttete er seinen Kaffee darüber und sein Sohn tat es ihm gleich. Damit schien sie zu erlöschen. Aber etwa eine Minute später gab es plötzlich eine größere Rauchwolke, also gingen sie los, um einen Steward zu holen. Als sie zurückkamen, war das ganze Ding schon in Flammen aufgegangen." Unter den Holzbrettern befanden sich Papier und andere Abfälle, die durch Freiräume nach unten gefallen waren. Hier wurde schon lange nicht mehr der Abfall beseitigt, obwohl die Feuerwehr dies vor Beginn der Saison noch angemahnt hatte. Der Verein wollte sich diesen Aufwand vor dem Abbau der alten Tribüne einfach sparen. Dieser Abfall begann an einer Stelle – 23 cm unter den Holzplanken – zu brennen. Ein Zuschauer bemerkte, wie seine Füße wärmer wurden, entdeckte das Feuer und lief zur Tribünenrückseite, um einen Feuerlöscher zu holen, fand aber keinen. Aus Angst vor Vandalismus wurden keine bereitgestellt. Ein Polizist forderte einen Kollegen auf, einen Feuerlöscher zu holen, doch dieser verstand dies falsch und rief die Feuerwehr, die auch schon vier Minuten später erschien. Allerdings war die Situation beim Eintreffen der Feuerwehr bereits eine ganz andere.

Das Feuer breitete sich rasend aus. Als Flammen sichtbar wurden, gab es die Anweisung zur Evakuierung der Tribüne. Die nicht umzäunte Tribüne und das mit Harz und Pech verarbeitete Dach brannten, Balken und geschmolzene Materialien fielen von oben herab auf die Zuschauer und die Sitzplätze. Alles ging blitzschnell. Manche Menschen waren vom Feuer eingeschlossen. Dichter schwarzer Rauch verhinderte die Sicht in einem Durchgang hinter der Tribüne, den viele flüchtende Zuschauer benutzen wollten. Als Anhänger von der

Tribüne über eine Mauer zum Spielfeld herunterfielen, unterbrach der Schiedsrichter das Spiel. Innerhalb von vier Minuten brannte die gesamte Tribüne.

Es herrschte Panik. Fast alle Hinterausgänge waren verschlossen. Dort standen auch keine Ordner zum Öffnen. Sieben der Ausgänge wurden daraufhin von innen oder außen mit Gewalt geöffnet. Männer warfen zum Spielfeld hin Kinder über die Mauer. Es herrschte auch in etwas Entfernung noch eine gewaltige Hitze. Auf dem Spielfeld wälzten sich brennende Personen hin und her – andere Besucher versuchten, ihnen zu helfen. Menschen, die unter geschlossenen Drehkreuzen hindurchkriechen wollten, wurden zerquetscht. Die nun anwesende Feuerwehr musste mit der Brandbekämpfung noch warten, da erst viele Fans von der Tribüne gerettet werden mussten.

Die Tribüne wurde vollständig zerstört. Zurück blieben nur verbrannte Sitze, Lampen und Metallzäune. Manche Todesopfer saßen noch aufrecht auf ihren Sitzen. Erst um 4 Uhr in der Nacht, über zwölf Stunden nachdem das Feuer ausgebrochen war, waren alle Leichen geborgen. 56 Menschen waren ums Leben gekommen, 265 verletzt.

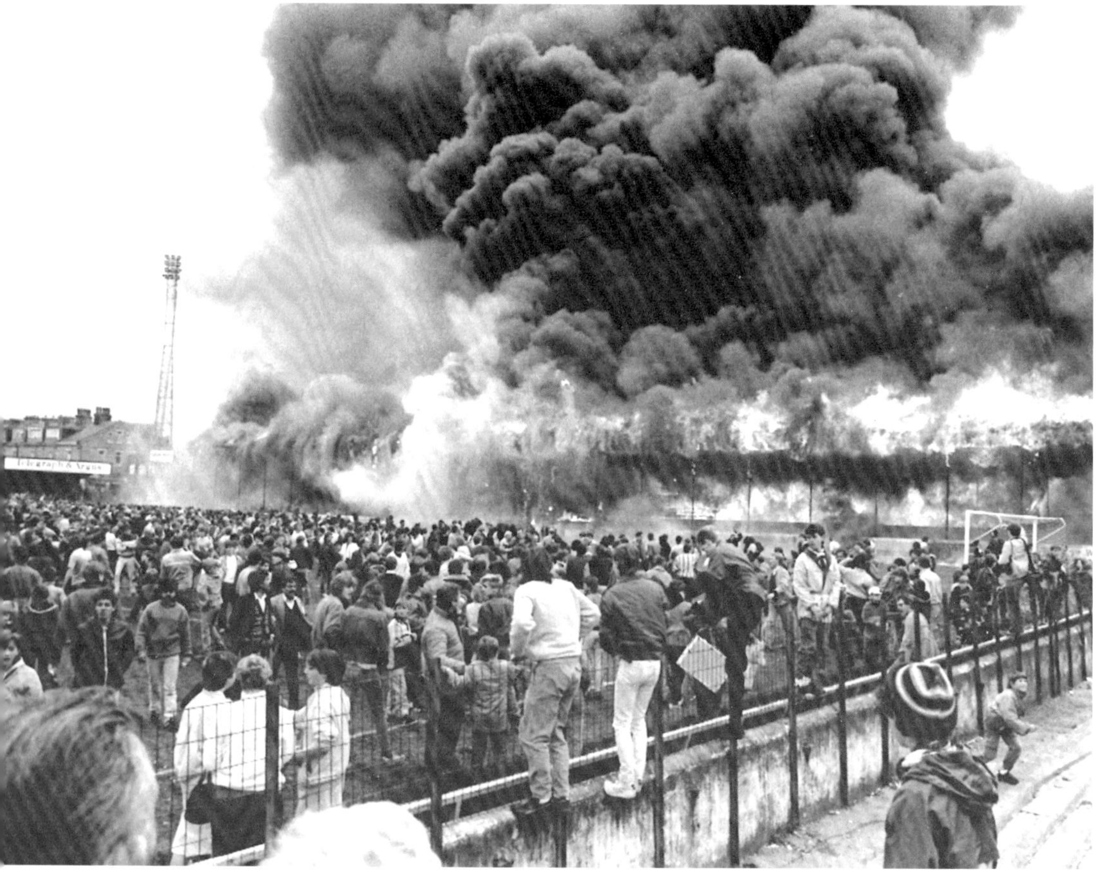

Rund um diese Katastrophe wurden auch Einzelschicksale bekannt. So etwa jenes von der Delegation aus der deutschen Partnerstadt Hamm, die unmittelbar, bevor der Brand bemerkt wurde, für einen Pausentee von der Tribüne abgeholt wurde und damit zufällig rechtzeitig der größten Gefahr entkam. Oder jenes eines alten Mannes, der in der TV-Liveübertragung brennend über das Spielfeld „spazierte“, als ob er gar nicht wahrnehmen würde, was mit ihm passierte. Die Flammen seiner Kleidung wurden zwar von anderen Zuschauern gelöscht, doch er starb kurz darauf im Krankenhaus. Und es ist auch die Geschichte von Martin Fletcher, der damals im Alter von zwölf Jahren von Vater, Onkel, Großvater und elfjährigem Bruder begleitet wurde und alle verlor. Er wurde lange in den Medien des Landes herumgereicht. 30 Jahre nach dem Brand veröffentlichte er seine Geschichte inklusive detailliert beschriebener Abläufe als Buch. Als er sich wieder ins Stadion traute, war es ausgerechnet das Spiel zwischen dem FC Liverpool und Nottingham Forest am 15. April 1989, das als Hillsborough-Katastrophe in die Geschichte eingehen sollte und an anderer Stelle in diesem Buch behandelt wird. Aber der Brand in Bradford ist auch mit „Positivem“ verbunden – den vielen Menschen, die halfen, Leben auf dem Spielfeld zu retten oder sich sogar trauten, vom Platz auf die brennende Tribüne zu eilen, um zurückgebliebene Zuschauer in Sicherheit zu bringen.

Infolge der Untersuchung wurden neue Rechtsvorschriften zur Verbesserung der Sicherheit erlassen, wonach neue Holztribünen verboten und als unsicher eingestufte sofort geschlossen wurden sowie ein Rauchverbot für alle verbliebenen erlassen wurde. An diesem Tag kam den Zuschauern zugute, dass die Tribüne nicht eingezäunt war, sonst hätte es noch viele Tote mehr gegeben.

Ein Gerichtsentscheid sah die Verantwortung zu zwei Dritteln beim Klub, der seinen Pflichten nicht nachgekommen war, aber auch beim Aufsichtsorgan des West Yorkshire Metropolitan County Council. Der Entschädigungsanspruch von 154 Antragstellern wurde auf zusammen 20 Millionen Pfund festgelegt, die durch eine vom Klub abgeschlossene Versicherung abgedeckt waren.

Es gab viele Spendenaktionen, darunter eine Wiederauflage des Finales der Weltmeisterschaft von 1966 zwischen England und Deutschland mit den Originalstartaufstellungen und eine Nr. 1-Benefizsingle von „You'll never walk alone“ von „The Crowd“, die dazu führte, dass der FC Liverpool dieses Lied als Hymne für sein Stadion auswählte. 30 Jahre später gab es eine Neuaufnahme durch die dann aktuelle Musikprominenz.

Aufsteiger Bradford City verpasste am Ende der folgenden Saison knapp den Aufstieg von der Second Division in die First Division. Am Stadion befinden sich heute zwei Gedenkstätten für die Opfer des Feuers.

TV-Dokumentation:
One Day in May: The Story of the Bradford City Fire, 2015, 72 min.

Teile der Original-TV-Liveübertragung:
Warnung: Es sind Bilder von brennenden Menschen zu sehen.
https://www.dailymotion.com/video/x31qcmt, ca. 7 min.

Vertiefende Literatur:
Paul Firth: Four Minutes to Hell: The Story of the Bradford City Fire, Manchester 2005.
Martin Fletcher: Fifty-Six: The Story of the Bradford Fire, London 2015.

Ein weiterer Tribünenbrand:

Am 7. Juni 1981 ereignete sich in Italien bei der Partie des letzten Spieltags der Serie C in San Benedetto del Tronto zwischen Sambenedettese (mit dem später populären Torhüter Walter Zenga) und Matera ein flächendeckender Tribünenbrand, als 12.000 Menschen auf den Aufstieg in die Serie B warteten. Seit dem Morgen waren 700 kg geschnipseltes Zeitungspapier und Papierrollen sowie Papptafeln über die Curva Sud verteilt worden, die zum Einlaufen der Mannschaften zum Einsatz kommen sollten. Der Sektor war überfüllt, woraufhin die Polizei die Tore absperrte. Beim Einzug der Teams wurde die Choreographie durchgeführt.

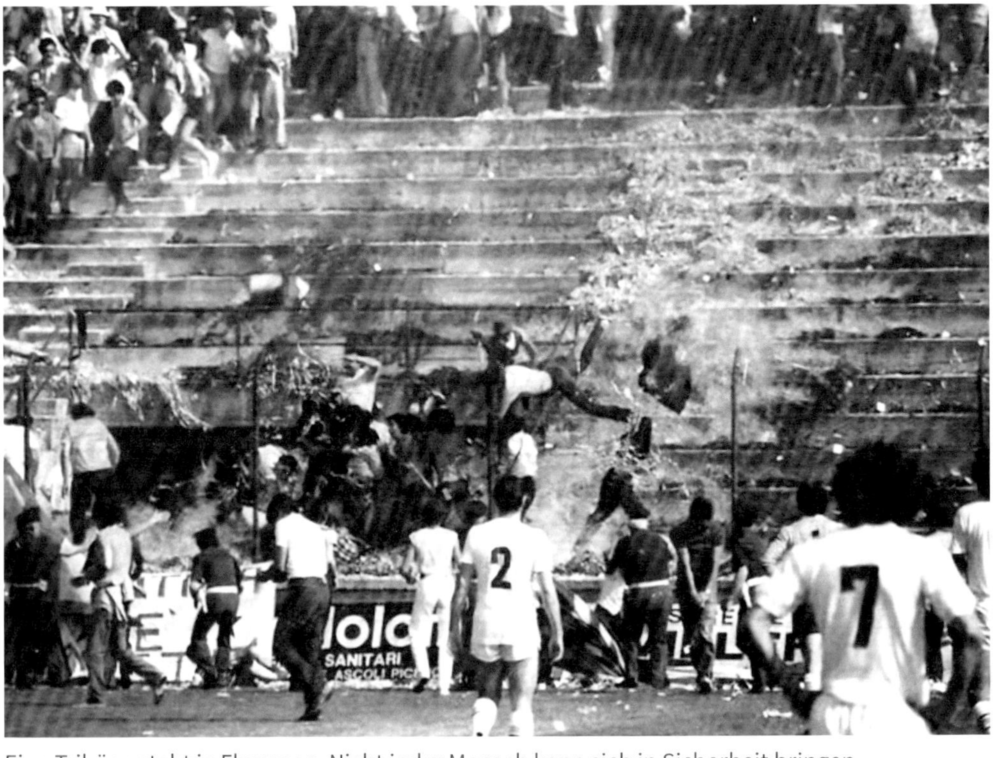

Eine Tribüne steht in Flammen. Nicht jeder Mensch kann sich in Sicherheit bringen.

Rote und blaue Rauchtöpfe begleiteten das Spektakel. Aber plötzlich fing das Papier Feuer. Die Flammen breiteten sich rasend schnell aus. Doch die Ausgänge waren verschlossen. Die Masse drängte an die Begrenzungsmauer, die dem Druck standhielt. Im unteren Teil der Kurve blieb nur die Flucht zum Spielfeld über die mit Stacheldraht versehenen Zäune. Drei Frauen und ein zehnjähriges Kind schafften dies nicht und kamen in den Flammen um. Nach zehn Minuten war das Inferno vorbei. 107 Menschen wurden verletzt.

Videoeindrücke aus San Benedetto del Tronto:
https://www.youtube.com/watch?v=8wKjAc0Mgsc, ca. 4 min.

Heysel

Die Stadionkatastrophe von Brüssel, Belgien 1985

Es war die Zeit, als die Champions League noch der Europapokal der Landesmeister war und 61 Spiele ausreichten, um den Klubmeister des Kontinents zu ermitteln. Die beiden Finalisten des Wettbewerbs 1984/85, Juventus Turin und FC Liverpool, absolvierten dabei folgenden Weg: Die Italiener setzten sich gegen Tampereen Ilves aus Finnland (A 4:0, H 2:1), den Schweizer Grasshopper Club Zürich (H 2:0, A 4:2), die Tschechoslowaken von Sparta Prag (H 3:0, A 0:1) und Frankreichs Girondins Bordeaux (H 3:0, A 0:2) durch. Die Briten überwanden Lech Posen aus Polen (A 1:0, H 4:0), Portugals Meister Benfica Lissabon (H 3:1, A 0:1), Österreichs Austria Wien (A 1:1, H 4:1) und den griechischen Vertreter Panathinaikos Athen (H 4:0, A 1:0). Der FC Liverpool stand schon im Wettbewerb des Vorjahres in Rom im Endspiel, in dem er sich dann den Titel gegen AS Rom nach einem 1:1 n.V. und einem 4:2 i.E. sicherte. Juventus Turin war im Vorjahr Europapokalsieger der Pokalsieger nach einem 2:1-Sieg in Basel gegen den FC Porto geworden. Im Endspiel um den europäischen Superpokal trafen die beiden Topteams aus Europa so schon vier Monate zuvor in Turin aufeinander, als Juventus mit 2:0 gewann.

Das Finale sollte am 29. Mai im Brüsseler Stadtteil Laeken im dortigen Heysel-Stadion ausgetragen werden. Der Finalort war umstritten. Giampiero Boniperti, Präsident von Juventus Turin, und Peter Robinson, Vorstandsvorsitzender von Liverpool, versuchten auf die UEFA

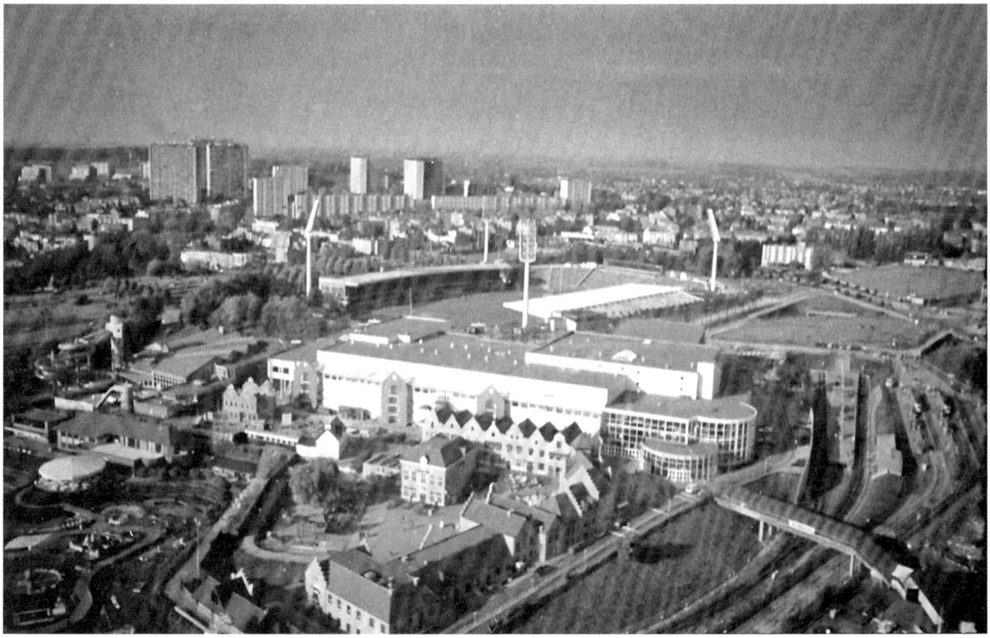

Das Heysel-Stadion.

einzuwirken, einen anderen Austragungsort auszuwählen, da ihrer Meinung nach Heysel nicht geeignet sei, um ein solches Spiel auszutragen. Die UEFA stellte sich jedoch quer.

Der Deutsche Roland Gerlach reiste ohne Karte an, bekam auf dem Schwarzmarkt für ca. 150 Mark eine Karte für Block Z angeboten, wollte aber auf eine günstigere warten und wurde mit einer Karte für Block XY, dem des Liverpool-Anhangs, belohnt. In der Stadt sah er Engländer und Italiener in unzähligen Kneipen friedlich nebeneinandersitzen – sie feierten gemeinsam. Nur am Grand Place offenbarten ihm die Splitter von Tausenden Flaschen und Gläsern auf dem Pflaster, dass es hier anders abgelaufen war. Über den Tag hatte es seitens angetrunkener Engländer, die mit Schiffen und Zügen vom Fährhafen Ostende kamen, Ausschreitungen gegeben: Kneipen wurden zerlegt, mit Mobiliar der Cafés wurde Jagd auf italienische Anhänger und Unbeteiligte gemacht – auch ultrarechte West-Ham-United-Anhänger sollen nur hierfür angereist sein.

Am Stadion war die Atmosphäre bereits bedrückend. Es gab auch hier erste Rangeleien. Viele Fans fühlten sich draußen unwohl, sodass sie ins Stadion wollten. Um die Lage zu beruhigen, öffnete man die Eingänge außerplanmäßig schon drei Stunden vor dem Anpfiff. Hier wurden die Anhänger allerdings von aggressiven Polizisten empfangen, die offenbar ohne ersichtlichen Grund mit Knüppeln auf sie schlugen. Liverpool-Anhänger Peter Hooton: „Ich meine, der Junge, der mit mir kam, wurde von einem der Polizisten mit einer Pistole bedroht! Und er hatte eine Eintrittskarte, aber weil er sich weggeduckt hat, um nicht mit dem Knüppel auf den Kopf geschlagen zu werden… Ich glaube, sie waren völlig unerfahren, sie hatten dieses Bild von englischen Hooligans, sie wussten nicht, wie man mit der Menge umgeht, und man ging davon aus, dass jeder Engländer ein Hooligan ist."

Beide Klubs sollten über 25.000 Karten erhalten, insgesamt befanden sich 58.000 bis 60.000 Zuschauer im Stadion. Die beiden Fanlager waren den gegenüberliegenden Stehplatzkurven zugeordnet. Schon eine Stunde vor dem Anstoß kochte es. Schmähgesänge gab es von beiden Seiten. Italiener schossen Raketen auf die Engländer in Block XY und bewarfen sie aus einem neben den Liverpool-Blöcken befindlichen Bereich (Block Z, eigentlich ein neutraler Block) mit Steinen, die sie im längst dahin bröckelnden Block fanden. Die Briten zündeten bengalische Feuer. Ein Maschendrahtzaun und ein von Polizisten dünn bewachtes Niemandsland trennten beide Fanlager. Schon beim Aufeinandertreffen mit dem AS Rom im Vorjahr hatten die Liverpool-Anhänger Steine abbekommen. Das wollten sie nicht weiter hinnehmen. Sie überwältigten die Polizeikräfte und gingen auf den Juventus-Anhang im Nachbarblock los. Der deutsche Liverpool-Fan und Augenzeuge Stephan Schlei meinte später: „Es brach damals einfach los, die Liverpool-Fans traten diesen lächerlichen Zaun in Sekunden nieder. Die Polizei war ausgesprochen zaghaft, die haben fast nichts gemacht. Auf mich wirkten die sehr schlecht vorbereitet, sie konnten auch gar nicht schnell genug an den Ort des Geschehens kommen." Die Menschen flüchteten auf die andere Seite zu einer Mauer, die die Flucht stoppte. Fans wurden niedergetrampelt. Und die Mauer stürzte schließlich unter dem Druck des Gedränges ein.

Stephan Schlei: „Erst hieß es, dass 16 Menschen ums Leben gekommen seien, die Szenen waren schrecklich, aber das Schlimmste war: Die Ausschreitungen eskalierten immer weiter, die Polizisten standen wie Wachsfiguren passiv herum und machten nur ängstliche Alibibewegungen.“ In 70 Länder wurden die Geschehnisse via TV live übertragen. 39 Personen (32 Italiener, vier Belgier, zwei Franzosen und ein Nordire) verloren ihr Leben. Sie wurden von anderen Fans auf der Laufbahn abgelegt und mit Fahnen bedeckt. Die Zahl der Verletzten wurde auf bis zu 600 angegeben. Zügig wurden die Verstorbenen auf Armen, Bahren oder mit anderen Hilfsmitteln aus dem Stadion getragen.

Die Juve-Ultras konnten von der gegenüberliegenden Kurve nicht genau erkennen, was alles passierte. Ein paar von ihnen schafften es auf die Laufbahn und liefen in die Kurve, in der das Unglück geschah und in der die britischen Anhänger standen. Sie entdeckten das Grauen, kehrten in ihre Kurve zurück und berichteten dort den anderen Ultras davon.

Roland Gerlach betrat das Stadion erst 30 Minuten vor dem geplanten Anpfiff und wunderte sich über Hunderte von Menschen auf dem Spielfeld. Er sah zwar den niedergerissenen Zaun und hörte die englischen Anhänger über „Idiots“ schimpfen, konnte sich aber keinen Reim darauf machen. Tote und Verletzte sah er keine, auch nicht die eingestürzte Mauer. Gerlach im Gespräch für dieses Buch: „Erst als das Spiel hätte beginnen sollen, bildeten Hundertschaften von Polizisten eine lebendige Mauer, die Zuschauer und Spielfeld trennte. Zuvor gab es Massenschlägereien auf dem Spielfeld, und die gegenüberstehenden Juve-Fans rissen ihrerseits den Zaun mit der Absicht ein, den LFC-Block zu stürmen, was aber von der Polizei unterbunden wurde.“

Brüsseler Stadtpolizei und örtliche Gendarmerie zeigten sich mangelhaft vorbereitet und waren einfach überfordert. Die Funkgeräte beider Polizeieinheiten waren nicht kompatibel, ein Sicherheitskonzept gab es nicht. Im ganzen Stadion hatte man die Tragödie mitbekommen. Stefan Schlei: „Der Spielbeginn verzögerte sich immer weiter, und aus der italienischen Kurve kamen Sprechchöre: ‚Fuori, fuori!‘ – die wollten also echt, dass es endlich losgehen sollte. Ob ihre Landsleute ums Leben gekommen waren oder nicht, das interessierte die gar nicht.“ Aber natürlich war es den Italienern nicht egal, wie die folgenden Ereignisse zeigten. Das Spiel wurde – nachdem die beiden Spielführer ihre Anhänger zur Ruhe riefen – mit 87 Minuten Verspätung doch noch angepfiffen, wenn auch viele Spieler nicht mehr antreten wollten. UEFA, Bürgermeister und Polizei wollten ein weiteres Überkochen der schon angespannten Atmosphäre verhindern. Viele TV-Sender brachen die Übertragung jedoch ab.

Noch einmal Peter Hooton: „Selbst nachdem die Mauer eingestürzt war und das Spiel stattfand, war es unwirklich, denn am Spielfeldrand liefen immer noch Pferde herum, und die Juventus-Fans kamen von der anderen Seite. Wenn man Aufnahmen von Heysel sieht, sieht man immer die Juventus-Fans, und das war am anderen Ende, mit Stangen und verschiedenen Gegenständen, und sie versuchten, auf die Liverpooler Fans zuzugehen. Nur Gott weiß, was passiert wäre, wenn sie erfolgreich gewesen wären und bis zum Liverpooler

Ende vorgedrungen wären. Wahrscheinlich hätte es mehr Todesopfer gegeben …" In der Tat bekämpften Anhänger aus der eigentlichen Juventus-Kurve zwei Stunden lang die Polizei mit Wurfgeschossen. Die Spieler waren nachvollziehbar belastet. Liverpool-Spieler Ian Rush: „Es war wie ‚Lass es uns hinter uns bringen und schauen, dass es unseren Familien gut geht und dass es allen anderen gut geht'." Michel Platini traf in der 58. Minute mit einem Foulelfmeter zum 1:0 für Juventus. Weitere Treffer fielen nicht. „Mörder! Mörder! Mörder!", skandierten die italienischen Anhänger nach dem Schlusspfiff.

Warum waren die Italiener im Block für neutrale Zuschauer – genau neben den Engländern? Ein neutraler Block, den beide Klubs zuvor abgelehnt hatten, da die Fans beider Seiten dafür Tickets über Agenturen oder sonstige Händler hätten kaufen können, was zu einer Vermischung der Anhänger im Block geführt hätte. Doch die UEFA blieb bei ihrer Entscheidung. Die Ermittlungen ergaben, dass die Juventus-Anhänger die Tickets bei einem italienischen Reisebüro erworben hatten, ebenso hatten sich in Belgien lebende Italiener damit eingedeckt. Und das Reisebüro hatte sich die Karten über einen bestochenen UEFA-Offiziellen besorgt. Der Zustand des Stadions galt bereits als marode. Die Trennung zwischen dem Liverpool-Block und dem benachbarten neutralen Block, in dem sich dann

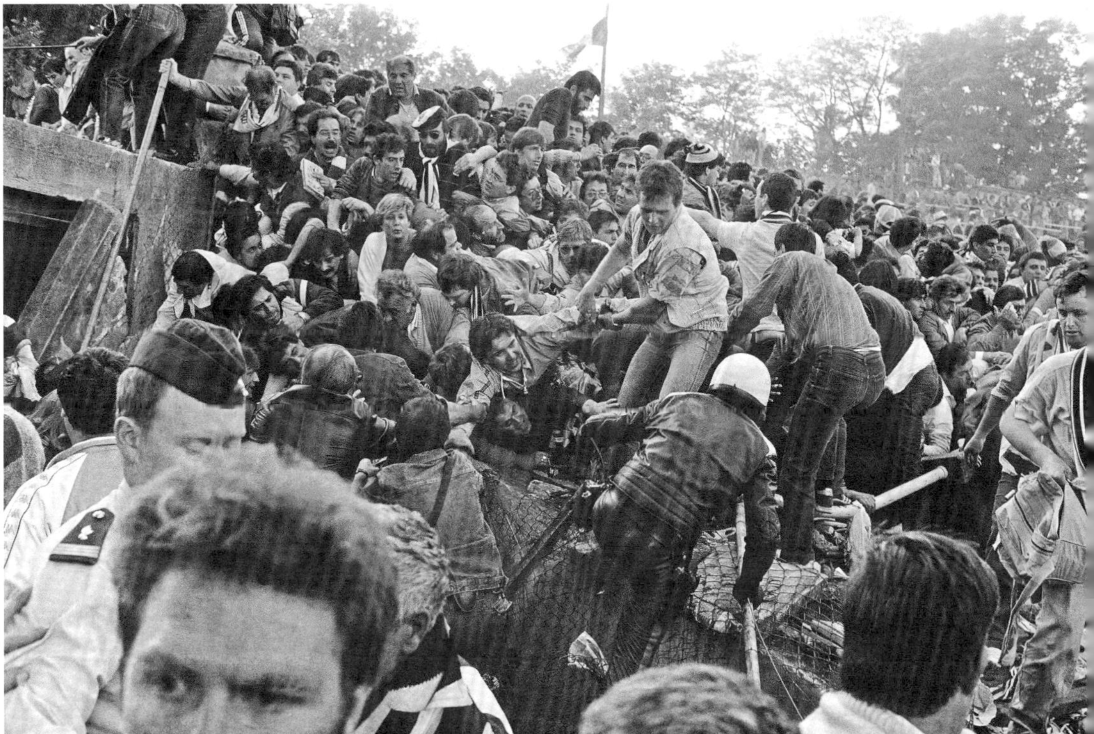

Unter dem großen Druck ist die Mauer gebrochen. Menschen versuchen sich in Sicherheit zu bringen und klettern dabei auch über andere, die zu Fall gekommen sind.

die Italiener befanden, war lediglich ein schwacher Maschendrahtzaun, der kein wirkliches Hindernis darstellte. Die Mauer, die einstürzte, war bereits zuvor brüchig gewesen. Noch am Vorabend des Spiels war das Stadion bei einer Inspektion durchgefallen. Am Spieltag wurden Anhänger beobachtet, die in eine Außenmauer aus Schlackensteinen Löcher traten, um ohne Eintrittskarten hineinzukommen. Solch ein Loch wurde auch genutzt, um ganze Bierkisten, Steine, Holz- und Eisenstangen von einer unbewachten Baustelle in der Nähe in das Stadion zu bekommen – vor den Augen verblüffter, aber gleichgültig zuschauender Gendarmen wohlgemerkt. Domenico Laudadio von der später gegründeten italienischen Opferorganisation Sala della Memoria Heysel: „Das eigentliche Ziel der Hooligans war es, sich für das Endspiel 1984 in Rom zu rächen, wo sie in den Straßen von lokalen Hooligans in Schlägereien und Messerstechereien verwickelt worden waren und wo sie auch im Stadion von der italienischen Polizei angegriffen worden waren, die durch die sonntäglichen Gewalttätigkeiten außerhalb und innerhalb der Stadien des Stiefels gut trainiert und alarmiert war. Ein behelfsmäßiges Arsenal für die eigentliche Kriegsstrategie …" Andere Besucher berichteten, sie hätten das Stadion ohne abgetastet zu werden und ohne eine Eintrittskarte vorzeigen zu müssen betreten können. Im Block Z gab es keine italienischen Ultras, nur Mitglieder von Fanclubs, urlaubende Familien mit älteren Menschen, Frauen und Kindern sowie Sportler und Fans anderer Klubs. Diese wurden geschlagen, getreten und mit Stangen beworfen, selbst Verletzte und körperlich beeinträchtigte Personen wurden nicht verschont.

Der Pokal wurde den Italienern in der Umkleidekabine überreicht. Er wurde direkt in eine Holzkiste gelegt. Es war Michel Platini, der französische Torschütze, der seinen Treffer zuvor schon so überschwänglich im Stadion gefeiert hatte, der meinte, er müsse die Trophäe ins Stadionrund, ins Rampenlicht zu den Fans tragen. Auch die anderen italienischen Spieler feierten und liefen zum Teil Ehrenrunden. Heute wollen die Spieler darüber möglichst nicht mehr reden – sie haben erkannt, dass diese Szenen gerade in Italien als Schande verstanden wurden.

Roland Gerlach bekam nichts vom Ausmaß der Katastrophe mit: „So fuhr ich völlig arglos mit dem Auto zurück und war um ca. 4:30 Uhr morgens wieder zu Hause. Gegen 10 Uhr erhielt ich einen Anruf von meiner heulenden Mutter, ob ich wohlauf sei und ob ich denn nicht wüsste, wie viele Tote es gegeben hätte! Ich fuhr zusammen und dachte, meinen Ohren nicht trauen zu können."

Nach einer 18-monatigen Untersuchung sah die zuständige belgische Richterin die Schuld alleine bei den britischen Anhängern. Ein britischer Experte kam zu dem Schluss, dass die Todesfälle „größtenteils auf den entsetzlichen Zustand des Stadions zurückzuführen sind". Doch sein Bericht über Absperrungen, die das Gewicht der Menschenmengen nicht auffangen konnten und nicht im Boden verankert waren, eine falsch herum gebaute Mauer und weitere Fakten wurde nicht berücksichtigt. Großbritannien lieferte 26 Personen an die belgischen Behörden aus, von denen 14 zu bis zu drei Jahren Haft verurteilt wurden. Der belgische Staat zahlte 1,25 Millionen Euro Entschädigung an die Hinterbliebenen. Alle britischen Klubs wurden für fünf Jahre von allen internationalen Wettbewerben ausgeschlossen, der FC Liverpool zudem für ein sechstes Jahr. Albert Roosens, der damalige Generalsekretär des belgischen Fußballverbandes, der den Verkauf von Karten aus dem neutralen Block an Juventus-Fans erlaubt hatte, zwei Polizeichefs und der damalige Schweizer UEFA-Generalsekretär Hans Bangerter erhielten bedingte Gefängnisstrafen. Das Stadion wurde nur noch für wenige Fußballspiele genutzt und 1994/95 als König-Baudouin-Stadion neu erbaut. Eine Gedenktafel und eine Sonnenuhrskulptur erinnern am Stadion an die Katastrophe von 1985. Eine weitere Gedenktafel gibt es in Anfield, mehrere Denkmäler in Italien.

Alleine in Italien erschienen 15 Bücher zu den Vorkommnissen von Heysel. In England wurden nach den Ereignissen von Heysel erste Stehplätze abgeschafft. Am 9. Februar 2021 führte die Region Piemont den Tag des Gedenkens an die Opfer von Heysel ein.

TV-Dokumentation:
Die Heysel-Tragödie – Europas schwarze Fußballnacht, NDR, 30 min.
https://www.youtube.com/watch?v=Y33LikW6hJM

Vertiefende Literatur (Auswahl):
Francesco Caremani: Heysel. The truth. Turin 2015.
Emilio Targia: Quella notte all'Heysel, Mailand 2015.
Chris Rowland: From Where I Was Standing – A Liverpool Supporter's View of the Heysel Stadium Tragedy, Leicester 2011.
Jean-Philippe Leclaire: Le Heysel. Une tragédie européenne, Paris 2005.

Niemand lebte, um den Ball weiterzuspielen

Das Kriegsverbrechen in Chavar, Iran 1987

Der erste Golfkrieg, der zwischen dem Irak und dem Iran stattfand, begann am 22. September 1980 und dauerte bis zum 20. August 1988. Der Kampf um die Vorherrschaft am Persischen Golf hat Wurzeln in einem Jahrhunderte lang andauernden Grenzkonflikt aus Zeiten, als die Rivalen noch Mesopotamien und Persien hießen. Saddam Hussein erklärte bereits 1969 als damaliger Vizepräsident des Irak, dass sich Iraks Auseinandersetzung mit dem Iran auf die (erdöl- und erdgasreiche) Provinz Arabistan (Chuzestan) bezieht, die einst unter Fremdherrschaft dem Iran zugesprochen wurde. Hussein beabsichtigte, in einem befreiten Chuzestan sowie dem iranischen Kurdistan eine „Freie Republik des Iran" unter irakischem Schutz als Puffer zwischen dem Iran und Irak zu schaffen. Der Iran war nach der Vertreibung des Schahs und der Machtübernahme durch Ajatollah Ruhollah Chomeini 1979 innenpolitisch und militärisch geschwächt.

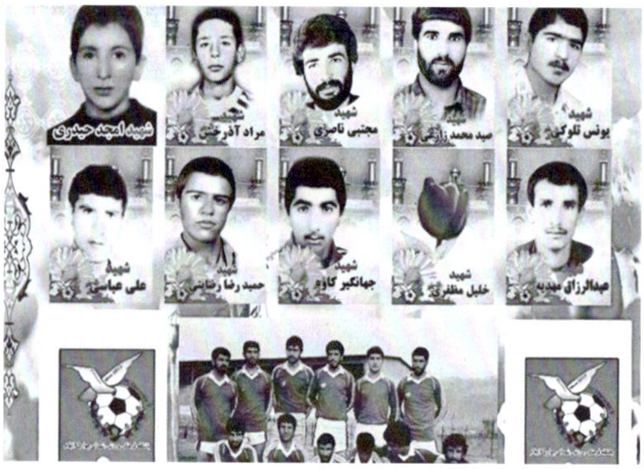

Über sechs Jahre zog sich der Krieg nun schon hin, auch die iranische Provinz Ilam, direkt an der Grenze zum Irak gelegen, litt unter den Kämpfen. 1986 hatten die Iraker zwischenzeitlich die Stadt Mehran erobert, während dem nördlichen Nachbargebiet um die Stadt Chavar ein großes Drama noch bevorstand. Für den 12. Februar 1987 wurde in Chavar ein Fußballspiel angesetzt, das der durch den Krieg verursachten Verzweiflung und Angst entgegenwirken sollte. Der Fußball sollte seine humanitäre und soziale Mission erfüllen und Freude und Hoffnung in die Gemeinschaft bringen. Es standen sich eine Mannschaft des örtlichen Fußballklubs und eine Auswahl von Jugendlichen aus der Provinz Ilam gegenüber. Die Menschen waren zum Fußballplatz der Gemeinde geströmt, um dieser Ablenkung vom Krieg beizuwohnen.

Der siebenjährige Hojat Allah Hashem Beigi gehörte zu den Kindern und Jugendlichen, die fröhlich das Spiel verfolgten. Über das, was an diesem Tag geschah, schrieb er nach jahrelangen Recherchen im März 2012 einen Brief an Sepp Blatter, den damaligen Chef der FIFA, aus dem nachfolgend zitiert wird:

„Am 12. Februar 1987 um 16 Uhr begann das Fußballspiel zwischen den Mannschaften Montakhab-e-Chavar (Chavar Selected Team) und Montakhab-e-Javanan-e-Ostan-e-Ilam (Ilam Province Selected Team) auf dem Fußballplatz der Stadt Chavar. Die Spieler beider Mannschaften gehörten zu den besten Fußballspielern der Provinz und zu den bekannten Persönlichkeiten.

Die erste Halbzeit endete mit einem Spielstand von 2:0 zugunsten der Mannschaft Montakhab-e-Javanan-e-Ilam. Nach der 15-minütigen Halbzeitpause begann die zweite Halbzeit ... Ein irakisches Flugzeug, das offenbar zu Aufklärungszwecken gekommen war, wurde über dem Fußballplatz beobachtet und verschwand nach wenigen Augenblicken.

Ein schöner Ball wurde von Ali Abbasi zu Hussein Hazaveh gepasst ... Hazaveh traf in das Tor der Ilam-Mannschaft, nachdem er einen Spieler der Ilam-Mannschaft umdribbelt und einen wilden Schuss aus 20 Metern abgegeben hatte. Das Spiel ging weiter. 2:1. Die Spieler von Ilam kontrollierten Ball und Raum ... Der Ball wurde von Jahangir Kaveh an Abd al Razaq Mahdieh weitergegeben... Mahdieh bewegte sich quer und schoss den Ball in Richtung des Tores des Chavar-Teams... Der Ball traf einen der Verteidiger vom Chavar-Team und ging zur Ecke.

Das Spiel lief seit 55 Minuten ... Der Schiedsrichter stand an einem geeigneten Platz in der Nähe der Seitenlinie der Mannschaft Montakhab-Chavar ... Die Spieler von Montakhab-e-Chavar versammelten sich zur Verteidigung, und die Spieler von Montakhab-e-Ilam taten dasselbe für den Angriff, und sie versammelten sich alle im Strafraum der Mannschaft Montakhab-e-Chavar ... Der Torwart von Chavar schrie die Spieler an ... ‚Ali Gohar-Soudi', der Trainer von Ilam schrie: ‚Kamalvand' und ‚Mahdieh' ... Es war, als hätten sie diese Ecke geplant.

Der Spieler der Ilam-Mannschaft versuchte, gut zu schießen ... Zwei irakische Flugzeuge erschienen über dem Fußballplatz ... Der Berg auf der Westseite des Spielfelds und die Aufregung des Spiels hinderten die Spieler daran, die Flugzeuge schnell zu bemerken ... In dem Moment, in dem die beiden Flugzeuge über dem Fußballplatz erschienen, begannen sie mit mehreren Bomben zu bombardieren ... Die Spieler und die Zuschauer schrien und verursachten einen Aufruhr ... Der Spielfeldrand verwandelte sich in das blutigste Spielfeld der Welt ... Spieler wurden in Stücke gebombt ... Mojtaba Naseri, der Torwart der Mannschaft Montakhab-e-Chavar, versuchte sich in der Mitte des Platzes in Sicherheit zu bringen ... Eine Bombe traf ihn plötzlich am Kopf, und sein Kopf wurde von seinem Körper abgetrennt und zur Mitte des Platzes geschleudert ... Eine Bombe traf direkt den Schiedsrichter, und auch er wurde in Stücke gerissen ... Ein dichter schwarzer Rauch erfüllte die Luft ... Das Dröhnen der Flugzeuge verstummte ... Hazvareh fiel auf den Boden neben seinem fünfjährigen Kind ... Menschen aus den Städten Ilam, Chavar und den benachbarten Dörfern kamen zum Fußballplatz ... der Ball blieb in einer Ecke liegen, und niemand lebte, um ihn weiterzuspielen ...

Javad Karami, der selbst verwundet wurde, schlug sich auf den Kopf und trauerte um den verbrannten Körper seines Bruders. Yunes Teloki, der Außenverteidiger der Chavar-Mannschaft, wurde von einer Rakete an der Hüfte getroffen, die ihn in zwei Teile zerschnitt. Ali Qeitasi hatte sein Bewusstsein völlig verloren, und sein Körper war voller Schrapnellgranaten ... aber er wusste nichts davon, dass seine Spielkameraden auseinandergerissen wurden ... Der schwarze Rauch hatte sich verzogen, und stattdessen sah man den Fußballplatz von Chavar völlig verkohlt ... Szenen, die man bei einem Sportspiel nie gesehen hätte. Hamid Reza Rezayati (der Schiedsrichter des Spiels), Mojtaba Naseri, Ali Abbasi, Seyyed Mohammad Zare-ee,

YunesTeloki, Abdolrazaq Mahdieh, Ali Nejat Karami, Jahangir Kaveh, Mohammad Kamalvand und Hussein Hazaveh hatten ihr Leben auf tragischste Weise auf dem Spielfeld verloren ... Ali Qeitasi, Farshad Pour Norouz, Reza Azadi, Ali Gohar Soudi, Farman Fouladvand, Rahmat Mahmoudi, Salman Kord, Javad Karami, Sarhad Reza Zadeh, Mojtaba Reza Zadeh, Hussein Fazeli, Jalil Asadi und ... alle waren schrecklich verwundet ... das Blut der Zuschauer, der Spieler und des Schiedsrichters hatte sich vermischt ...

An diesem Tag, als die Jubelrufe der Zuschauer in Schreie übergingen, verloren auch fünf von ihnen namens Morad Azarakhsh (15 Jahre), Khalil Mozafari, (7), Amjad Heidari (12), Mohammad Javad Mozaffari (7) und Sajad Mozaffari (5) ihr Leben. Sajad Mozaffari kann als das jüngste Opfer der Fußballgeschichte in der Welt bezeichnet werden."

Der Irak bombardierte in dem achtjährigen Krieg wiederholt iranische Wohngebiete und setzte auch chemische Waffen ein. 1988 endete der Krieg mit einem Waffenstillstandsabkommen.

Die Bombardierung des Fußballspiels ist weitestgehend unbekannt. In den Kriegstagen ist sie zwischen anderen Meldungen untergegangen. Im Iran herrschte Unverständnis, dass dem Kriegsverbrechen keine Beachtung geschenkt und im internationalen Fußballkalender kein Gedenktag eingerichtet wurde. Hojat Allah Hashem Beigi, der Verfasser des Briefes, unterrichtete Sepp Blatter, dass im Andenken an das Geschehen ein Verein mit dem Namen „Chavar 65 of Iran" gegründet worden sei, der zu Freundschaftsspielen an verschiedensten Orten im Iran und in anderen Ländern antreten würde, um die Erinnerung hochzuhalten. Er regte zudem eine Gedenkfeier der FIFA an und lud Blatter ein, an den Ort des Kriegsverbrechens zu kommen, um die andauernden Schmerzen und das Leid der Menschen selbst fassen zu können.

Der Fußballverband des Irans beschloss, einen Spieltag der iranischen Premier League im Jahr 2021 in Gedenken an das Massaker von Ilam auszutragen, bei dem 15 Menschen ihr Leben verloren und Dutzende Verletzungen davontrugen.

Verfilmung:
Red Rectangle, 2018, 87 min.

Ein weiterer Kriegsvorfall:

Im Juni 1993 hatte der Krieg in Sarajewo bereits über ein Jahr gedauert. Die Kinder waren seit Beginn der Belagerung der Stadt durch die bosnisch-serbischen Streitkräfte 13 Monate lang in den Häusern gefangen, als es zu einer Pause der Gewalt kam, sich die Kinder wieder heraustrauten und sich trafen, um Fußball zu spielen. Die Belagerung wurde vergessen, man wurde zu sorglos. Am 1. Juni 1993 wurden Mörser auf ein improvisiertes Fußballfeld auf einem Parkplatz in Dobrinja bei Sarajewo gefeuert, auf dem bosnische Soldaten ein Fußballspiel vor Hunderten von Zuschauern und eben auch Kindern austrugen. Zwölf Menschen starben, 101 wurden verwundet. Sieben der Todesopfer und 51 der Verletzten waren Soldaten der bosnischen Armee, der Rest Zivilisten. Mindestens 27 der Opfer waren unter 18 Jahre alt. Vier derjenigen, die an ihren Verletzungen starben, waren Kinder.

Perus verlorene Zukunft

Der Flugzeugabsturz von Alianza Lima, Peru 1987

Der Club Alianza Lima, gegründet im Jahr 1901, gehört zu den populärsten Vereinen in Peru. Seine Ursprünge hat er bei einer Gruppe junger Männer, die im Pferdestall „Alianza" des früheren Präsidenten Perus, Augusto Leguía y Salcedo, ihrer Beschäftigung nachgingen. Die traditionellen Längsstreifen der Trikots sind an die Jerseys der Pferdejockeys angelehnt.

Schon 1918 konnte Alianza die damalige peruanische Amateurliga gewinnen. Als lokale Konkurrenz entwickelte sich der heute unter dem Namen Universitario de Deportes (UdL) bekannte Klub, mit dem es regelmäßig zum Superclásico Peruano kommt. Bis 2020 spielte Alianza nur in einem Jahr nicht in der obersten Liga. 17 nationale Meisterschaften konnten vor den Achtzigerjahren geholt werden. In der Copa Libertadores, der südamerikanischen Champions League, reichte es immerhin zu Halbfinalteilnahmen. Die Konkurrenz wurde stärker, die guten Spieler landeten nicht automatisch bei Alianza, sondern auch bei UdL oder der neuen Größe Sporting Cristal. Und so fehlten in den Achtzigerjahren die Titel. 1987 schien es endlich wieder so weit zu sein. Die Mannschaft war aufgrund ihrer Jugendlichkeit

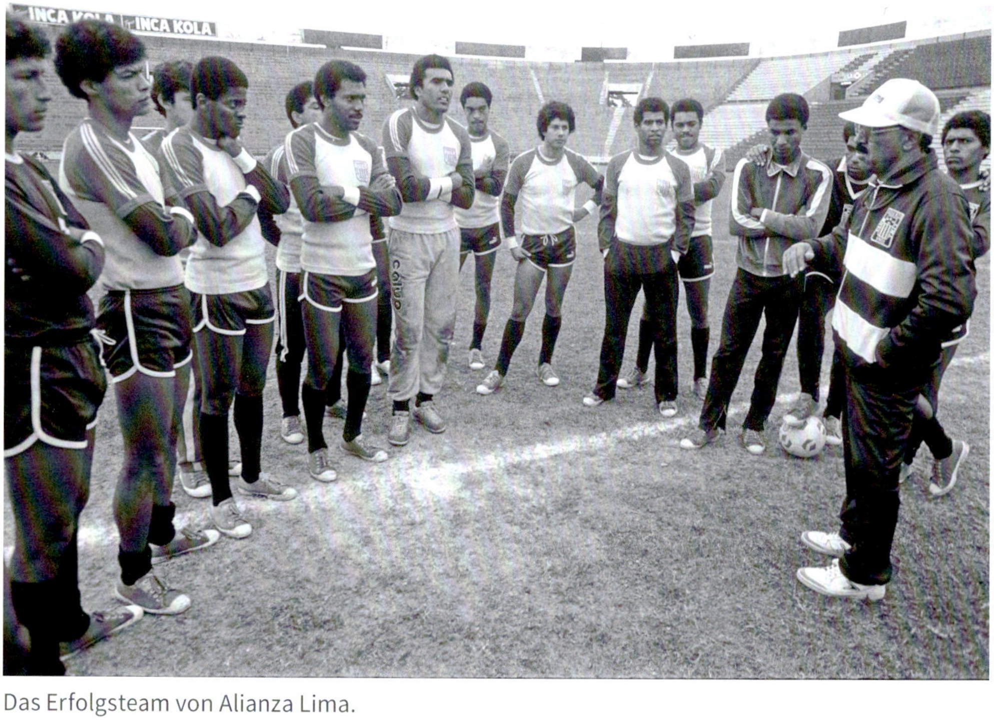

Das Erfolgsteam von Alianza Lima.

und ihres Elans als Los Potrillos (Die Ponys) bekannt geworden. Alianza stand mit Trainerlegende Marcos Calderón, der seinen Ponys Freiräume ließ, kurz vor Ende der Meisterschaft auf Platz 1 in der Primera División Peruana. Diese Mannschaft schien die Zukunft Perus zu sein, auch in der Nationalmannschaft. Der 18-jährige Luis Escobar stach als Ausnahmetalent besonders hervor.

Am 7. Dezember bestritt der Klub ein Auswärtsspiel bei Deportivo Pucallpa, das mit 1:0 siegreich ausging. Der Verein hatte bei der peruanischen Marine ein Flugzeug vom Typ Fokker 27 gechartert, das am Abend des folgenden Tages zum Rückflug mit 44 Personen inklusive Crew, Mitarbeitern und Fans um 18:30 Uhr abhob. Komplikationen tauchten erst bei den Landevorbereitungen auf. Für das linke und das rechte Hauptfahrwerk zeigten die Instrumente an, dass beide ausgefahren und verriegelt waren. Für das Bugfahrwerk fehlte die entsprechende Anzeige. Der Pilot, Marineleutnant Edilberto Villar, bat seinen Copiloten César Morales, das Handbuch der Maschine zu konsultieren, das auf Englisch verfasst war. Doch Morales war dieser Sprache nicht mächtig und las falsche Verfahren vor. Die Besatzung des Kontrollturms wurde gebeten, bei einem Vorbeiflug zu überprüfen, ob das Bugfahrwerk ausgefahren wäre. Dies konnte bestätigt werden, woraufhin das Flugzeug zu einem neuen Landeanflug über das Meer ansetzen konnte. Doch der Pilot flog die Maschine zu tief über das Wasser. 11 km von der Landebahn entfernt schlug die rechte Tragfläche um etwa 20:15 Uhr auf das Wasser. Das Flugzeug brach beim Aufprall auseinander. Der vordere Rumpf sank.

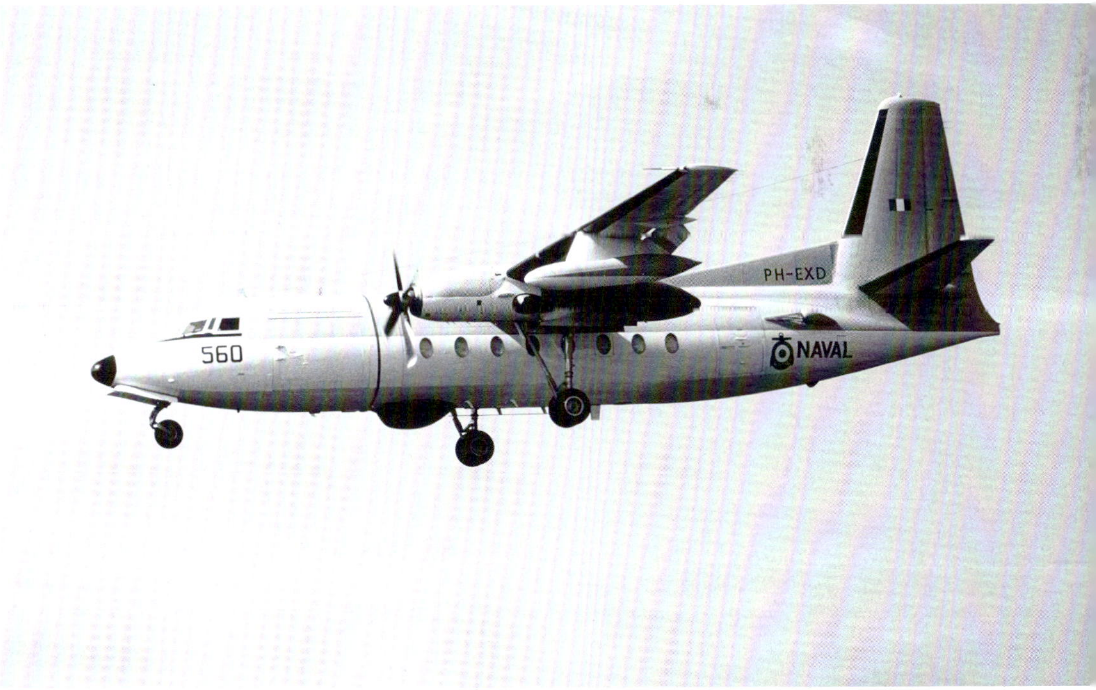

Die Fokker 27 der peruanischen Marine, die die Mannschaft fliegen wird.

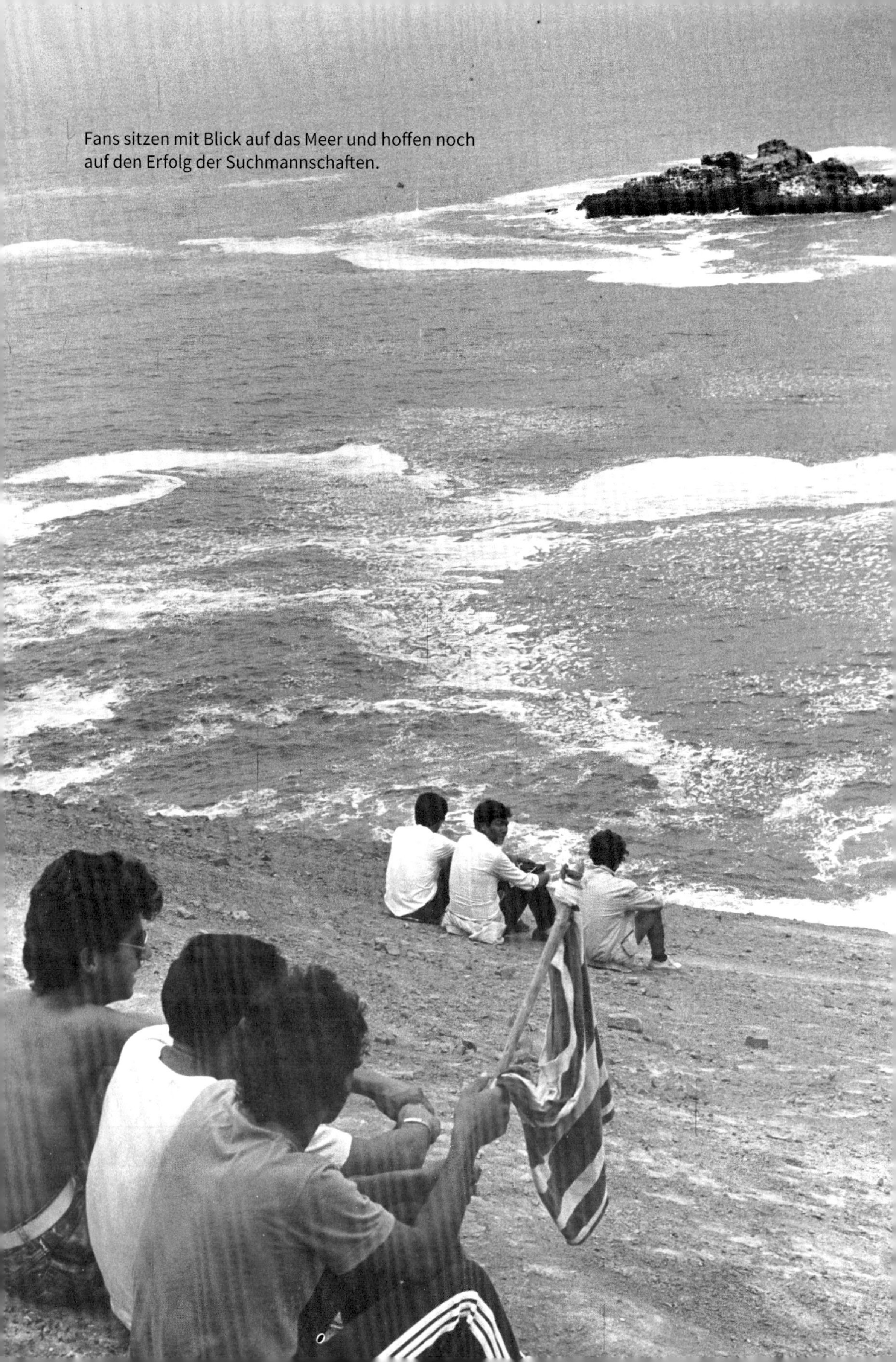

Fans sitzen mit Blick auf das Meer und hoffen noch auf den Erfolg der Suchmannschaften.

Zwei Menschen entkamen dem Flugzeugwrack. Sie kletterten aus einem Loch im Rumpf und schwammen. Dabei handelte es sich um den Piloten Villar, der es schaffte, Luft in seiner Kleidung einzuschließen und diese als Schwimmhilfe zu nutzen, und den Spieler Alfredo Tomassini, der mehrere Verletzungen wie auch ein gebrochenes Bein hatte. Sie schwammen stundenlang, bis sie kurz vor Sonnenaufgang im Meer getrennt wurden und Tomassini ertrank. Kurz nach Sonnenaufgang wurde das treibende Wrack von Rettungsteams entdeckt. Villar wurde nach elf Stunden im Wasser gerettet. Während des Tages konnte ein Teil der Leichen geborgen werden.

Die Marine Perus ließ private Untersuchungen nicht zu und ermittelte stattdessen selbst, ohne den Unfallbericht zu veröffentlichen. Der Bericht wurde nach 18 Jahren im Jahr 2006 durch TV-Produzenten einer investigativen Sendung, die an dem Fall arbeiteten, in einem Schließfach in Florida gefunden – so lange soll der Bericht dort gelagert haben. Als Faktoren, die zu dem Unfall geführt haben, wurden die mangelnde Nachtflugerfahrung des Piloten, die Fehlinterpretation der Notverfahren beim Fahrwerksproblem und ein schlechter mechanischer Zustand des Flugzeugs angegeben. Das Wartungsprotokoll der Maschine, das dem Piloten vor dem Start übergeben wurde, listete eine Reihe mechanischer Mängel auf, u. a. das Fehlen eines Trägheitsnavigationssystems, eine schlechte UHF-Funkleistung, ein

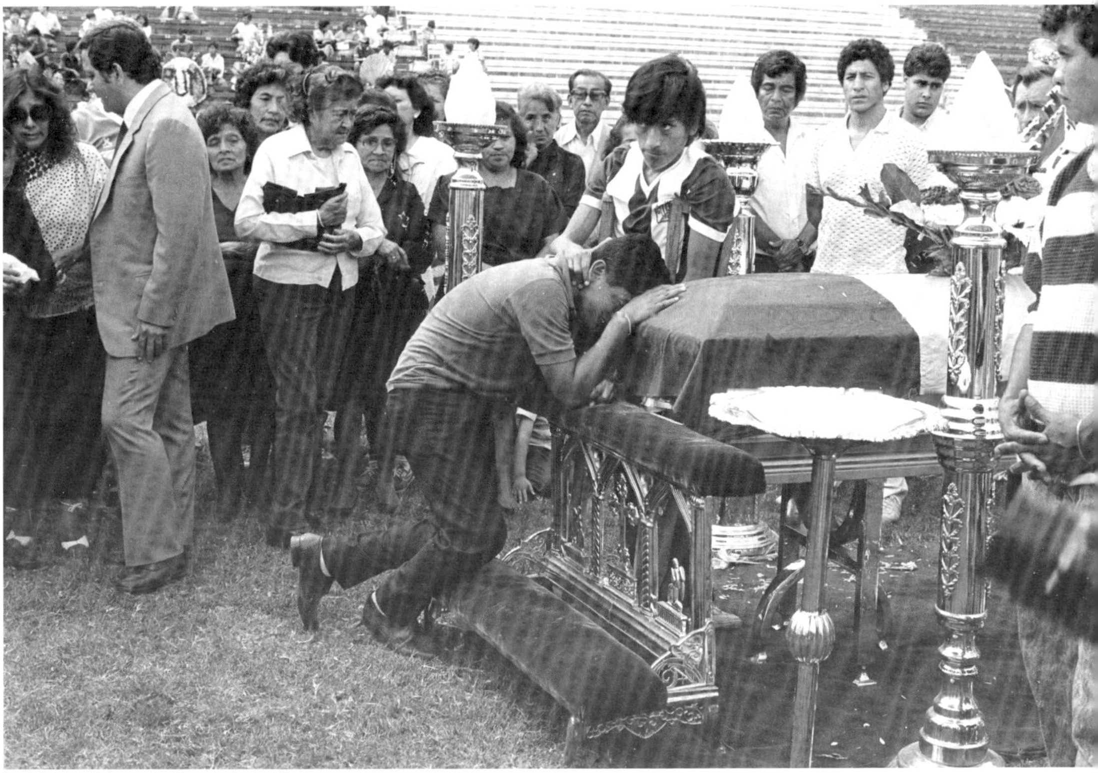

Trauerfeier im Stadion.

VOR-Empfangsgerät mit unzureichendem Empfang, ein nicht funktionierender Radarhöhenmesser und ein verschlissener Schalter für die vordere Fahrwerksanzeige. Der Pilot soll sich zunächst geweigert haben, das Flugzeug zu fliegen, weil er sich um den Zustand sorgte, wurde dann aber dazu überredet.

Bei dem Unglück verlor Alianza alle 16 mitgereisten Spieler. 43 Menschen starben insgesamt. Manche Fans nahmen an Messen teil, andere besuchten Spiele im Stadion des Klubs, um der Verstorbenen zu gedenken. Andere begannen einen großen Trauermarsch zum Stadion – damit wollten sie die Verbundenheit mit den Spielern demonstrieren. Die Familien der Getöteten forderten am Marinestützpunkt Antworten zum Geschehen und dem Ort, an dem diese aufgebahrt waren, und ernteten Schüsse in die Luft, mit denen man sie vertreiben wollte. Hintergrund der Verschleierung durch die Regierung war die Absicht, dass nicht bekannt werden sollte, dass es das Militär nicht schaffte, ihre Ausrüstung in einwandfreiem Zustand zu halten. Sie hatte Angst vor der kommunistischen Rebellengruppe Sendero Luminoso (Leuchtender Pfad), die mit Terrorakten wie Entführungen, Morden und Bombenanschlägen im ganzen Land für Chaos sorgte.

Alianza beendete mit der Hilfe von Jugendspielern, ehemaligen Profis und Leihspielern des chilenischen Klubs Colo-Colo, der Alianza unterstützen wollte, die Saison. Es reichte nicht, Platz 1 zu halten – UdL nahm dem Verein die Meisterschaft noch ab. 1988 gelang der Klassenerhalt erst spät. In den folgenden Jahren erholte sich der Verein. 1997 errang der Klub erstmals wieder die Meisterschaft.

Der überlebende Pilot Edilberto Villar hat immer zu den Geschehnissen geschwiegen und appellierte, zu vergessen. Er verließ Peru und siedelte sich fern der Heimat an – gerüchteweise in Australien oder in den USA.

Verfilmung:
F-27, 2018, 85 min.

Weitere Flugzeugunglücke mit menschlichem Versagen:

Eine Douglas DC-6 der bolivianischen Fluggesellschaft Lloyd Aéreo Boliviano verunglückte am 26. September 1969 bei einem Flug von Santa Cruz nach La Paz. 176 km vor dem Ziel wurde das Flugzeug in einer Höhe von 4.700 Metern kontrolliert, d. h., ohne dass es vorher Auffälligkeiten gegeben hätte, gegen den Berg Choquetanga geflogen. Es starben alle 69 Passagiere und fünf Besatzungsmitglieder. An Bord waren auch 20 Spieler des Klubs The Strongest, der am Tag zuvor ein Freundschaftsspiel in Santa Cruz absolviert hatte. Zu den Toten gehörten zudem der Trainer, der Sportdirektor und ein Assistent. Lediglich der Kapitän und zwei verletzte Spieler, die nicht mitreisten, wurden verschont.

Surinam-Airways-Flug 764 von Amsterdam nach Paramaribo in Surinam befand sich am frühen Morgen des 7. Juni 1989 im Landeanflug, als die eingesetzte Douglas DC-8-62 24 Minuten vor der planmäßigen Landezeit über schlechtes Wetter am Zielort informiert wurde. Die Sichtweite lag mit 900 Metern unter dem Minimum für einen Sichtanflug auf die Landebahn. Zwar besaß der Flughafen ein Instrumentenlandesystem (ILS), das zu diesem Zeitpunkt aufgrund eines Kalibrierungsfehlers aber nicht benutzt werden durfte. Der Gleitweg wäre verfälscht angegeben worden. Dies war den Piloten bekannt. Allerdings war das System nicht komplett abgeschaltet worden, weshalb das Signal weiter empfangen werden konnte. Als dann vor Ort auch noch Nebel herrschte, erlaubte der Tower zur Ausrichtung die Nutzung des Drehfunkfeuers am Flughafen. Der Pilot griff aber unerlaubterweise zudem auch noch auf das ILS zurück. Beim Sinken ignorierte die Cockpitcrew die Warnungen des bordeigenen Systems, dass die Maschine zu niedrig flöge. Sie stieß in einer Höhe von 25 Metern mit Bäumen zusammen und rollte um die Längsachse. An Bord befanden sich viele niederländische Profifußballer, die in ihrer alten Heimat Surinam Wohltätigkeitsspiele anlässlich Feierlichkeiten zum hundertsten Bestehen des Königlichen Niederländischen Fußballbundes bestreiten wollten. 16 von ihnen (von 14 verschiedenen Vereinen und hauptsächlich mit surinamischen Wurzeln) gehörten zu den insgesamt 176 Toten des Absturzes. Elf Menschen überlebten, darunter drei Spieler. Ruud Gullit und Frank Rijkaard sollten eigentlich auch mitfliegen, jedoch steckten sie im Stau fest und kamen zehn Minuten zu spät. Auch der in Deutschland bekannte Trainer Jos Luhukay sollte ursprünglich auf dem Flug sein, musste aber noch ein Relegationsspiel um den Klassenerhalt mit seinem Verein bestreiten.

Der von einer Zeitarbeitsfirma eingesetzte Pilot hatte das zulässige Dienstalter bereits um sechs Jahre überschritten, hatte keine Lizenz für diesen Flugzeugtyp und war bereits suspendiert gewesen. Der Copilot flog unter falschem Namen, mit falschen Papieren und hatte wohl nie einen Pilotenschein für Passagiermaschinen gemacht.

Vertiefende Literatur zum Surinam-Airways-Absturz:
Iwan Tol: Eindbestemming Zanderij – Het vergeten verhaal van het Kleurrijk Elftal, Amsterdam/Antwerpen 2005.

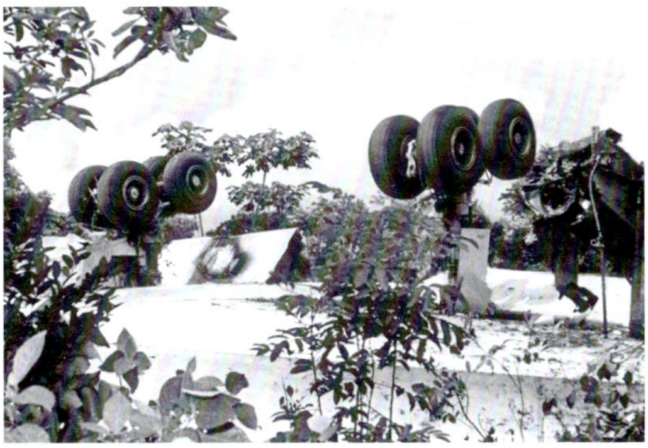

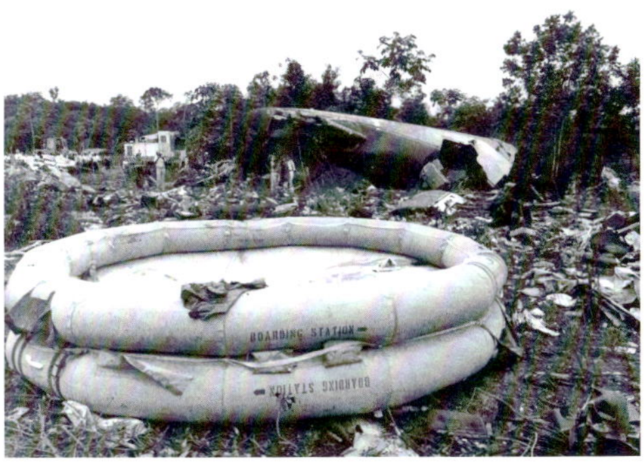

Die Tragödie des 20. Januar

Der Busunfall von Samsunspor, Havza, Türkei 1989

Es war der Tag, als George H. W. Bush als 41. US-Präsident und Nachfolger von Ronald Reagan ins Amt eingeführt wurde. Die Spieler von Samsunspor beschäftigte aber eher die höchstens mittelmäßige Bilanz in der Süper Lig. Aus 18 Spielen hatten sie erst 19 Punkte geholt, womit sie sich mitten im Abstiegskampf befanden.

Der Bus mit dem Team, Baujahr 1971 und mit losen Sitzen bestückt, befand sich auf dem etwa 600 Kilometer langen Weg von der Küstenstadt am Schwarzen Meer nach Malatya ins etwas höher gelegene Landesinnere zum ersten Rückrundenspiel, einer Begegnung gegen Malatyaspor, als starker Schneefall einsetzte. Busfahrer war Asim Özkan, der auf Anfeuerungen der Spieler, Gas zu geben, immer gescherzt hatte, er würde nie einen Unfall bauen, aber wenn, dann würden sicher viele umkommen. Özkan reagierte auf den Schnee mit einer verringerten Geschwindigkeit. Bei der nächsten Tankstation hielt er an, um Schneeketten aufzuziehen. Währenddessen hatten die Spieler Spaß bei einer Schneeballschlacht und beim Ausrutschen auf der Straße.

Der Bus fuhr wieder auf die enge, einspurige Straße. Auf einmal erschien ein mit Zucker beladener Lkw, dessen Fahrer – wie sich später herausstellte – zu einem gefährlichen Überholmanöver angesetzt hatte. Er hatte ein Winterdienstfahrzeug, das Salz auf die Straße streute, überholen wollen, aber nicht die Gegenfahrbahn eingesehen, in die er ausgeschert war. Im Bus hatte man erkannt, dass es keine Möglichkeit zum Ausweichen geben würde, dafür konnte der Lkw-Fahrer sein schweres Fahrzeug nicht rechtzeitig anhalten. „Eyvah gittik", soll der Spieler Mete Adanır noch gerufen haben, frei übersetzt: „Ups, das war's für uns." Der Lkw krachte mit dem Bus zusammen und ließ ihn in eine Schlucht hinunterrutschen. Spieler Fatih Uraz flog aus dem Fenster, der Kopf von Mete Adanır flog gegen die Decke des Busses, Trainer Nuri Asan durchbrach die Windschutzscheibe und blieb in ihr stecken.

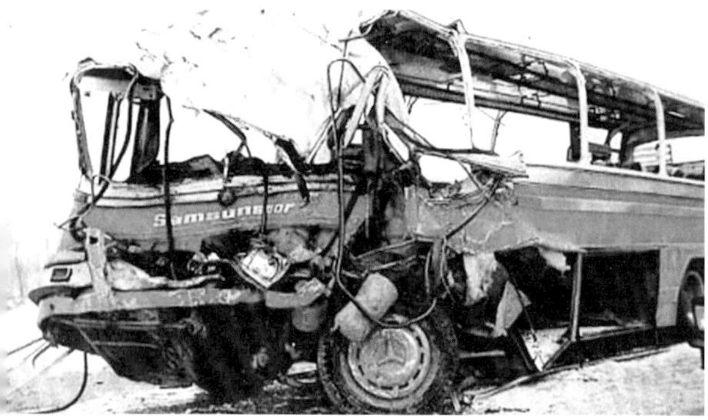

Der Bus ist nur noch ein Trümmerhaufen.

Der Mannschaftsbus eines anderen Fußballvereins aus Samsun, jener des unterklassigen Çarşambaspor, der auch auf dem Weg zu einem Auswärtsspiel war, erreichte die Unfallstelle. Die Sportler sahen das Trümmerfeld und halfen den Verletzten, indem sie sie hoch in ihren Bus trugen. Wäre dieser Bus nicht gekommen, hätten manche Leben vielleicht nicht gerettet werden können. Aus dem nächsten Dorf brachten Einheimische Wasser. Es kamen aber auch immer mehr Schaulustige, die die Straße versperrten und nicht erfassten, wie dramatisch ihr Handeln war. Die Krankenwagen kamen nicht durch, die Sanitäter mussten sich zur Unfallstelle durchkämpfen.

Muzaffer Badalıoğlu, der aufgrund seiner sehr engen Manndeckung und körperbetonten Spielweise als harter und damit ungeliebter Gegenspieler galt und von den Fans in die beste Elf des Klubs gewählt wurde, verletzte sich schwer und erlag wenig später seinen Verletzungen. Er gilt als Symbolfigur des Unfalls. Das Trikot, das er in seinem letzten Spiel vor dem Unfall trug, wird heute im Stadtmuseum von Samsun ausgestellt.

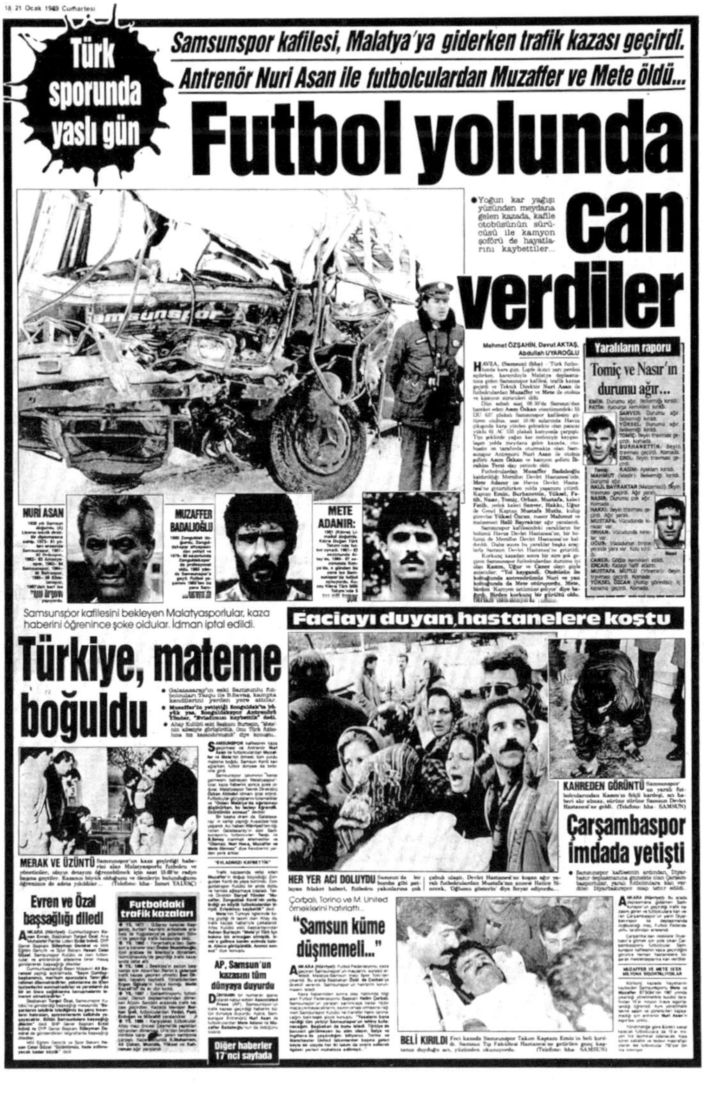
18 21 Ocak 1989 Cumartesi

Türk sporunda yaslı gün

Samsunspor kafilesi, Malatya'ya giderken trafik kazası geçirdi.

Antrenör Nuri Asan ile futbolculardan Muzaffer ve Mete öldü...

Futbol yolunda can verdiler

● Yoğun kar yağışı yüzünden meydana gelen kazada, kafile otobüsünün sürücüsü ile kamyon şoförü de hayatlarını kaybettiler...

Mehmet ÖZŞAHİN, Davut AKTAŞ, Abdullah UYAROĞLU

Yaralıların raporu

Tomiç ve Nasır'ın durumu ağır...

NURİ ASAN

MUZAFFER BADALIOĞLU

METE ADANIR:

Samsunspor kafilesini bekleyen Malatyasporlular, kaza haberini öğrenince şoke oldular. İdman iptal edildi.

Faciayı duyan, hastanelere koştu

Türkiye, mateme boğuldu

KAHREDEN GÖRÜNTÜ

Çarşambaspor imdada yetişti

MERAK VE ÜZÜNTÜ

HER YER ACI DOLUYDU

Evren ve Özal başsağlığı diledi

Futboldaki trafik kazaları

Çorbalı, Torino ve M. United örneklerini hatırlattı...

"Samsun küme düşmemeli..."

AP, Samsun'un kazasını tüm dünyaya duyurdu

BELİ KIRILDI

Diğer haberler 17'nci sayfada

Bei dem Verkehrsunfall im Bezirk Havza, der in der Türkei als „Tragödie des 20. Januars" bezeichnet wird, kamen Trainer Nuri Asan und die Spieler Mete Adanır, Muzaffer Badalıoğlu, Zoran Tomić (zunächst noch sechs Monate im Koma) sowie der Busfahrer Asim Özkan ums Leben. Die Spieler Yüksel Özan, Emin Kar, Erol Dinler, Şanver Göymen, Kasim Çıkla, Yüksel Öğüten und Halil Albayrak erlitten teils schwere Verletzungen. Fatih Uraz überlebte. Emin Kar, Erol Dinler und Yüksel Öğüten mussten ihre Karriere beenden. Orhan Kılınç, Kasım Burhanettin Beadini, Uğur Terzi und Manager Yüksel Özan blieben ohne größere Blessuren. Emin Kar musste fortan im Rollstuhl sitzen und kümmerte sich als späterer Vereinsvorsitzender darum, dass das Profiteam keine längeren Busfahrten mehr hinter sich bringen musste, sondern stattdessen per Flugzeug reiste.

Im Pokal trat der Klub fünf Tage nach dem Unglück noch mit einer B-Truppe an. Es setzte mit dem bald folgenden Rückspiel zwei 0:3-Niederlagen gegen den Istanbuler Zweitligisten Bakırköyspor. Dann wurde der Spielbetrieb vom Klub eingestellt. Alle Ligaspiele wurden automatisch als Niederlagen gewertet. Der Verband gab Samsunspor den Sonderstatus, in der Saison nicht absteigen zu müssen, doch es erwischte den Verein dann sportlich in der folgenden Saison. 1992 gelang die Rückkehr in das Oberhaus des türkischen Fußballs.

Das heutige Trainingsgelände wurde nach dem damals verstorbenen Trainer Nuri Asan benannt. Im Jahr 2012 gab es einen weiteren Unglücksfall mit einem Mannschaftsbus von Samsunspor. Diesmal kollidierte der Bus mit einem Zug. Es gab keine Verletzten. Der erfahrene Fahrer hatte die Gefahr laut einer Vereinsmitteilung bemerkt und durch eine plötzliche Beschleunigung Schlimmeres verhindert.

Video von der Kollision mit dem Zug:
https://www.haberturk.com/spor/futbol/haber/
713457-samsun-kafilesine-tren-carpti,
1 min

Weitere Busunglücke mit Spielern:

Ein Sturm verhinderte im Januar 1951, dass UD Melilla aus der an Marokko angrenzenden spanischen Enklave Melilla im Flugzeug über Málaga zum Auswärtsspiel nach Mallorca gegen CD Mallorca reisen konnte. Das Team, das große Hoffnungen auf den Aufstieg in die Primera División hatte, musste per Fähre zum spanischen Festland reisen, um dann den Bus nach Alicante zu nehmen, wo wiederum die Fähre auf die Baleareninsel genommen werden sollte. Am Ortsausgang von Loja in Granada erfasste ein mit Artischocken beladener Großlaster den Mannschaftsbus des Klubs bei einer Kurvenfahrt von hinten, wodurch dieser heftig ausscherte und sich dann überschlug. Zwei Spieler und ein Betreuer verloren an jenem 26. Januar ihr Leben. Auf allen spanischen Fußballplätzen wurde eine Schweigeminute eingelegt. Der FC Valencia veranstaltete ein Benefizspiel, der FC Barcelona stellte dem Klub seinen ungarischen Star László Kubala zur Verfügung und lud ein Jahr später ebenso zum

Benefizspiel ein wie Atlético Madrid. Aber mit dieser Belastung war auch das Rennen um den größten Erfolg der Vereinsgeschichte, den Aufstieg, verloren.

Nach einem Aufstiegsspiel bei Correcaminos aus Tamaulipas war der mexikanische Querétaro FC am 10. Mai 1987 auf regennasser Fahrbahn auf einer Autobahn unterwegs. Die Spieler sollten am Muttertag nicht zu spät zu ihren Familien zurückkehren. So ließ ein Funktionär des Klubs seinen Ärger am Busfahrer aus, der sich nach seiner Meinung zu viel Zeit mit dem Abholen am Stadion gelassen hatte. Der gefrustete und gestresste Fahrer raste über die Autobahn, als neuer Unmut aufkam, weil ein Spieler ihn aufforderte, nicht so schnell zu fahren. In dem Moment erwischte der Bus ein Schlagloch und überschlug sich. Drei Menschen ließen ihr Leben, 20 wurden verletzt, zwölf davon schwer. Der Busfahrer flüchtete und tauchte unter.

Bei einem Busunfall am 1. November 2011 in Togo starben sechs Spieler des Erstligisten Étoile Filante. Weitere 28 Personen wurden lebensgefährlich verletzt, als ihr Bus in eine Schlucht gestürzt war und Feuer gefangen hatte. Als Unfallursache wurde ein geplatzter Reifen vermutet. Der Bus war auf dem Weg nach Sekodé nördlich der Hauptstadt Lomé, wo es zum Aufeinandertreffen mit dem AC Semassi hätte kommen sollen.

Am 5. März 2020 geriet die Mannschaft von Zweitligist Étoile de Guinée aus Guinea in einen Busunfall. Nahe der Stadt Mamou, 250 Kilometer östlich von der Hauptstadt Conakry, wo der Klub beheimatet ist, war der Bus in der Nacht auf dem Weg zum ersten Auswärtsspiel der Saison in das 400 Kilometer entfernte Kankan, als das Fahrzeug in einen stehenden Lkw fuhr. Neun Spieler kamen ums Leben, 19 Menschen wurden verletzt.

Hillsborough

Die Stadionkatastrophe von Sheffield, England 1989

Das Hillsborough Stadium ist die Heimstätte von Sheffield Wednesday und – was wenig bekannt ist – ein Ort, an dem sich bereits mehrere Unglücke ereignet haben. Schon am 4. Februar 1914 kam es beim Spiel von Sheffield Wednesday gegen die Wolverhampton Wanderers zu einem Mauereinsturz, bei dem 75 Menschen verletzt wurden. Am 17. Februar 1934, bei der Begegnung von Sheffield Wednesday gegen Manchester City, wurden Eingänge überrannt – ein Mensch verlor dabei sein Leben, die Anzahl der Verletzten ist unklar. Bei einem FA-Cup-Halbfinale der Wolverhampton Wanderers gegen Tottenham Hotspur am 11. April 1981 kam es zu einem Gedränge mit 38 Verletzten im Stehplatzbereich der Hintertortribüne namens Leppings Lane End. 1988 trafen bei einem weiteren FA-Cup-Halbfinale der Vorjahresfinalist FC Liverpool und Nottingham Forest aufeinander – es wurde von einem besorgniserregenden Gedränge an gleicher Stelle berichtet.

Am 15. April 1989 sollte wiederum ein FA-Cup-Halbfinale im Hillsborough Stadium ausgetragen werden. Liverpool traf erneut auf Nottingham Forest. Liverpool hatte zuvor Carlisle United, FC Millwall, Hull City und FC Brentford ausgeschaltet, Nottingham hatte Ipswich Town, Leeds United, FC Watford und Manchester United überstanden. Die Ticketinhaber genossen die Zeit vor dem Anpfiff in den Lokalen, die sich um das Stadion verteilten, und legten die letzten Meter erst relativ spät zurück. Um 14:20 Uhr, 40 Minuten vor Spielbeginn, hatte sich am Eingang zur Leppings Lane ein großes Gedränge von Liverpool-Anhängern gebildet; etwa 5.000 befanden sich hier noch um 14:40 Uhr. Es ging kaum vorwärts. Die Polizei fragte beim Fußballverband nach, ob der Anpfiff nach hinten verlegt werden könnte – dieser lehnte das ab. Der Druck von hinten wurde immer größer. Die Polizei befürchtete, dass die vorderen Zuschauer in Lebensgefahr geraten könnten. Auch nach der äußeren Kontrolle bildete sich ein Gedränge an den Tunneln, die zu den zentralen Bereichen der Stehplatztribüne im Unterrang führten, während die seitlichen Blöcke frei blieben. Kurz vor Anpfiff gab der Polizeieinsatzleiter des Spiels, David Duckenfield, die Anweisung, das Ausgangstor C zu öffnen, um den Druck an den Drehkreuzen am Eingang zu verringern. Damit strömten die Menschen unkontrolliert in den Stehplatzbereich. Nach einer weiteren Öffnung der beiden Tore A und B kamen die Anhänger in gleichmäßigem Tempo voran. Allerdings gingen diese hauptsächlich durch

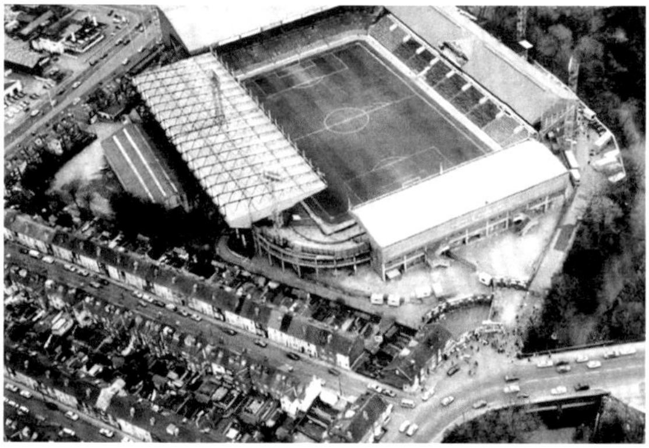

Die Luftaufnahme zeigt das Hillsborough Stadium mit der Tribüne Leppings Lane End im Vordergrund.

einen in der Mitte angelegten Tunnel in den mittleren Stehplatzbereich, der bereits völlig überlastet war. Normalerweise standen vor dem Tunnel Polizisten oder Ordner und wiesen den Weg zu den seitlichen Bereichen – nicht aber an diesem Tag.

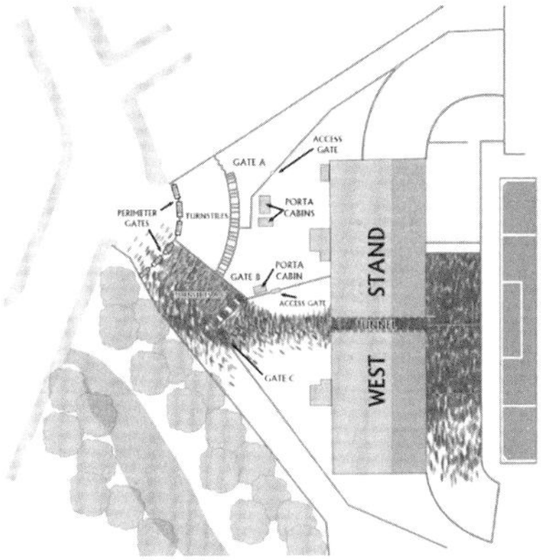

Die Grafik zeigt, wie die Fans von den Eingängen bis in die zentralen Blöcke drängen.

Bereits zum Zeitpunkt des Spielbeginns kletterten Fans aus den überfüllten Blöcken über den Zaun in den Innenraum, um auf die seitlichen Ränge ausweichen zu können. Es wurden immer mehr Kletterer, die die Polizei zunächst fälschlicherweise als Störer einstufte, die das Spielfeld stürmen wollten. So drängten die Uniformierten Fans zurück in den vollen Block. Inzwischen begannen am oberen Ende der vollen Bereiche verzweifelte Fans, in den Oberrang zu steigen. Nach einem Lattentreffer des FC Liverpool in der 5. Spielminute kam Bewegung in den Block. Eine Welle erhöhte den Druck, woraufhin ein Wellenbrecher nachgab, der wiede-

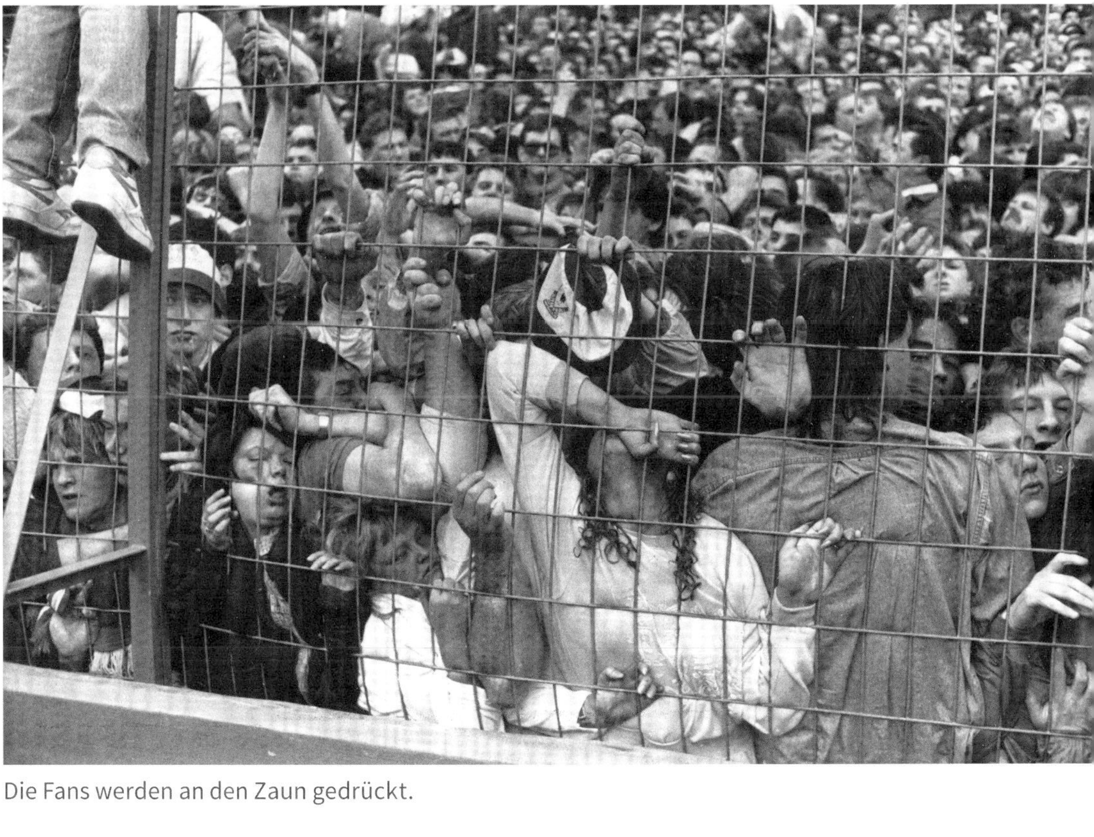

Die Fans werden an den Zaun gedrückt.

rum die davor postierten Menschen stürzen ließ, auf die dann andere Menschen fielen. Die Fluchttore zum Innenraum blieben trotz der schlimmen Lage geschlossen.

Bruce Grobbelaar, Schlussmann des FC Liverpool, hörte Hilferufe hinter sich und verständigte den Schiedsrichter. Superintendent Roger Greenwood von der Polizei South Yorkshire erkannte die Situation und wirkte auf den Schiedsrichter ein, die Begegnung abzubrechen, was dieser auch tat. Rettungsmaßnahmen wurden eingeleitet. Man begann, die Anhänger aus den überfüllten Bereichen zu holen. Werbebanden wurden als Tragen benutzt. Helfer bemühten sich um Wiederbelebungen.

Die vierköpfige Familie Hicks war gemeinsam nach Sheffield gereist. Die Schwestern Sarah (19) und Vicki (15) trennten sich von ihren Eltern und gingen in den mittleren Stehplatzbereich. Zeugenaussagen und Videoaufnahmen ergaben das Bild, dass Vicki bei zunehmendem Druck in der Menge ohnmächtig geworden war und dann von Sarah hochgehalten wurde. Dann hielt sich Vicki an Sarah fest. Die Fans um die Mädchen herum machten etwas Platz und bemühten sich, bei der Polizei Hilfe anzufordern. Ein Polizist auf der anderen Seite des Zauns zum Spielfeld wurde angeschrien, stand direkt vor den Fans und sah sie an – Vicki weinte –, reagierte aber nicht und ging weiter seine Runde auf und ab. Ein

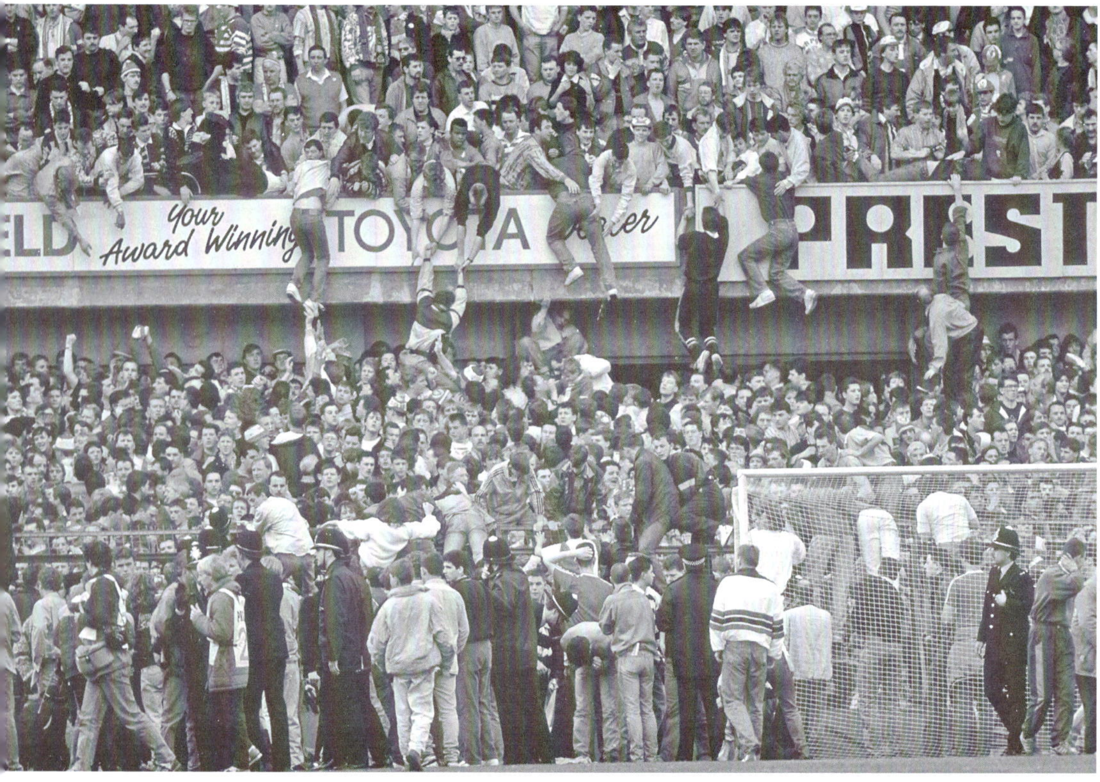

Viele Anhänger flüchten in den Oberrang.

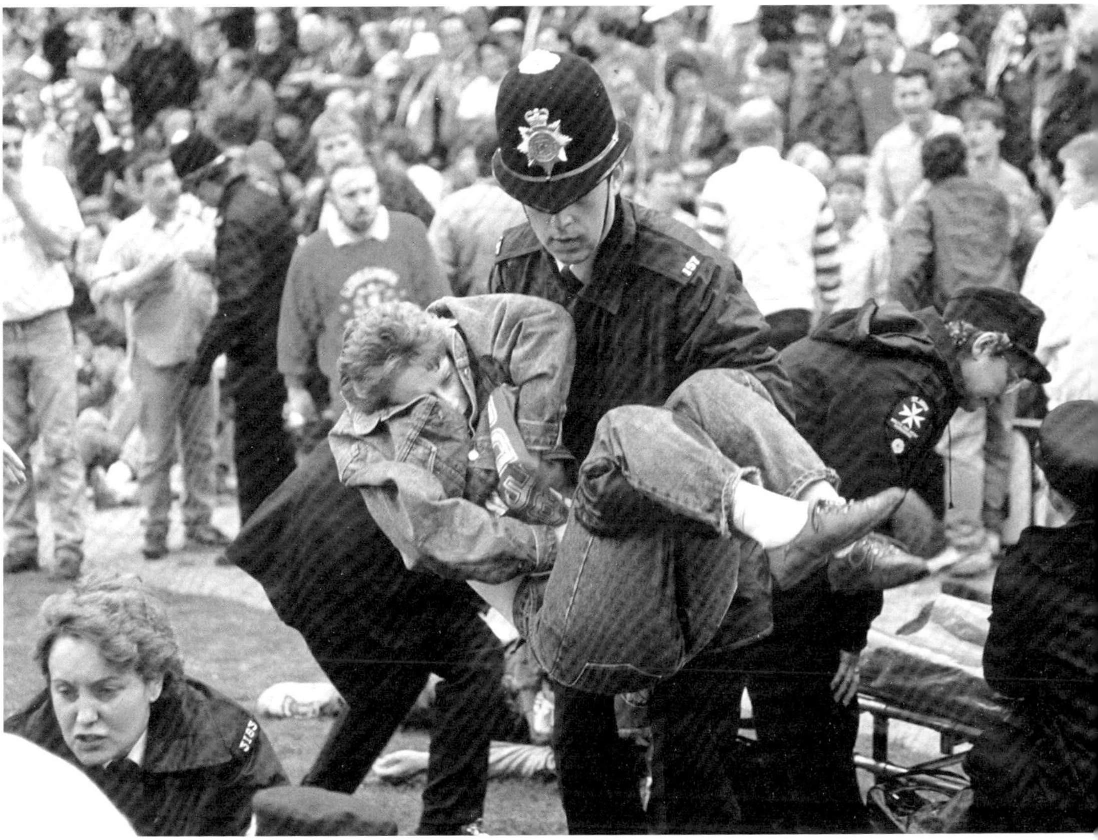

Ein Polizist trägt einen Fan.

Fan, der über den Zaun kletterte, versuchte, Sarah hochzuziehen, schaffte es aber nicht, da sie zu dicht gedrängt stand. Dabei schrie Sarah, dass man ihrer Schwester helfen sollte. Vicki wurde mit ausgestreckten Armen auf einem Haufen von Opfern liegend gefunden, wobei ihre Beine unter Leichen eingeklemmt waren. Zwei Fans wollten sie herausziehen. Dabei fiel ihr Kopf zwischen ihren Schultern nach unten und schlug gegen eine der Betonstufen. Die beiden Fans schafften sie an den Rand des Blocks, um dort eine Mund-zu-Mund-Beatmung durchzuführen, taten dies aber nicht mehr, da sie aufgrund des leblosen und schlaffen Zustands schon gestorben schien. Vicki wurde kurz danach aus dem Block gehoben und mit Hilfe eines Polizisten auf das Spielfeld gebracht. In Begleitung ihres Vaters wurde sie ins Krankenhaus gefahren. Dort konnte aber nur noch ihr Tod festgestellt werden. Um 15:27 Uhr wurde Sarah auf einer Werbetafel aus dem Block getragen. Auch sie war tot. Bei beiden Schwestern wurde ein Erstickungstod diagnostiziert.

94 Menschen starben direkt im Stadion, hauptsächlich an Erstickungen. Vier Tage darauf kam ein weiterer Todesfall hinzu, nach vier Jahren Koma „Nr. 96“. Andrew Devine besuchte das Spiel im Alter von 22 Jahren. Er erlitt einen schweren und irreversiblen Hirnschaden. Die

Ärzte teilten seiner Familie zunächst mit, dass er den Tag wahrscheinlich nicht überleben würde. Nach sechs Wochen auf der Intensivstation eines Krankenhauses wurde er in andere Spezialklinken des Landes gebracht, bevor er in sein Elternhaus nach Liverpool zurückkehrte, in dem er betreut wurde. Wann immer er konnte, besuchte er die Heimspiele seines Klubs. Kommunizieren konnte er nicht. Bei Fans und Mannschaft war er bekannt. Nach dem Champions-League-Sieg des FC Liverpool 2019 legte die Mannschaft während der Parade mit einem offenen Bus durch die Stadt kurzerhand einen Stopp bei seinem Haus ein. Im Jahr 2021 starb er an den Langzeitfolgen. Ein Gerichtsmediziner erkannte ihn als das 97. Opfer an. Die Verletztenzahl wird mit 766 angegeben. Die Nachwirkungen des Unglücks führten bei vielen Überlebenden zu Alkoholismus, Drogenmissbrauch und zerbrochenen Ehen, drei nahmen sich das Leben.

Das Halbfinalspiel wurde 22 Tage später neu angesetzt. Der FC Liverpool gewann und konnte sich auch im Finale in Wembley gegen den Lokalrivalen FC Everton durchsetzen.

Infolge der Tragödien von Bradford, Heysel und Hillsborough entstand der Taylor Report, der dazu beitrug, dass es in den meisten Stadien Englands keine Stehplätze mehr geben sollte. Das englische Stehplatzverbot wurde später von FIFA und UEFA ebenso angewandt.

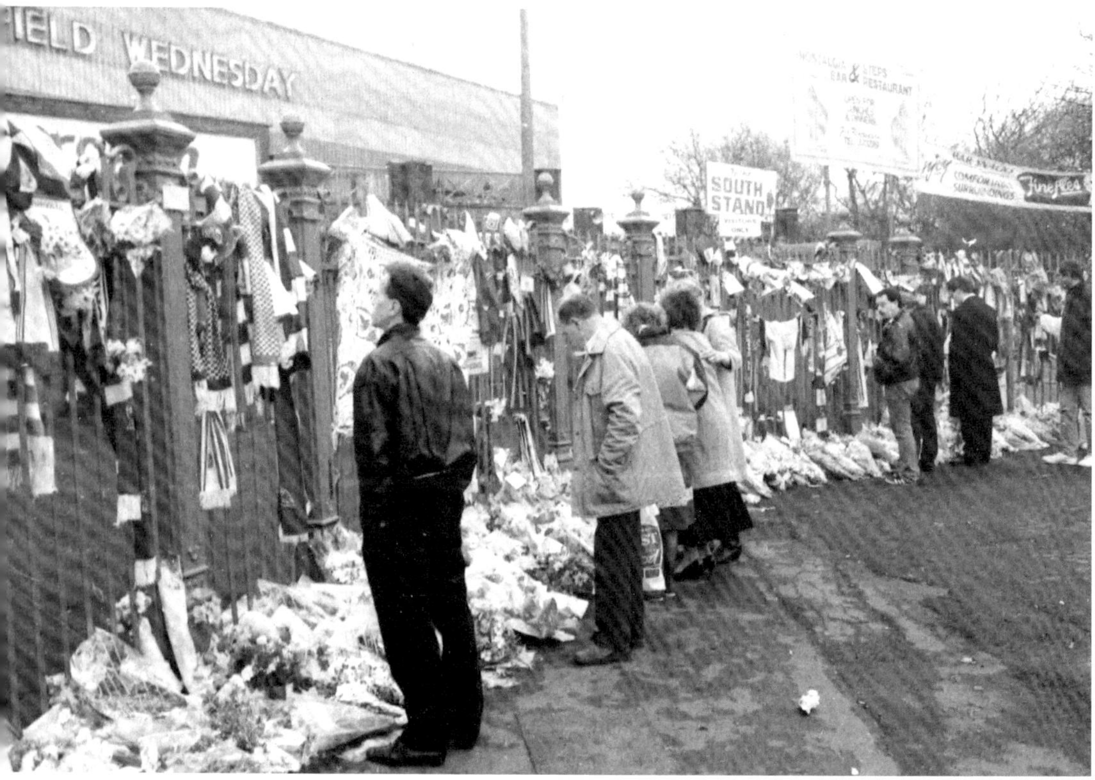

Das Stadion in Sheffield wird zur Gedenkstelle.

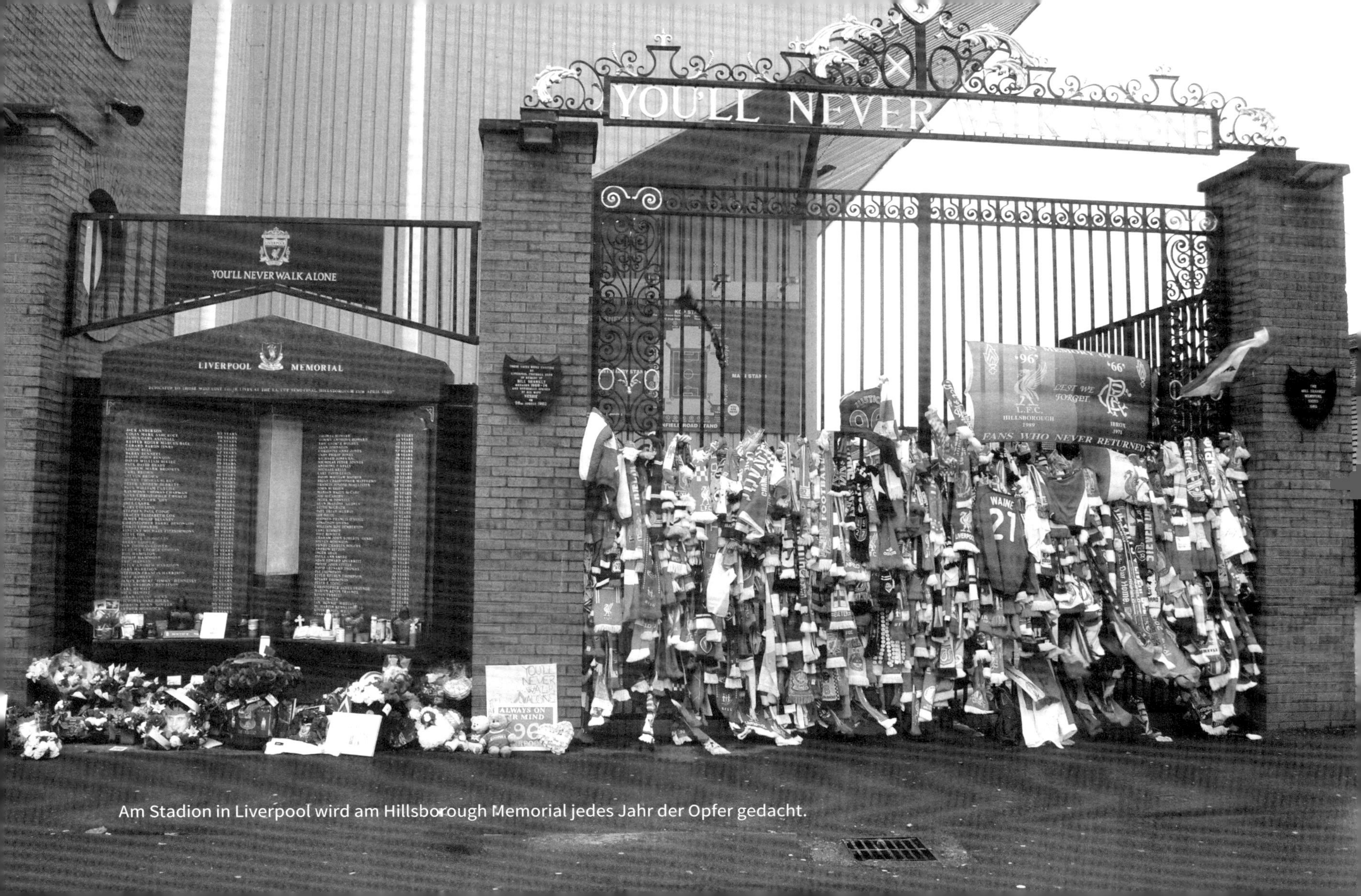

Am Stadion in Liverpool wird am Hillsborough Memorial jedes Jahr der Opfer gedacht.

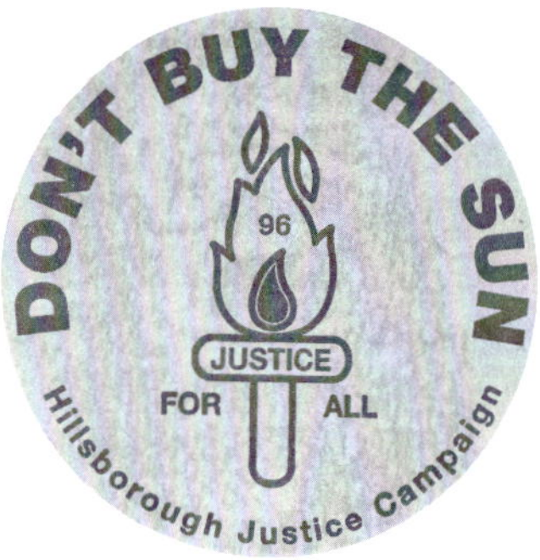

Aufkleber gegen The Sun.

Die Boulevardzeitung The Sun berichtete vier Tage nach der Tragödie, Anhänger des FC Liverpool hätten Rettungsversuche der Polizei behindert sowie Opfer beraubt bzw. auf sie uriniert. Den Ursprung hatte diese Geschichte bei einem Polizisten, der dann gestand, dass diese Schilderungen aus Rückmeldungen von seinen Kollegen zusammengesetzt wurden, aber nicht wahr seien. Erst nach 15 Jahren entschuldigte sich The Sun. Zuvor war die Auflage in der Region Liverpool nach einem Kaufboykott von 400.000 auf 12.000 gesunken.

Eine 1991 beendete Untersuchung kam zu dem Ergebnis, dass es sich bei der Tragödie um einen Unfall gehandelt habe, an dem die Fans schuld gewesen seien. Die Familien der Opfer wollten diese Bewertung nicht akzeptieren und kämpften um eine Untersuchung, die sich tiefer mit den Geschehnissen auseinandersetzen und vor allem die Rolle der Ordnungskräfte unter die Lupe nehmen sollte. Zivilklagen gegen den Polizeieinsatzleiter des Spiels, David Duckenfield, der diese Position an dem Spieltag erstmals besetzte, und seinen Vertreter Bernard Murray wurden nicht zugelassen. Der Staatsanwalt Alun Jones erklärte im Jahr 2000, dass Duckenfield wenige Minuten nach der Katastrophe den leitenden Beamten „in betrügerischer und unehrlicher Weise“ mitgeteilt habe, dass die Anhänger das Tor gewaltsam geöffnet hätten. Duckenfield gab auch zu, dass er in einigen Aussagen über die Ursachen der Katastrophe gelogen hatte – bald darauf war er aus gesundheitlichen Gründen in den Ruhestand versetzt worden.

Eine 2009 eingesetzte, unabhängige Untersuchung unter der Leitung vom Bischof von Liverpool förderte neue Ergebnisse zutage, nachdem eine von 130.000 Menschen unterzeichnete Petition das britische Parlament dazu brachte, dieser Kommission Zutritt zu allen Akten zu ermöglichen. Am 12. September 2012 wurde der Bericht dieser Untersuchung veröffentlicht. Demnach lag die Schuld bei den Ordnungskräften. Zudem wurde festgestellt, dass 41 Personen hätten gerettet werden können, wenn die medizinische Versorgung schneller erfolgt wäre. Es kam zudem heraus, dass die Polizei 146 Zeugenaussagen verändert hatte, alleine 116, die das Polizeiverhalten negativ dargestellt hatten. Der Bericht bewog die Generalstaatsanwaltschaft dazu, das Verfahren neu aufzurollen. Noch im Dezember wurde das alte Urteil aufgehoben. Eine weitere Kommission untersuchte den Fall und bestätigte, dass nicht die Fans schuld gewesen seien, sondern die Verletzung von Vorschriften und Gesetzen. Die Polizei habe die Überfüllungen nicht festgestellt, dadurch Fans falsch geleitet, nicht entsprechend der Situation auf den Einlass der Menschen reagiert, keine Gegenmaßnahmen und auch den Katastrophenalarm nicht

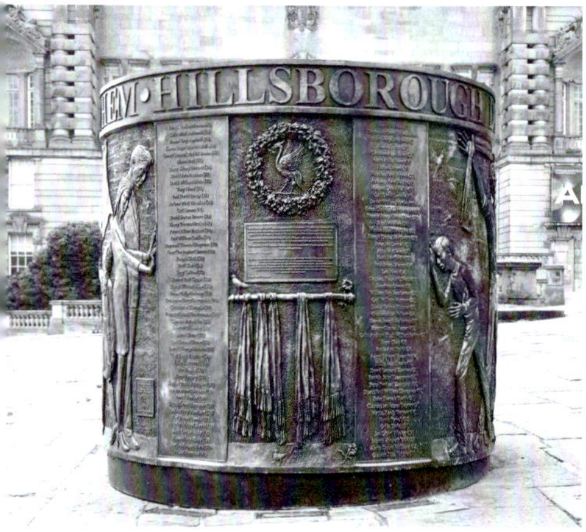

Memorial Liverpool, Merseyside.

eingeleitet. Auch Mängel am Stadion aufgrund veralteter Sicherheitsstandards wurden festgestellt. Anklagen wegen der Verstöße und der späteren Vertuschung gegen die Polizei wurden auf den Weg gebracht. Bis Ende Mai 2021 lief der letzte Prozess. Teils aus Mangel an Beweisen wurden alle Angeklagten, darunter auch David Duckenfield, freigesprochen.

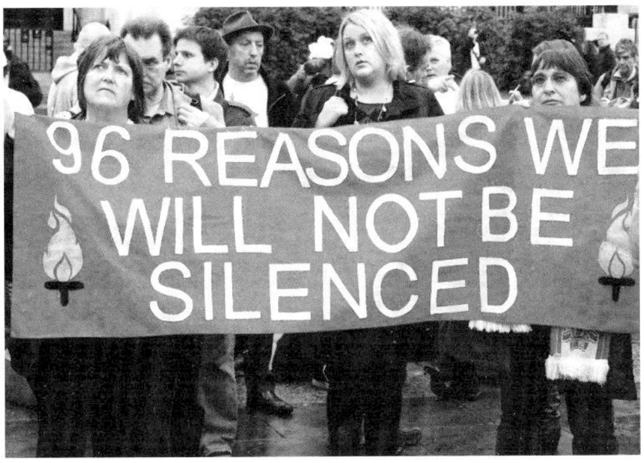

Kampf um Gerechtigkeit.

Erst am 31. Januar 2023 hat die Polizei schließlich Versäumnisse eingeräumt. Andy Marsh, Leiter der Berufsorganisation der Polizei in England und Wales erklärte: „Die Polizei hat die Hinterbliebenen der Hillsborough-Katastrophe über viele Jahre hinweg im Stich gelassen. Es tut uns sehr leid, dass so vieles falsch lief. Das Versagen der Polizei war die Hauptursache für die Tragödie und hat seitdem das Leben der Angehörigen kontinuierlich belastet.“ Nun soll ein Verhaltenskodex eingeführt werden, der Polizeikräfte u. a. verpflichtet, Fehler einzugestehen.

Eine Neuaufnahme des Liedes „Ferry cross the Mersey“ durch mehrere prominente Musiker stand als Benefizsingle 1989 drei Wochen auf Platz 1 der britischen Charts. Mehrere Gedenkstätten befinden sich in Liverpool und Umgebung, darunter eine große Gedenktafel am Anfield-Stadion. Zwei Theaterstücke über das Unglück („Guiding Star“ von Jonathan Harvey und „Waiting for Hillsborough“ von Lance Nielsen) kamen zur Aufführung. Durch eine große Zahl an Buchveröffentlichungen wurden viele persönliche Schicksale im Zusammenhang mit der Katastrophe publik – immer wieder sah die Polizei dabei überhaupt nicht gut aus.

TV Verfilmung:
Hillsborough, 1996, 101 min.
https://www.youtube.com/watch?v=nCxQyAVCMns

TV-Dokumentationen:
30 Jahre nach der Hillsborough-Katastrophe, NDR, 30 min.
https://www.youtube.com/watch?v=1oUS4zKt8LA

ESPN veröffentlichte im Rahmen ihrer 30-teiligen Sportfilmreihe:
Hillsborough, 2014, 121 min.

Vertiefende Literatur (Auswahl):
Nicola Golding: Hillsborough – Light at the end of the tunnel, Romford 2020.
Kevin Sampson: Hillsborough Voices – The real story told by the people themselves, London 2016
Norman Bettison: Hillsborough Untold – Aftermath of a disaster, London 2016.
Phil Scraton: Hillsborough – The Truth, Edinburgh 2016.

Weitere Unglücke nach Gedrängen und Polizeifehlern:

Das Freundschaftsspiel zwischen dem ägyptischen Zamalek und Dukla Prag im Zamalek-Stadion in Kairo am 11. Februar 1974 sollte unter Bedingungen stattfinden, die gar nicht vorstellbar sind. Das für 40.000 Zuschauer gebaute Rund war in einem Zustand, in dem laut Beobachtern nicht einmal 24.000 Zuschauer hätten aufgenommen werden können. Bis zu 80.000 Menschen drängten sich aber auf den Tribünen. Ein Teil des das Spielfeld umfassenden Eisenzauns brach unter dem Druck zusammen. Der Schiedsrichter weigerte sich, unter diesen Bedingungen das Spiel beginnen zu lassen. Tausende von Personen umrannten den Zaun, um dem Druck zu entgehen und auf das Spielfeld zu flüchten, wobei viele Menschen zu Tode getrampelt wurden. Dann stürzte auch noch ein Teil einer Betontribüne ein. 49 Todesfälle und 47 Verletzte wurden gemeldet. Während der Untersuchung kam heraus, dass die Eintrittskarten auf das Nasser-Stadion ausgestellt waren, das eine Kapazität von 100.000 hatte. Das Spiel war kurzfristig in das viel kleinere Stadion verlegt worden.

Vor dem Qualifikationsspiel zur Weltmeisterschaft 2010 in Südafrika zwischen der Elfenbeinküste und Malawi in Abidjan kam es zu einer Massenpanik, als Tausende von Fans ohne Eintrittskarten versuchten, ins Stadion zu gelangen. Auch von Auseinandersetzungen der Fanlager wurde berichtet. Eine Mauer stürzte zusammen, als sich Menschen auf das Spielfeld retten wollten. Die Polizei feuerte Tränengas ab. 22 Tote und 132 Verletzte waren zu beklagen.

Die falsche Entscheidung der Polizei, ein Stadiontor zu öffnen, führte zu einer Massenpanik am 28. Mai 2017 in Tegucigalpa in Honduras beim Spiel zwischen CD Motagua und Honduras Progreso. Fünf Menschen starben, 26 wurden verletzt. Am 17. August 2019 ereignete sich ein weiterer Vorfall an gleicher Stelle: Zusammenstöße zwischen Hooligans der beiden Mannschaften Olimpia und Motagua führten zu vier Toten und sieben Verletzten.

Bald nach dem ersten Unglück in Tegucigalpa wurden aus Malawi acht Tote (davon sieben Kinder) und 62 Verletzte gemeldet. In Lilongwe bei der Freundschaftsbegegnung zwischen Nyasa Big Bullets und Silver Strikers setzte die Polizei am 5. Juli 2017 Tränengas gegen Menschen ein, die versuchten, ohne Eintrittskarten in das Stadion zu gelangen. Dadurch entstand ein Gedränge an einem Tor, bei dem es zu den Todesfällen und Verletzungen kam.

Die Saat des Krieges

Kroatisch-serbische Ausschreitungen, Zagreb, Jugoslawien 1990

Es war die Zeit, als sich Osteuropa im Umbruch befand. Während die Bundesrepublik Deutschland und die Deutsche Demokratische Republik der Wiedervereinigung entgegensahen, zerfielen die Sowjetunion, die Tschechoslowakei und Jugoslawien. Im Vielvölkerstaat vom Balkan zeigten sich die nationalistischen Spannungen unter den Bevölkerungsgruppen immer wieder auch bei Fußballspielen, bei denen es regelmäßig zu Ausschreitungen kam. Für den 13. Mai 1990 war mit der Begegnung zwischen Dinamo Zagreb und Roter Stern Belgrad ein Spiel angesetzt, bei dem nicht nur die besten Mannschaften des Landes aufeinandertrafen, sondern auch Krawalle befürchtet wurden.

Schon außerhalb des Stadions hatte es Schlägereien zwischen den Bad Blue Boys von Dinamo und den Delije („Helden“) von Roter Stern gegeben. 3.000 Delije waren unter Führung von Željko Ražnatović – später besser bekannt als Kriegsverbrecher Tiger Arkan – nach Zagreb aufgebrochen. Die (hauptsächlich aus Serben bestehende) Polizei, die unvorbereitet mit weniger Kräften vor Ort war, als Schläger aufmarschiert waren, trennte beide Seiten nicht – nach serbischer Darstellung, weil es die Polizei nicht konnte, nach kroatischer Darstellung, weil sie es nicht wollte.

Im Stadion Maksimir in Zagreb machten sich die Spieler warm, als etwa 40 Minuten vor dem Anpfiff Dinamo-Anhänger große Mengen an Steinen auf den Rasen warfen. Die Polizei setzte Tränengas und Schlagstöcke gegen die heimischen Anhänger ein, die den Zaun zum Innenraum durchbrachen und in Richtung des Gästeblocks liefen, wo die Anhänger von Roter Stern ebenfalls randalierten und bereits einen großen Sachschaden verursacht hatten. Sie hatten Werbetafeln umgetreten und die Dinamo-Anhänger mit „Zagreb ist serbisch“ oder „Wir werden Tudjman *töten*“ provoziert (Franjo Tudjman war Kroate und Kritiker des sozialistischen Jugoslawien; am 30. Mai 1990 wurde er zum ersten Präsidenten der Teilrepublik Kroatien gewählt) und griffen dann mit Messern und Sitzschalen an. Die Polizei wollte beide Lager trennen und geriet dadurch auch ins Visier der Dinamo-Anhänger. Während die Gästespieler um Spielführer Dragan Stojković vom Spielfeld in die Kabine flohen, blieben einige Dinamo-Spieler auf dem Platz. Die Polizei forderte paramilitärische Einheiten an, die mit Wasserwerfern und gepanzerten Fahrzeugen anrückten und in und außerhalb des Stadions zum Einsatz kamen. Fast 60 Minuten lang dauerten die Auseinandersetzungen.

Als ein Dinamo-Anhänger von einem Polizisten geschlagen wurde, kam Zagreb-Profi Zvonimir Boban dem Anhänger zu Hilfe, nahm Anlauf und trat den Polzisten mit voller Wucht. Dann rannte er weg. Alles wurde via Fernseher in die heimischen vier Wände transportiert. „Boban-e, Boban-e“, rief die Tribüne. Der Vorfall kostete den daraufhin mehrere Monate gesperrten Boban die Teilnahme an der Weltmeisterschaft in Italien. Dafür wird er aber seitdem in Kroatien als Nationalheld angesehen. Boban betonte viele Jahr später, dass er es

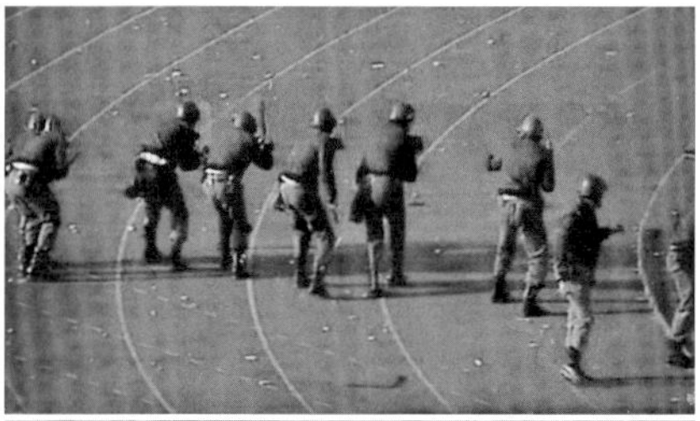

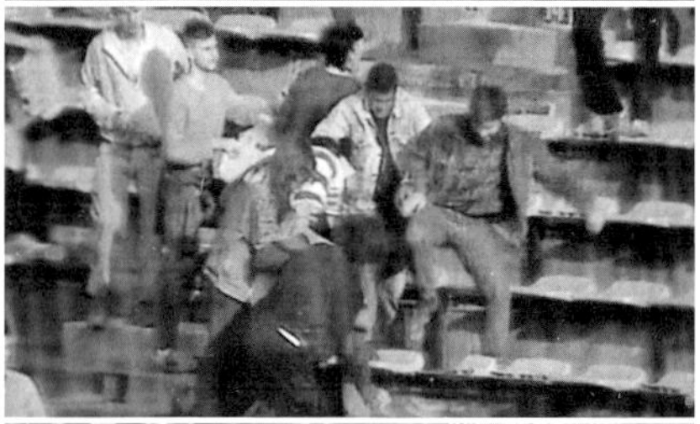

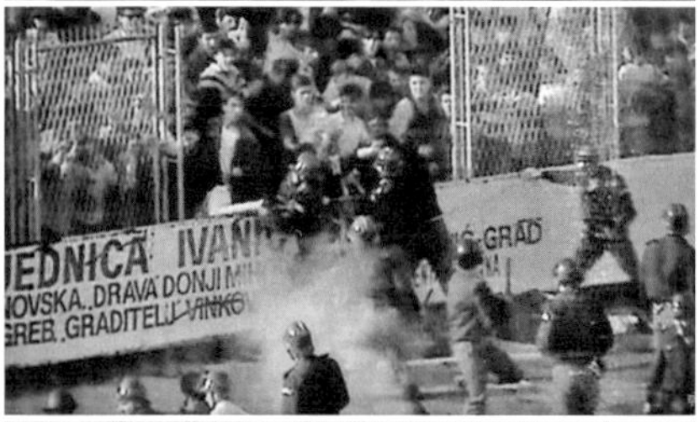

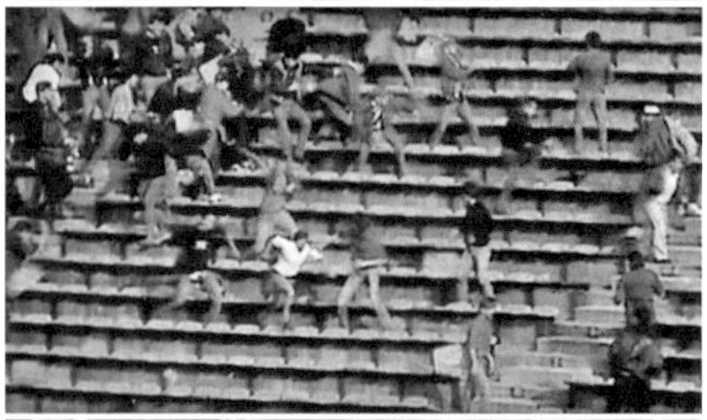

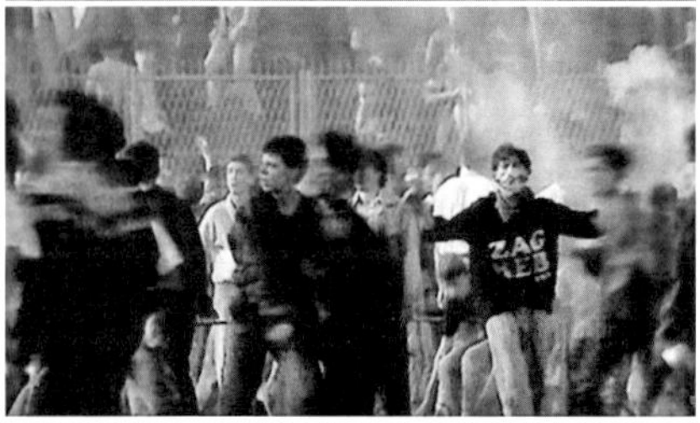

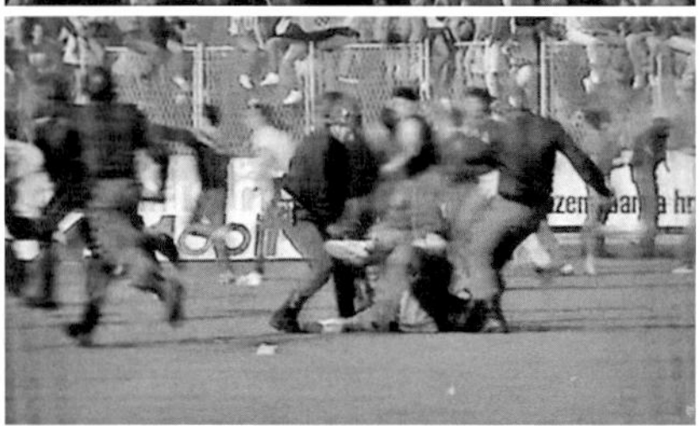

wieder tun würde: „Ich war einer von vielen Tausend, die das gleiche dachten. Wir lebten in der Hölle und sehnten uns nach Freiheit."

Refik Ahmetović, der getroffene Polizist und ein Kroate (!), brauchte viele Jahre, um Boban verzeihen zu können. Er meinte später, dass sich das damals nicht spontan entwickelt habe: „Ich habe später begriffen, dass alles organisiert war. Es gab Berge von Steinen im Stadion." Diese Aussage stützt die Verschwörungstheorie, dass nach dem Sieg nationaler Kräfte bei den ersten freien Wahlen mit Franjo Tudjman als siegreichem Präsidenten die neue kroatische Regierung die Ausschreitungen geplant hätte, um öffentlich zu zeigen, dass die „serbische" Polizei Kroaten misshandle. Die Verschwörungstheorie von der anderen Seite basiert auf den Vorwürfen, dass der jugoslawische Geheimdienst seine Finger im Spiel gehabt habe, um die neue Regierung zu treffen. Belege gibt es für keine der beiden Theorien. Dafür gab es 150 Verletzte durch Schusswunden, Messerstiche und Tränengas, auch einige Schwerverletzte, aber immerhin keine Toten. Viele Anhänger wurden auf Polizeistationen gebracht und dort von Polizisten verprügelt.

Die Begegnung wurde erst gar nicht angepfiffen. Dies bedeutete das Ende der Liga Jugoslawiens. Der ehemalige Weltklassespieler und Roter-Stern-Präsident Dragan Džajić meinte in der Dokumentation „Fudbal, nogomet i jos po nesto" („Fußball, Fußball und noch Einiges"), die einen Überblick über die Geschichte des jugoslawischen Fußballs gibt: „Bis zu diesem Spiel habe ich nicht geglaubt, dass es zum Zerfall kommt, aber danach wurde klar, welchen Weg das alles nehmen wird." Im folgenden Jahr verließen die slowenischen und kroatischen Klubs den jugoslawischen Ligaverbund.

Das Gästeteam wurde mit einem Militärhubschrauber aus dem Stadion geflogen. Die Geschehnisse im Stadion gelten für viele Serben und Kroaten als Beginn des Unabhängigkeitskriegs der Kroaten. Bis dieser tatsächlich nach der Unabhängigkeitserklärung Kroatiens und Sloweniens am 25. Juni 1991 ausbrach, verging jedoch noch ein Jahr. Ein Vorbote dafür waren die Ereignisse in jedem Fall. Der amerikanische Nachrichtensender CNN sah hier gar ein Spiel, das die Welt veränderte.

Željko Ražnatović gründete im gleichen Jahr die aus Hunderten Hooligans bestehende paramilitärische „Serbische Freiwilligengarde", die erst gegen kroatische, danach gegen bosnische Einheiten in den Krieg zog. Für sie sind Morde, Vergewaltigungen und Vertreibungen überliefert. Nach dem 1995 beendeten Krieg tauchten Tausende von Tätern unter. 161 Personen wurden vor dem Internationalen Strafgerichtshof für das ehemalige Jugoslawien angeklagt. Željko Ražnatović betätigte sich als Unternehmer im serbischen Fußball, reiste aufgrund eines internationalen Haftbefehls aber nicht zu Europapokalspielen ins Ausland. Im Jahr 2000 wurde er in einer Hotellobby erschossen.

Am Stadion in Zagreb erinnert eine Gedenktafel an das Spiel. An einer anderen Stelle ist eine Wandmalerei zu sehen – das Motiv: der Tritt von Zvonimir Boban.

Videoeindrücke von den Geschehnissen:
https://www.youtube.com/watch?v=m1xIf1B02d8&t=9s,
ca. 3 min.

TV-Dokumentation:
Domovisnki rat poceo je na Maksimiru (Der Freiheitskrieg begann im Maksimir Stadion/Kroatisch), 2014, 67 min.
https://www.youtube.com/watch?v=ntRPSM3hoH8

Ein Spiel, das sogar unmittelbar einen Krieg auslöste:

Als „Fußballkrieg" ging der fünftägige militärische Konflikt zwischen Honduras und El Salvador 1969 in die Geschichte ein. Hintergrund war das Schicksal von etwa 300.000 armen salvadorianischen Kleinbauern, die über die offene Grenze nach Honduras kamen und sich auf brachliegendem Land von honduranischen Großgrundbesitzern niederließen. Eine vorbereitete Agrarreform stellte die Einwanderer als Landräuber dar, die aufgefordert waren, innerhalb von 30 Tagen in ihr Land zurückzukehren. Eine paramilitärische Gruppe verübte daraufhin gewaltsame Übergriffe mit dem Ziel der Vertreibung aus.

Im Halbfinale der Nord- und Zentralamerika-Gruppe um die Qualifikation zur Weltmeisterschaft 1970 in Mexiko trafen ausgerechnet Honduras und El Salvador aufeinander.

In der Nacht vor dem Hinspiel in Tegucigalpa bekam die Mannschaft von El Salvador im Hotel kein Auge zu – die ganze Nacht hindurch schmissen Menschen Scheiben mit Steinen ein, schlugen mit Stöcken auf Wellblech und leere Fässer, ließen Böller krachen und Autos hupen, pfiffen, heulten und stimmten Kriegsrufe an. Die übermüdeten Gäste verloren mit 0:1, woraufhin sich das Mädchen Amelia Bolaños in Salvador aus Gram erschoss. Das Begräbnis wurde im Fernsehen übertragen. An der Spitze des Trauerzugs schritt die Ehrengarde, hinter dem mit der Staatsflagge eingehüllten Sarg folgten der Präsident, die Minister und die gerade aus Tegucigalpa zurückgekehrte und dort verhöhnte und bespuckte Nationalmannschaft.

Umgekehrte Vorzeichen gab es beim Rückspiel in San Salvador. Die Fenster des Hotels der Nationalmannschaft aus Honduras wurden eingeworfen, faule Eier, tote Ratten und stinkende Fetzen geworfen. In Panzerwagen wurden die Spieler vor der Meute sicher ins Stadion gebracht. Um das Spielfeld herum stand eine Sondereinheit der Guardia Nacional mit schussbereiten Maschinenpistolen. Die Nationalflagge von Honduras wurde vor der begeisterten Menge verbrannt – stattdessen wurde ein schmutziger und löchriger Fetzen am Fahnenmast hochgezogen. Die eingeschüchterten Gäste aus Honduras verloren mit 0:3 – „Ein Glück, dass wir dieses Match verloren“, wurde Gästetrainer Mario Griffin zitiert. Mit den Panzerwagen wurde das Team von Honduras direkt zum Flughafen gebracht. Die mitgereisten Gästeanhänger wurden unter einem Hagel aus Schlägen und Tritten zur Grenze getrieben – dabei starben zwei Menschen, ein paar Dutzend kamen ins Krankenhaus, 150 Gästeautos wurden in Brand gesteckt. Kurz darauf wurde die Grenze geschlossen.

Ein entscheidendes drittes Spiel wurde notwendig, das am 26. Juni in Mexiko-Stadt ausgetragen wurde und als Kriegsauslöser gilt. Hier gelang El Salvador in der Verlängerung der entscheidende Treffer.

Nach dem Abpfiff kam es zu Ausschreitungen mit Todesfällen. Beide Staaten brachen ihre diplomatischen Beziehungen ab. Etwa 17.000 Salvadorianer flohen über die Grenze. Der Krieg begann am 14. Juli mit Luftangriffen El Salvadors, begleitet von nach Honduras eindringenden Bodentruppen. Honduras antwortete mit Angriffen der Luftwaffe auf Ziele in El Salvador, konnte den Gegner aber nicht abwehren. Die Organisation Amerikanischer Staaten griff ein und erwirkte durch Sanktionsdrohungen gegen den Aggressor El Savador ein Ende des Konflikts und den Rückzug der Truppen. Insgesamt 2.100 Tote und 6.000 Verletzte waren in dem Krieg zu beklagen.

El Salvador qualifizierte sich nach drei Finalspielen gegen Haiti für die Weltmeisterschaft.

Vertiefende Literatur:

Ryszard Kapuściński: Der Fußballkrieg – Berichte aus der Dritten Welt, Frankfurt am Main 2001.

Eine Katastrophe mit Ansage

Das Stadionunglück in Bastia, Frankreich 1992

Corinne Mattei ist eine in Frankreich bekannte Schauspielerin und Regisseurin. Mit Fußball hat sie eigentlich nichts zu tun. Am 5. Mai 1992 lag sie krank in ihrem Bett in Paris, als ihre Mutter sie anrief. Diese berichtete von Autokorsos und Hupkonzerten, die Bastia in Schwung bringen würden. Am Abend sollte dort auf Korsika nämlich ein großes Fußballspiel stattfinden, zu dem auch Corinnes 27-jähriger Bruder Christian gehen wollte. Für dieses Spiel wollte auch Corinne abends den Fernseher anschalten. Als sie zur angegebenen Zeit ihr TV-Gerät einschaltete, wurde sie sofort mit Bildern konfrontiert, die sie fast zusammenbrechen ließen …

6.343 Vereine hatten sich für den französischen Vereinspokal der Saison 1991/92 angemeldet. Nach den regionalen Qualifikationsrunden griffen auch die 32 Profiklubs ins Geschehen ein. Fünf der letzten Acht waren an der Mittelmeerküste zu Hause, darunter zwei Zweitligisten aus Korsika. Im Halbfinale sollten die Südfranzosen unter sich sein. AS Monaco siegte im ersten Halbfinale am 28. April nach torlosen 120 Minuten beim AS Cannes im Elfmeterschießen und qualifizierte sich damit für das Finale im Pariser Prinzenpark.

Der Underdog des zweiten Halbfinales, Zweitligist SC Bastia aus Korsika, hatte sich im Zweiunddreißigstelfinale bei US Fesches-le-Châtel mit 1:0 durchgesetzt, im Sechzehntelfinale daheim gegen den FC Toulouse mit 2:0 n.V., im Achtelfinale mit 1:0 bei OGC Nizza und im Viertelfinale im Heimspiel mit 0:0 n.V., 3:0 i.E. gegen AS Nancy.

Auf Korsika freute man sich auf die Begegnung gegen den Finalisten des Europapokals der Landesmeister aus dem Vorjahr, Olympique Marseille. Der Favorit hatte im Zweiunddreißigstelfinale Girondins Bordeaux zu Hause 1:0 geschlagen, im Sechzehntelfinale mit 2:1 beim FC Istres die Oberhand behalten, im Achtelfinale 2:0 bei US Valenciennes gesiegt und im Viertelfinale mit 3:1 bei SM Caen nachgelegt.

Die Tatsache, dass in Marseille über 100.000 Exilkorsen wohnten, steigerte die Attraktivität des Pokalloses. Das Präsidium des Klubs aus Bastia sah die Möglichkeit, Schulden loszuwerden, und beschloss, die Kapazität des Stade Furiani mittels einer Stahlrohrtribüne um 9.000 Plätze zu erhöhen, um damit und mit deutlich überhöhten Eintrittspreisen die höchste Einnahme in der Vereinshistorie zu erzielen. Bernard Tapie, der Präsident von Olympique, bot den Korsen an, das Spiel in Marseille auszutragen und alle Einnahmen dem SC Bastia zu überlassen, doch auf den Heimvorteil wollten die stolzen Korsen nicht verzichten. So musste zunächst die sehr alte, 750 Sitzplätze umfassende Tribüne Claude Papi abgerissen werden – dies geschah ohne behördliche Genehmigung in einer Nacht- und Nebelaktion unmittelbar nach dem Viertelfinalsieg. Unter großem Zeitdruck wurde die neue Tribüne zusammengesetzt, nachdem der Verband einer Verlegung des Spiels um eine Woche auf den 5. Mai zugestimmt hatte. Es blieb nur eine Woche, um die Tribüne zu errichten.

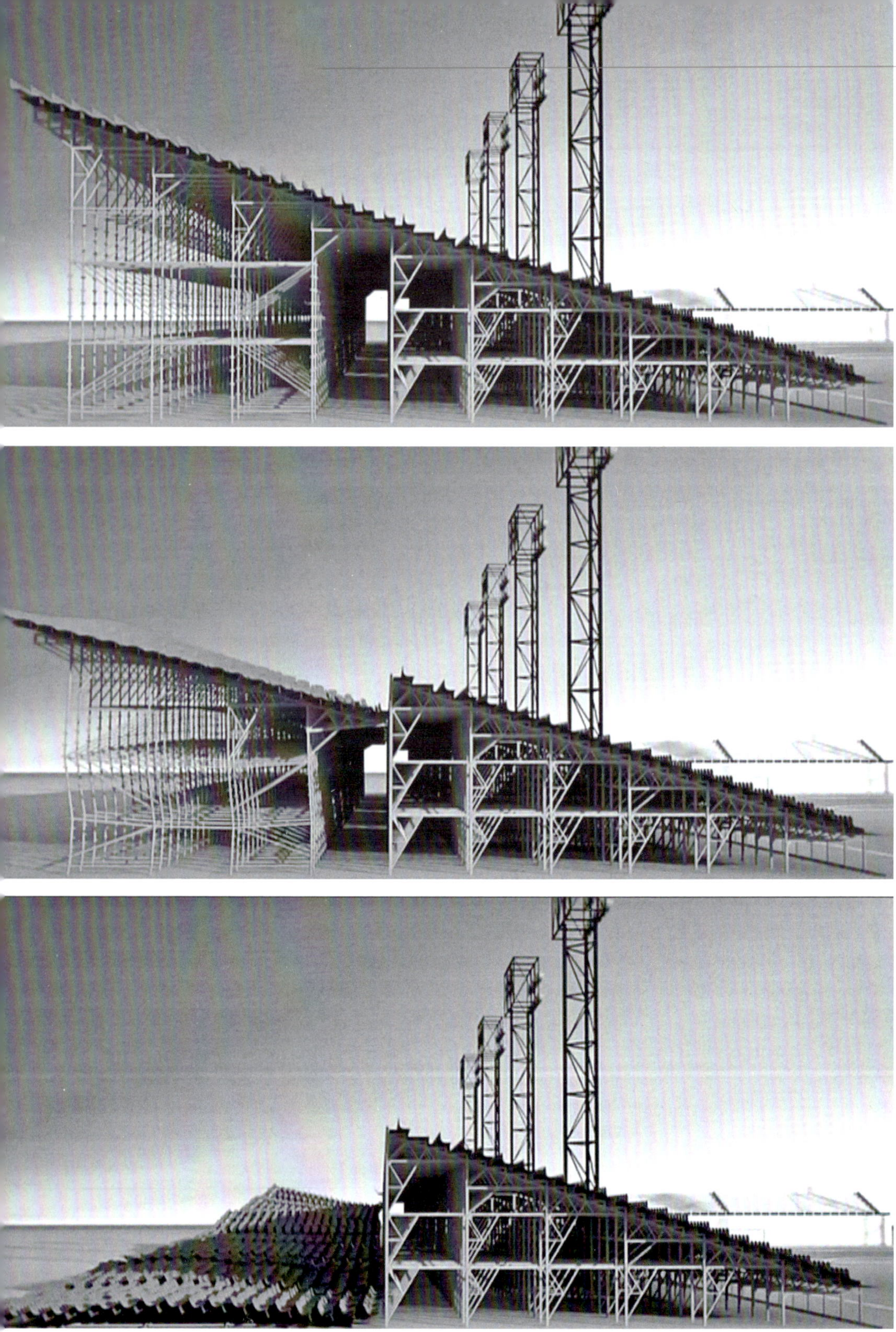

Der Tribüneneinsturz in einer grafischen Darstellung.

18.000 Karten konnten somit verkauft werden. Die Verantwortlichen des Zweitligisten konnten sich über eine Bruttoeinnahme von etwa 3 Millionen Franc freuen (umgerechnet etwa 450.000 Euro). Um 20:30 Uhr sollte angepfiffen werden, doch sieben Minuten zuvor brach die Tribüne zusammen. 18 Menschen verloren ihr Leben, 2.357 wurden verletzt.

Die Ermittlungen ergaben folgendes Bild: Der Bau der neuen Tribüne begann am 28. April mit den Erdarbeiten. Die Baufirma Sud-Tribunes aus Nizza bemühte sich, die benötigten Tribünenteile zu beschaffen, während ein Streik der Hafenarbeiter in Marseille den Hafen blockierte. Kurz darauf versicherte die Firma, über alle Teile auch auf Korsika zu verfügen. Am 29. April wurde die Baustelle von einer Sicherheitskommission aufgesucht, um eine Inspektion durchzuführen. Danach schickte die korsische Fußballliga dem Verband eine positive Stellungnahme für die Austragung des Spiels. Hierbei handelte es sich jedoch um eine Fälschung, da die Mitglieder der aus Gendarmerie, Feuerwehr, Direktion des Départements für Ausrüstung und Präfektur bestehenden Sicherheitskommission auf Drängen der Feuerwehr Vorbehalte geäußert hatten. Daraufhin wurde der Eintrittskartenverkauf gestartet. Die Preise waren gegenüber dem Viertelfinale um 75 % erhöht.

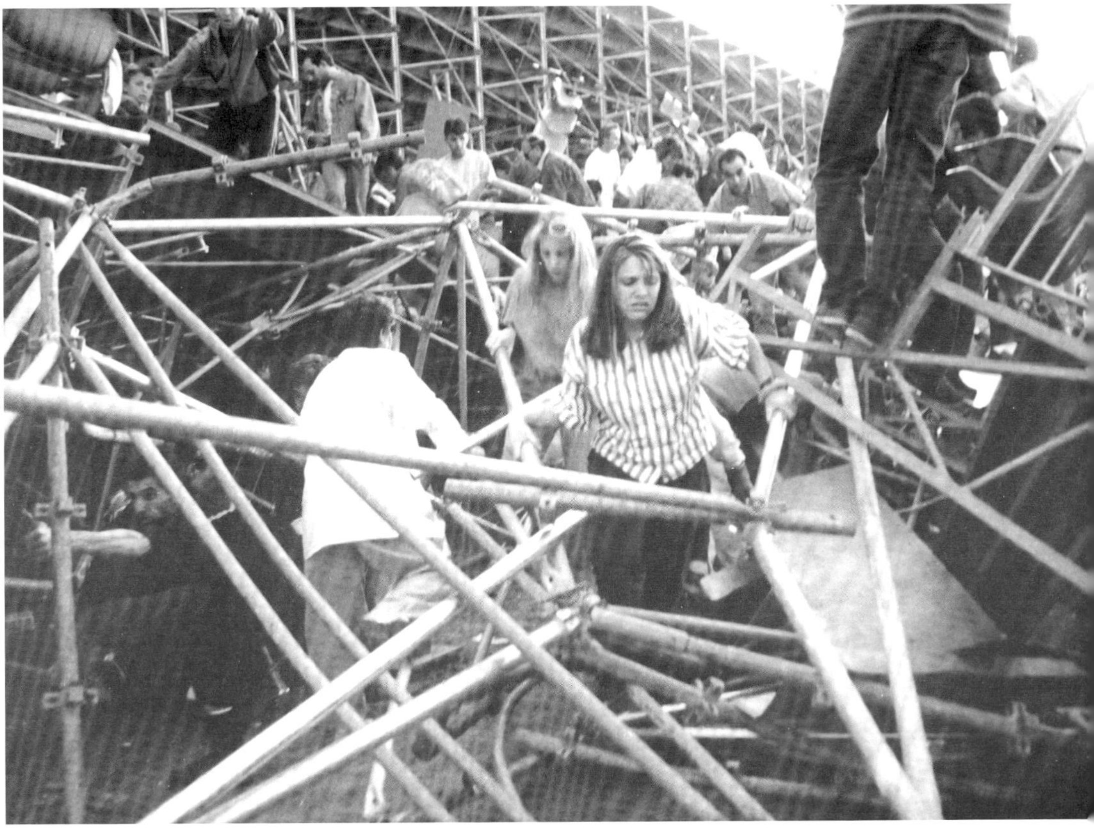

Menschen klettern durch ein Gewirr von Stahlträgern und Tribünenteilen.

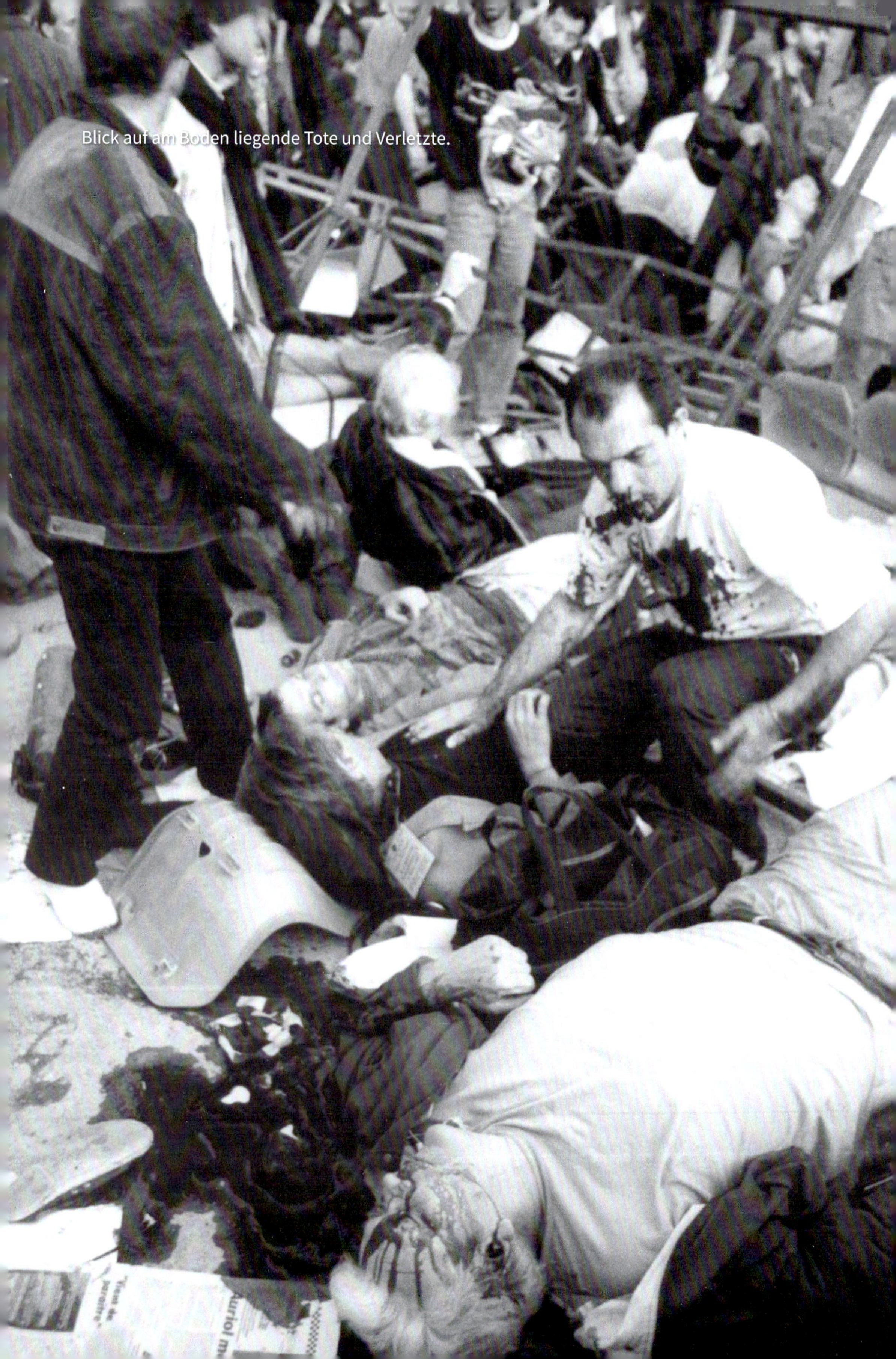

Blick auf am Boden liegende Tote und Verletzte.

Am Montag, dem 4. Mai 1992, dem Tag vor dem Spiel, waren die Arbeiten noch immer nicht abgeschlossen. Eine neue Sicherheitskommission inspizierte die Baustelle und stellte fest, dass „das Sicherheitsniveau weiterhin sehr unzureichend ist“. Manche Verbindungen der Konstruktion wurden einfach verzurrt. Selbst am Spieltag wurden die Arbeiten noch fortgesetzt. Eine letzte Sicherheitsbegehung fand statt, während die Tore des Stadions bereits geöffnet waren. Allerdings gab es in diesem Moment keinen Vorsitzenden der Sicherheitskommission, der eine Entscheidung hätte fällen können, obwohl dies vorgeschrieben war. Jene Männer, die einen anderen Beamten der Präfektur spontan zum Vorsitzenden der Kommission hätten ernennen können, waren nicht erreichbar: Henri Hurand, Präfekt des Départements Haute-Corse, und Raymond Le Deun, sein Kabinettschef, weilten auf dem Flughafen Bastia-Poretta, wo Bernard Tapie und der Minister für Post sowie weitere Personen wie der Bürgermeister von Bastia einen protokollarischen Empfang abhielten. Festzuhalten bliebt, dass das Spiel so nicht hätte stattfinden dürfen, da es keine gültige Stellungnahme der Sicherheitskommission gab.

Mehrere Sicherheitsbeauftragte waren ab 19 Uhr in Sorge über den Zustand der Tribüne. Diese war auf Holzklötzen gebaut und nicht auf versiegelten Betonsteinen. Und sie begann, sich mit der ansteigenden Belastung durch sie betretende Menschen zu bewegen. Mitarbeiter von Sud-Tribunes schraubten zwar unaufhörlich Schrauben und Muttern, doch dies blieb ohne Erfolg, da der hintere Tribünenteil aus minderwertigen Metallrohren bestand, zwischen denen es keine Verstrebungen gab. Auf Aufforderung des Sicherheitsdienstes appellierte der Stadionsprecher um 20:15 Uhr, die Besucher sollten nicht mit den Füßen stampfen, vor allem nicht auf die Metallteile, doch er fand kein Gehör. Um 20:20 Uhr schien die Tribüne zu schwanken. Als um 20:23 Uhr die TV-Übertragung begann, stürzte der obere Teil der provisorischen Tribüne mit einem gewaltigen Krach senkrecht hinunter. Bis zu

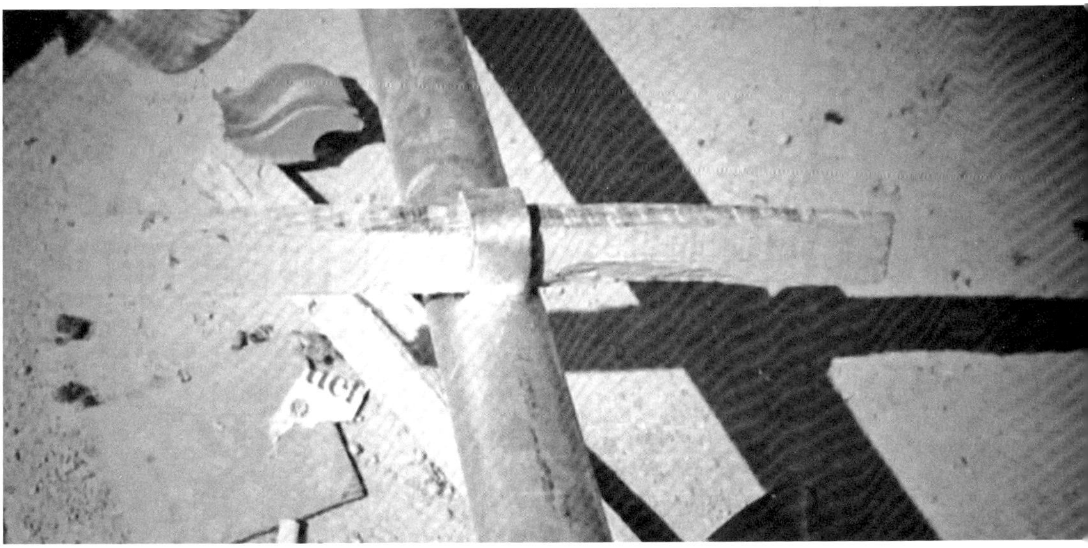

Ein Holzbalken als Beispiel für einen nicht fachgerechten Aufbau.

15 Meter fielen die Menschen in die Tiefe. Die Zuschauer vom nicht eingestürzten Teil flohen auf das Spielfeld, manche nutzten die TV-Kameras, um ihren Angehörigen zu Hause zu zeigen, dass es ihnen gut geht. Erste Verletzte wurden versorgt. Die Spieler, die zum Zeitpunkt des Unglücks gerade ihr Aufwärmprogramm beendet hatten und auf dem Weg in die Kabine waren, halfen, Zaunbefestigungen zu lösen und Verletzte zu bergen. Um 21 Uhr erfolgte die Anweisung, die Zuschauer zu evakuieren, um die Rettungsarbeiten zu erleichtern. Um 21:30 Uhr landeten die ersten Rettungshubschrauber.

Corinne Mattei, die Schauspielerin, hatte direkt zum Telefon gegriffen, als sie die TV-Bilder sah. Doch die Leitungen waren überlastet. Die ganze Nacht hindurch versuchte sie, ihre Mutter auf Korsika zu erreichen. Am Morgen kam sie durch und erfuhr, dass ihr Bruder im Koma lag. Sie nahm den einzigen Flug des Tages auf die Insel und wurde spätabends von ihrem Vater informiert, dass Christian gestorben sei. Sie stürzte in tiefe Verzweiflung. Immer wieder stellte sie sich die Frage, warum man sterben muss, wenn man doch eigentlich nur zu einer Party geht, das Wetter so schön und man jung und gesund ist.

Das zweite Halbfinale wurde nicht neu angesetzt, der SC Bastia verzichtete, Olympique Marseille wurde kampflos zum Sieger erklärt. Auch das Finale, das vier Tage später angesetzt war, wurde nicht ausgetragen, da Olympique angesichts des Unglücks nicht antreten wollte, was den Verband dazu bewog, den Wettbewerb abzubrechen. Es ist bis heute die einzige Auflage ohne Titelträger.

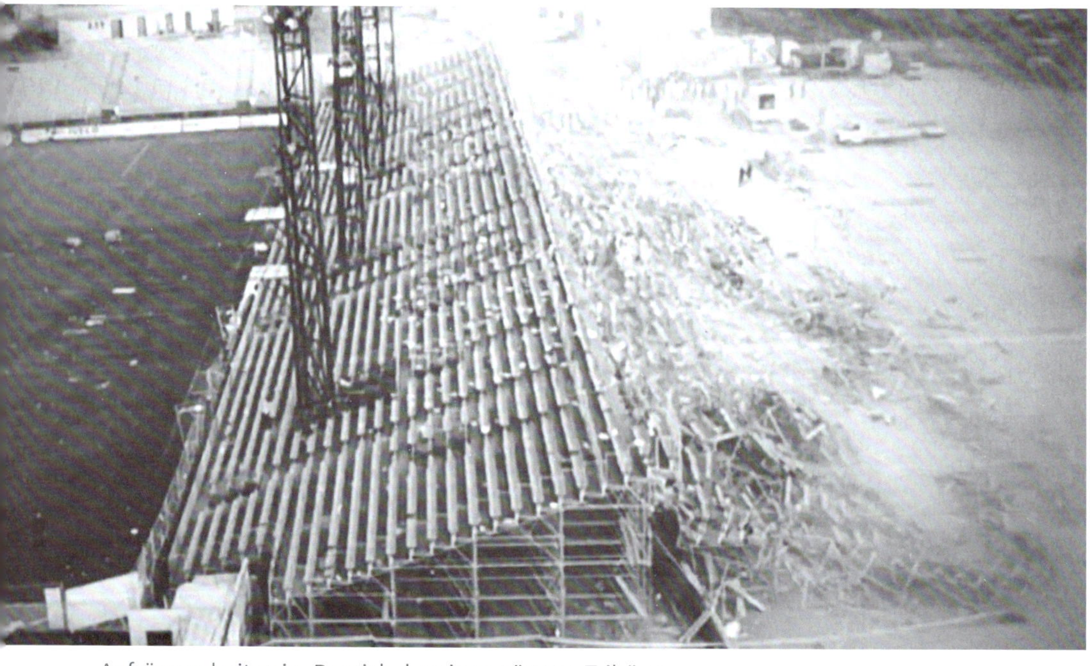

Aufräumarbeiten im Bereich der eingestürzten Tribüne.

Insgesamt 14 Personen wurden angeklagt und teilweise verurteilt, u. a.: Jean-Marie Boimond (technischer Direktor von Sud-Tribunes und den Bau beaufsichtigender Ingenieur) erhielt wegen fahrlässiger Tötung und fahrlässiger Körperverletzung 24 Monate Gefängnis ohne Bewährung und 30.000 Franc Geldstrafe; Michel Lorenzi (Vizepräsident SC Bastia) stiftete zu Protokollfälschung an: 24 Monate Gefängnis ohne Bewährung und 30.000 Franc Geldstrafe in erster Instanz, zehn Monate auf Bewährung und 15.000 Franc Geldstrafe in der Berufung; Bernard Rossi (Leiter von Socotec, der Firma, die die technische Kontrolle durchführte): 18 Monate Gefängnis und 30.000 Franc Geldstrafe in erster Instanz, 20 Monate auf Bewährung in der Berufung. Jean-François Filippi, der Präsident des SC Bastia, der von seinen Ämtern in Verein und Regionalverband zurückgetreten war, wurde nicht verurteilt: Er wurde neun Tage vor Prozessauftakt vor seinem Haus erschossen. Ob der Hintergrund der Tat mit den Ereignissen des 5. Mai zusammenhing, konnte nicht geklärt werden. Die mutmaßlichen Täter, die der korsischen Befreiungsbewegung FLNC zugeordnet wurden, starben kurz darauf ebenfalls durch Gewehrkugeln.

Josepha Giudicelli, zwischenzeitige Vorsitzende des „Collectif du 5 mai“, einer Organisation, die Opfer und Angehörige der Katastrophe vertritt, verlor ihren Mann bei der Katastrophe. Sie erklärte: „Ich hatte den Eindruck, dass man sich viel mehr um die Verantwortlichen als um die Opfer kümmerte. Der Verband der Bürgermeister von Haute-Corse hat ein Unterstützungskomitee für den angeklagten Bürgermeister gebildet, danach hat man sich um die Zukunft des SCB gekümmert. Das hat mich enorm schockiert, und ich habe einen offenen Brief an eine regionale Tageszeitung verfasst“. Dadurch konnten Familien der Opfer zu ihr Kontakt aufnehmen Der Verein wurde mit dem Ziel gegründet, „die Interessen der Opfer zu verteidigen“. Die drei Prioritäten des Opferkollektivs vom 5. Mai 1992 gab Giudicelli an mit „Gerechtigkeit (die wir nicht erhalten haben, um uns wieder aufzubauen), ein echtes Rehabilitationszentrum auf Korsika (das wir nicht erhalten haben, es gibt nur einen Flügel in einem Krankenhaus in Bastia) und eine gerechte Entschädigung (die wir erhalten haben)“.

Corinne Mattei hatte Schwierigkeiten, in ihren Beruf zurückzukehren. Ihr Trauma wurde sie erst los, nachdem sie mit psychologischer Hilfe den Trauerprozess einleiten konnte. Sie schloss sich dem „Collectif du 5 mai“ an. Die Urteile des Gerichts enttäuschten sie. Die Strafen seien zu gering. Zudem hätten die Angeklagten sich nicht dazu herabgelassen, Verantwortung zu übernehmen. Das machte das Leid der Angehörigen nicht kleiner, von denen einige ihren Unmut in die Kameras schrien. Corinne Mattei hat schließlich einen fiktiven Kurzfilm über die Ereignisse gedreht. Im Gegensatz zu den existierenden TV-Dokumentationen soll hier das Menschliche im Vordergrund stehen. Die festliche Stimmung, das Glück, in dem Bastia vor dem Finale schwebte, die Momente der Begeisterung, die Fans und Menschen ohne Fußballinteresse gleichermaßen erfasst hatten. „5 mai 92“ wurde im Mai 2022 zum 30. Jahrestag uraufgeführt.

Am 14. Oktober 2021 bestätigte der französische Senat eine Entscheidung der Nationalversammlung, die vorsah, dass der 5. Mai im französischen Fußballkalender quasi zu einem Gedenktag wurde. 1. Liga, 2. Liga, Pokal und Supercup (Trophée des Champions) dürfen an diesem Tag nicht mehr gespielt werden. Bei allen anderen Partien wird eine Schweigeminute abgehalten. Darüber hinaus müssen von den Spielern und dem Schiedsrichtergespann schwarze Armbinden getragen werden.

Infolge der Katastrophe änderte das Ministerium für Jugend und Sport die Regeln für die Genehmigung von für öffentliche Veranstaltungen sowohl in Stadien als auch in Hallen.

Vertiefende Literatur:
Alexandre Jacquin und Gérard Poncié, *5 mai 1992. Furiani 20 ans*, Union des Journalistes de Sport en France, 2012

Video zum Tribüneneinsturz:
https://www.youtube.com/watch?v=gVDP8bipnN8,
ca. 3 min.

TV-Dokumentation aus der Reihe „Enquêtes criminelles: le magazine des faits divers" („Strafrechtliche Ermittlungen: Das Magazin der vielfältigen Fakten"):
Tribune de Furiani: Une catastrophe annoncée, 2009, ca. 49 min.
https://www.youtube.com/watch?v=RmDk1qnSTmM

TV-Dokumentation aus der Reihe „Flashback":
Le drame de Furiani: une tribune á tout prix, 2012, ca. 54 min.
https://vimeo.com/133823631

Weitere Unglücke mit Tribüneneinstürzen oder Zaunzusammenbrüchen:
In der Meisterschaft Chiles 1932 belegte Audax Italiano punktgleich mit Colo-Colo den ersten Platz. Am 9. Dezember 1932 fand ein Entscheidungsspiel um die Meisterschaft im Estadio Italiano statt. Beim Stand von 2:1 für Colo-Colo stürzte eine Tribüne ein, woraufhin auch noch eine Schlägerei einsetzte. Drei Menschen starben, 130 weitere wurden teils schwer verletzt.

Im Maracanã in Rio de Janeiro ereignete sich am 19. Juli 1992 vor 150.000 Zuschauern beim Spiel zwischen Flamengo und Botafogo ein Unglück, bei dem drei Menschen den Tod fanden und etwa 47 Verletzungen erlitten. Ein Zaun brach zusammen, woraufhin 50 Fans in die Tiefe stürzten.

Beim zweiten Spiel des brasilianischen Meisterschaftsfinales am 30. Dezember 2000 zwischen Vasco da Gama und São Caetano in Rio de Janeiro hat eine Auseinandersetzung zwischen überhitzten Vasco-Fans über die früher befreundeten, dann aber verfeindeten Spieler Romário und Edmundo nach der Auswechslung von Romário einen Tumult samt panischem Weglaufen von Fans ausgelöst, wodurch wiederum eine menschliche Welle nach unten und gegen den Zaun zum Spielfeld hin entstand. 159 Menschen wurden verletzt, drei von ihnen schwer.

Am 25. November 2007 feierten die über 60.000 Fans des brasilianischen EC Bahia am Ende des Drittligaspiels gegen Vila Nova FC den Aufstieg in die zweite Liga und hüpften dabei. Daraufhin gab ein Teil der oberen Tribüne in der 80. Spielminute nach. Sieben Menschen stürzten 20 Meter tief in den Tod, 85 wurden verletzt.

Sambias Generationentod

Der Flugzeugabsturz der Nationalmannschaft von Sambia, Gabun 1993

Kalusha Bwalya vom PSV Eindhoven machte sich gerade für einen Waldlauf fertig. Am nächsten Tag würde er von Amsterdam in den Senegal fliegen, um sich dort seinen Mitspielern der Nationalmannschaft von Sambia anzuschließen, die in der Qualifikation zur Weltmeisterschaft 1994 nicht mehr weit weg vom Ziel war: dem Endturnier in den USA. Kurz bevor Bwalya die Tür erreichte, klingelte das Telefon. Er hob ab und hörte den Finanzdirektor seines Fußballverbandes. Das war ungewöhnlich, rief doch sonst ein Sekretär an, wenn es um die Nationalmannschaft ging. Bwalya wurde gefragt, wie er sich fühle. Er antwortete, dass es ihm gut gehe. Noch einmal fragte der Direktor nach seinem Wohlbefinden. Wieder bestätigte Bwalya sein Wohlergehen. Hier stimmte etwas nicht. So stellte der Spieler eine Gegenfrage: „Ist alles in Ordnung?" Der Direktor meinte, es sei nichts. Und er druckste herum. Er konnte Bwalya nicht sagen, was geschehen war. Dann meinte er, die Mannschaft sei nicht in Abidjan angekommen, wo sie vor der letzten Reiseetappe in den Senegal übernachten sollte. Es habe ein Problem mit dem Flugzeug gegeben. Dieses sei abgestürzt. Bwalya konnte nicht glauben, was er hörte, schaltete BBC und CNN an und erhielt dort die Bestätigung. Alle waren tot.

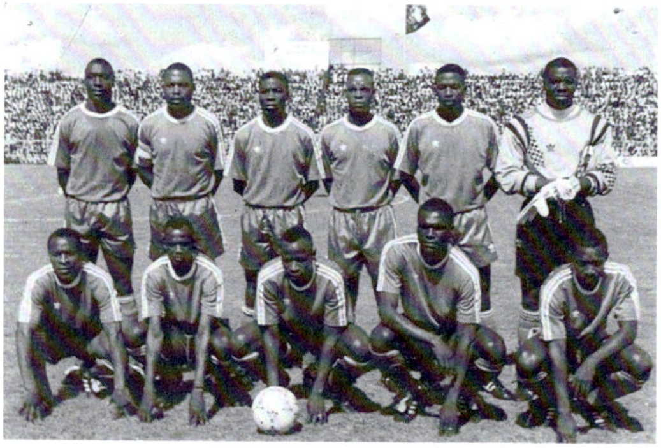

Sambias Startelf vor dem Absturz.

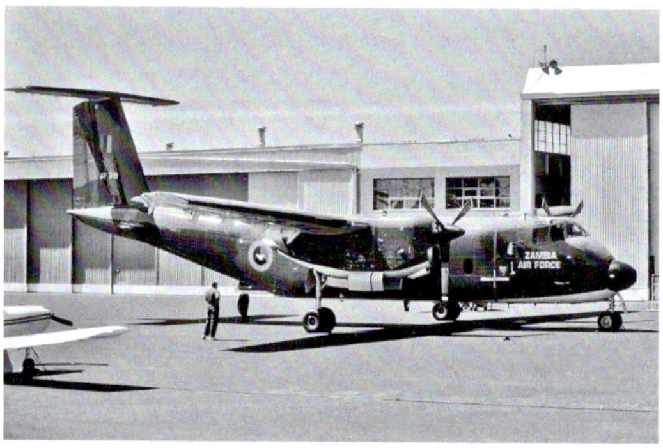

Das Militärflugzeug im Jahr 1991 bei einer Wartung in Kanada.

Der einst von Briten in ihre Kolonie Nordrhodesien exportierte Fußball, konnte nach der Unabhängigkeit von Sambia lange Zeit unter professionellen Bedingungen stattfinden. Dank der Kupfervorkommen im Land herrschte ein gewisser Wohlstand. Sowohl der erste Präsident des Landes, Kenneth Kaunda, förderte den Sport (woraufhin die Nationalmannschaft „KK Eleven" genannt wurde), als auch die staatlichen Kupferbergbauunternehmen. Entsprechend dominierte Sambia lange Zeit den Fußball im südlichen Afrika. Mit dem Verfall des Kupferpreises in den Achtzigerjahren ging es dem Land aber wirtschaftlich schlechter. Der Präsident wurde abgewählt, die Förderung des Fußballs schrumpfte, woraufhin Südafrika die führende Position im afrikanischen Fußball einnahm. Und doch hatte Sambia Anfang der Neunzigerjahre noch immer eine gute Landesauswahl mit Spielern, die in den Vorjahren von der Förderung profitiert hatte, bei den Olympischen Spielen 1988 in Südkorea Italien 4:0 besiegte und erst im Viertelfinale am bundesdeutschen Team 0:4 scheiterte. Die auch Chipolopolos („die Kupferkugeln“) genannten Spieler galten als Stolz des wirtschaftlich leidenden Landes. Dem aus Spielern Ende 20 und Anfang 30 bestehenden Team wurden Chancen auf den Gewinn des Afrika-Cups und der Qualifikation zur Weltmeisterschaft 1994 in den USA eingeräumt.

Ende April/Anfang Mai 1993 waren zwei Qualifikationsspiele für unterschiedliche Wettbewerbe angesetzt. Das erste am 25. April im Rahmen des Afrika-Cups fand auf Mauritius statt. Im vierten Gruppenspiel war in Port Louis nach zwei Siegen und einem Unentschieden

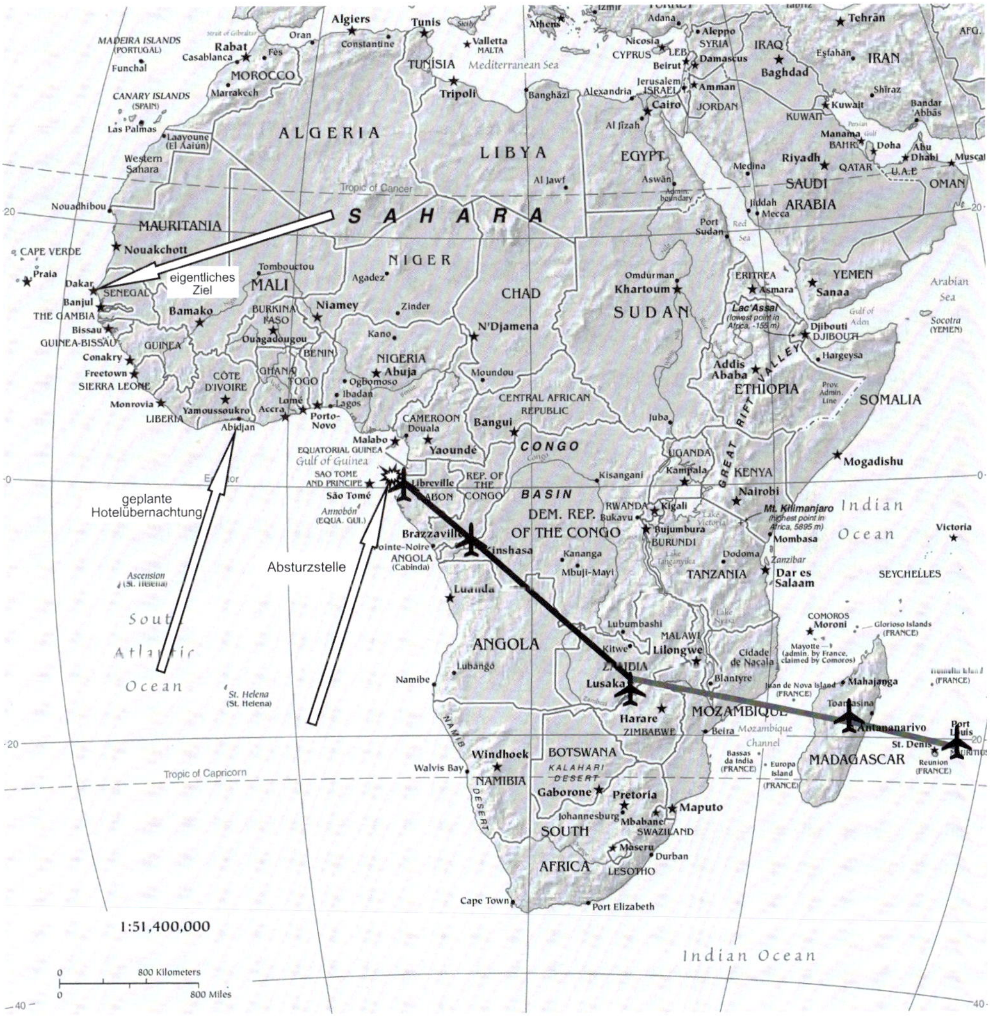

Die Kurzstreckenflüge der Nationalmannschaft von Port Louis auf Mauritius auf dem Weg nach Dakar im Senegal.

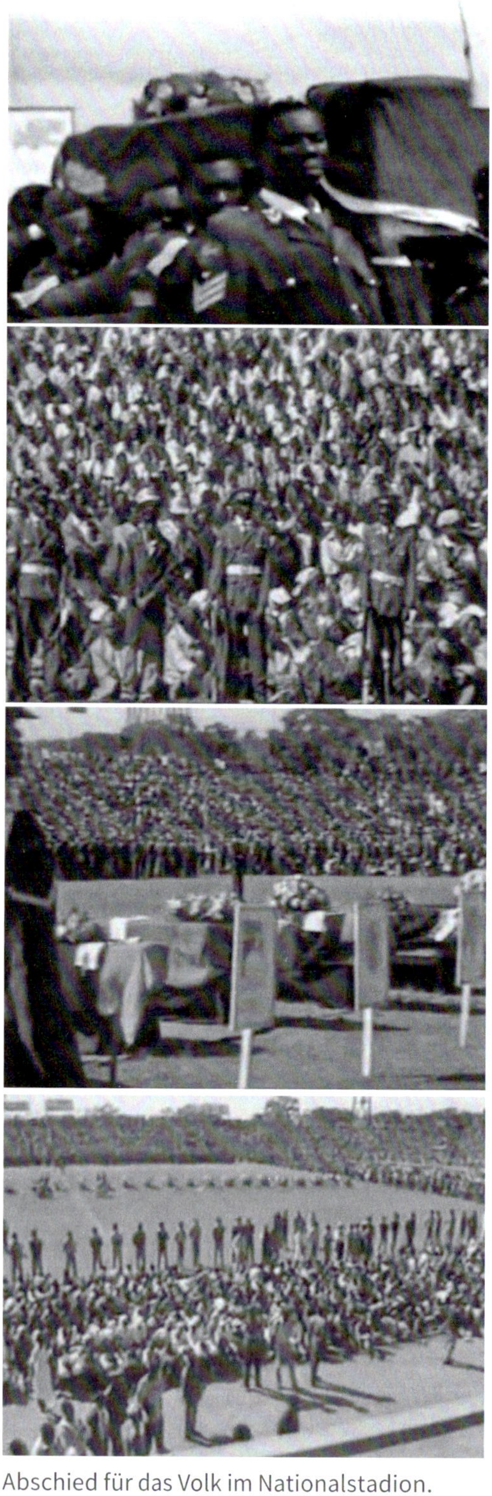

Abschied für das Volk im Nationalstadion.

ein weiterer Sieg fest eingeplant. Dieser gelang auch mit 3:0. Am 2. Mai stand dann in Dakar ein Spiel gegen Senegal in der parallel durchgeführten Qualifikation zur Weltmeisterschaft an. In einer Dreiergruppe, zu der auch Marokko gehörte, wurde ein Sieger ermittelt, der das Ticket zum Endturnier erhalten sollte.

Das Geld fehlte, um die Mannschaft auf Linien- oder Charterflügen fliegen zu lassen. Schon seit Jahren musste sie mit einer alten sambischen Fracht-Militärmaschine, Typ De Havilland Canada DHC-5 Buffalo, über den Kontinent klappern. Da dieser Flugzeugtyp nur für Kurzstreckenflüge konstruiert wurde, mussten für den Flug von Sambia nach Dakar gleich drei Tankstopps in Brazzaville (Republik Kongo), Libreville (Gabun) und Abidjan (Elfenbeinkünste) eingeplant werden. In Abidjan war zusätzlich eine Übernachtung am 28. April vorgesehen. Als Pilot war mit dem 44-jährigen Kapitän Fenton Mike Mhone derselbe vorgesehen, der die Mannschaft gerade erst von Mauritius zurück in Sambias Hauptstadt Lusaka gebracht hatte. Am 26. April wurden an der Buffalo noch turnusgemäß Checks durchgeführt, die einige technische Mängel offenbarten. Mit sechs Stunden Verspätung hob die Maschine am Mittag des 27. April in Lusaka ab. Nach fünf Stunden erfolgte die Landung in Brazzaville, wo es neben dem Auftanken auch zu erneuten technischen Prüfungen kam. Nach zwei weiteren Stunden Flug erfolgte der Tankstopp in Libreville. Auch hier kam es zu einem technischen Check, bei dem der Pilot am linken Triebwerk Probleme feststellte. Trotzdem entschied er sich, weiterzufliegen. Kurz nach dem Start fing das linke Triebwerk Feuer. Um etwa

22:45 Uhr Ortszeit stürzte das Fluggerät 500 Meter vor der Küste Gabuns in den Atlantik. Alle 30 Menschen an Bord, darunter 18 Nationalspieler und die Trainer, kamen ums Leben.

Die Behörden versuchten zwölf Stunden lang, die Nachricht vom Absturz vom sambischen Fernsehen fernzuhalten, bis sie sich vergewissert hatten, was passiert war. Erst als andere TV-Sender berichteten, erfuhr das Land von dem Unglück. Der Moderator weinte in der Sendung 20 Minuten lang und rief in seinem Elend den Namen jedes einzelnen Spielers.

Mit einem Passagierflugzeug der Zambia Airways wurden die Särge mit den geborgenen Leichen zurück nach Sambia gebracht. Ein Staatsbegräbnis wurde angeordnet. Vor dem Begräbnis sollten die Särge im nur wenige Kilometer vom Flughafen Lusaka entfernten Independence Stadium aufgebahrt werden. Die Strecke wird normalerweise in 15 Minuten zurückgelegt, doch die Überführung entwickelte sich zu einem drei Stunden andauernden Trauerzug, weil Zehntausende die Verstorbenen begleiten wollten. Die ganze Nacht hindurch hatte das Volk die Möglichkeit, im Stadion an den über die gesamte Länge des Fußballfeldes verteilten Särgen Abschied zu nehmen. Am dritten und letzten nationalen Trauertag verfolgten 35.000 Menschen im Stadion und über 100.000 Menschen davor die Trauerfeier. Das Begräbnis fand ein paar Hundert Meter vom Stadion entfernt statt. 30 in einem Halbkreis angeordnete Gräber bilden die nun als Heroes' Acre bekannte Stelle.

Morris Gwebente, ein 30-jähriger Fan meinte: „Die ganze Woche über war ich nichts wert. Ich wollte mit niemandem reden. Ich wollte einfach nur allein sein. Ich saß im Stadion an der Gedenkstätte und fragte mich, ob ich jemals wieder Fußball sehen könnte. Ich dachte an all diese Jungs ... Ich kannte sie alle. Wie konnte es sein, dass ich sie nie wieder sehen würde?"

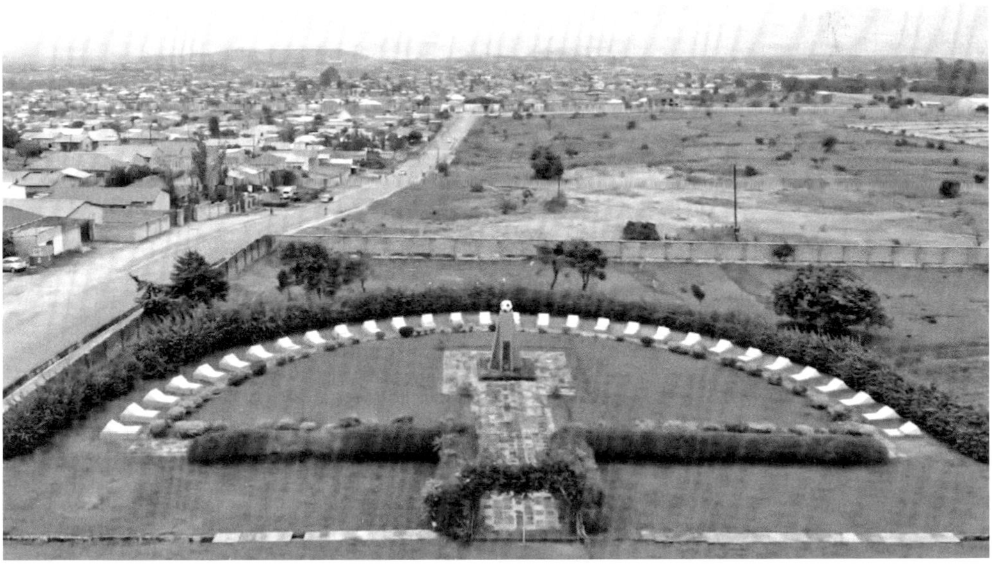

Der Heldenacker in Lusaka in der Nähe des Nationalstadions.

Jahrelang gab es Streit zwischen den Regierungen Sambias und Gabuns über die Untersuchungen zum Absturz, die Spekulationen über die Geschehnisse anheizten. Selbst ein Abschuss wurde auf Basis von Zeugenaussagen in Erwägung gezogen. Nach einem erst 2003 herausgegebenen Untersuchungsbericht des Verteidigungsministeriums von Gabun wird unterstellt, dass der Pilot übermüdet war, nachdem er das Team erst am Vortag aus Mauritius zurückgeflogen hatte. Wegen einer mangelhaften Instrumentenanzeige habe er dann das rechte statt das defekte linke Triebwerk abgeschaltet, wodurch das Flugzeug keinen Antrieb mehr gehabt hätte und ins Meer gestürzt sei.

Mit Unglücken sind auch immer die Schicksale der Hinterbliebenen verknüpft, je nach Fall auf unterschiedliche Art. Hier kommt die sambische Kultur verstärkend hinzu. Frauen werden weniger Rechte zugestanden. Als die Witwen der Spieler um ihre Männer trauerten, kamen in mehreren Fällen die Eltern der Spieler in deren Häuser und sicherten sich Wertgegenstände. 24 der 27 Witwen verloren ihren Besitz, obwohl gemäß eines Gesetzes von 1989 den Witwen 20 % und den Kindern 50 % des Erbes zuzuteilen sind. Die Witwen wehrten sich zunächst nicht. Kinder und Ehefrauen durften teilweise nicht gleichzeitig zur Begräbnisstätte gehen. Da sich die Behörden vor einer baldigen Klärung der Absturzgründe drückten, an der auch mögliche Versorgungsansprüche der Angehörigen hingen, war keine finanzielle Unterstützung in Aussicht, sieht man von zwei spärlichen Zahlungen ab, die aus einem Hilfsfond der Regierung (etwa 140.000 Pfund Sterling) und einem FIFA-Benefizspiel stammten. Erst 1996 reichten 25 Hinterbliebene eine Klage gegen die sambische Regierung ein. Es dauerte tatsächlich bis ins Jahr 2002, ehe eine gerichtliche Zahlungsanweisung vorlag, die den Angehörigen eine Gesamtsumme von 4 Millionen US-Dollar zugestand.

Fünf Auslandsprofis (wie Sambias Superstar und Afrikas Fußballer des Jahres 1988 Kalusha Bwalya) waren nicht an Bord der Unglücksmaschine und sollten mit Linienflügen anreisen. Zusammen mit ihnen, vor der Mauritius-/Senegal-Reise aus dem Kader gestrichenen Spielern, dem wegen der Beerdigung seiner Mutter nicht mitgereisten Torhüter James Phiri und Nachwuchskräften aus Sichtungslehrgängen wurde in kurzer Zeit ein neues Nationalteam aufgebaut, das dank Hilfe aus Europa in mehreren Trainingslagern in Dänemark, Frankreich und den Niederlanden auf die anstehenden Aufgaben vorbereitet wurde. Bwalya: „Ich hatte mit drei Vierteln der

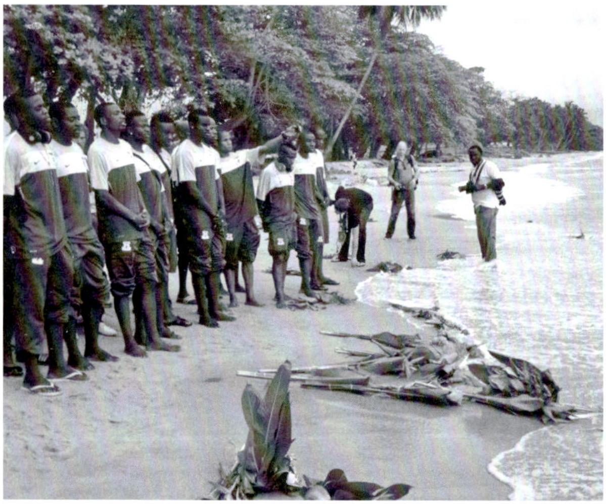

Blumenzeremonie im Jahr 2012 am Strand von Libreville.

Mannschaft noch nicht gespielt, bevor sie zusammengestellt wurde. Ich war in Europa gewesen, als diese Kinder aufwuchsen. Ich kannte sie nicht einmal."

Die afrikanische Qualifikationsendrunde für die Weltmeisterschaft begann für Sambia nun am 4. Juli mit einer Partie gegen Marokko. Ein Konvoi aus Polizeifahrzeugen, Autos und Motorrädern mit dem Mannschaftsbus am Ende fuhr um das Stadion herum, stoppte kurz bei den Gräbern, fuhr dann in das Stadion ein und um die Laufbahn herum. Der Präsident und Staatsbeamte begaben sich zur Präsidentenloge, die Spieler stiegen aus dem Mannschaftsbus und liefen auf das Spielfeld, an der Spitze Kalusha Bwalya, der Star der alten wie der neuen Mannschaft. Es folgte eine Schweigeminute für die Verstorbenen. Noch einmal Morris Gwebente: „Das ist eine Tatsache. Wir Afrikaner sind Christen, die meisten von uns, aber wir glauben auch an das Spirituelle. Marokko ging in der ersten Halbzeit mit 1:0 in Führung, und man konnte sehen, wie die Menschen am Ende des Stadions, in der Nähe der Gräber, standen. Sie waren in die Richtung der Gräber gedreht. Sie riefen den verstorbenen Spielern zu, riefen ihre Namen und baten um Hilfe. Wo bist du jetzt, wo wir deine Hilfe brauchen? Was werdet ihr jetzt tun? Wir brauchen jetzt eure Hilfe. Ich habe mit allen anderen geschrien. Dann hat Kalusha ein Tor geschossen und dann haben wir wieder ein Tor geschossen ... Ich weiß nichts über Geister. Ich sage nur, was passiert ist." Es reichte zum 2:1-Sieg. Bis zum letzten Spieltag stand Sambia auf Platz 1. Doch aufgrund eines 0:1 beim abschließenden Rückspiel in Marokko wurde die Qualifikation knapp verpasst – nur ein Tor hatte gefehlt.

In der Afrika-Cup-Qualifikationsgruppe gelang hingegen der Gruppensieg und beim Endturnier im April 1994 der Durchmarsch bis in das Finale, in dem es gegen Nigeria eine 1:2-Niederlage gab.

Als 2012 im Land des Absturzortes, in Gabun, sowie in Äquatorialguinea der Afrika-Cup ausgetragen wurde, war auch Sambia für die Endrunde qualifiziert. Bwalya war inzwischen Präsident des sambischen Verbands. Die Spieler gingen zum Strand nahe der Absturzstelle, wo einst erst Gepäck und dann die Leichen angeschwemmt wurden, und legten in Gedenken an die Opfer des Absturzes Blumen ins Meer. In einem für die Spieler emotionalen Turnier, in dem auch Ghana im Halbfinale geschlagen wurde, holte sich Sambia im Finale in Gabuns Hauptstadt Libreville durch ein 8:7 im Elfmeterschießen gegen die favorisierte Elfenbeinküste erstmals den Titel. Es war die ultimative Ehrung der „gefallenen Helden" von 1993.

Dokumentarverfilmung:
Eighteam, 2014, 70 min.

Gaddafi lässt schießen

Das Stadionmassaker in Tripolis, Libyen 1996

„Nach einem Fußballspiel sollte man in Libyen nicht auf die Straße gehen. Wenn sie glücklich sind, springen die Libyer nach einem Fußballspiel auf Autos, und wenn sie wütend sind, werfen sie Steine auf sie." So äußerte sich ein westlicher Diplomat nach den Geschehnissen des 9. Juli 1996 in Tripolis gegenüber Journalisten. Auch an diesem Tag gingen die Randalierer auf die Straße, schmissen Steine auf Autos von Ausländern, belästigten Passanten und skandierten Parolen. Und trotzdem war diesmal alles anders.

Libyen in seinen heutigen Grenzen entstand 1951, als die osmanischen Provinzen Tripolitanien, Kyrenaika und Fessan nach dem Zweiten Weltkrieg vereinigt wurden. Nach dem italienisch-türkischen Krieg (1911–1912) hatte Italien Libyen annektiert und in drei Phasen bis 1932 erobert. Das Land gehörte zum italienischen Staatsgebiet, war damit auch Weltmeister der Jahre 1934 und 1938 und stellte in der italienischen Fußballmeisterschaft 1938 und 1939 mit US Tripolina aus Tripolis sogar einen Verein, der der obersten Amateurliga zugeordnet wurde. Eine regionale Meisterschaft in der offiziellen Kolonie Italienisch-Libyen wurde bereits 1928 durchgeführt. Der Zweite Weltkrieg änderte die Herrschaftsverhältnisse. Von 1943 bis 1949 besetzten Großbritannien und Frankreich das Land. 1951 wurde Libyen von den Vereinten Nationen in die Unabhängigkeit entlassen. Regiert wurde das Land nun durch den König Idrīs. Soziale Spannungen führten 1969 zu einem Militärputsch und dem Sturz der Monarchie. Oberst Muammar al-Gaddafi, der Vorsitzende des Revolutionären Kommandorates, übernahm die Führung, bemühte sich um eine radikale Arabisierung und Islamisierung. 1977 rief er eine Dschamahirija (Volksrepublik) aus, in der er als Oberbefehlshaber der Streitkräfte bzw. ab 1979 als „Revolutionsführer" faktisch die Macht hatte und diese jahrelang diktatorisch ausübte.

Eine semiprofessionelle Premier League wurde in Libyen bereits 1963 eingeführt und in der ersten Auflage von Al-Ahli Tripoli gewonnen. Al-Ittihad Tripoli ist allerdings Rekordsieger des Landes, noch vor Al-Ahli (auch Al-Ahly geschrieben, aber zur besseren Unterscheidung hier in der ersten Schreibweise verwendet). Der drittbeste Klub des Landes war lange Zeit Al-Ahly aus Benghasi, der sich in seinen Wurzeln auf den Widerstand aus der Kolonialzeit um den Volksheld Omar Mukhtar beruft.

Treffen die beiden Klubs aus Tripolis aufeinander, so spricht man vom Jeddah-Derby. Unter dem Gaddafi-Regime konnte allerdings niemand die Meisterschaft als einen fairen Wettbewerb bezeichnen. Zwar interessierte sich Muammar al-Gaddafi selbst nicht sonderlich für Fußball, doch seine Söhne taten dies. So sympathisierte Sohn Saadi lange Zeit mit dem Klub Al-Ahli Tripoli, dessen Präsident er mit nur 23 Jahren wurde. Um sich nicht mit dem Gaddafi-Clan anzulegen, fällten Schiedsrichter, auf die Saadi Druck ausübte, regelmäßig Entscheidungen zugunsten von Al-Ahli.

Im Jeddah-Derby am 9. Juli 1996 begann ein Teil der 60.000 Zuschauer im Stadion des 11. Juni, Anti-Gaddafi-Parolen zu rufen. Bei den Gründen hierfür gehen die Quellen auseinander. In allen Fällen heißt es, der Referee hätte eine wichtige Entscheidung zugunsten von Al-Ahli getroffen. Nach einer Version entschied er auf Tor für Al-Ahli, obwohl der Ball klar ersichtlich nicht hinter der Torlinie gewesen sei. Nach einer zweiten Version hatte Al-Ittihad ein Tor erzielt, das der Schiedsrichter aus nicht nachvollziehbaren Gründen nicht anerkennen wollte. Saadi sah sich plötzlich inmitten eines Tumults, auf den er nicht wirklich vorbereitet war. Mit hochrotem Kopf soll er aufgestanden sein und mit beiden Händen am Megafon geschrien haben: „Das war kein Tor – ihr seid ein verfluchtes Pack!“ Daraufhin flogen viele Flaschen und Dosen in Richtung VIP-Bereich. Die Menge rief: „Nieder mit den Ungerechten – die Freiheit wird siegen!“ Unbestritten ist: Aus dem Ehrenbereich der Tribüne stürmten Sicherheitsleute der Gaddafi-Söhne in die Mitte des Stadions und eröffneten mit scharfen Waffen das Feuer auf die Freiheitsparolen skandierenden Anhänger. Daraufhin brach eine Panik aus – Tausende von Zuschauern flüchteten aus dem Stadion, ein Teil der Menge soll zurückgeschossen haben. Während der Ausschreitungen sollen wütende Anhänger auf das Spielfeld gelaufen sein und auf den Schiedsrichter eingestochen haben. Berichteten libysche Staatsmedien anfangs noch von acht Toten und 39 Verletzten, wurde dies später revidiert. Nach offizieller Lesart sollen 89 Menschen durch scharfe Munition verwundet worden sein. Unabhängige Quellen geben jedoch bis zu 70 Tote (60 durch Schüsse und zehn im Gedränge an den Ausgängen) sowie 150 Verletzte an. Die Polizei errichtete Straßensperren. Am folgenden Tag war es ruhig in der Stadt.

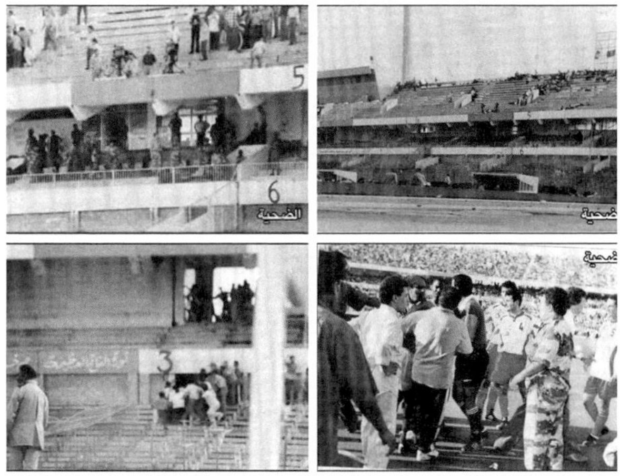

Schüsse im Stadion von Tripolis.

Die Geschichte hinter dieser Katastrophe ist auch die des Gaddafi-Sohns Saadi, der sich in seiner Fußballbegeisterung in den Kopf gesetzt hatte, selbst Profi zu werden. Position: offensives Mittelfeld. In den Neunzigerjahren hatte er unter Paul Gascoigne bei Lazio Rom eine Fußballausbildung absolviert. Im Juni 2000 meldete die BBC, dass er beim maltesischen Meister Birkirkara FC unterschrieben habe und mit diesem in der Champions League spielen würde. Doch der Wechsel platzte. In der Saison 2000/2001 lief er dann tatsächlich 14-mal in Ligaspielen für seinen Klub Al-Ahli auf und erzielte dabei drei Treffer. Selbstverständlich war er Kapitän der Mannschaft. Seine Teamkameraden erhielten Belohnungen wie Autos oder 500 libysche Dinar, wenn sie ihm den Ball zuspielten. Elfmeter, die Saadi verschoss, waren normal. Die gegnerischen Torhüter ließen allerdings Tore zu, um Gaddafi nicht zu verärgern.

Im Sommer 2000 lag Al-Ahly aus Benghasi gegen Al-Ahli aus Tripolis nach der ersten Halbzeit noch mit 1:0 in Führung, als der Schiedsrichter pflichtgemäß zwei Elfmeter für den Gaddafi-Klub gab und ein Abseitstor für selbiges Team anerkannte. Aus Protest verließen die Spieler des Gastgebers den Platz, wurden aber von Saadis Wachleuten zurückgeschickt. Endstand: 3:1 für die Mannschaft aus Tripolis.

Kurz darauf spielte die Mannschaft aus Benghasi, mit der Saadi schon wegen des gleichen Klubnamens im Clinch lag und von der er viele Spieler mit hohen Gehältern zu seinem Verein weggelockt hatte, gegen eine Mannschaft aus der Stadt al-Baidah, aus der die Mutter des Gaddafi-Sohns stammt. Nach einem erneut fragwürdigen Elfmeterpfiff stürmten Anhänger aus Benghasi das Spielfeld und sorgten für einen Spielabbruch. Zurück in Benghasi zogen sie demonstrierend durch die Stadt, verbrannten dabei Gaddafi-Fotos, zogen einem Esel ein Saadi-Trikot an und zündeten den lokalen Sitz des libyschen Fußballverbandes (Vorsitzender: Saadi) an, woraufhin Behörden den Verein auflösten und Bulldozer während des Freitagsgebets das Trainingsgelände und die Mannschaftsbüros von Al-Ahly zerstörten. „Gaddafis Männer zwangen die an dem Gelände stehenden Jungen und Mädchen, für sie zu jubeln, während das Stadion zerstört wurde. Alle unsere Unterlagen, unsere Akten, unsere Trophäen und Medaillen wurden zerstört“, berichtete später ein Mitarbeiter des Klubs. Die Überreste des von Benghasi-Anhängern verehrten Widerstandskämpfers Omar Mukhtar wurden von Gaddafis Männern aus dem Grab geholt und verschleppt. 31 Angestellte und Anhänger des Vereins wurden verhaftet, viele kamen unschuldig und ohne die Anklage zu kennen für drei bis zehn Jahre in Haft, drei von ihnen wurden zum Tode verurteilt, wobei dies nicht vollstreckt wurde. Nach den Anschlägen von Lockerbie im Dezember 1988 und zuvor in der Diskothek La Belle in Berlin im April 1986 hatten die Vereinten Nationen gegen Libyen Sanktionen ausgesprochen, die Wirtschaft lag am Boden. Vater Gaddafi befürchtete, dass sich Massenveranstaltungen zu Demonstrationen entwickeln könnten. Der Gaddafi-Clan wollte alles unterdrücken, was die eigene Machtstellung gefährden konnte. Das Prestige des Regimes stand auf dem Spiel, wenn Al-Ahli aus Tripolis spielte. Bis 2005 spielte Al-Ahly aus Benghasi kein Spiel und wurde danach vom Verband systematisch benachteiligt. Die Anhänger aus Benghasi haben Saadi diese Benachteiligung nie verziehen und warteten nur darauf, ihm die Demütigung heimzuzahlen.

Saadi wechselte 2001 zum Stadtrivalen Al-Ittihad, dem stärkeren der beiden großen Klubs, wurde – natürlich – Kapitän der Mannschaft und kam bis 2003 auf 74 Ligaspiele und 20 Tore. Parallel war er Präsident des Klubs. Der Alltag im libyschen Fußball sah inzwischen so aus, dass per Gesetz die Bekanntgabe der Namen aller Fußballspieler – mit Ausnahme von Saadi – verboten war. Zu den anderen Spielern wurden nur die Nummern verkündet. Bei TV-Übertragungen war dann beispielsweise zu hören: „Nummer 18 an Gaddafi, Gaddafi an Nummer 7“ und so weiter. Spieler und Zuschauer wurden gedemütigt. Saadi Gaddafi nahm dem Volk den letzten privaten Zufluchtsort, den Fußball – nicht gerade schlau. Sicherheitskräfte wurden eingesetzt, um Proteste zu unterbinden. 2001, 2002 und 2003 wurde Saadi zu Libyens Fußballer des Jahres gewählt.

Der Einfluss und das Geld seines Vaters öffneten Türen bei wirtschaftlich angeschlagenen Vereinen. 2003 wechselte Saadi in die italienische Serie A nach Perugia, wofür er Diego Maradona als technischen Berater und den kanadischen Sprinter Ben Johnson als persönlichen Trainer anheuerte. Im Oktober 2003 wurde er des Dopings überführt und drei Monate gesperrt. Die Zeitung La Repubblica urteilte: „Selbst bei doppelter Geschwindigkeit wäre er immer noch doppelt so langsam wie die Langsamkeit selbst." Er kam zu einem Einsatz in einem Freundschaftsspiel und einem in der Liga, als er in der 75. Minute des Spiels am 2. Mai 2004 gegen Juventus Turin eingewechselt wurde. Damit „wurde die numerische Ausgewogenheit wieder hergestellt", spottete die Gazzetta dello Sport anschließend, in Anspielung darauf, dass kurz vor Saadis Einwechselung ein Juve-Spieler vom Platz gestellt wurde.

2005 unterschrieb Saadi für ein Jahr bei Udinese Calcio. Bilanz: Ein Einsatz ab der 79. Minute. Bei der Suche nach einem neuen Verein in Italien wurde er erst im Januar 2007 wieder fündig. Doch bei Sampdoria Genua kam er bis zum Saisonende zu keinem weiteren Einsatz. Von 2000 bis 2006 spielte er auch in der A-Nationalmannschaft Libyens (18 Spiele, zwei Tore). Als der Italiener Franco Scoglio, Trainer der libyschen Nationalmannschaft, 2002 Gaddafis Sohn auf der Ersatzbank sitzen ließ, saß er kurz darauf entlassen in einem Flugzeug nach Italien. „Al-Saadi, ein Fußballer? Seien Sie nicht lächerlich", wurde Scoglio, den sie in Italien wegen seiner analytischen Fähigkeiten „Il Professore" nannten, kurz nach seiner Entlassung zitiert.

Saadi wurde in einem von WikiLeaks veröffentlichten US-Diplomatenreport aus dem Jahr 2009 als „notorisch ungehorsam" beschrieben und war einer der Anführer der brutalen

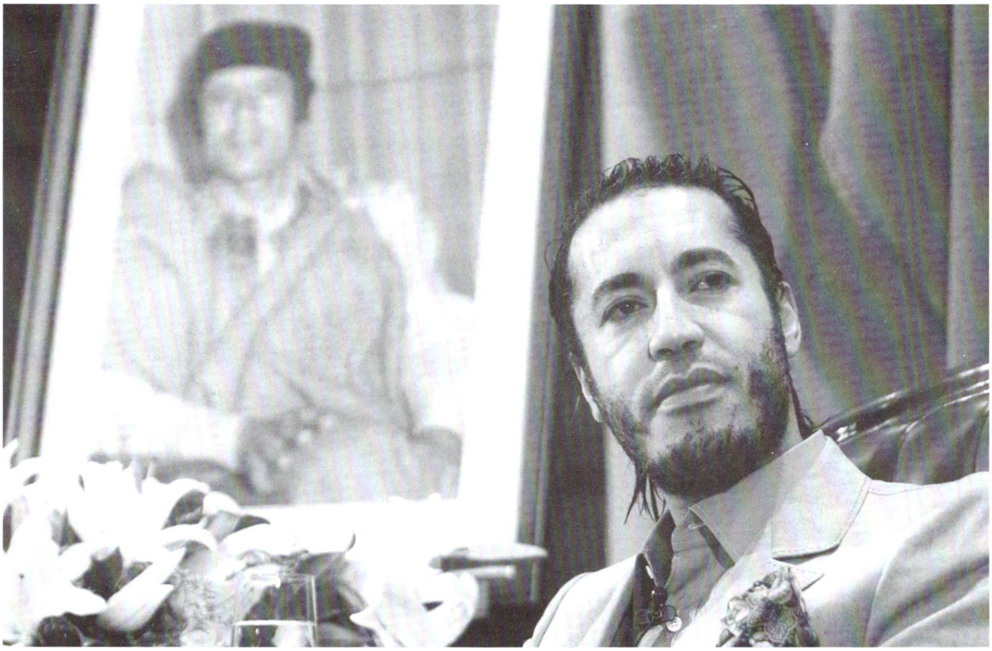

Al-Saadi Gaddafi auf einer Pressekonferenz 2005 in Sydney. Im Portrait hinter ihm sein Vater.

Niederschlagung der Proteste, die ein Ende der 41-jährigen Herrschaft Muammar al-Gaddafis forderten. Ausgerechnet nach Benghasi, wo das Feuer der Revolution im Land ausbrach, hatte der Vater Sohn Saadi geschickt, um die Aufständischen – hauptsächlich Fußballfans von Al-Ahly Benghasi – zurückzuschlagen. Hätte die Gaddafi-Familie die Hände vom Fußball gelassen, wären Groll und Verbitterung vielleicht nicht in der gleichen Weise entstanden und die Geschichte des Landes anders verlaufen. Saadi scheiterte mit seiner Mission, kehrte bald nach Tripolis zurück und erteilte dem Militär den Befehl, unbewaffnete Demonstranten zu erschießen. Im September 2011 floh er während des Umsturzes des Gaddafi-Regimes nach Niger und beantragte Asyl, das ihm gewährt wurde. Interpol schrieb ihn zur Fahndung aus. Er wurde beschuldigt, sich in seiner Zeit als Präsident des Fußballverbandes von Libyen illegal bereichert zu haben. Im März 2014 wurde er nach Libyen ausgeliefert. Vom Vorwurf des Mordes an einem Al-Ittihad-Trainer im Jahr 2005 wurde er von einem Berufungsgericht in Tripolis 2018 freigesprochen, obwohl laut der Familie des Opfers alle Beweise und Zeugenaussagen die Schuld Saadis bestätigt hätten. Er blieb aber wegen seiner Beteiligung an der tödlichen Niederschlagung der Revolte in Haft, bis er im September 2021 nach Verhandlungen zwischen hochrangigen Stammesangehörigen, dem Interimspremierminister des Landes und weiteren Politikern, denen Ambitionen im Präsidentschaftswahlkampf nachgesagt wurden, und vor dem Hintergrund des Schmiedens von Bündnissen in der heutigen fragilen Lage des Landes freigelassen wurde. Die Gaddafi-Familie hat weiterhin Einfluss im Land.

Die Geschehnisse des 9. Juli 1996 gelten heute auch als eine Art Deckmantel für ein größeres Massaker, das zehn Tage zuvor am 29. Juni im Abu-Salim-Gefängnis verübt wurde, als die Brigaden Muammar al-Gaddafis vermutlich auf dessen persönlichen Befehl hin fast 1.200 Gefangene kaltblütig auf dem Gefängnisplatz töteten.
Die Angehörigen der Toten des Massakers aus dem Stadion erhielten nach lokalen Quellen jeweils eine Entschädigung von umgerechnet etwa 1.500 US-Dollar. Die Leichen wurden erst ausgehändigt, nachdem die Familien bestätigt hatten, dass ihre umgekommenen Söhne Hooligans gewesen seien.

Ein weiteres Massaker:

Vor dem Eröffnungsspiel des 16. jährlichen interregionalen Turniers in Mogadischu in Somalia zwischen den Provinzen Jubba und Shabelle hielt Präsident Mohamed Siad Barre am 6. Juli 1990 eine kurze Antrittsrede. Es kam zu ersten Pfiffen aus dem Publikum, gefolgt von Rufen und Slogans gegen das diktatorische Regime. Die Proteste erreichten auch den Außenbereich, wo eine große Anzahl Sicherheitskräfte bereitstand. Beschimpfungen gingen in Steinwürfe über, woraufhin die Uniformierten erste Schüsse in die Luft abgaben. Das löste im 45.000 Zuschauer fassenden Stadion eine Panik aus, die den Protest eskalieren ließ. Während Siad Barre versuchte, seine Rede schnell zu beenden, flogen erste Steine in seinen Tribünenbereich. Die Demonstranten wollten die Sicherheitsabsperrung durchbrechen. Barre eilte davon, die Uniformierten eröffneten in Augenhöhe das Feuer. Die unabhängigen Einschätzungen der Opferzahlen liegen bei 65 bis 109 Toten und über 100 Verletzten.

Inferno im Tunnel

Das Zugunglück der Fans von Salernitana, Salerno, Italien 1999

Es ist ein langer Kampf gewesen. Etwas über 50 Jahre nachdem US Salernitana zuletzt in der obersten Liga Italiens gespielt hatte, war es nach den vielen Jahren der Zweit- und Drittklassigkeit im Jahr 1998 so weit: Der Aufstieg in die Serie A gelang mit acht Punkten Vorsprung vor dem Tabellenzweiten. Der Klub aus Salerno gehörte wieder zu den großen Mannschaften des Landes. Nachdem die Region im Mai überschwemmt worden war, wobei 160 Menschen ihr Leben verloren hatten, feierte man den Aufstieg andächtig im Stadion, was US Salernitana in Italien viel Respekt bescherte. Doch Ereignisse ein Jahr später sorgten dafür, dass für viele Italiener Salerno zum „Zentrum des Bösen" wurde. Die Umstände verdienen eine nähere Betrachtung.

Vor dem letzten Spieltag der Saison 1998/99 in der italienischen Serie A hatte Salernitana im Kampf um den Klassenerhalt keine schlechten Karten. Zwar hatte der Klub einen Rückstand von zwei Punkten auf Perugia, doch am letzten Spieltag hatte Perugia den AC Mailand zu Gast, der auf dem Weg war, die Meisterschaft zu gewinnen. Den Mailändern reichte dafür ein Sieg in Perugia. Damit hatte Salernitana eigentlich alles in der eigenen Hand. Ein Auswärtssieg in Piacenza hätte die Rettung bedeutet. Für die Anhänger der Süditaliener war klar, dass sie unbedingt in Piacenza dabei sein mussten. Ein Abstieg in die Serie B war für sie ausgeschlossen. Piacenza war bereits dank einer sehr guten Tordifferenz vor dem letzten Spieltag vor einem Abstieg gerettet.

Ein Auswärtsspiel in Piacenza bedeutete eine 48-stündige Reise für 1.500 Anhänger in einem nur aus elf Wagen bestehenden Sonderzug ab Salerno. Zwölf Polizisten sollten den Zug begleiten, der komplett überfüllt war. Es waren viel zu wenige Wagen, um die zahlreichen Fans zu transportieren. Es kamen viel mehr Anhänger als eigentlich vorgesehen, viele von ihnen ohne Zugticket. Eine Fahrkartenkontrolle im Zug war unmoglich durchzuführen; ein kontrollierter Zugang im Bahnhof in Salerno war nicht organisiert worden. Nach der langen Anreise sollte es für Salernitana am 23. Mai 1999 im Garilli-Stadion nicht gut laufen. Piacenza ging in der 53. Minute in Führung. Zwar gelang den Gästen noch in der 64. Minute durch einen Elfmeter der Ausgleich, doch zu mehr reichte es nicht. Salernitana war abgestiegen. Mit dem Schlusspfiff kam es zu mehreren Zusammenstößen zwischen Fans und Spielern, die die Polizei auf dem Spielfeld beendete.

Die Anhänger aus Salerno ließen ihrem Frust freien Lauf. Toilettenanlagen wurden zerstört, mit deren Bruchstücken wurden Autos und andere Einrichtungen beschädigt. Die Rückfahrt zum Bahnhof erfolgte in Bussen, in denen Eisengitter anstelle von Fenstern eingesetzt waren. Das Stadion ist nicht weit vom Bahnhof entfernt, aber für die 1.500 Menschen schien die Fahrt kaum zu enden. Schließlich wurden die Fans wieder in ihren viel zu engen Zug gepfercht, ähnlich wie Vieh in einem Transporter. Sofort brach Unruhe aus. Der Zug, der

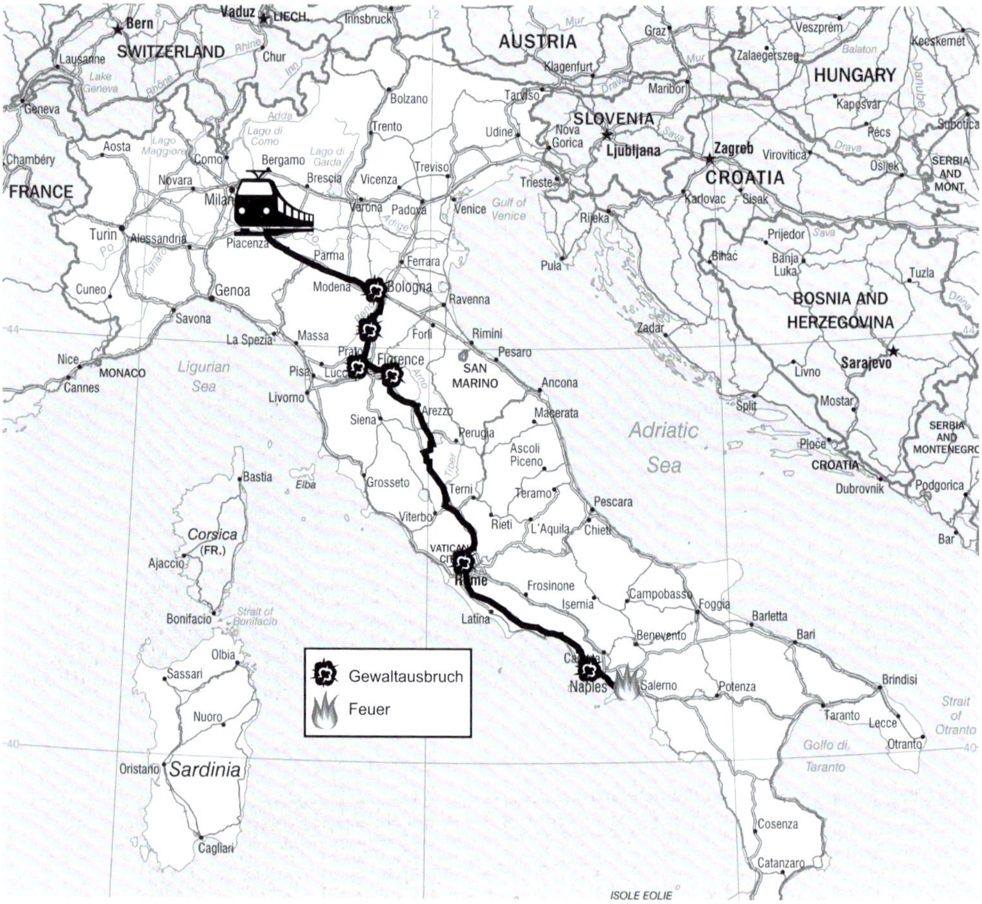

Die Rückfahrt im Zug im Überblick.

geplant um 20:04 Uhr abfahren sollte, setzte sich erst gegen 23 Uhr in Bewegung. Offizielle Halte mit Ein- und Ausstieg waren auf der Rückfahrt nicht vorgesehen, die Polizei soll sie verboten haben. Aber es hieß auch, in Bologna würden fünf neue Wagen angehängt werden, doch die Situation wurde dadurch nur marginal besser. An dem Zug arbeitete der Anhang seinen Frust ab. Während der gesamten Rückfahrt waren die zwölf Polizisten machtlos gegen das, was im Sonderzug passierte: Vandalismus an jeder Station (Grizzana Morandi, Prato, Campo di Marte in Florenz, Roma Tiburtina und Neapel), herausgerissene Feuerlöscher, die auf eine entgegenkommende Lokomotive – deren Frontscheibe zersplitterte – oder auf die Straße geworfen wurden, Steinwürfe auf Pendler inklusive. Immer wieder brachte die gezogene Notbremse den Zug zum Stehen. Damit war jeweils die Gelegenheit gegeben, auf das Gleisbett hinauszuspringen und neue Steine in den Zug zu holen. In Bologna wurde eine Bar mit Steinen und Flaschen zerlegt. An jeder Station baten die hilflosen Polizisten um Hilfe, aber niemand kam, um dem Treiben ein Ende zu setzen – der Zug sollte nur so schnell wie möglich weiterfahren.

Salerno war nicht mehr fern, als im Bahnhof Nocera Inferiore ein erneut unplanmäßiger Halt durch eine blockierte Notbremse eingelegt wurde. Der Journalist Fabio Setta, der auch den Sonderzug für die Reise nutzte, erinnerte sich an den Halt in Nocera Inferiore: „Einige Leute steigen aus dem Zug aus und greifen andere an. Andere steigen aus dem Zug aus und suchen nach anderen Möglichkeiten, um nach Salerno zurückzukehren. ‚Selbst zu Fuß ist es besser', sagt mir ein Junge. Die meisten von ihnen bleiben jedoch im Zug." Und die, die ausstiegen, wurden von der Polizei nicht aus dem Bahnhof gelassen. Um 8 Uhr am Morgen setzte sich der Zug wieder in Bewegung. „An diesem Punkt ihrer schrecklichen Reise", erklärte der Polizeipräsident von Salerno, Rocco Marazzita, später, „beschlossen Fans, den Zug in Brand zu setzen. Sie ahnten, dass wir am Bahnhof von Salerno auf sie warteten, und dachten, wenn sie mit dem brennenden Zug ankämen, hätten sie eine bessere Chance zu entkommen." Noch einmal Fabio Setta: „Es war die Hölle los. Plötzlich riecht es verbrannt, dann kommt Rauch, dann wird es dunkel. Man hört Schreie, das Geräusch von zerbrochenem Glas, das Pfeifen des Zuges auf den Gleisen, ein Zug, der sehr langsam zu fahren scheint (hat wieder jemand die Notbremse gezogen?), in einem Tunnel, der nie zu enden scheint." Offenbar wollte man nicht nur einen bestimmten Wagen in Brand setzen, sondern den ganzen Zug. „Es ist sehr wahrscheinlich", erläuterte ein Ermittler, „dass sie einfache Feuerzeuge benutzt haben. Zuerst zündeten sie die Vorhänge an, dann die Toilettenpapierrollen. Eine verrückte und akribische Arbeit: Schritt für Schritt, ein Wagen nach dem anderen." Auch in den Toiletten anderer Wagen wurden Brandspuren gefunden. In einem weiteren wurden zwei Sitze verbrannt. In Wagen 5 waren jedoch alle Fenster eingeschlagen: nicht ein einziges

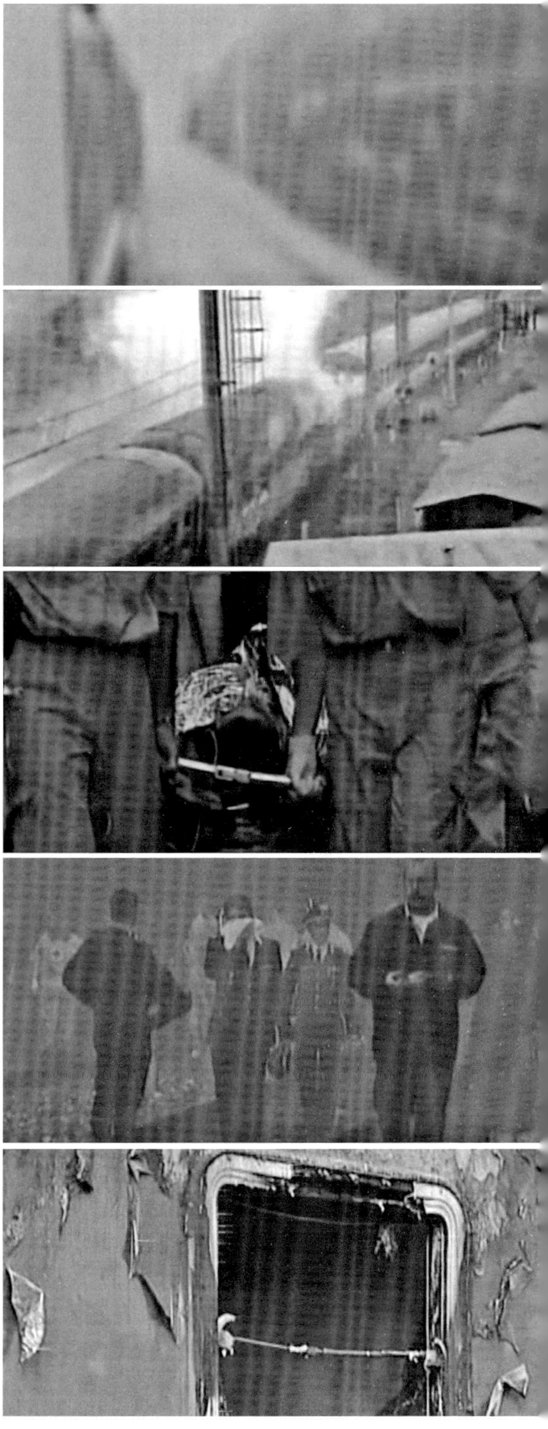

Im Tunnel kurz vor Salerno bricht das Feuer aus.

wurde unversehrt gelassen. Der tobende Wind nährte die Flammen. Nach dem Bahnhof von Nocera Inferiore liegt in einer Entfernung von etwa einem Kilometer der Eingang des 13 Kilometer langen Tunnels Santa Lucia. Als der Sonderzug dort einfuhr, waren die Flammen in Wagen 5 bereits nicht mehr kontrollierbar. Dann wurde erneut die Notbremse gezogen. Die beiden Lokführer entschieden sich, den Zug trotz der ausgelösten Notbremsen aus dem Tunnel zu fahren, was nur langsam und zur Hälfte funktionierte. Mit großer Mühe gelang es der Feuerwehr, das Feuer im Tunnel zu löschen. Viele Fans waren bereits zuvor aus den Fenstern gesprungen, um den sich ausbreitenden Flammen zu entkommen. Aber in Wagen 5 war es für vier Menschen zu spät. Nach den Löscharbeiten mussten die verkohlten Leichen der 15-jährigen Cousins Ciro Alfieri und Vincenzo Lioi sowie der 23-jährigen Giuseppe Diodato und Simone Vitale geborgen werden, die übereinandergestapelt im letzten Abteil des Wagens gefunden wurden. Sie sind offenbar nicht mehr in der Lage gewesen, sich dem Strom der fliehenden Anhänger im Gang anzuschließen. Die Autopsie ihrer Leichen ergab, dass alle vier durch das Einatmen von Kohlenmonoxid starben. Sie wurden nicht lebendig verbrannt. Beim Bergen klingelte ein Handy, das unter dem untersten Körper liegend unversehrt in einer Hosentasche geblieben war. Die Mutter des Jüngsten hatte ihm das Handy mitgegeben, damit dieser sich zur Sicherheit melden konnte, und erfuhr in diesem Moment, was geschehen war.

Zwanzig Verletzte, u. a. mit Knochenbrüchen, Verbrennungen, Schnittwunden und Schlägen auf den Kopf mussten versorgt werden.

Eine Bande von zehn Schlägern im Alter von 14 bis 18 Jahren stand im Mittelpunkt der folgenden Untersuchungen. Die Ermittlungen waren schwierig, weil die Anhänger größtenteils schwiegen, und solche, die redeten, bei Gegenüberstellungen schwitzend einknickten. 2021 meinte der ermittelnde Staatsanwalt Vincenzo Di Florio rückblickend: „Schmutzige

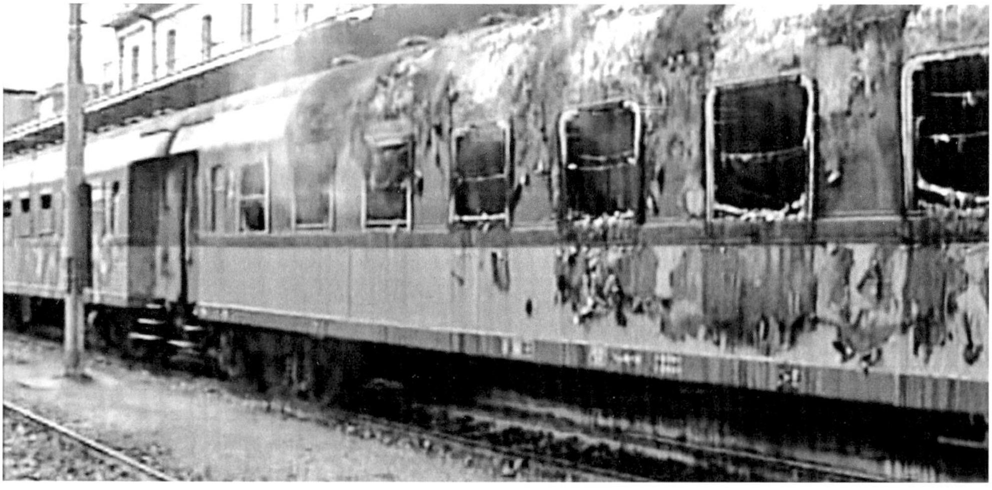

Noch immer raucht es aus den Fenstern.

Wäsche wird in der Familie gewaschen, und die Wahrheit sollte nicht vor die Justizbehörden gebracht werden." Die Staatsanwaltschaft klagte insgesamt 15 Personen an, darunter die Polizeiführung in Piacenza, aber auch die für Bahnhöfe zuständige, in denen der Zug hielt, sowie auch fünf Anhänger, die der Brandstiftung beschuldigt wurden, und drei, denen die Zerstörung im Inneren des Zuges vorgeworfen wurde. Im November 2001 wurden zwei Anhänger zu Haftstrafen über acht bzw. sechseinhalb Jahren wegen mehrfacher fahrlässiger Tötung verurteilt. Die Staatsanwaltschaft hatte 18 bzw. 17 Jahre gefordert.

In der Verhandlung soll einer der Verurteilten nach der Überführung laut Staatsanwalt Vincenzo Di Florio ausgesagt haben, dass drei der toten Jungen mitgezündelt hätten. Er erklärte 2021 zudem in einem Interview mit www.storiesport.it auf die Frage, womit der Wagen in Brand gesetzt wurde: „Papiere, Lumpen, Schwämme, Fahnen. Sie hatten sogar Sitzbezüge und -polster herausgezogen, die Kopfstützen. Alle Teile, die in den Toiletten und an anderen besonderen Stellen angeordnet sind." Und hatte sie niemand versucht aufzuhalten? „Kein einziger versuchte sie aufzuhalten. Das ist zumindest aktenkundig. Es muss auch gesagt werden, dass sie die Türen geschlossen und verriegelt hatten, um diejenigen, die sich in den Abteilen befanden, nicht herauszulassen." Warum haben sie diesen Wagen angezündet? „Sie taten es nicht, um auf der Station Verwirrung zu stiften, um eine Identifizierung zu vermeiden, sie taten es nicht aus Nachahmungsgeist, sie taten es nicht aus Wut. Niederlage, Abstieg: nur Vorwände. Das taten sie. Nur um etwas zu tun, etwas Auffälliges." Dieser Wagen hätte also auch brennen können, selbst wenn sich die Salernitana gerettet hätten? „Abstrakt ja. Grillo und Iannone [die Verurteilten; Anmerkung des Autors] waren nicht wer weiß welche Fans oder zeigten Interesse oder Engagement für den Sport. Sie waren nicht einmal Ultras, wenn überhaupt Fans aus zweiter Hand. Und sie nutzten die Gelegenheit einfach so, um etwas zu tun. Was noch schlimmer ist, wenn man nur zurückblickt."

Weitere Verurteilungen gab es nicht bzw. wurden in der Berufung wieder aufgehoben, sieht man von zwei Ausnahmen ab. Ein Anhänger wurde wegen Sachbeschädigung zu acht Monaten Haft verurteilt. Zudem gab es noch ein Urteil im Jahr 2018, nach dem die Eisenbahngesellschaft verpflichtet wurde, eine Entschädigung an die Opfer zu zahlen. Grund: Der Zug hätte nicht ohne (neue) Feuerlöscher weiterfahren dürfen.

Nach diesem Unglück wurden in Italien keine Sonderzüge für Fußballfans mehr eingesetzt. US Salernitana hat im Jahr 2020 beschlossen, die drei Spielfelder und den Presseraum des eigenen Sportzentrums nach den vier Verstorbenen zu benennen.

Videoeindrücke von den Geschehnissen:
https://www.youtube.com/watch?v=THwunFCwo5o,
ca. 12 min.

Zu großer Andrang beim Soweto-Derby

Das Stadionunglück von Johannesburg, Südafrika 2001

Das Soweto-Derby in Johannesburg – erstmals ausgetragen im Jahr 1970 – gehört zu den wichtigsten Fußballspielen auf dem afrikanischen Kontinent. Beide Klubs sind im Südwesten der Stadt verwurzelt. Inzwischen gilt die Begegnung als friedlich. Das Bild wird von buntgeschmückten Fans der schon in den Dreißigerjahren gegründeten Orlando Pirates und der Kaizer Chiefs beherrscht. Das Spiel zwischen beiden bedeutet Karneval mit dem Totenkopf der Pirates und dem Schwarz-Gold der Chiefs. Die Fans sitzen Seite an Seite. Feindseligkeiten gibt es nicht mehr, höchstens Uneinigkeiten in der Familie. „Die Leute gehen dorthin, um die Atmosphäre zu genießen, oder um Kontakte zu knüpfen, sie sitzen zusammen, und es ist nicht mehr so hartnäckig wie früher", so Chiefs-Legende und Leeds-United-Urgestein Lucas Radebe im Jahr 2020.

Früher gab es oft Zusammenstöße zwischen den Anhängern beider Klubs. „In den Siebzigerjahren gab es immer wieder Schlägereien zwischen den Fans", erklärte Chiefs-Fan Freddy „Saddam" Maake. „Viele Menschen haben ihr Leben verloren, einige sitzen im Rollstuhl." Maake weiter: „In der Vergangenheit gab es manchmal Unentschieden zwischen den beiden Vereinen, um Schlägereien zu vermeiden und das Leben der Fans zu retten." Die Spannungen gehen auf die Gründung der Chiefs im Jahr 1970 zurück. Die einstige Pirates-Legende Kaizer Motaung, zwischenzeitig in der US-Profiliga aktiv, hatte die Kaizer Chiefs gegründet und den Pirates Spieler abgenommen. Die Rivalität war geboren. Die Chiefs waren das Team der sozial „angekommenen" Schwarzen, die Pirates waren die Lieblinge der Arbeiter. Die Chiefs bauten in kurzer Zeit einen engagierten Anhang auf und holten bereits 1974 die erste südafrikanische Meisterschaft. Gleich fünf Derbys wurden im Laufe der Zeit abgebrochen. 1972 wurde ein Fan erstochen. 1976 wurde einer der Chiefs-Anführer, Ewert Nene, ermordet, als er versuchte, einen Spieler von den Pirates zu den Chiefs zu lotsen. Der Kapitän der Chiefs, Ariel Khongoane, wurde 1978 bei einem Aufstand im schwarzen Viertel von Soweto getötet.

Am 13. Januar 1991 empfingen die Orlando Pirates die Kaizer Chiefs in einem Saisonvorbereitungsspiel auf neutralem Platz in Orkney. Es kam nach einer strittigen Schiedsrichterentscheidung zu einer Massenpanik, nachdem Pirates-Anhänger Chiefs-Fans mit Dosen und Obst bewarfen und manche mit Messern angegriffen haben sollen. Dies wurde 92 Menschen zum Verhängnis, die den Auseinandersetzungen entkommen wollten: 42 starben, 50 wurden verletzt, als sie niedergetrampelt oder gegen Zäune gequetscht wurden. In das für 23.000 Zuschauer ausgelegte Stadion wurden 30.000 Besucher gelassen, die nicht nach ihren Klubs in getrennte Bereiche geleitet wurden.

Die Führungen beider Vereine wollten die Spannungen in der Folge reduzieren, traten vermehrt gemeinsam auf und arrangierten Treffen beider Fanlager. Es kam zu einem Wandel der Derbykultur, wenngleich 1994 Pirates-Anhänger einen Teil des Stadions in Brand setzten, nachdem die Chiefs das Derby gewonnen hatten. Und 2001 ereignete sich ein neues Unglück, das als das schlimmste in Südafrika gilt.

Die Zuschauer strömten am 11. April 2001 zum Soweto-Derby in das Ellis-Park-Stadion. Der elfjährige Rosswin Nation freute sich so sehr auf das Spiel, dass er, nachdem sein Vater Roy ihn mit einer Eintrittskarte überrascht hatte, sich vor Aufregung aus Versehen zunächst seinen Schlafanzug angezogen hatte. „Bitte, komm, Daddy, wir kommen zu spät", meinte er zu seinem Vater.

Das Stadion hatte ein Fassungsvermögen von 68.000 Zuschauern. Allerdings begehrten nach Berichten bis zu 120.000 Menschen Einlass. Mindestens 90.000 Zuschauer hatten bereits den Weg durch die Kontrollen hinter sich. Die Sicherheitskräfte erkannten den Ernst der Lage zunächst nicht. Herrschte vor dem Anpfiff noch die übliche ausgelassene Stimmung, wurde diese mit der fortschreitenden Zeit außerhalb des Stadions, wo noch 30.000 Menschen warteten, immer schlechter. Tony Ilodigwe hatte für die Chiefs in der 15. Minute den Torreigen eröffnet. Benedict Vilakazi erzielte zwei Minuten später den Ausgleich für die Pirates. Dieser sorgte dafür, dass noch mehr Personen darauf drängten, in das Stadion zu gelangen, indem sie Zäune durchbrachen und Tore überkletterten. Die Zuschauer versuchten auch, die Pressetribüne zu erklimmen. Nicht geschulte Sicherheitskräfte hatten die Situation offenbar verschlimmert, als sie (vor live übertragenden TV-Kameras) Tränengas auf die anstürmenden Fans abfeuerten. In der entstehenden Panik wurden Anhänger niedergetrampelt.

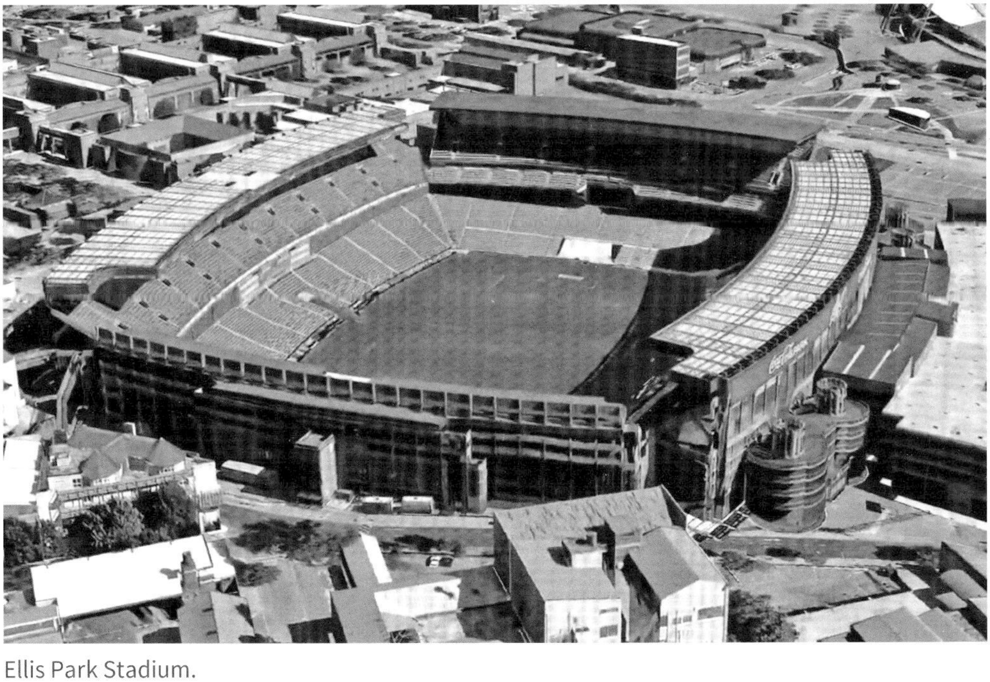

Ellis Park Stadium.

Die Untersuchung der Vorfälle brachte zum Vorschein, dass Sicherheitspersonal bestochen wurde, welches Fans ohne Eintrittskarten in das Stadion ließ. Außerdem sollen – warum auch immer – 13.000 Karten zu viel gedruckt und verkauft worden sein. Zudem sollen Ordner an den Eingängen vorzeitig abgezogen worden sein, um Parkplatzeinweisungen zu übernehmen. Das Spiel wurde nach etwa einer halben Stunde abgebrochen. Die leblosen Körper wurden im Innenraum aufgebahrt und sollten medizinisch versorgt werden, doch niemand konnte wiederbelebt werden. 43 Menschen wurden erdrückt (19 innerhalb, 14 außerhalb des Stadions), 160 verletzt. Krankenwagen blieben auf dem Weg zum Stadion im Verkehr stecken. Die Helfer mussten zu Fuß den Weg ins Stadion finden. Hubschrauber flogen viele Verletzte aus.

Chiefs-Stürmer Siyabonga Nomvethe erzählte später: „Nach dem Ausgleichstreffer der Pirates konnte ich den Tumult auf den Tribünen hören. In diesem Moment bemerkte ich, dass auf der Tribüne etwas Ungewöhnliches geschah. Der Lärm auf den Rängen war größer als sonst. Es war das erste Mal, dass ich sah, wie die Fans über die Tribünen sprangen und versuchten, uns von der Seitenlinie aus zu beobachten. Da wurde uns auch klar, dass es ein Problem gab." „Ich sah ein Mädchen", sagte Petrus Saayman, Sicherheitsbeamter, „das mit dem Kopf auf der einen Seite des halb geschlossenen Tores und mit dem Körper auf der anderen Seite gefangen war. Die Fans drängten und das Mädchen drückte gegen die Stangen, und ich

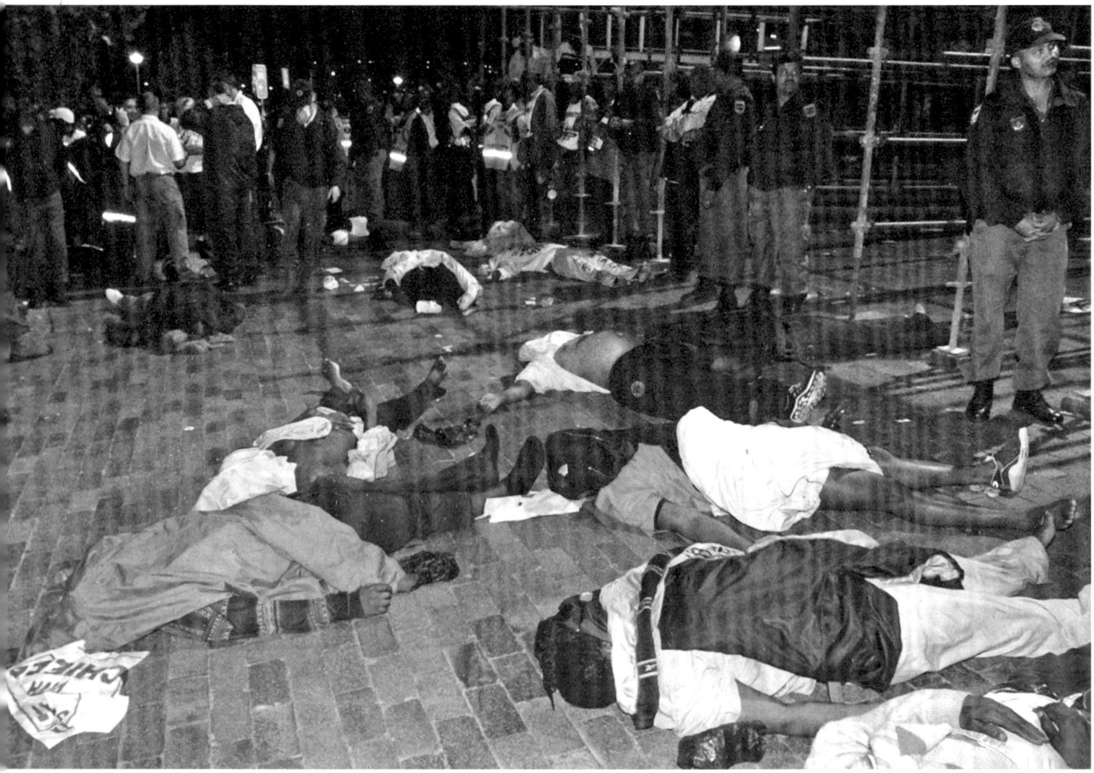

glaube, sie brach sich das Genick.“ Milton Nkosi, BBC-Korrespondent, berichtete: „Ich war im Stadion, und als die Menge losging, saß ich schon, aber ich musste aufstehen, um mit all den Leuten um mich herum wegzulaufen. Ich begann zu rennen und an einem bestimmten Punkt wurde mir klar, dass ich auf den Körpern der Menschen lief, die am Boden lagen.“

Annette Nation, die Mutter des elfjährigen Rosswin, erfuhr von ihrer Schwiegermutter am Telefon, dass im Stadion etwas passiert sei. Sie versuchte, ihren Mann Roy über das Handy zu erreichen, und schaffte es nicht. Sie spürte, dass etwas nicht stimmte. Mit ihrem Bruder brach sie zum Stadion auf. Unterwegs rief Roy auf dem Handy an. Annette Nation: „Und ich zitterte und zitterte und sagte: ‚Roy, bist du okay, ist Rosswin okay?‘ Nein, nein, nein … Bevor ich überhaupt fragen konnte, fing Roy an zu weinen und sagte: ‚Annette, Annette, Rosswin ist tot.“ Rosswin Nation war der Jüngste unter allen Verstorbenen.

Noch einmal Siyabonga Nomvethe: „In den Tagen danach war das Leben nicht wie gewohnt. Es war hart, wieder zum Training zu gehen. Aber ich erinnere mich, dass wir uns mit den anderen Fußballern zusammengetan haben, um den Hinterbliebenen unseren Respekt und unsere Unterstützung zu erweisen. Wir besuchten die Häuser der Hinterbliebenen und erwiesen ihnen die Ehre.“

Wäre das Spiel ins Nationalstadion (heute „Soccer City“ genannt) verlegt worden, so hätten etwa 100.000 Personen ohne Problem Platz gefunden. 2017 versuchten noch einmal Fans, illegal ins Stadion zu kommen. Zwei Menschen wurden dabei getötet, 19 weitere verletzt.

Dass Eingänge von einer hohen Zahl an Anhängern quasi überrannt werden, ist eine der häufigsten Ursachen solcher Tragödien. Entsprechend folgen an dieser Stelle einige dieser Unglücke mit nicht geringer Opferanzahl in einer Kurzdarstellung:

Am 4. April 1954 ereignete sich im sowjetischen Tiflis, heutige Hauptstadt Georgiens, ein Unglück, das noch seiner Aufarbeitung harrt. Grund dafür ist, dass es in der Sowjetunion solche „Vorfälle“ offiziell nicht geben durfte und alles dafür getan wurde, die Wahrheit zu vertuschen. Beim Spiel zwischen Dinamo Tiflis und Spartak Moskau gab es Augenzeugenberichten zufolge bei einem ungeheuren Zuschauerandrang eine Menschenmenge, die den Eingangsbereich mit Drehkreuzen gestürmt hat, wobei viele Personen an den Eisenabtrennungen hängen blieben und viele zu Tode getrampelt wurden. Augenzeugen haben 150 bis 200 Tote geschätzt.

Sieben Tote, acht Schwerverletzte und fast 500 weitere Verletzte sind die Bilanz der Tragödie im Nationalstadion in Santiago de Chile rund um das finale Spiel um die Campeonato Sudamericano, dem Vorläuferwettbewerb der heutigen Copa América, am 20. März 1955 zwischen Chile und Argentinien. Eine Lawine von Anhängern drängte gegen die Tore des Stadions. Es ist eine der größten Katastrophen, die sich je in chilenischen Stadien ereignet hat. Das Spiel wurde dennoch vor 53.336 Zuschauern ausgetragen. Chile verlor mit 0:1. Die

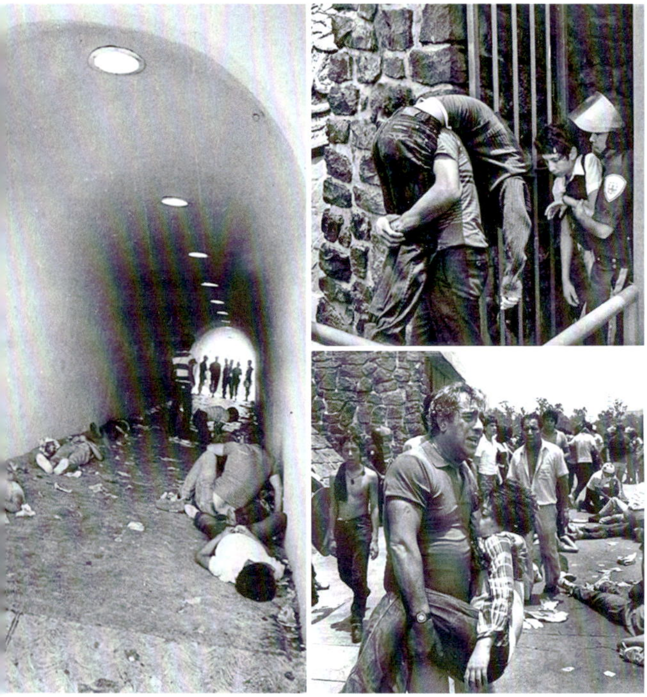

Mexiko-Stadt 1985. Die Tragödie von Tunnel 29.

Albiceleste gewann die Trophäe, und die La Roja wurde Zweiter.

Im Rückspiel des Endspiels der mexikanischen Meisterschaft zwischen den Pumas de la UNAM und dem Club América versuchten am 27. Mai 1985 Tausende von Menschen, ohne Eintrittskarte den Weg ins Stadion zu finden. Eine Tragödie ereignete sich, als die Anhänger sich in einem Tunnel gegenseitig erdrückten. Acht bis zehn Menschen starben durch Quetschungen und Ersticken, 70 wurden verletzt.

Aufgrund zu viel gedruckter (teils gefälschter) Tickets war das mit einer Kapazität von 36.000 Plätzen ausgewiesene Stadion in Guatemala-Stadt vor dem Qualifikationsspiel zur Weltmeisterschaft 1998 in Frankreich zwischen Guatemala und Costa Rica bereits früh gefüllt. Zu 45.000 Ticketinhabern gesellten sich am 16. Oktober 1996 noch etwa weitere 10.000 Zuschauer ohne Eintrittskarte. Und noch einmal 20.000 Menschen warteten noch vor dem Stadion. Manche Fans kletterten über Mauern ins Innere, andere drückten an den Toren, um die Ordner zu bewegen, diese zu öffnen. Da die Ordner erkannten, dass manche Anhänger eingeklemmt waren, ließ ein Polizist die Tore tatsächlich zur Evakuierung nach innen öffnen. Die Menge drängte in den Innenraum und stürzte auf Sitzende. Viele Menschen verloren das Bewusstsein. 84 kamen ums Leben, darunter viele Kinder, etwa 150 wurden verletzt. Die meisten Opfer erstickten oder wurden gegen Schutztore gepresst.

Nairobi, Kenia, am 23. Oktober 2010. Vor der Begegnung der langjährigen Rivalen AFC Leopards und Gor Mahia stürmten Anhänger ohne Eintrittskarte ein Eingangstor mit schwacher Struktur – als dieses fiel, wurden viele Leute heruntergestoßen. „Andere traten in ihrer Eile, hineinzukommen, auf sie. Hunderte von Menschen sind immer wieder darüber gestolpert“, erklärte Frank Okoth, Manager der Kenyan Premier League. Krankenwagen konnten nicht bis ins überfüllte Stadion vordringen. Ein Notfalltor blieb geschlossen. Dadurch konnten manche Menschen nicht gerettet werden. Sieben Personen kamen zu Tode, mindestens elf erlitten ernste Verletzungen und mussten ins Krankenhaus.

Zur Saisoneröffnung in Uíge in Angola zwischen Santa Rita de Cássia FC und Clube Recreativo Desportivo do Libolo war das Stadion am 10. Februar 2017 mit 8.000 Zuschauern voll besetzt, als Hunderte von Fans ohne Eintrittskarte ein geschlossenes Eingangstor überwinden wollten. Nachdem das Tor dem Druck nachgab, stürzten viele Anhänger. Die von hinten schiebende Menge stieg dann über sie hinweg. 17 Personen, darunter auch Kinder, wurden laut offiziellen Angaben totgetrampelt (ein Krankenhausarzt berichtete hingegen von 22 Toten), 76 wurden verletzt.

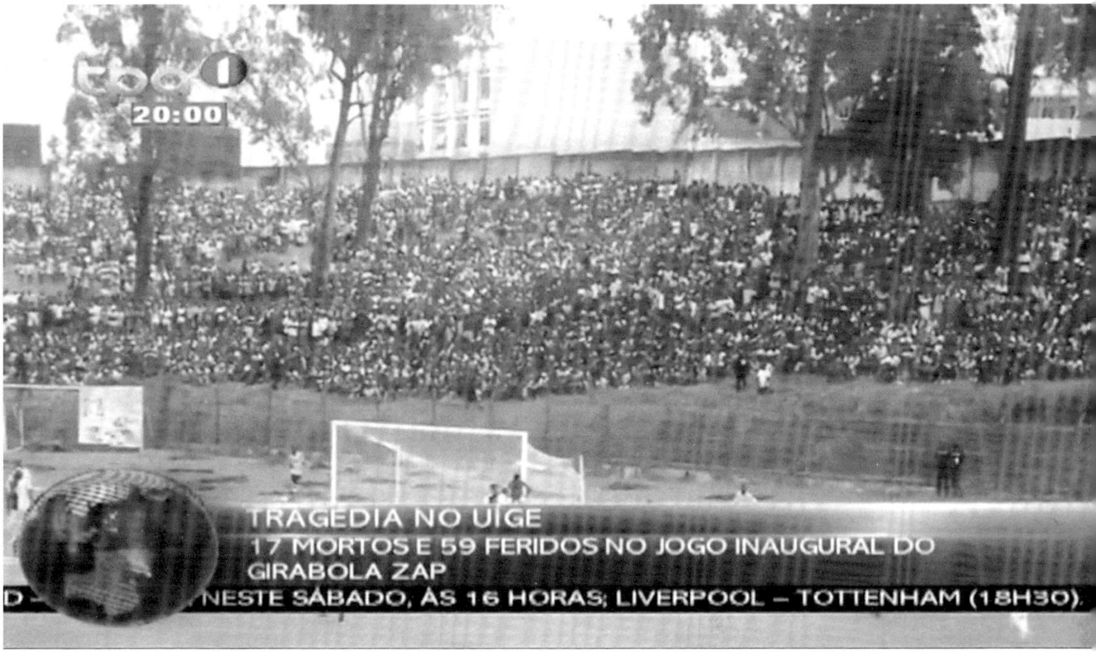

TV-Aufnahmen zeigen ein völlig überfülltes Stadion.

Der bislang letzte Vorfall mit einem überrannten Eingang datiert vom 24. Januar 2022 und fand beim Afrika-Cup in Yaoundé in Kamerun statt. Vor dem Achtelfinalspiel der Gastgeber gegen die Komoren sollen Menschen versucht haben, über ein wohl irrtümlich verschlossenes Tor in das Stadion einzudringen. Aufgrund der Coronapandemie durften nur 80 % der Plätze besetzt werden (48.000). Es kam zu einer Panik. Acht Menschen wurden getötet, bis zu 50 mussten ärztlich behandelt werden.

Die Verschleierung gleich zweier Katastrophen

Stadionunglück und Aufstand in Sari, Iran 2001

Am 6. Mai 2001, jenem Tag, als mit Papst Johannes Paul II. erstmals ein katholisches Oberhaupt eine Moschee besuchte, freuten sich die Fußballanhänger im iranischen Sari auf ein besonderes Spiel. Im Achtelfinale des nationalen Pokalwettbewerbs sollte der Hauptstadtklub und aktuelle Meister Persepolis anreisen. Laut einer Erhebung des asiatischen Kontinentalverbandes AFC ist der Klub jener mit den meisten Anhängern in Asien. Eine Umfrage eines iranischen TV-Senders im Jahr 2008 ergab, dass rund 61 % der Fans im Iran Persepolis unterstützen. Gastgeber Shamoushak Noshahr spielte in dieser Saison als Aufsteiger in der 2. Liga, ging also als Underdog in den Vergleich. Das Spiel sollte im Shahid-Mottaghi-Stadion in Sari ausgetragen werden, etwa knapp drei Autostunden östlich von der am Kaspischen Meer gelegenen Stadt Noshahr bzw. 240 km nordöstlich von Teheran entfernt. Üblicherweise finden in Sari keine hochklassigen Fußballspiele statt. Persepolis war letztmals in der Saison 1984/85 Gast in der Stadt.

Fünf Tage zuvor hatte es in Teheran das Hinspiel gegeben, das Persepolis mit 1:0 für sich entscheiden konnte. Die Ausgangslage für den Gastgeber auf neutralem Platz war an diesem Tag also keine schlechte. Der Andrang hätte kaum größer sein können. Die Kapazität des Stadions lag bei 10.000 bis 15.000 Zuschauern. Doch die Anzahl der Menschen, die in das Stadion strömten, war ungleich größer: Quellenangaben liegen bei 20.000 bis 25.000 Zuschauern. Hunderte Zuschauer kletterten auf einen Dachüberhang aus Fiberglas. Die Polizei hielt sie nicht auf. Als Shamoushak in der zweiten Hälfte 2:0 führte, jubelten und tanzten die Fans – auch auf dem Dach! Unter diesem Gewicht brach das Dach schließlich zusammen.

Die Rettungskräfte hatten Schwierigkeiten, zu den Verletzten durchzukommen, so überfüllt war das Stadion. Nach dem Unglück kam es zu Zusammenstößen zwischen Fans und der Polizei. Die Anhänger beschuldigten die Polizei, Mitverursacher zu sein, da diese Anhänger auf das Dach klettern ließ. Die Fans schleuderten Metallstangen auf die Polizei, legten auf dem Spielfeld Feuer, rissen Eisenzäune aus der Bodenverankerung und eine Wand des Stadions ab. Die Polizei reagierte laut Medien aus der Provinz mit Schüssen auf die Randalierer, um diese zu vertreiben. Ahmad Ali Barzegar, der diensthabende Arzt im Bu-Ali-Krankenhaus in Sari, in das einige der Verletzten eingeliefert worden waren, bestätigte, dass mehrere Menschen mit Schusswunden darunter gewesen seien. Mehr wollte er nicht sagen. Mitarbeiter aus mehreren Krankenhäusern der Stadt erklärten, sie seien von den Behörden angewiesen worden, keine Angaben zu den Verletzten zu machen und Journalisten keinen Besuch in den Krankenstationen zu gestatten. Die Polizei wollte sich zu den Schussvorwürfen nicht äußern.

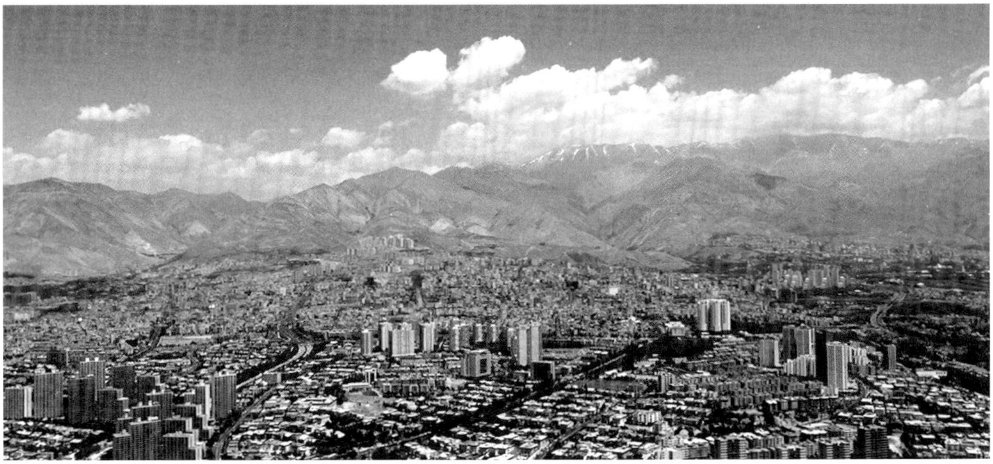

Die Stadt Sari am Kaspischen Meer.

„Sie hätten nicht so viele Menschen in das Stadion lassen dürfen", wurde Mostafa Hashemi-Taba, Leiter der iranischen Organisation für Leibeserziehung, von der Nachrichtenagentur der Islamischen Republik zitiert. Er gab die Zahl der Verletzten mit 355 an. Zeugen berichteten von mehreren Toten, offiziell hat es zwei gegeben. Nach anderen Quellen lag die Zahl jedoch bei wenigstens 15. Jahre später sagte Sohrab Entezari, der damals für Shamoushak Noshahr spielte und später zu Persepolis wechselte, dass die Zahl der Todesopfer bei mehr als 25 gelegen habe. In seiner Heimatstadt gebe es immer noch trauernde Familien, von denen „niemand etwas weiß".

Ali Ansarian, ein Spieler von Persepolis, sprach per Telefon mit der Nachrichtenagentur Associated Press, während im Stadion die Kämpfe tobten. Er berichtete: „Wir sind in der Umkleidekabine gefangen. Draußen ist eine so große Menschenmenge, dass wir die Tür zur Umkleidekabine nicht mit Gewalt öffnen können. Durch ein kleines Fenster kann ich draußen Kämpfe zwischen Fans und der Polizei sehen." Und Ansarian behauptete, mindestens 30 Tote gesehen zu haben.

Das iranische Fernsehen, das die Partie live zeigte, unterbrach die Übertragung, nachdem das Dach eingestürzt war. Shamoushak wurde am Grünen Tisch ein 3:0-Sieg zugesprochen, womit der Zweitligist ins Viertelfinale einzog, wo er dann ausschied.

Es hat andere Stadionkatastrophen gegeben, bei denen Sicherheitskräfte durch „falsche Strategien" für das Leid verantwortlich waren, wie an anderer Stelle in diesem Buch zu lesen ist, doch die Geschehnisse in Sari haben insgesamt betrachtet ein Alleinstellungsmerkmal: einerseits das (von der Polizei mitverursachte) Unglück des Dacheinsturzes, obendrein der Einsatz von Schusswaffen durch die Polizei gegen die aufgebrachte Menge, und schließlich wurde versucht, die Wahrheit über das tatsächlich Geschehene zu verschleiern.

Ein weiterer Dacheinsturz:

Nach der Weltmeisterschaft in Spanien 1982, bei der sich die Nationalmannschaft Algeriens sehr gut verkauft hatte, war der Andrang am 26. November beim Ligaspiel zwischen Hussein Dey und MC Algers groß. 20.000 Zuschauer kamen in das für 15.000 Besucher gebaute Stadion des 20. August. Viele Menschen, vor allem Jugendliche, kletterten auf ein Tribünendach. Von den Ordnungskräften machte niemand Anstalten, dies oder allgemein den Zugang von Menschen ohne Eintrittskarte zu verhindern. Während die Teams sich warmmachten, krachte ein Teil des Tribünendachs ein. Zehn Menschen (alle zwischen 17 und 31 Jahren) starben, 49 wurden ernster verletzt, 549 weitere mussten zudem ärztlich behandelt werden.

Ausschreitungen, Tränengas und verschlossene Tore

Das Stadionunglück in Accra, Ghana 2001

Am 4. Spieltag der Ghana Premier Football League am 9. Mai 2001 stand in Accra das absolute Spitzenspiel zwischen Hearts of Oak und Asante Kotoko auf dem Programm. Der schon im Jahr 1911 gegründete Gastgeber und der Gast aus Kumasi, der 2010 von der International Federation of Football History & Statistics zum „erfolgreichsten afrikanischen Verein des 20. Jahrhunderts" gekürt wurde, sollten auch in dieser Saison wieder die Topteams der Liga werden. Das 40.000 Plätze bietende Accra Sports Stadium war ausverkauft. Schon Stunden vor dem unter der Woche ausgetragenen Spiel gab es im Stadionumfeld Prügeleien der rivalisierenden Fanlager. Die Polizei setzte Tränengas ein. Obwohl es zu regnen begann, legte sich die Anspannung nicht. Immerhin beschränkten sich die Feindseligkeiten im Stadion auf ironische Jubel- und Buhrufe. Aber es gab auch Beifall und Sprechchöre.

Hearts of Oak war frisch gebackener Sieger der Champions League des afrikanischen Verbandes CAF, hatte den afrikanischen Supercup geholt und viermal in Folge die Meisterschaft in Ghana gewonnen. Die Gäste, Vertreter des stolzen Volks der Ashanti, gewannen zuletzt 1993 die Meisterschaft, wollten dies ändern und auch eine 0:4-Niederlage aus dem Vorjahr vergessen machen. Nach einer langweiligen ersten Halbzeit fielen in der 60. und 70. Spielminute endlich Tore. Es stand 1:1. In der 81. Minute dann das 2:1 für die Hearts of Oak. Die Gästefans tobten. Sie hatten gesehen, dass der Linienrichter zuvor die Fahne gehoben hatte und waren der Meinung, der Schiedsrichter hätte das Spiel unterbrechen und auf einen Freistoß entscheiden müssen. Dieser erklärte später, dass der Linienrichter ein anderes Vergehen angezeigt hätte, das gegen den Ball führenden Spieler begangen wurde und er regelkonform auf Vorteil entscheiden und weiterspielen lassen musste.

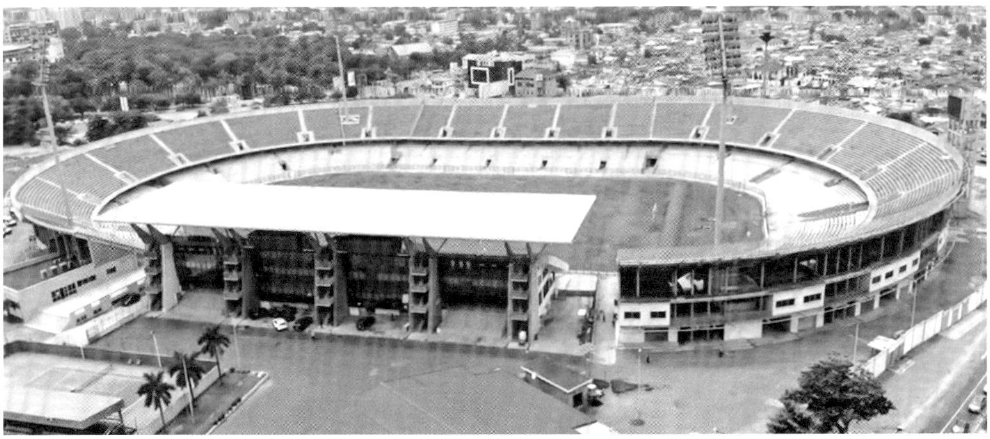

Accra Sports Stadium.

Den Kotoko-Anhängern war dieser Zusammenhang allerdings nicht klar. Sie begannen zu randalieren, indem sie Stühle aus der Verankerung rissen und zusammen mit anderen Gegenständen auf das Spielfeld warfen. Die Polizei bemühte sich, die Randalierer einzugrenzen und feuerte Tränengas auf sie ab. Die Anhänger versuchten, dem Gas zu entfliehen, doch die Ausgänge waren verschlossen. Das löste eine Panik aus. 127 Menschen starben an Erstickung bzw. einem Trauma, 150 wurden verletzt. Der Sportjournalist Yaw Ampofo-Ankrah gab gegenüber der BBC an: „Als ich mich auf den Weg zur Treppe machte, war ich wie erstarrt! Was ich sah, werde ich für den Rest meines Lebens nicht mehr vergessen. Auf den Gesichtern der sterbenden, unschuldigen jungen Männer stand der entsetzliche Ausdruck von Angst und Hoffnungslosigkeit. Sie lagen im Sterben und es gab nichts, was man tun konnte, um sie zu retten."

Die Toten und die Bewusstlosen wurden in die Krankenhäuser der Stadt gebracht. Von hier gibt es Bilder, auf denen Leichen wie Feuerholz übereinandergestapelt waren. In einem dieser Stapel lag der Körper von Abdul Mohammed: „In dieser Nacht waren viele Menschen auf mir. Das Blut floss, als die Menschen zu Tode gequetscht wurden. Ich versuchte, mich zu befreien, aber ich hatte keine Kraft mehr. Ich wusste nicht, wie ich ohnmächtig wurde. Es war ein Wunder, dass ich in der Leichenhalle die Augen geöffnet hatte, sonst wäre ich lebendig begraben worden." Er kam wieder zu Bewusstsein, als er einen starken Druck verspürte – offenbar hat ihm jemand auf seinen linken Fuß getreten. Die Menschen belagerten die Krankenhäuser. Frauen und Kinder weinten und schlugen immer wieder auf die regungslosen Körper auf dem Boden der Leichenhalle, damit diese doch noch reagierten.

Kriminelle nutzten die Gelegenheit und stahlen die Habseligkeiten der Verstorbenen. Der Untersuchungsbericht zu den Vorfällen im Stadion warf der Polizei vor, mit rücksichtslosem Verhalten und wahllosem Abfeuern von Plastikgeschossen und Tränengas überreagiert zu haben. Auch wurde festgestellt, dass das medizinische Personal schon vor den Ereignissen das Stadion verlassen hatte. Sechs Polizisten wurden wegen 127-fachen Totschlags angeklagt, aber aus Mangel an Beweisen freigesprochen bzw. erhielten milde Strafen auf Bewährung. Auf den Straßen gab es Proteste. Demonstranten forderten: „Keine Polizei, wir wollen Soldaten!"

Eine dreitägige Staatstrauer wurde ausgerufen. Der Spielbetrieb wurde für einen Monat ausgesetzt. Ein Hilfsfonds wurde für die Angehörigen der Verstorbenen eingerichtet. Die überlebenden Opfer erhielten private Spenden. Vor dem Stadion wurde eine Statue aufgestellt, die einen Fan zeigt, der einen anderen in Sicherheit bringt. Als Inschrift ist zu lesen: „I Am My Brother‘s Keeper".

Weitere Unglücke in Folge von Tränengaseinsatz durch die Polizei beziehen sich alle auf Vorfälle auf dem afrikanischen Kontinent:

Beim Qualifikationsspiel zur Weltmeisterschaft 2002 in Japan und Südkorea am 8. Juli 2000 trafen in Harare Simbabwe und Südafrika aufeinander. Ähnlich wie in Accra gelang den Gästen in der Schlussphase ein entscheidender Treffer zum 0:2, woraufhin Orangen, Dosen und Flaschen auf das Spielfeld geworfen wurden. Der Schiedsrichter reagierte mit dem Abbruch des Spiels, womit die Stimmung sich noch mehr aufheizte. Die Polizei schoss mit Tränengas in die randalierende Menge. Diese drängte daraufhin zu den Ausgängen. In einer Massenpanik starben auf Gängen und Treppen 13 Personen, darunter vier Kinder.

Am 29. April 2001 spielten TP Mazembe und FC Saint Eloi Lupopo im Spitzenspiel in Lubumbashi in der Demokratischen Republik Kongo gegeneinander. 60.000 Menschen sollen sich im eigentlich nur 40.000 Zuschauern Platz bietenden Stadion befunden haben. Nachdem beide Fanlager nach dem 1:1 endenden Spiel Kämpfe austrugen, wurde von der Polizei zum Schutz der Spieler Tränengas eingesetzt, wodurch es zu einer Massenpanik kam, die wiederum zu 14 Todesfällen und 51 Verletzten führte.

Im gleichen Land gab es am 11. Mai 2014 einen Vorfall, wieder war TP Mazembe mit von der Partie, diesmal gegen Vita Club. Auch hier setzte die Polizei Tränengas ein, um Anhänger zu vertreiben. 15 wurden dabei in Kinshasa getötet, 21 erlitten Verletzungen.

US Ouakam – Stade de Mbour lautete die Begegnung am 15. Juli 2017 in Dakar, Senegal. Beim Ligafinale gab es gegen Ende der Partie Ausschreitungen zwischen rivalisierenden Fangruppen, die zum Einbruch eines Teils einer Mauer führten. Die Polizei wollte die Randale mit Tränengas beenden. Doch dies löste eine Massenpanik aus. Neun Menschen kamen durch den Mauereinsturz zu Tode bzw. wurden niedergetrampelt. Über 88 wurden verletzt.

Immer die Angst im Nacken

Folter in Bagdad, Irak 1984 bis 2003

Vom 15. bis 31. August 1999 wurden in Amman in Jordanien die Panarabischen Spiele ausgetragen. 21 Nationen – von Mauretanien bis Brunei – gingen in 27 Sportarten bzw. 323 Wettbewerben an den Start. Für das ab dem 19. August ausgetragene Fußballturnier waren zwölf Nationalmannschaften gemeldet: neben Jordanien Irak, Libanon, Libyen, Oman, Palästina, Syrien und die Emirate auch das kurzfristig zurückziehende Algerien und die drei Olympiateams von Bahrain, Katar und Saudi-Arabien. In der ersten Gruppenphase reichte dem Irak nach einem 2:0-Sieg gegen Bahrain und einem 0:2 gegen Libyen der zweite Platz zum Weiterkommen. In der zweiten Gruppenphase bedeuteten ein 3:0 gegen Oman, ein 1:2 gegen Jordanien und ein 4:0 gegen Libanon Platz 1. Im Halbfinale wartete Libyen, das diesmal mit 3:1 geschlagen wurde. Der Irak hatte eine nicht unbedingt zu erwartende Erfolgsserie hingelegt. Und noch war das Turnier nicht zu Ende. Finalgegner wurde Jordanien, das sich im anderen Halbfinale 4:1 gegen Palästina durchgesetzt hatte.

Vor 25.000 Zuschauern sollte sich im Amman International Stadium am 31. August ein denkwürdiges Finale ereignen, in dem der Gastgeber dominierte und in der 30., 51., 67. und 70. Spielminute ein 4:0 herausschoss. Das Spiel schien damit entschieden. Doch was dann geschah, war Stoff für die Geschichtsbücher des Fußballs: Die kämpfenden Iraker trafen in der 73., 75. und 78. Minute und waren auf 3:4 herangekommen. Sie waren in Fahrt gekommen und schafften tatsächlich in der 87. Minute noch den Ausgleich. Der Irak drängte sogar noch auf den fünften Treffer, doch dieser blieb der Mannschaft verwehrt. Im siebten Turnierspiel – jeden zweiten Tag fand ein Spiel stand – musste das direkt sich anschließende Elfmeterschießen die Entscheidung über den Turniersieg bringen. Beide Mannschaften sollten fünf Schützen benennen. Allerdings gab der Irak zunächst nur drei Schützen an. Es fanden sich nicht genug Freiwillige für die Elfmeter. Der erste Elfmeter wurde vom Iraker Radhi Shneishel verwandelt. Jordanien glich aus. Hussam Fawzi trat für den Irak an und traf nur den Pfosten. Jordanien erzielte nun die Führung. Riyadh Mezher verschoss für den Irak und traf den anderen Pfosten. Jordanien vergab ebenfalls den nächsten Elfmeter. Der vierte Schütze des Irak – es musste ja ein weiterer Spieler antreten – war Abbas Rahim Zair, der wieder nur den Pfosten traf. Jordanien machte den Sack zu und beendete ein fantastisches Spiel mit einem 7:5 nach Elfmeterschießen.

Nach der Rückkehr nach Bagdad wurde der letzte Unglücksrabe der sich gut verkaufenden Mannschaft, Abbas Rahim Zair, zu einer „Sitzung" in das Hauptquartier des Olympischen Komitees des Landes einbestellt. Der Silbermedaillengewinner wurde von Uday Hussein, dem Chef des nationalen Fußballverbandes erwartet. Zair wurden die Augen verbunden, er wurde gefoltert und dann für drei Wochen Lagerhaft weggesperrt.

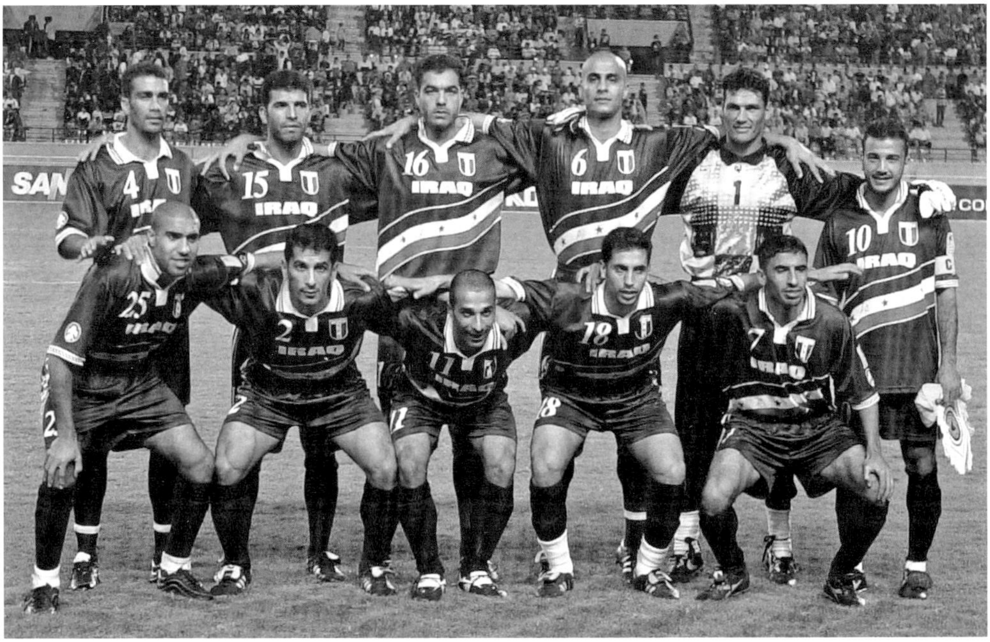

Die Nationalmannschaft des Irak im Jahr 1997.

Die Spieler waren aus gutem Grund zurückhaltend gewesen, sich zum Elfmeterschießen zu melden. Das Wissen um die damit verbundenen Risiken in so einem wichtigen Spiel war allgegenwärtig. Zair erzählte später „Viele der Fußballer weigerten sich, den Ball auch nur zu berühren, aber dann wurde uns klar, dass wir alle bestraft werden würden, wenn niemand zusagte."

Die irakische Fußballgeschichte begann mit der Gründung des Landesverbandes im Jahr 1948. 1950 trat dieser der FIFA bei. Das erste Länderspiel fand 1957 statt. Mit dabei war Youra Eshaya, der erste Iraker, der im europäischen Ausland (bei den Bristol Rovers) spielte. 1964 holte das Zweistromland seinen ersten Titel, den Arabischen Nationenpokal; ein Erfolg, der 1966 wiederholt werden konnte. Danach sollte es 13 Jahre bis zum nächsten Titel dauern, im Golfpokal 1979. In Mesopotamien liebten die Menschen den Fußball bereits, als diese noch glücklich ihre Natur und musikalische Feste genossen. Folklore und Fußballkultur waren geschätzt.

1968 ereignete sich ein unblutiger Staatsstreich. Die Baath-Partei übernahm die Macht. Der neue Vizepräsident Saddam Hussein kontrollierte fortan den Sicherheitsapparat des Landes und wurde 1979 Präsident. Innerhalb kurzer Zeit ließ er Hunderte von Spitzenmitgliedern der Baath-Partei verhaften und unter dem Vorwurf der Spionage hinrichten. Die Abschreckung seiner Gegner wirkte auch auf die Söhne Husseins – für seinen ältesten Sohn Uday war das Zufügen von Schmerz und Elend allerdings mehr ein Vergnügen.

Uday Hussein war schon in Kleinkindtagen von Gewalt angezogen, als er mit entschärften Granaten spielte. Im Alter von zehn Jahren begleitete er seinen Vater in die Folterkammer von Qasr-al-Nihayya, „Palast des Endes" genannt, in der viele politische Feinde wie auch der gestürzte König Faisal II. getötet wurden. In der Schule prahlte er, wie er einen Lehrer ermordete, als dieser ihn vor seiner Freundin nicht respektierte. Der Krieg mit dem Iran demoralisierte die junge Generation des Landes, als Tausende junger Iraker den Tod fanden. Saddam Hussein hoffte, mit seinem Sohn Uday einen würdigen Nachfolger zu finden, der die junge Bevölkerung wieder aufrichten konnte, und übertrug ihm 1984 im Alter von 20 Jahren u. a. die Leitung des Nationalen Olympischen Komitees und des nationalen Fußballverbandes. Uday gründete 1983 noch einen eigenen Verein, Al-Rasheed SC, und zwang die meisten Nationalspieler, zu seinem Klub zu wechseln. Die Konzentration auf einen Verein machte die Liga nun weniger wettbewerbsfähig. Entsprechend war der Klub unbeliebt. Al-Rasheed SC dominierte den irakischen Fußball und erreichte in der asiatischen Klubmeisterschaft 1988/89 den zweiten Platz. Bis zur Auflösung des Klubs 1990 wurden drei Titel im Arabischen Meisterpokal geholt. Die Auflösung ordnete offenbar Saddam Hussein an, da ihm die Unbeliebtheit des Vereins ein Dorn im Auge war.

Tatsächlich gewann die Nationalmannschaft des Iraks im ersten Amtsjahr von Uday den Golfpokal und im darauffolgenden Jahr den Arabischen Nationenpokal. Im letzten Spiel der Qualifikation zur Weltmeisterschaft 1986 in Mexiko wurde die erste und bis heute letzte Teilnahme an dem wichtigsten Finalturnier erreicht. Uday lehnte Testspiele gegen Brasilien und England ab, weil er fürchtete, dass Niederlagen das Image des Regimes seiner Familie beschädigen könnten. Zudem löste er den erfolgreichen Trainer Jorge Vieira durch dessen Assistenten Edu Coimbra, Bruder der brasilianischen Fußballlegende Zico, ab. Die Nationalmannschaft flog schlecht vorbereitet nach Mexiko, kämpfte trotzdem tapfer und verlor alle drei Gruppenspiele mit einem Tor Unterschied gegen Mexiko, Paraguay und Belgien. 1988 gelang ein vorerst letzter Erfolg mit dem Titel des Golfpokals.

„Er war ein Schläger. Er rief uns an und drohte uns mit Dingen wie körperlicher Misshandlung und damit, uns an die Front des [iranisch-irakischen] Krieges zu schicken", sagte die irakische Legende Basil Gorgis über Uday Hussein. Die Nationalspieler kamen in Mexiko bereits mit Sorgen um ihre Sicherheit an. Nach dem Aus bei dem Turnier wies Uday an, dass alle Spieler nach ihrer Rückkehr zu foltern seien. Für Laith Hussein blieb es nicht die einzige Inhaftierung. 1986, 1988, 1989, 1993, 1998 und 2000 landete er im Gefängnis. Erstaunlich, dass manche Spieler noch Galgenhumor hatten. Ahmed Radi etwa meinte: „Wir machten Witze darüber, dass wir drei Häuser hatten – unsere eigenen Häuser, das Stadion und das Gefängnis." Und weiter: Die Spieler seien auch gezwungen worden, „zwölf Stunden lang Liegestütze, Sprints und andere Fitnessübungen zu absolvieren und dabei schwere Militärkleidung und Stiefel zu tragen". Verschoss ein Spieler beim Training mehrmals, so musste er sich mit gefesselten Händen vor Uday stellen, während der Präsidentensohn ihn wiederholt ohrfeigte und schlug. Das Fernbleiben vom Training für eine Beerdigung oder ein krankes

Kind war genauso tabu wie die Suche nach Hilfe durch Ärzte. Tauchte Uday in der Gefängniszelle eines Spielers auf, kam es auch vor, dass Uday auf ihn urinierte.

Schon vor den Spielen, aber auch in der Halbzeitpause wurden regelmäßig Druck auf die Spieler ausgeübt. Dabei drohte Uday auch damit, Beine abzuschneiden, um sie gefräßigen Hunden vorzuwerfen oder sie in Abwasser zu baden. Vieles, was mit den irakischen Fußballern geschah, blieb hinter verschlossenen Türen verborgen. „Du wusstest, dass Uday etwas Schlimmes tun würde, wenn du nicht gut spielst", sagte Ahmad-Rahim Hamad im Jahr 2007: Und fuhr fort: „Ich liebte Kevin Keegan, er war mein Lieblingsspieler, und ich hatte eine Dauerwelle wie er. Uday rasierte allen die Haare ab. Da habe ich meine Dauerwelle verloren." Abbas Allaiwi erzählte: „Ich war einmal 33 Tage lang in Al-Radwaniya inhaftiert, und ich war fassungslos. Das war nach einem Spiel gegen Al-Talaba, bei dem ich Kapitän meiner Mannschaft Al-Jaish war. Es war das Eröffnungsspiel der Saison – die Mutter aller Schlachten –, und ich war ein wenig angespannt. Es gab einen Moment, in dem der Schiedsrichter ein Foul für meine Mannschaft hätte geben müssen, aber irgendwie entschied er, weiter-

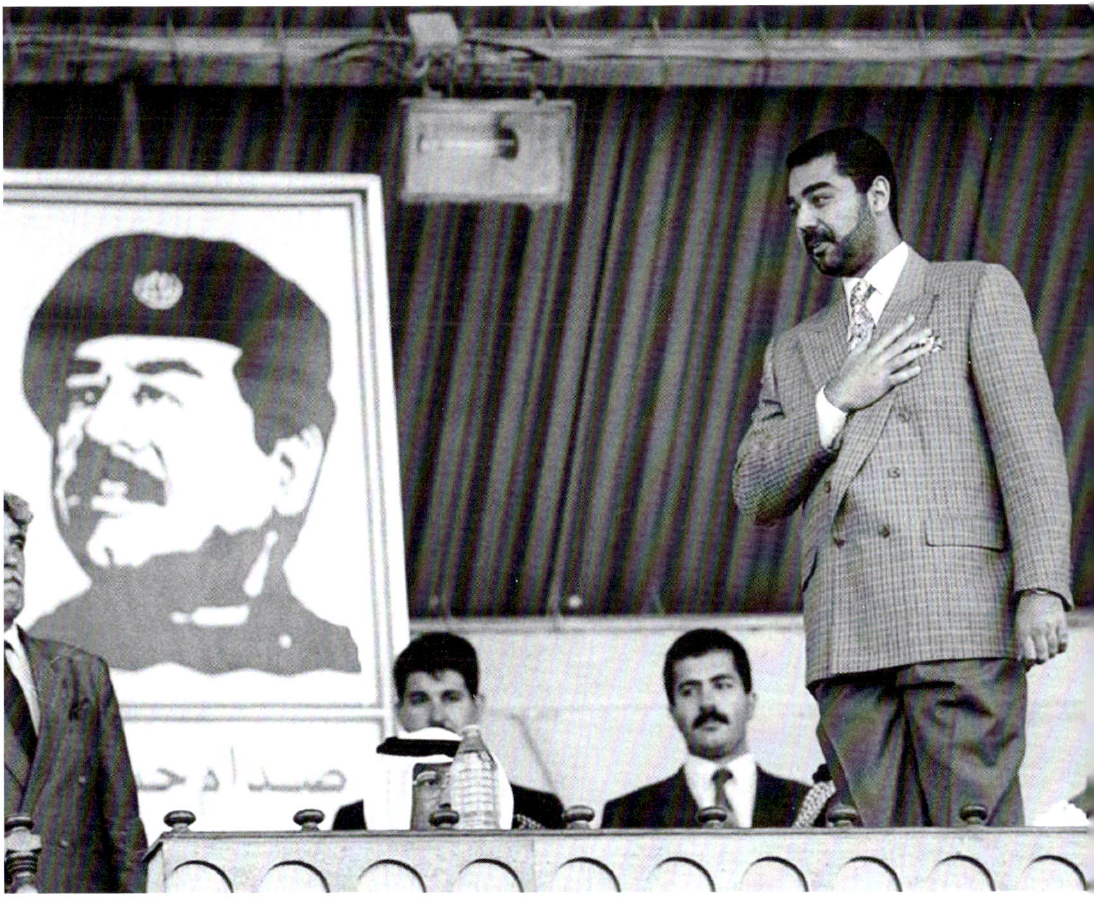

zuspielen, und Al-Talaba verwandelte. Daraufhin bin ich zum Schiedsrichter gegangen und habe ihn zur Rede gestellt. Ich habe ihm gesagt, er solle sich an die Spielregeln halten usw., aber das hat den Schiedsrichter verärgert, und er hat mich des Feldes verwiesen. Ich wurde so wütend, dass ich ihm ins Gesicht spuckte. Zu meinem Pech war Uday anwesend, und mir wurde mitgeteilt, dass ich ein ganzes Jahr lang gesperrt sei. Aber das war ihm nicht genug: Er sagte mir, ich sei nicht respektvoll und solle diszipliniert werden, also wurde ich verhaftet. Und dort wurde ich jeden Morgen von seinen persönlichen Henkern 50 bis 70 Mal mit einem Elektrokabel geschlagen." Saad Qais erklärte: „Ich wurde einmal nach einer Niederlage einen Monat lang eingesperrt, wo ich gefoltert, geschlagen und mit anderen erniedrigenden Methoden behandelt wurde, die kein Mensch wegen einer Niederlage erleiden sollte."

Uday soll nach jeder Niederlage auf den Platz gestürmt sein und gerufen haben: „Das ist mein Irak. Den Irak zu beschämen, beschämt mich." Er war offenbar der Meinung, dass Angst das einzige Mittel war, um die Spieler zu motivieren. Dafür gab es von ihm eine eigene Folterkarte, mit schriftlichen Anweisungen, wie häufig jeder Spieler nach schlechten Auftritten auf die Fußsohlen geschlagen werden sollte. Auch für Uday stand viel auf dem Spiel. Doch während die Sportler früher mit Stolz für ihr Land antraten, machte hier nur noch die Angst lange Beine; ein freies Aufspielen war damit ausgeschlossen.

Im Osten Bagdads lag der Sitz des irakischen Olympischen Komitees in einem prächtigen Gebäude, vor dem ein goldbemaltes Standbild von Saddam Hussein aufgestellt war. In dem berüchtigten Keller waren die „roten Räume". Hier warteten die meisten Spieler, aber auch Sportler anderer Sportarten auf ihr Schicksal. Hier befanden sich Folterwerkzeuge, die jenen aus einem mittelalterlichen Kerker glichen. Darunter eine sogenannte „eiserne Jungfrau", ein Stahlsarg mit langen Nägeln, die aus allen Richtungen nach innen zeigten, der Deckel eingeschlossen. Damit wurden Opfer durchbohrt und konnten erstickt werden. Ebenfalls vorhanden war eine Metallvorrichtung mit Fußstützen am Boden und Ringen, an denen die Sportler aufgehängt, mit Elektroschocks angegangen und ausgepeitscht wurden.

Nach dem Viertelfinalaus bei der Asienmeisterschaft 2000 durch ein 1:4 gegen Japan wurden der Torhüter Hashim Hassan, der Verteidiger Abdul Jaber und der Stürmer Qahtan Chither als Hauptschuldige für die Niederlage erachtet und drei Tage lang von Udays Leibwächtern ausgepeitscht.

Ein nicht gewonnenes Spiel bedeutete, dass die gesamte Mannschaft mit Elektrokabeln ausgepeitscht wurde. Als die Endrunde zur Weltmeisterschaft 1994 in den USA verpasst wurde, musste die Mannschaft über mehrere Tage bei brütender Hitze mit einem Betonfußball spielen. Sharar Haydar erinnerte sich an die Folter: „[Udays Männer] zogen uns die Hemden aus, banden unsere Füße zusammen und zogen unsere Knie über eine Stange, während wir auf dem Rücken lagen. Dann schleppten sie uns über Pflaster und Beton und zogen uns die Haut vom Rücken ... [und] zogen uns durch einen Sandkasten, um uns Sand in den Rücken zu drücken. Schließlich mussten wir auf eine Leiter klettern und in einen Bottich mit rohem Abwasser springen. Sie wollten, dass sich unsere Wunden infizieren."

Mit der Zeit wurden die von Uday befohlenen Misshandlungen und Einschüchterungen auf weitere Orte ausgeweitet. Im Al-Radwaniya-Gefängnis wurden die Fußballer regelmäßig festgesetzt. Die Spieler nahmen im Mannschaftsbus schon immer Kissen mit, damit sie schlafen konnten, sollte Uday sie wieder ins Gefängnis verschleppen. Zu den häufig angewandten Strafen gehörte das Rasieren des Kopfes und der Augenbrauen, was in der Kultur des Iraks als Demütigung galt – ebenso wie das Schlagen von Spielern vor den Augen der anderen Spieler. Schlafentzug und Verbrennungen wurden ebenso angewandt. „Auf Bildern ist zu sehen, wie Sportler über glühende Asche laufen. Danach wurden ihnen mit einem Messer die Füße abgeschält", beschrieb Ahmed Al-Higia, späterer Interimspräsident des irakischen Olympischen Komitees. Spielern wurden auch die Füße verbrüht und danach ihre Zehennägel ausgerissen.

Die permanente psychische Belastung lähmte die Fußballer. Wie sollten sie gute Leistungen zeigen, wenn sie jederzeit mit Strafaktionen rechnen mussten? Manche von ihnen flohen nach Amerika bzw. in benachbarte Golfstaaten, andere bleiben, weil sie ihre Familien nicht alleine zurücklassen wollten. Uday bot zudem angeblich Autos und Häuser als Anreiz für eine Rückkehr. Dennoch beendeten manche auch ihre Laufbahn. „Ich bin wegen dieser Behandlung vorzeitig in den Ruhestand getreten, und zwar auf dem Höhepunkt meiner Karriere, wo mir von baathistischen Kräften sogar auf meinen linken Fuß – den goldenen Fuß, wie manche ihn nannten – geschossen wurde", berichtete etwa Mahmoud Hussein.

Mit dem legendären Amoo Baba gab es nur einen Widersacher, an den sich Uday nicht wirklich herantraute. Baba war mit Unterbrechungen fast 30 Jahre lang Nationaltrainer (sechs Amtsperioden von 1978 bis 1997) und kannte die Bedrohungen seiner Spieler bestens. Beide stritten über Aufstellungen. Wie Baba gegen Uday gegenhielt, brachte ihm große Anerkennung und eine kultähnliche Verehrung bei den Irakern ein, die ihn vor einer Ermordung bewahrten – und Uday damit vor Unruhen auf der Straße. Trotzdem schlug Uday Baba bei einem Spiel vor 50.000 Zuschauern. „Er redete Blödsinn", erinnerte sich Baba an Uday. „Ich sagte ihm, er solle zur Hölle fahren. Ich sagte, er wisse nichts über Fußball. Wie habe ich überlebt? Weil die Leute mich liebten."

Sportler, Mitarbeiter, Journalisten, Entertainer – niemand war vor Uday sicher. Journalist Ali Riyah wurde nach einer Kritik mit Elektroden gefoltert: „Udays Grausamkeit kannte keine Grenzen. Er hasste uns alle. Er genoss unser Leiden. Er fügte es nie selbst zu, aber er sah gerne zu." 1992 hatten Fans in Basra gegen Uday protestiert, indem sie Parolen gegen ihn riefen. Seine Sicherheitskräfte töteten daraufhin drei Fans und verletzten 25 schwer. Die Anzahl der Verhaftungen und Folterungen in diesem Zusammenhang ist nicht bekannt. Im Jahr 2003 schrieb der Spiegel, dass die Zahl der Opfer von Udays Terror in die Tausende gehen könnte. Auch Berichte über Taten außerhalb des Sportbereichs liegen vor. So soll Uday, der eine Vorliebe für schnelle Autos, laute und volltrunkene Partys, teure Anzüge und wallende Gewänder hatte, nach Belieben ihm imponierende Frauen in seinen Vergnügungspalast verschleppen lassen und verprügelt, vergewaltigt und auch getötet haben. Einem eigenen Onkel schoss er ins Bein. Die Morde, Schießereien und sein unberechenbares Verhalten ließen ihn bei seinem Vater schließlich in Ungnade fallen.

1997 bekam die FIFA Wind von den grausamen Vorgängen in Bagdad. Sie leitete eine Untersuchung ein. Doch auf die FIFA und jede andere mögliche Untersuchung war Uday vorbereitet. Alle Spuren der Taten wurden schnell verwischt. Spieler mit frischen Narben wurden vor der Öffentlichkeit verborgen. Die zwölf Spieler, mit denen sich die Ermittler der FIFA unterhielten, fürchteten weitere Strafen durch Uday und verrieten nichts. Die Füße, die sie vorzeigen sollten, waren zum Zeitpunkt der Untersuchung längst verheilt. Erst mit der Niederschlagung des Regimes gaben sie die schrecklichen Geheimnisse preis.

2002 gewann der Irak die Westasienmeisterschaft. Im April 2003 fiel die zwölf Meter hohe Statue von Saddam Hussein auf dem Firdos-Platz in Bagdad. Und die ganze Welt schaute zu. Die Spieler waren auf einmal frei. Uday wurde von US-Streitkräften getötet. Erst danach wurde die Folterkammer enthüllt. Als die „eiserne Jungfrau" gefunden wurde, waren die Metallspitzen abgenutzt. Neben den zuvor beschriebenen Foltergeräten wurden auch Kettenpeitschen mit Stahlwiderhaken und Käfige mit Metallstacheln gefunden. Bei den Olympischen Spielen 2004 überraschte das irakische Nationalteam mit dem vierten Platz. Wie ein großes Märchen im Sport wirkte 2007 schließlich der Gewinn der Asienmeisterschaft durch den Irak.

Folterwerkzeuge von Uday Hussein, die nach der Befreiung des Irak gefunden wurden.

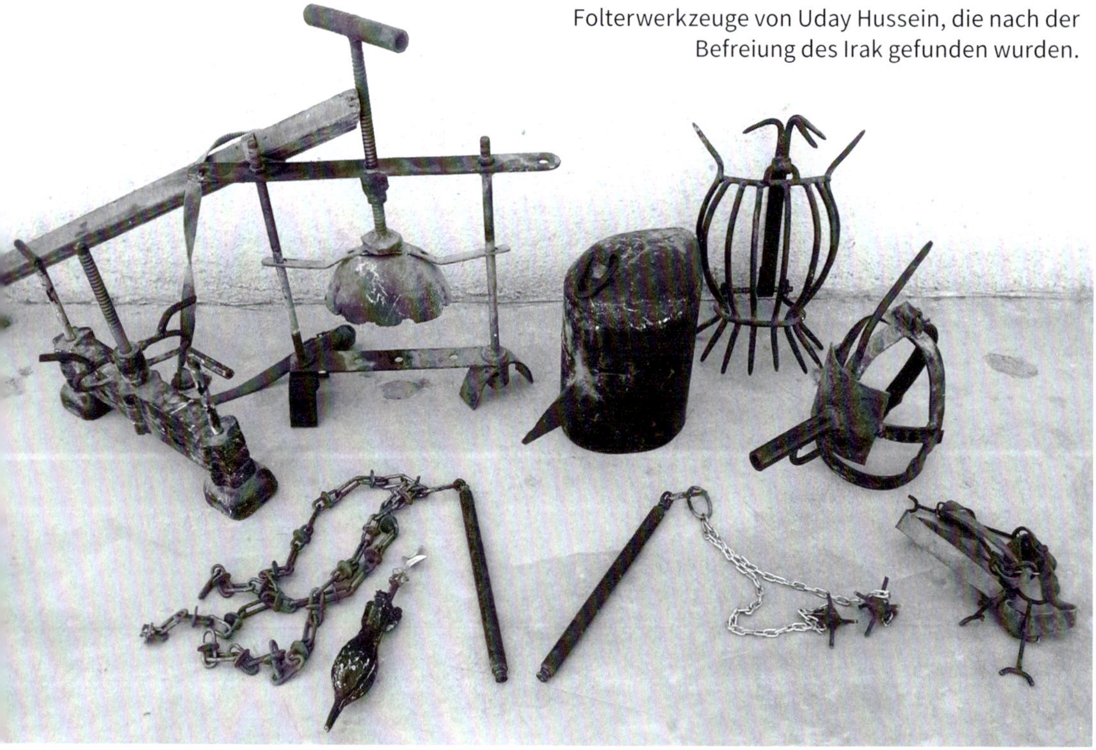

Weitere Fälle staatlicher Verfolgung:
Leider ist der Irak kein Einzelfall, auch wenn hinter folgender Geschichte ein Fragezeichen steht: Sie betrifft die bei der Weltmeisterschaft 1966 in England überraschende Nationalmannschaft Nordkoreas, die nach einem 0:3 gegen die Sowjetunion und einem 1:1 gegen Chile Italien 1:0 besiegte und damit in das Viertelfinale einzog, in dem das Team nach einer 3:0-Führung nach 25 Minuten gegen Portugal zusammenbrach und noch 3:5 verlor. Es stellte sich heraus, dass – abgesehen von einem kranken Spieler – die gesamte Mannschaft zwei Tage vor dem zweiten Spiel getrunken und sich mit Mädchen „vergnügt" hatte und noch verkatert zum Spiel kam. Dieses Verhalten sei in Pjöngjang als verdorben beurteilt worden. Mit Ausnahme des kranken Spielers wären alle Spieler nach der Rückkehr nach Nordkorea in Arbeitslager gesteckt worden, heißt es im Enthüllungsbuch „Die Aquarien von Pjöngjang" des nordkoreanischen Überläufers Kang Chol-hwan, nach dem er die Mitglieder des Teams im Gulag Yodok traf, das politischen Gefangenen vorbehalten ist. Kang gab auch an, dass der Spieler Pak Seung-zin für seine Ausdauer im Lager und seine Fähigkeit, Folter zu ertragen, berühmt wurde. Er hätte den Spitznamen „Die Kakerlake" erhalten, da er jedes Insekt verschlang, um den Hunger zu stillen, während er die Folter ertrug. Eine 2002 veröffentlichte BBC-Verfilmung mit dem Titel „The Game of Their Lives" hinterfragt die Darstellung von Kang. Demnach seien die Rückkehrer 1966 mit Luxusgütern überschüttet worden und würden ein bequemes, ruhiges Leben führen. Für den Film flogen sieben der Helden von einst sogar an die alte Wirkungsstätte nach England zurück, auch Pak Seung-zin strahlte in die Kamera.

Auch in Afrika wurde vielen Fußballern von Regierungsseite das Leben schwer gemacht: Togos Diktator Gnassingbé Eyadéma († 5. Februar 2005, seit 1984 Träger des Bayerischen Verdienstordens) ließ die Gegner der Militärmannschaft Dynamite Togolais verprügeln, wenn diese die Begegnungen gewannen, und die Spieler seines Teams ebenso, wenn diese das Tor nicht trafen. Ähnlich handelte Ugandas Diktator Idi Amin († 16. August 2003). Ahmed Sékou Touré († 26. März 1984; seit 1959 Träger des Verdienstordens der Bundesrepublik Deutschland), Diktator in Guinea, rief ein Sondergericht ein, dem er selbst vorsaß und das den Spielern von Hafia Conakry nach der Niederlage im Finale um den afrikanischen Meistercup 1976 gegen MC Algers des Verrats der Revolution, Entehrung der ideologischen Bildung sowie Auslösung nationaler Trauer anklagte. Andere afrikanischen Landesführer steckten ihre Nationalspieler nach ihnen nicht genehmen Ergebnissen in Militärcamps.

Hakeem al-Araibi stammt aus Bahrain. Der Nationalspieler wurde beschuldigt, 2011 in einem Mob von 150 Menschen während des Arabischen Frühlings eine Polizeistation angegriffen zu haben. Der Machtapparat hatte ihn dem Widerstand zugeordnet und wollte ihn loswerden. Obwohl nachgewiesen werden konnte, dass er zu dieser Zeit ein Spiel absolvierte, das sogar im Fernsehen live übertragen wurde, wurde er zu einer zehnjährigen Haftstrafe verurteilt und bei den Verhören zuvor drei Stunden lang geschlagen. Er wurde auf Kaution freigelassen und floh nach Australien, wo er als Flüchtling anerkannt wurde. 2016 berichtete er von Massenfolter von Profis, alles Sportler, die während des Aufstands 2011 gegen die königliche Familie protestiert hatten. Bahrain versuchte auch später noch, al-Araibi habhaft zu werden.

Die Angst vor Hexerei

Stadionunglück in Butembo, Demokratische Republik Kongo 2008

Als Egon Loy, Torhüter der Meistermannschaft von Eintracht Frankfurt von 1959 und Teilnehmer des legendären Landesmeisterfinales gegen Real Madrid von 1960, bei einem Freundschaftsspiel in Kairo in den Sechzigerjahren wie üblich seine Orientierungsmarkierung mithilfe eines Korkens in Strafraumnähe anbringen wollte, pfiff ihn das Publikum aus. Bis heute ist ihm laut einem Interview aus dem Herbst 2021 unklar, weshalb dies genau geschah. Diese Geschichte, die keinen direkten Zusammenhang mit dem nachfolgend geschilderten Unglück in Butembo hat, hat mit hoher Wahrscheinlichkeit den gleichen Hintergrund wie die zu erzählende Katastrophe. Um dies zu verstehen, bedarf es einer vertieften Einführung in die Magie, derer sich der afrikanische Fußball bedient.

Die folgenden Beispiele von „Vorbereitungen" auf anstehende Spiele stammen aus verschiedenen afrikanischen Ländern und sind keinesfalls ungewöhnlich für den Kontinent.

Vor einem Spiel am 26. September 2004 in Daressalam zwischen den Young Africans und den Simbas, den beiden größten Klubs in Tansania, waren Spieler des Simba SC nachts auf dem Spielfeld, verteilten im Strafraum Pulver, zerschlugen Eier und schmierten ein Gemisch aus Dotter und Kokosnussschalen zwischen die Pfosten. Die Rivalen bekamen davon Wind und wussten, dass der Gegner Magie gegen sie einsetzen wollte. Als Gegenmaßnahme kletterten in der Nacht Spieler der Young Africans „in Notwehr" ins Stadion und urinierten auf das Spielfeld. Das wiederum erfuhren die Spieler von Simba. Um den bösen Blicken der Simba-Spieler und damit einer Übertragung möglicher böser Kräfte auszuweichen, marschierten die Young Africans rückwärts auf das Spielfeld.

Ein grünes Pulver wurde in unregelmäßigen Abständen auf einem Weg gestreut, den die Spieler des Wallidan FC aus Banjul 1985 in Gambia beschritten, um zum Stadion zu laufen, in dem sie auf den Pokalsieger von Sierra Leone treffen sollten. Voller Angst riefen die Spieler, der Weg sei verhext. Die Spieler weigerten sich den Weg weiterzugehen, weil sie sich nicht mit übernatürlichen Mächten anlegen wollten. Erscheint ein Zugang verhext, dann klettert das gesamte Team samt Trainer- und Betreuerstab notfalls über die Stadionmauer.

Da werden Spieler in der Nacht vor dem Spiel auf den Friedhof einbestellt, damit sie sich auf dem Grab eines verstorbenen Kollegen mit Hühnerblut einreiben, um dessen Fähigkeiten nutzen zu können, und kommen erst morgens um 5 oder 6 Uhr von dort zurück. Oder es gibt im Hotel eine mit Ochsenblut gefüllte Badewanne, in die alle Spieler hintereinander steigen müssen. Auch die Variante eines ausgehöhlten Termitenhügels, der mit einer stinkig-öligen Flüssigkeit befüllt wurde und in dem nackt gebadet wurde, ist überliefert. In Gabun schlafen Spieler in der Nacht vor einem Spiel nackt im Dschungel. In Mali wird Voodoo betrieben.

Zum Schutz vor dem Zauber des Gegners werden von den Vereinen schon am Tag vor dem Spiel unter anderem Posten vor den Kabinen bzw. dem Kabinentrakt aufgestellt. So wird es Fans oder gegnerischen Spielern erschwert, Substanzen, Tierteile oder Tierblut in die Kabine zu bringen, was die Spieler ängstigen oder in der Konzentration stören könnte. Notfalls zieht man sich als Gastverein auch im Mannschaftsbus um. Vor den Spielen werden die Spielfelder durch Match Commissioners nach ungewöhnlichen Funden abgesucht. Ist ein Spielfeld von Zitronenscheiben übersät, so bedeutet das, dass mit der ätzenden Säure der Zitronen ein Gegenzauber aufgehoben werden soll.

Im Hintergrund wirken Magier und Hexer. Manche werfen ein paar Muscheln, nehmen im Geist Kontakt auf, vernageln das eigene Tor und öffnen das der Gegner sperrangelweit. Andere schlachten Hühner oder Kühe und mixen mit auslaufendem Tierblut Tinkturen. Woanders kommen Zebrahufe, Löwenfett und Affenhände zum Einsatz.

Das Magazin „African Business“ berichtete, dass sich eine ganze Industrie gebildet hätte, die Zaubermittel anbietet. Der Sportbetrieb schien Anfang der Zweitausenderjahre außer Kontrolle geraten zu sein. Selbst Fußballverbände verpflichteten Hexenmeister (bzw. organisierten Reisen zu ihnen), aber Geld für Auflaufprämien, Trainingslager oder gar die Anreise zum nächsten Auswärtsspiel fehlte. Die Menschen glauben daran, und es lässt sie verzweifeln, wenn sie überzeugt sind, Magie sei gegen sie selbst eingesetzt worden – nicht nur im Fußball, sondern überhaupt im afrikanischen Alltag.

Bei einem Turnier im Jahr 1951 unterlag die Nationalmannschaft von Kenia der von Tanganjika. Nach dem Spiel erklärte Omari Okumu, ein kenianischer Stürmer, er habe sich während des Spiels gefürchtet, da sich der Ball immer in eine Schlangenbrut verwandelt hätte, wenn er hätte schießen wollen. Es wird berichtet, dass Fans und Experten sich 1951 einig gewesen seien, dass Tanganjika nur durch Hexerei das Turnier gewonnen hätte.

Beim Afrika-Cup in Mali im Jahr 2002 wurde Kameruns Co-Trainer Thomas N'Kono vor laufenden Kameras verhaftet und in Handschellen abgeführt, nachdem er beschuldigt wurde, vor Kameruns Halbfinalspiel Knochen unter dem Rasen vergraben und ein seltsames Elixier verteilt zu haben.

Als 2016 in einem Spiel der obersten Liga in Ruanda zwischen Mukura Victory Sports und Rayon Sports Stürmer Moussa Camara von Mukura aus aussichtsreicher Position nicht ins Tor traf, hantierte er in der Nähe des gegnerischen Gehäuses und erzielte beim nächsten Versuch tatsächlich ein Tor. Dies führte zu Anschuldigungen, er hätte Hexerei betrieben. Nach Angaben von Hamza Nkuutu, einem Kolumnisten der ruandischen Zeitung „New Times“, entfernte Camara einen Gegenstand, der als Teil eines Hexenrituals zum Schutz des Tores angebracht worden war.

TV-Bilder vom Spiel zeigen, wie Camara tatsächlich einen Gegenstand entfernte und daraufhin von Gegenspielern verfolgt wurde. (Video unter: https://www.sport.de/news-amp/ne2560516/ruanda-verband-stellt-hexerei-unter-strafe/)

Bei einem Länderspiel zwischen Uganda und Ruanda vor 60.000 Zuschauern im Jahr 2003 verfehlten die Spieler aus Uganda immer wieder knapp das Tor Ruandas bzw. scheiterten an dem vortrefflich parierenden Torhüter Mohammud Mossi – dieser hatte vor dem Spiel den Gegenspielern seine Hände in Handschuhen entgegengehalten und behauptet, er hätte eine elektrische Zauberei angewandt. Es waren keine 15 Minuten gespielt, als ein Spieler aus Uganda sich auf Mossi stürzte und ihm die Handschuhe ausziehen wollte. Und Torhüter Abubaker Tabula aus Uganda fing an, hinter dem ruandischen Tor zu graben, um das Hexenmittel – eine Hexenpuppe – zu finden. Daraufhin brach Chaos aus. Es kam zu Tumulten. Ein ugandischer Spieler von der Bank schlug dem Ruander Jimmy Gatete seinen Stiefel auf den Kopf – Blut floss über Gatetes Trikot. Die Polizei griff ein, nicht um die Spieler auseinanderzubringen, sondern um auf die Ruander einzuschlagen. Die Spieler prügelten sich, Zuschauer stürmten das Spielfeld. Fünf Stunden lang dauerte das ganze Geschehen.

Der afrikanische Verband hat Hexerei bald darauf verboten, Witch doctors (Hexenmeister) dürfen nicht mehr auf der Bank Platz nehmen. Womit das Phänomen der Magie trotzdem nicht verschwand.

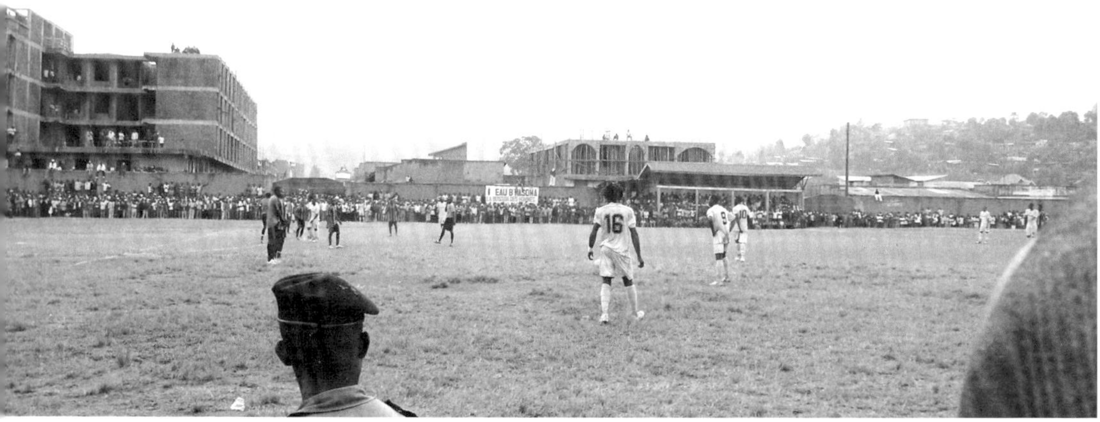

US Socozaki und Nyuki System bei einem Aufeinandertreffen im Jahr 2013 im Unglücksstadion von 2008.

Im 15.000 Zuschauer fassenden Stadion von Butembo in der Nordprovinz Kivu trafen am 19. September 2008 die Mannschaften von Socozaki und Nyuki System in einem Lokalderby aufeinander. Der Sieger hätte den Aufstieg in die höhere Liga geschafft. Socozaki führte, als in der zweiten Hälfte plötzlich der Torhüter von Nyuki System in den Strafraum des Gegners lief und dort eine „magische" Flüssigkeit verteilte. Nach anderen Quellen hat er versucht, einen Gegenstand in das Tor des Gegners zu werfen. Dies sollte den Zauber aufheben, der nach Meinung des Torhüters verhinderte, dass seine Mitspieler ins Tor des Gegners trafen. Er unterstellte, dass seitens Socozaki das Spielfeld zuvor magisch präpariert worden sei. Die Spieler von Socozaki wollten den Schlussmann aber nicht seinen Plan ausführen lassen. Im Ergebnis prügelten sich die Spieler beider Mannschaften.

Ein Polizeikommandant, der eingriff, um die Schlägerei zu beenden, wurde dann von einem von der Tribüne geworfenen Projektil am Kopf getroffen, berichtete das von den Vereinten Nationen unterstützte Radio Okapi. Inzwischen hatten auch beide Fanlager eingegriffen und für eine Massenschlägerei auf dem Spielfeld gesorgt. Nun setzte die Polizei Tränengas ein. Im Verlauf der daraufhin ausbrechenden Panik wurden Zuschauer überrannt und zu Tode getrampelt, hauptsächlich waren sie an einem Ausgang eingeklemmt. 13 Tote und 35 Verletzte waren zu beklagen. Der Großteil der Verstorbenen waren Kinder im Alter zwischen elf und 16 Jahren.

„Juju", fauler Zauber, wird die Hexerei in Afrika genannt. Äußern sich Vereine hierzu, dann sprechen diese auch mal abschwächend davon, dass die Spieler spirituellen Schutz suchten, der auf lokaler Kultur beruhe und gegen den die Vereine nichts unternehmen könnten.

Ganz nebenbei: Das grüne Pulver in Gambia stellte sich als Waschmittel heraus, das eine ältere Frau verloren hatte, als sie auf der Rückkehr von einer Reinemachetour gewesen war.

Busfahrt nach Cabinda

Der Anschlag auf Togos Nationalmannschaft, Angola 2010

Es sollte das afrikanische Fußballjahr werden. 2010 fand im Sommer die Weltmeisterschaft in Südafrika statt. Schon im Januar wollte sich der afrikanische Verband CAF mit der 27. Ausspielung des Afrika-Cups in Angola darauf einstimmen. In vier Städten sollten die Spiele der vier Vorrundengruppen ausgetragen werden. Neben der Hauptstadt Luanda, Benguela und Lubango war auch das Estádio Nacional de Chiazi in Cabinda als Spielort für die Gruppe B mit Burkina Faso, der Elfenbeinkünste, Ghana und Togo vorgesehen.

Cabinda (ehemals Portugiesisch-Kongo) hat die Besonderheit, dass es in der gleichnamigen Provinz Cabinda liegt, die eine Exklave Angolas ist. Vom Hauptstaatsgebiet Angolas ist die Provinz durch einen schmalen Streifen der Demokratischen Republik Kongo (Kongo-Kinshasa, früher Zaire genannt) getrennt, die dadurch einen Zugang zum Atlantischen Ozean hat. Im Norden grenzt die Republik Kongo (ehemals Französisch-Kongo) an die Provinz. Angola und Cabinda wurden durch portugiesische Kolonialisierung geprägt. Cabinda ist dank Erdölvorkommen vor der Küste bis heute ein begehrtes Gebiet. Als Portugal 1974 nach einer Revolte in Angola die Entkolonialisierung einleitete, kam es in Angola zu einem Bürgerkrieg mehrerer Bewegungen, der letztlich bis 2002 andauerte. Auch in Cabinda, wo sich eine Bewegung den Zugang zu dem Erdölvorkommen sichern wollte, entstand Unruhe. Die örtliche „Frente de Libertação do Enclave de Cabinda“ (FLEC) (Befreiungsfront für die Enklave Cabinda) formierte sich neu mit dem Ziel, dass Cabinda ein unabhängiger Staat werden sollte. Noch vor Beginn des Afrika-Cups warfen Menschenrechtsgruppen der angolanischen Regierung vor, Kritiker würden in Cabinda unterdrückt und verfolgt werden. Dass Cabinda als Spielort auserkoren wurde, schien auch einen politischen Hintergrund zu haben. Auch wenn die FLEC lange nicht in Erscheinung getreten war, gab das Organisationskomitee des Afrika-Cups den teilnehmenden Ländern vor, dass kein Team mit dem Bus anreisen sollte.

Das Nationalteam von Togo bereitete sich in der Republik Kongo nahe Cabinda im Stade Municipal der Hafenstadt Pointe-Noire vor. Der auch aus vielen Profis europäischer Klubs bestehende Kader sollte eigentlich gemäß Vorgabe der Organisatoren von Pointe-Noire nach Cabinda eingeflogen werden. Da die Fahrzeit mit dem Bus aber nur etwa eine Stunde ist, entschlossen sich die Funktionäre, die Kosten für den Flug zugunsten der preiswerteren Busreise einzusparen. Nachdem die Delegation die Formalitäten am Grenzübergang erledigt hatte, ging es als Konvoi weiter, wie es die Nationalmannschaften der Elfenbeinküste und von Burkina Faso zuvor auch schon gemacht hatten: Eine etwa zehnköpfige Eskorte des angolanischen Militärs nahm einen Bus mit dem Gepäck und den Bus mit der Delegation in die Mitte. Plötzlich gab es kurz nach der Grenze in der Nähe des Lagoa Massabi aus dem Hinterhalt im Wald Maschinengewehrsalven auf den Konvoi. Die Verkleidung des

Gepäckbusses wurde durchlöchert, beim Mannschaftsbus zersplitterten die Scheiben. Die Insassen gingen unter ihren Sitzen in Deckung. Zwanzig Minuten lang dauerte der Beschuss an. Das angolanische Militär erwiderte die Schüsse. Dann waren die Angreifer verschwunden.

Als sich die Spieler endlich aus dem Bus trauten, standen alle unter Schock. Assimiou Touré von Arminia Bielefeld: „Ich sah überall Blut. Ich stand da wie eine Statue und war nicht fähig, etwas von mir zu geben.“ Thomas Dossevi vom französischen Erstligisten FC Nantes meinte: „Auf uns wurde wie auf Hunde geschossen ... Ich habe mich gefühlt, als ob Krieg ausgebrochen ist.“

Assistenztrainer Amélété Abalo, Pressesprecher Stanislas Ocloo und der angolanische Busfahrer Mário Adjoua überlebten den Angriff nicht. Torwart Kodjovi Obilalé, Abwehrspieler Serge Akakpo und Nationaltrainer Hubert Velud wurden von Schüssen getroffen, blieben aber am Leben. Auch der Vizepräsident des togoischen Fußballverbandes Gabriel Ameyi und fünf weitere Personen, darunter ein Journalist und zwei Mannschaftsärzte, wurden verletzt.

Das angolanische Staatsfernsehen zeigte Starstürmer und Kapitän Emmanuel Adebayor, Afrikas Fußballer des Jahres von 2008, völlig verschreckt und in Tränen aufgelöst vor dem Krankenhaus, in dem die Verletzten behandelt wurden, wie er Mitspieler tröstete. Froh, dass er noch lebte, sagte er: „Niemand ist bereit, hier sein Leben zu riskieren. Wir haben gesehen, wie ein Mitspieler mit einer Kugel im Körper schrie, dann bewusstlos wurde und das

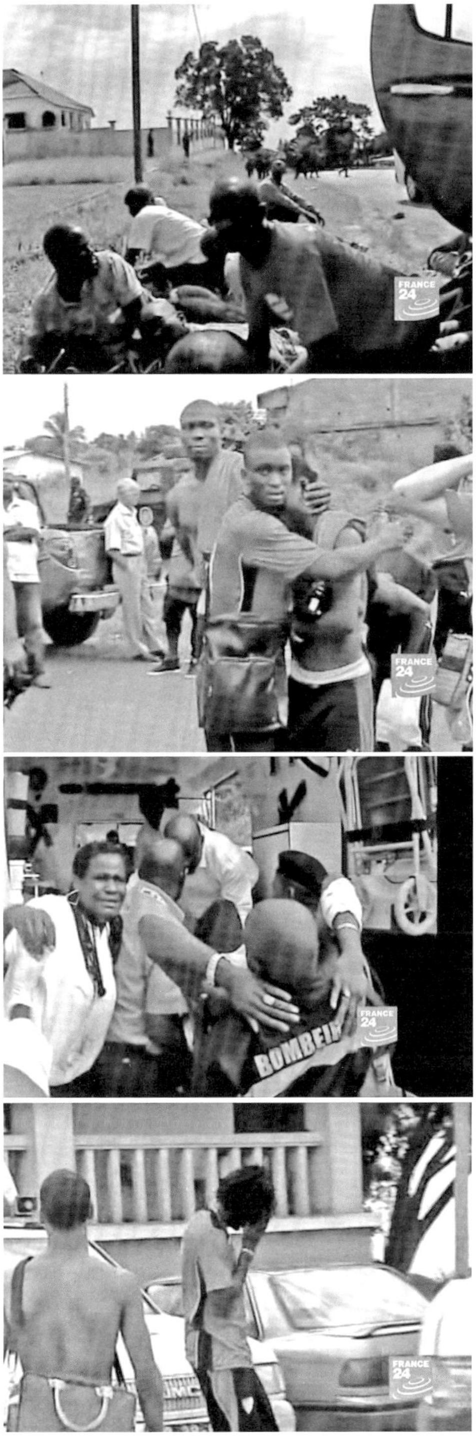

Nach dem Überfall auf die Busse steht die Mannschaft unter Schock.

alles." Hubert Velud richtete seine Worte gegen das Organisationskomitee. „Die angolanischen Organisatoren sollten sich überlegen, den Wettbewerb abzusagen. Es ist ein Akt der Barbarei, während wir hier eigentlich den afrikanischen Fußball feiern wollen. Das war Krieg. Die Organisatoren scheinen das nicht ernst zu nehmen", sagte der französische Trainer, den eine Kugel am Arm erwischte.

Das Organisationskomitee des Afrika-Cups widersprach: „Die Regeln waren eindeutig: Kein Team sollte mit dem Bus anreisen. Ich weiß nicht, was Togo bewogen hat, es trotzdem zu tun", meinte Virgilio Santos und ergänzte: „In der Stadt hätte es diesen Vorfall niemals gegeben."

Der bewaffnete Arm der FLEC bekannte sich zu dem Anschlag und kündigte weitere Taten an: „Diese Operation war nur der Anfang einer Serie von zielgerichteten Aktionen in der gesamten Region Cabinda", stand in einem Bekennerschreiben. Rodrigues Mingas, Generalsekretär des militärischen FLEC-Arms, behauptete, der Angriff habe sich nicht gegen die togoischen Spieler, sondern gegen die angolanischen Streitkräfte an der Spitze des Konvois gerichtet. Laut dem Rebellenführer wurde der Angriff von seinem Kommandanten namens Sametonne durchgeführt, der wiederum behauptete, dass 15 FLEC-Kämpfer an dem Hinterhalt beteiligt gewesen seien. Der für die Region Cabinda zuständige angolanische Minister António Bento Bembe verurteilte den Anschlag als „terroristischen Akt".

Manche Spieler Togos wollten so schnell wie möglich in ihre Heimat, andere spielten mit dem Gedanken, beim Afrika-Cup trotzdem noch anzutreten. Togos Regierungschef Gilbert Houngbo forderte die Delegation auf, sofort zurückzukehren. Trotz aller Bemühungen des Organisationskomitees trat die togoische Delegation den Heimflug an. Togo wurde offiziell vom Turnier disqualifiziert und sollte nach dem Willen der CAF außerdem noch eine Geldstrafe von 50.000 US-Dollar und eine Sperre für zwei Afrika-Cups aufgebrummt bekommen, weil das Team nicht angetreten sei. Dazu kam es nicht, da der internationale Druck zu stark war.

Das Militär leitete die Verfolgung der Angreifer ein und konnte den Stabschef der FLEC festnehmen, neun Verhaftungen gab es in der Summe. Nach sieben Monaten wurden ein Universitätsprofessor, ein Rechtsanwalt, ein Priester und ein Polizist wegen angeblicher Verstrickung mit der FLEC zu langen Haftstrafen verurteilt. Menschenrechtler zweifelten an, dass es eine Verbindung zu den Anschlägen gegeben habe, und meinten, die unberechtigten Urteile gegen Unabhängigkeitsunterstützer hätten nur dazu gedient, Kritik an dem Sicherheitskonzept des Turniers abzuwehren. Die Regierung Angolas hat zur Beruhigung der Lage in Cabinda der Provinz einen etwas erhöhten Anteil aus den Erdöleinkünften zugesprochen und dort eine autonome staatliche Universität eröffnet.

Weitere Anschläge:

Ein Anschlag auf den Bus der Nationalmannschaft von Algerien durch Steinwürfe am 12. November 2009 in Kairo vor dem Weltmeisterschaftsqualifikations-Play-off-Rückspiel gegen Ägypten wurde zwar seitens der Algerier verkündet, die auch drei verletzte Spieler „präsentierten", doch die ägyptische Seite inklusive Busfahrer behauptete, es hätte sich um eine Inszenierung gehandelt. Die Spieler hätten die Scheiben selbst von innen eingeschlagen. Hier steht Aussage gegen Aussage. Die FIFA verurteilte Ägypten u. a. wegen unzureichendem Schutz für den Bus der Algerier am Anreisetag zu zwei Spielen Platzsperre in einem Umkreis von 100 Kilometern um Kairo. Nach dem Spiel meldete eine algerische Zeitung, sechs algerische Anhänger wären getötet worden, was die algerische Botschaft in Kairo dementierte. Allerdings wurden 20 algerische und zwölf ägyptische Anhänger verletzt. Am 16. November, zwei Tage vor einem notwendig gewordenen Entscheidungsspiel im sudanesischen Omdurman sollen laut Al Jazeera algerische Anhänger den ägyptischen Mannschaftsbus mit Steinen angegriffen haben, ohne dass es Verletzte gegeben hätte. Nach dem Spiel, das Algerien für sich entschied, gab es erneut Vorwürfe von Bedrohungen und Gewalt. Seitens der Ägypter wurde auch von 20 toten ägyptischen Anhängern berichtet, was unabhängige Quellen dementierten. In Kairo führten die Behauptungen zu Protesten und Gewalt, durch die elf Polizisten und 24 Demonstranten verletzt wurden. Die FIFA leitete zu den Geschehnissen im Sudan kein Disziplinarverfahren ein.

Nach einem 5:1-Sieg bei Çaykur Rizespor am 4. April 2015 wurde der Bus von Fenerbahçe Istanbul auf dem Weg zum Flughafen Trabzon mit einem Schrotgewehr beschossen, wodurch Front- und Seitenscheiben beschädigt wurden. Verletzt wurde lediglich der Busfahrer. Zwei Täter wurden ausgemacht, die den Überfall konkret geplant und gefilmt hatten.

Eine Serie von Selbstmordanschlägen in Paris erschütterte am 13. November 2015 die Welt. Drei Täter waren am Stade de France zugange, wo das Freundschaftsspiel zwischen Frankreich und Deutschland vor 80.000 Zuschauern ausgetragen wurde. Ein Täter wurde an einem Eingangstor entdeckt. Ein Sicherheitsmann bemerkte seine Sprengstoffweste. Der Terrorist flüchtete und riss bei der unmittelbar folgenden Zündung seiner Bombe einen Passanten mit in den Tod. Ein zweiter Täter in der Nähe eines anderen Eingangs sprengte sich vier Minuten später in die Luft, ohne ein weiteres Opfer zu finden. Auch ein dritter Täter, der 300 Meter vom Stadion entfernt stand, konnte nur sich selbst töten. In dem Zusammenhang sind sieben weitere Anschlagsorte in Paris zu nennen, die keinen direkten Bezug zum Stade de France haben, u. a. die Konzerthalle Bataclan und die Redaktion der Satirezeitschrift Charlie Hebdo. Insgesamt starben bei den islamistischen Terrorakten 130 Menschen, 683 wurden verletzt.

Bei einem Anschlag auf den Mannschaftsbus von Borussia Dortmund, der in Dortmund auf dem Weg vom Mannschaftshotel ins Stadion war, wurden am 11. April 2017 drei Sprengsätze gezündet. Der Spieler Marc Bartra und ein Polizist wurden verletzt. Der Täter wurde ermittelt und wegen 28-fachen Mordversuchs zu 14 Jahren Haft verurteilt. Als Motiv wurde Habgier genannt. Er hatte auf einen fallenden Börsenkurs der BVB-Aktie gesetzt.

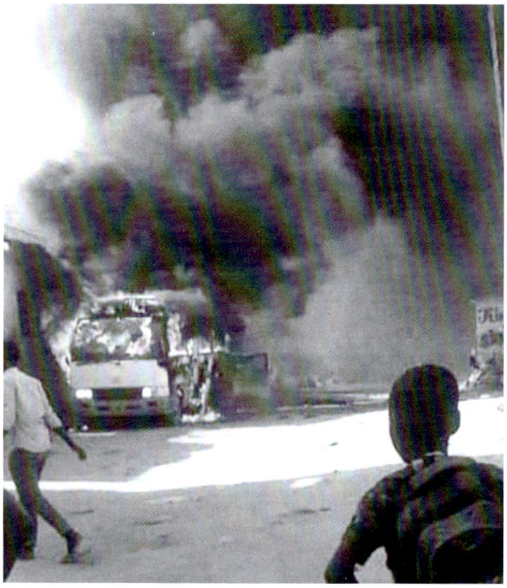

Der Bus von Jubbaland ist durch eine Bombe explodiert.

Am 30. Juli 2021 wurden drei Spieler des neu in die Somali Premier League aufgestiegenen Klubs Jubaland Chamber of Commerce and Industry (JCCI) während einer Busfahrt in ein Trainingscamp im Ort Kismayo getötet, als ein im oder am Bus angebrachter Sprengsatz explodierte. Zehn weitere Spieler wurden dabei verletzt. Die islamistische Terrorgruppe Al-Shabaab wurde für den Anschlag verantwortlich gemacht. Al-Shabaab lehnt einen westlichen Lebensstil ab und greift immer wieder Hotels, Restaurants sowie Staatseinrichtungen an. Die Gruppe kontrolliert weite Teile Somalias.

Erwähnt werden sollen an dieser Stelle noch zwei Ereignisse, die sich auf einer völlig verrückten Welttournee der Dallas Tornados (von August 1967 bis März 1968) zugetragen haben. Der vor dem Start der nordamerikanischen Profiliga 1968 gegründete Klub mit einer Mannschaft aus in der Mehrheit nordeuropäischen Spielern reiste einmal um die ganze Welt und absolvierte in 19 Ländern 45 Spiele. Am 12. Oktober 1967 stand für den Klub ein Flug von Athen nach Nikosia an. Nach manchen Quellen (wie Spieler Bill Crosbie und der Klubhomepage) waren die Spieler für Cyprus-Airways-Flug 284 gebucht – genauso wie der griechisch-zypriotische General Georgios Grivas. In dieser Version verpassten sowohl die Spieler als auch der General diesen Flug und saßen alle im nächstfolgenden nach Nikosia. Der schwedische Spieler Jan Book widersprach im Jahr 2018 jedoch der Behauptung, die Spieler hätten Tickets für den erstgenannten Flug gehabt, sondern nur für jenen, den sie dann auch genommen hätten. 35 Kilometer vor der Insel jedenfalls detonierte Cyprus-Airways-Flug 284 durch eine unter einem Sitz platzierte Bombe. Als Ziel des Anschlags galt der General. 66 Menschen verloren ihr Leben, unter ihnen niemand der Dallas Tornados. Zwei nervenaufreibende und von Krankheiten begleitete Monate später sollten zwei Begegnungen in Vietnam ausgetragen werden – während des Vietnamkrieges! Beim Landeanflug vor dem ersten Spiel am 14. Dezember wurde die Maschine des Klubs vom Boden aus beschossen. Sie stieg in eine sichere Flughöhe, womit die Insassen außer Gefahr waren.

Der Tag der Vergeltung

Das Stadionmassaker von Port Said, Ägypten 2012

Ein grüner pharaonischer Horusadler, der die Sonnenscheibe zwischen seinen beiden erhobenen Flügeln über dem Kopf hält und damit Herausforderung und Stärke demonstrieren soll, stellt das Wappen von al-Masry dar. Die Vereinsfarben Grün und Weiß gehen auf die ägyptische Revolution von 1919 zurück und stehen für Patriotismus. In dieser Zeit, genauer gesagt am 18. März 1920, gründeten Ägypter in der Mittelmeerstadt Port Said am Nordende des Suezkanals den Verein. Es war der erste für Ägypter in einer Stadt, in der bereits viele Vereine für die hier lebenden ausländischen Gemeinden existierten. Der Klub gehört zwar nicht zu den Top 3 in Ägypten, liegt aber direkt dahinter. 1998 konnte der ägyptische Pokal errungen werden, zur Meisterschaft hat es jedoch noch nie gereicht. In afrikanischen Klubwettbewerben erreichte der Verein dreimal ein Halbfinale: 1999 im Pokalsiegerwettbewerb und 2002 und 2017 in Wettbewerben, die in etwa der Europa League entsprechen. Die Trainer wechseln permanent, auch die Deutschen Otto Pfister und Theo Bücker waren bereits Übungsleiter.

Auch bei al Ahly ist ein Adler das Wappentier, hier dominieren allerdings die Farben Rot und Weiß. Der Name bedeutet „der Nationale“ und geht auf die Gründungsgeschichte zurück. Der Verein wurde am 14. April 1907 für die Studenten und Absolventen der Gymnasien in

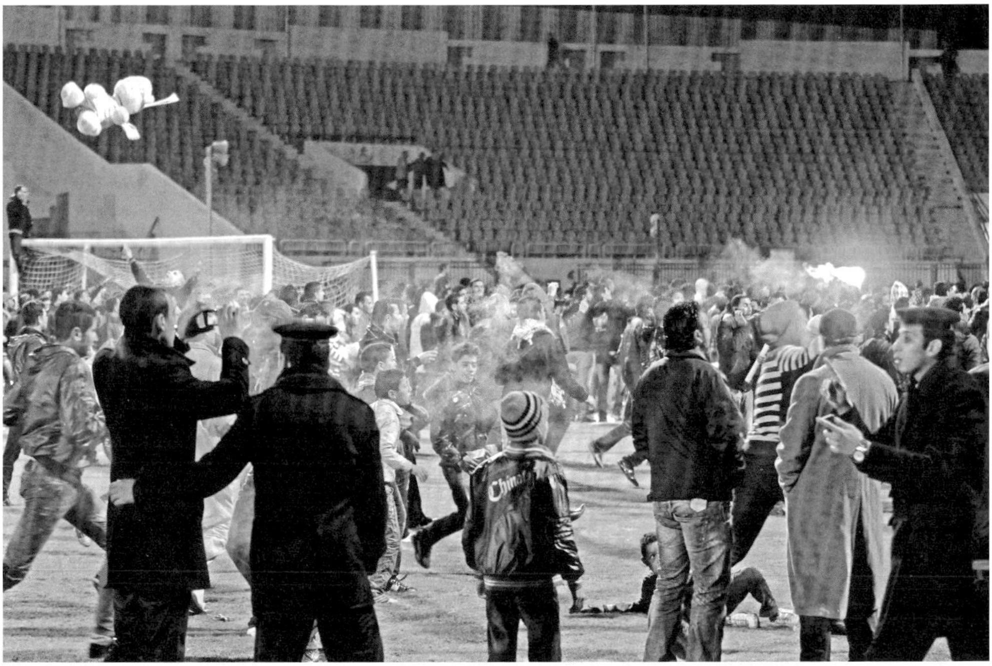

Treibjagd durch Al-Masry-Anhänger in Port Said.

Kairo ins Leben gerufen, die als Stütze der Revolution gegen die britischen Besatzer fungierten. Al Ahly ist mit 42 Meisterschaften, 36 Pokalsiegen und zehn Champions-League-Siegen der erfolgreichste Klub Ägyptens. Der größte lokale Widersacher ist Zamalek – für diese emotionsgeladenen Spiele werden immer wieder ausländische Schiedsrichterteams eingeflogen. Auch für al Ahly waren bereits einige deutsche Trainer aktiv: Dietrich Weise (Sieg im afrikanisch-asiatischen Champions-League-Sieger-Pokal 1988), Karl-Heinz Feldkamp, Reiner Hollmann, Rainer Zobel und Hans-Jürgen „Dixie" Dörner.

Im 18.000 Zuschauer Platz bietenden al-Masry-Club-Stadion (früher Port-Said-Stadion) sollten beide Klubs am 1. Februar 2012, dem einjährigen Jahrestag der Erstürmung des Tahrir-Platzes, in einem Ligaspiel aufeinandertreffen. In regionalen Medien wurde die Begegnung als „Treffen der Vergeltung" tituliert. Dass der favorisierte Gast aus Kairo letztlich überraschend mit 1:3 verlieren sollte, war an diesem Tag nebensächlich. Die Welt wurde von der Meldung über 74 Tote und etwa 1.000 Verletzte schockiert. Erst verzögert ergab sich ein Bild, das einen zuvor wohlüberlegten Plan offenbarte. Vor dem Spiel hatten Fans des Gastgebers Schlagstöcke, Messer, Schwerter, Flaschen, Feuerwerkskörper und Schusswaffen mit ins Stadion genommen – ohne dass sie beim Einlass daran gehindert wurden. Später wurden entgegen der Sicherheitsbestimmungen die Abtrennungen zwischen den Fanblöcken geöffnet. Vor dem Anpfiff drangen Anhänger auf das Spielfeld und prügelten sich. So fand der Anpfiff erst mit einer Verzögerung von etwa 30 Minuten statt. Nach allen drei Toren von al-Masry liefen Tausende auf das Spielfeld. Sie bewarfen die Gästeanhänger mit Steinen und Brandsätzen. Mit dem Abpfiff stürmten Hunderte al-Masry-Anhänger auf das Spielfeld, aber auch auf die Tribünenbereiche des gegnerischen Anhangs. Spieler und Fans von al Ahly wurden attackiert. Diese versuchten sich in den Umkleidekabinen in Sicherheit zu bringen. Von hier aus rief ein Spieler bei einem Radiosender an und meldete, dass alle Spieler geschlagen worden seien. Blöcke wurden in Brand gesetzt, Gästefans eingekesselt, mit Steinen beworfen und mit Glasscherben attackiert. Nach Augenzeugenberichten sollen die wenigen Polizisten im Stadion nicht eingegriffen haben – Videoaufnahmen belegen dies. Auffällig sei auch gewesen, dass die Stadionbeleuchtung ungewöhnlich früh ausgeschaltet worden sein soll. Eine Panik setzte ein, bei der die fliehenden Menschen gegen geschlossene Tore liefen und gedrängt wurden. Zudem wurden Anhänger von Tribünen geworfen. Die Opfer starben an Stich- und Kopfverletzungen bzw. wurden niedergetrampelt oder erdrückt. Sie waren größtenteils zwischen 15 und 20 Jahre alt. Auch unter den Sicherheitskräften gab es Tote. Spieler von al Ahly wurden verletzt. In der Umkleidekabine, in der sich die geflüchtete Zuschauer drei Stunden lang einschlossen und mit Handys um Hilfe baten, starben vier Schwerverletzte. Das Team von al Ahly wurde dann mit Hubschraubern ausgeflogen.

Viele Ägypter unterstellten, dass die Behörde der Inneren Sicherheit die Gewaltausbrüche zugelassen hätte. Man hätte das aufbegehrende Volk und damit auch die bei den Protesten des Vorjahrs gegen den Präsidenten Husni Mubarak auflaufenden jungen al-Ahly-Anhänger um die Ultragruppe Ahlawy treffen wollen. Die Ultras hatten ein Jahr zuvor die Demonstranten auf dem Tahrir-Platz beschützt, als Mubarak-Anhänger die Protestler mit Kamelen

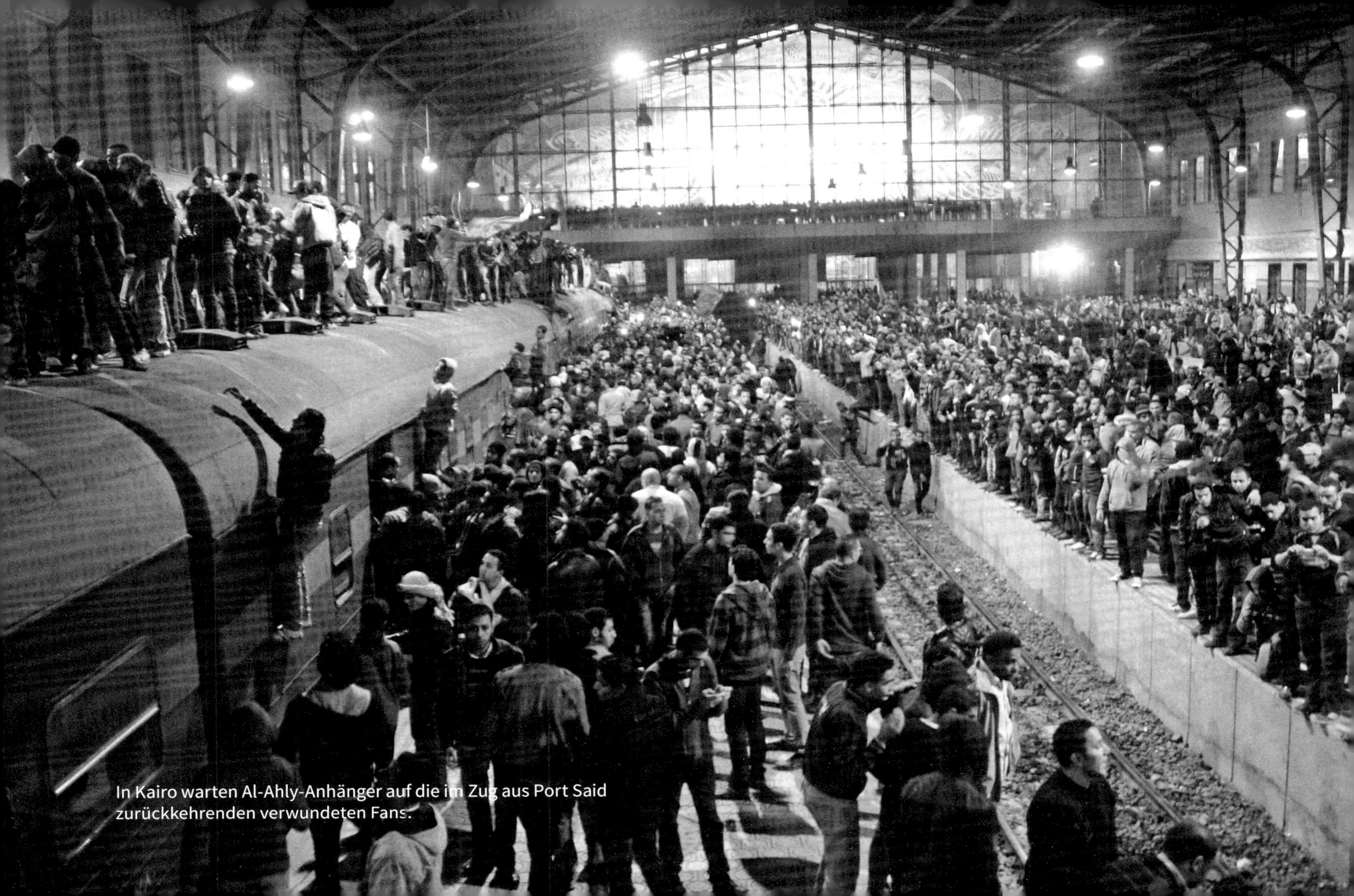

In Kairo warten Al-Ahly-Anhänger auf die im Zug aus Port Said zurückkehrenden verwundeten Fans.

niederreiten wollten. So gab es nach den Vorkommnissen von Port Said in Kairo Straßenschlachten von jungen Revolutionären mit der Staatssicherheit, die sich über viele Tage hinzogen. Dabei kamen 15 weitere Menschen ums Leben, mindestens 2.532 wurden verletzt. Auch in Alexandria und Port Said kam es zu Demonstrationen und Plakaten wie „Port Said ist unschuldig, das ist eine billige Verschwörung".

Nachdem der ägyptische Fußballverband ein Spielverbot gegen al-Masry verhängte, gab es infolge von Krawallen in der Nacht auf den 24. März in Port Said einen Toten und 16 zumeist durch Tränengas Verletzte.

Dass die Unruhen bei dem Spiel in Port Said geplant waren, unterstreicht die Aussage des damaligen Co-Trainers der ägyptischen Nationalmannschaft, Tomasz Kaczmarek, der erzählte, dass der Stab der Nationalmannschaft rechtzeitig vor dem Spiel gewarnt worden sei, nicht nach Port Said zu fahren. Hamed Abdel-Samad, ägyptischer Politikwissenschaftler, ordnete die Ursprünge dem Militärrat, der Polizei oder dem Mubarak-Anhang zu. Er meinte: „Die neuen Machthaber versuchen, ein Chaos zu inszenieren und aufrechtzuerhalten, damit die Menschen im Land revolutionsmüde werden." In einem Interview mit dem britischen Schriftsteller Islam Issa sagten Karim Zekri, der Kapitän von al-Masry, und sein Bruder, der ehemalige Masry-Spieler Mohamed Zekri, dass die Polizei, die Armee und das ehemalige Regime zu dem Massaker angestiftet hätten. Sie ergänzten, dass zahlreiche Faktoren darauf hindeuteten, dass das Massaker geplant war, darunter das Fehlen von Durchsuchungen und Ticketkontrollen außerhalb des Stadions, das Ausschalten des Flutlichts, das Verschweißen des Tors der Auswärtstribüne und die Ankunft von Schlägern von außerhalb.

Al Ahlys Mohamed Abo Treka, 100-maliger ägyptischer A-Nationalspieler und zweimaliger Afrikameister, erklärte wie fünf weitere Kollegen seinen Rücktritt, nachdem nach dem Spiel in Port Said ein jugendlicher Fan in seinen Armen gestorben war – die Nationalspieler unter ihnen nahmen diese Entscheidung allerdings später zurück.

Die ägyptische Regierung setzte die Spitze des Fußballverbandes ab. Al-Masry wurde für zwei Jahre vom Spielbetrieb ausgeschlossen, das Stadion für drei Jahre gesperrt. Der komplette Ligaspielbetrieb wurde für ein Jahr ausgesetzt. Als wieder Begegnungen stattfanden, durfte zunächst kein Publikum ins Stadion.

Vor dem am 17. April 2012 beginnenden Prozess sperrten Ultras von al Ahly Brücken und legten an vielen Stellen den Verkehr lahm. Sie drohten mit der Verbreitung von Chaos in Kairo, sollten die Täter nicht bestraft werden. Der Prozess lief monatelang hinter verschlossenen Türen. 73 Personen wurden wegen Mord, Aufwiegelung zur Gewalt und Rowdytum angeklagt, keiner von ihnen bekannte sich schuldig. Am 26. Januar 2013 erfolgte das Urteil. 21 Todesurteile wurden ohne Begründung verhängt, begleitet von Jubel in Kairo und Trauer in Port Said. Aus der Hafenstadt hieß es, die Verurteilten müssten als Sündenböcke herhalten, die wahren Verantwortlichen befänden sich in Freiheit. In der Stadt kam es zu schweren Ausschreitungen, bei denen wiederum 32 Menschen (darunter zwei ehemalige Spieler und zwei Polizisten) ihr Leben verloren. Dabei wurden zwei Polizeistationen gestürmt und Versuche unternommen, Verurteilte aus dem Gefängnis zu befreien. Bei den Straßenschlachten wurden viele Menschen aus kurzer Entfernung erschossen.

Eine unabhängige Untersuchung zur fraglos vorliegenden Mitwisserschaft der Sicherheitskräfte und zu den Sicherheitsvorkehrungen gab es nicht. Die Zeitung „Al-Masry Al-Youm" fand heraus, dass viele der zum Tode Verurteilten nicht einmal im Stadion waren, als die Gewalt losbrach. 300 Personen wurden bei den Unruhen verletzt. Auch in anderen Städten kam es zu Protesten. Am folgenden Tag wurde der Trauermarsch für die 32 Verstorbenen des Vortages beschossen. Es kam zu einer Panik mit mindestens fünf Toten und 400 Verletzten.

Mitte Februar begannen Massenstreiks. Im März streikte jeder vierte Polizist des Landes, um nicht für Fehler der Regierung verantwortlich gemacht zu werden. Am 9. März wurden die 21 Todesurteile von einem Gericht bestätigt, zudem wurden 24 Haftstrafen zwischen einem und 25 Jahren verkündet. Acht weitere Urteile – u. a. gegen den damals zuständigen Polizeichef und ein die Schlüsselgewalt im Stadion habenden Brigadegeneral – sorgten jeweils für mehr als 15 Jahre Haft. 28 Personen (darunter sieben von neun angeklagten Polizisten) wurden freigesprochen. Der Freispruch für die Polizisten löste neue Wut und Gewalt aus. 2014 hob ein Berufungsgericht die 21 Todesurteile auf. Das gesamte Verfahren musste neu begonnen werden. Am 19. April 2015 wurden elf der Angeklagten neu zum Tode verurteilt; das Urteil wurde im Mai bestätigt. Von 72 Beschuldigten wurden 21 freigesprochen. Sonst wurden Haftstrafen zwischen einem und 15 Jahren ausgesprochen. Die Todesurteile wurden am 20. Februar 2017 endgültig vom Kassationsgericht bestätigt. Ob sie auch vollstreckt wurden, ist nicht bekannt.

Videoeindrücke:
https://www.youtube.com/watch?v=ULgqernmXzI,
2 min.

TV-Dokumentation:
Die Ultras von al Ahly (ZDF Sportreportage), 2017, 9 min.
https://www.youtube.com/watch?v=nzxdhQ9GLUg

Ein weiterer Vorfall mit Ordnungskräften in Ägypten:

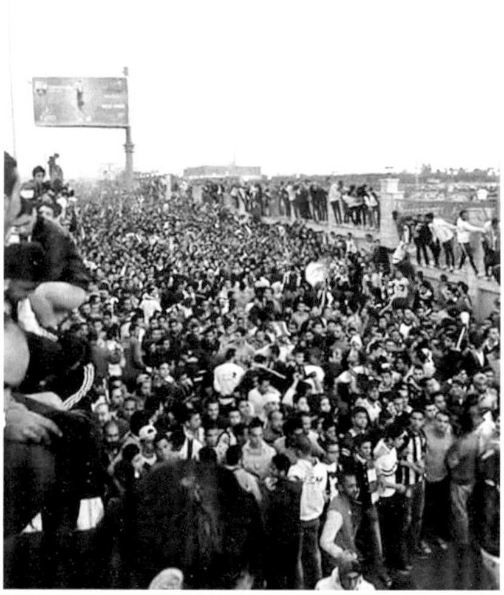

Nur ein schmaler Zugang wurde geöffnet.

Am 8. Februar 2015 gab es einen Vorfall bei einem Spiel von Zamalek. Beim Heimspiel gegen ENPPI wurde offenbar nur ein schmaler Zugang geöffnet, durch den die Zuschauer mussten. Ein Zaun brach zusammen, als die Menge nach vorne drängte. Plötzlich wurde von der Polizei Tränengas eingesetzt. Eine Massenpanik entstand. Mindestens 22 Personen starben. Fangruppen beschuldigten die Ordnungskräfte eines Massakers und des vorsätzlichen Mordes. Der Präsident von Zamalek hingegen sprach von einer Inszenierung der Fangruppe vor den anstehenden Parlamentswahlen.

Sparen bis in den Tod

Der Flugzeugabsturz von Chapecoense, Kolumbien 2016

Für den brasilianischen Klub Chapecoense stand ein wichtiger Termin an: ein internationales Finale im Estadio Atanasio Girardot in Medellín, das bis dato größte Spiel der Vereinsgeschichte. Doch einer wollte gar nicht mitreisen. Der 31-jährige Spieler Hélio Hermito Zampier Neto: „Ich hatte große Angst. An diesem Tag wachte ich auf und spürte, dass etwas anders war. Als ich auf dem Weg nach Bolivien war, um das Flugzeug zu erreichen, schickte ich meiner Frau eine Nachricht und bat sie um ein Gebet, weil der Traum in meinem Kopf wieder aufgetaucht war und ich sehr nervös war. Aber ich musste mich beruhigen. Das Meisterschaftsspiel stand an, und ich konnte meine Mannschaftskameraden nicht mit dem erschrecken, was ich geträumt hatte. Ich wollte, dass sie ruhig sind. Es war sehr schwer, denn als ich nach der Tragödie nach Brasilien zurückkehrte und die Einzelheiten des Unfalls wieder in mein Gedächtnis zurückkehrten, wurde mir klar, dass das, was passiert war, mein Albtraum war. Von Anfang bis Ende. Alles davon."

Der heutige, 1973 aus einer Fusion zweier Vereine hervorgegangene Klub Associação Chapecoense de Futebol aus Chapecó hat landesweit bis in das Jahr 2016 keine größere Rolle gespielt. 1977, 1996, 2007, 2011 und 2016 gelang es dem Verein, die Staatsmeisterschaft von Santa Catarina zu erringen. Es dauerte 34 Jahre, bis 2013 der Aufstieg in die Série A gelang. 2014 reichte es für Platz 15, 2015 für Platz 14, 2016 für Platz 11, wobei Platz 8 mit einem Sieg am letzten Spieltag möglich gewesen wäre, wäre dieses Spiel ausgetragen worden.

Die Copa Sudamericana, der wichtigste südamerikanische Vereinswettbewerb nach der Copa Libertadores und traditionell in der zweiten Jahreshälfte verankert, wurde zum 15. Mal ausgespielt. 47 Vereine aus zehn Ländern nahmen teil. Brasilien hatte zusätzlich zu vier Startplätzen in der Copa Libertadores gleich acht Startplätze für diesen Wettbewerb. Wie im Vorjahr bedeutete das Qualifikationssystem im brasilianischen Fußball, dass Chapecoense für die Copa Sudamericana startberechtigt war. Hatte sich der Neuling in diesem Wettbewerb in 2015 noch gegen AA Ponte Preta aus Brasilien und Club Libertad aus Paraguay durchgesetzt und erst im Viertelfinale gegen River Plate knapp die Segel streichen müssen (1:3 in Buenos Aires, 2:1 in Chapecó), so sollte 2016 in dieser Runde nicht Schluss sein: Gegen Cuiabá EC aus Brasilien setzte es eine 0:1-Auswärtsniederlage und einen 3:1-Heimsieg. Im Achtelfinale entschied nach zwei torlosen Spielen in Chapecó ein 5:4-Sieg im Elfmeterschießen gegen den argentinischen Big-5-Klub CA Independiente. Gegen die Kolumbianer von Atlético Junior gelang nach einer 0:1-Niederlage in Barranquilla mit einem 3:0-Sieg in Chapecó der Halbfinaleinzug. Im Halbfinale ging es erneut nach Buenos Aires zu einem Big-5-Klub. Diesmal wartete CA San Lorenzo de Almagro. Dank der Auswärtstorregel reichten ein 1:1 auswärts und ein 0:0 am 23. November im heimischen Stadion für den Finaleinzug. Es sollte das erste Finale mit einem Klub aus dem brasilianischen Bundesstaat Santa Catarina werden. Nur wenige Tage später sollte das Finalhinspiel gegen Atlético Nacional in Medellín ausgetragen werden.

Chapecoense entschied sich für den Flug mit LaMia, einer bolivianischen Fluggesellschaft, die ein Dumpingangebot unterbreitete, um den Auftrag zu erhalten, und mit der der Klub auch schon zum Viertelfinalspiel in Barranquilla unterwegs war. LaMia wurde von vielen Fußballklubs zu wichtigen Spielen gebucht; auch die Nationalmannschaft Argentiniens mit Lionel Messi war kurz zuvor mit ihr und genau der Maschine, die Chapecoense nutzen sollte, nach Belo Horizonte in Brasilien geflogen. Und auch Gegner Atlético Nacional kannte dieses Flugzeug aus dem laufenden Wettbewerb, flog damit im August in der Gegenrichtung nach Santa Cruz de la Sierra, um gegen den Club Bolívar anzutreten, und Ende Oktober mit Tankstopp im bolivianischen Cochabamba nach Curitiba in Brasilien. Der Flug mit dem Typ Avro RJ85 von São Paulo, wo das letzte Spiel vor dem internationalen Auftritt gegen Palmeiras mit 0:1 verloren wurde, sollte direkt nach Rionegro/Medellín erfolgen, unterbrochen durch einen Tankstopp in Cobija im Norden Boliviens. Eine Fluggenehmigung wurde der Airline aber verweigert, da diese Konstellation für eine bolivianische Gesellschaft aufgrund der geltenden Verkehrsabkommen nicht vorgesehen war. So musste das Team von Chapecoense am 28. November mit einem Linienflug nach Santa Cruz de la Sierra in Bolivien geflogen werden und konnte erst dort an Bord der LaMia-Maschine gehen. Das führte zu Verzögerungen im Zeitplan und bedeutete auch, dass der Flughafen in Cobija aufgrund seiner nächtlichen Schließung nicht mehr zum Tanken genutzt werden konnte. Der Flugplan sah für die 2.983 Kilometer nach Medellín vier Stunden und 22 Minuten vor, die Treibstoffmenge sollte dies laut Flugplan genau abdecken.

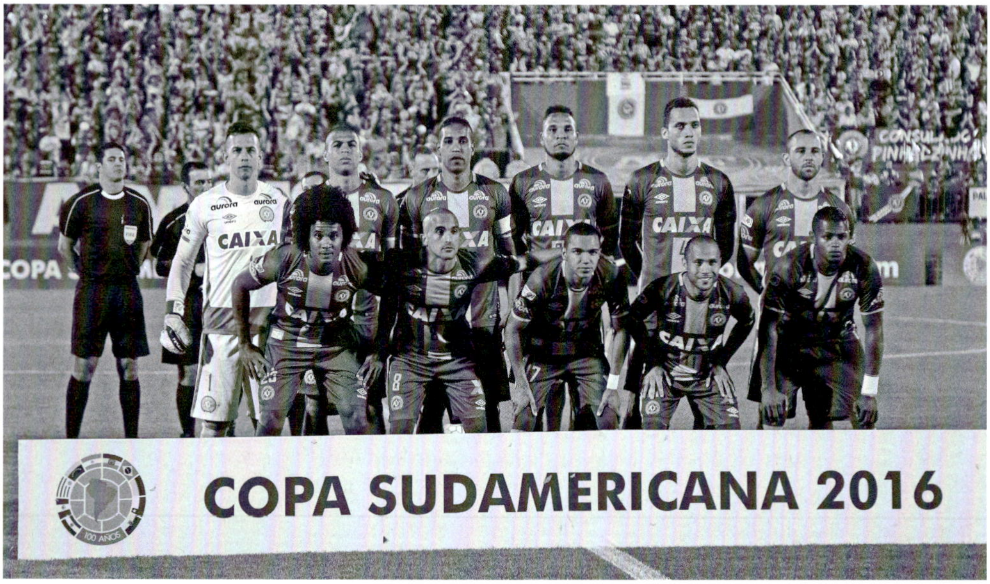

Die Mannschaft von Chapecoense vor dem Halbfinalrückspiel um die Copa Sudamericana gegen CA San Lorenzo de Almagro am 23. November 2016.

Mit etwas Verspätung hob Flug 2933 um 18:18 Uhr Ortszeit in Santa Cruz ab. Die Verzögerung ereignete sich, weil ein Spieler beim Schließen der Türen noch einmal darum bat, seine tragbare Spielkonsole aus dem Gepäck im Gepäckraum zu holen. Er hatte vergessen, diese zuvor herauszunehmen. Nach dem Start sprach die Crew wiederholt über die Treibstoffberechnungen und die Optionen, in Leticia oder Bogotá zu landen, um aufzutanken, doch die Piloten entschieden sich, die vorgesehene Route leicht zu ändern und auf direktem Weg nach Medellín weiterzufliegen. Sie flogen an Bogotá vorbei. Beim Sinkflug auf die Zielregion ertönte im Cockpit die Warnung, dass es nur noch für 20 Minuten Treibstoff geben würde. Sechs Minuten später erhielt die Crew von der Anfluglotsin in Medellín die Freigabe, den Sinkflug auf einer Anflugroute fortzusetzen. Parallel musste ein Flug einer anderen Airline nach Medellín umgeleitet werden, wo sich bereits drei weitere Flugzeuge in einer Warteschleife befanden. Der LaMia-Flug wurde ebenfalls in die Warteschleife geschickt. Kurz darauf beantragte der Pilot Priorität für die Landung aufgrund „Problemen mit dem Treibstoff", ohne aber eine Notlage zu erklären. Erst nach einer Rückfrage durch die Lotsin erklärte der Pilot – 16 Minuten nach der Treibstoffwarnung (also vier Minuten vor dem Komplettverbauch) – einen Treibstoffnotfall und bat um Endanflugkurs und sofortige Sinkflugfreigabe, die auch erfolgte. Eine weitere Minute später fuhren die Piloten die Landeklappen und das Fahrwerk aus (was ohne Treibstoff nicht mehr möglich gewesen wäre), wodurch der Sinkflug abgebremst wurde. Die Lotsin musste die Besatzungen der anderen Flugzeuge anweisen, vom LaMia-Flug weg zu manövrieren. Innerhalb von zwei Minuten fielen alle vier Triebwerke aus. Zwei weitere Minuten vergingen, bis die Piloten einen „totalen elektrischen Totalausfall ohne Treibstoff" meldeten. Die vorletzte Meldung der Cockpitbesatzung verdeutlichte der Lotsin, dass das Flugzeug viel zu tief unterwegs war. Die Lotsin vernahm noch das Wort „Jesus". Kurz darauf war von LaMia-Flug 2933 nichts mehr über Funk zu hören. Die Maschine war etwa 18 Kilometer vor der Landebahn in zirka 2.600 Meter Höhe und mit einer Geschwindigkeit von 230 Stundenkilometern um 21:59 Uhr Ortszeit auf die Spitze eines bewaldeten Hügels namens Gordo gekracht und in zwei Teile zerrissen. Der hintere Teil der Maschine blieb auf der Südseite hängen, der vordere schoss über den Bergrücken hinaus, hinterließ eine Schneise und blieb nach 150 Metern am Geäst eines entwurzelten Baumes hängen. 77 Menschen waren an Bord, mindestens zehn wurden von Rettungskräften zunächst lebend aufgefunden, doch letztlich überlebten insgesamt nur sechs; 71 Tote waren zu beklagen. Das Flugzeug explodierte beim Aufschlag nicht – da kein Tropfen Treibstoff mehr im Tank war. Sonst hätte es wohl keine Überlebenden gegeben.

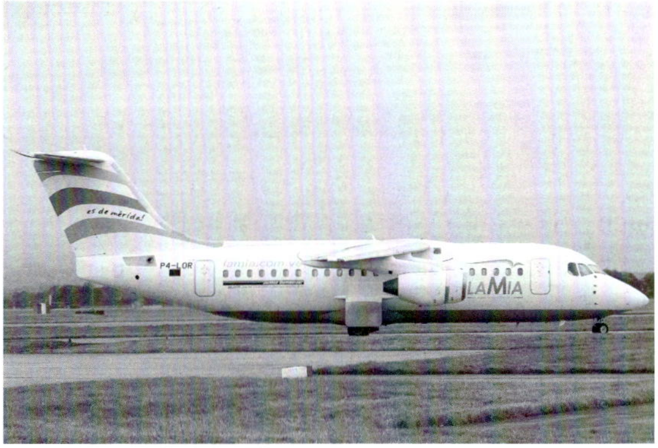

Mit diesem Fluggerät sind viele Fußballteams in Südamerika unterwegs, am 28. November 2016 auch Chapecoense.

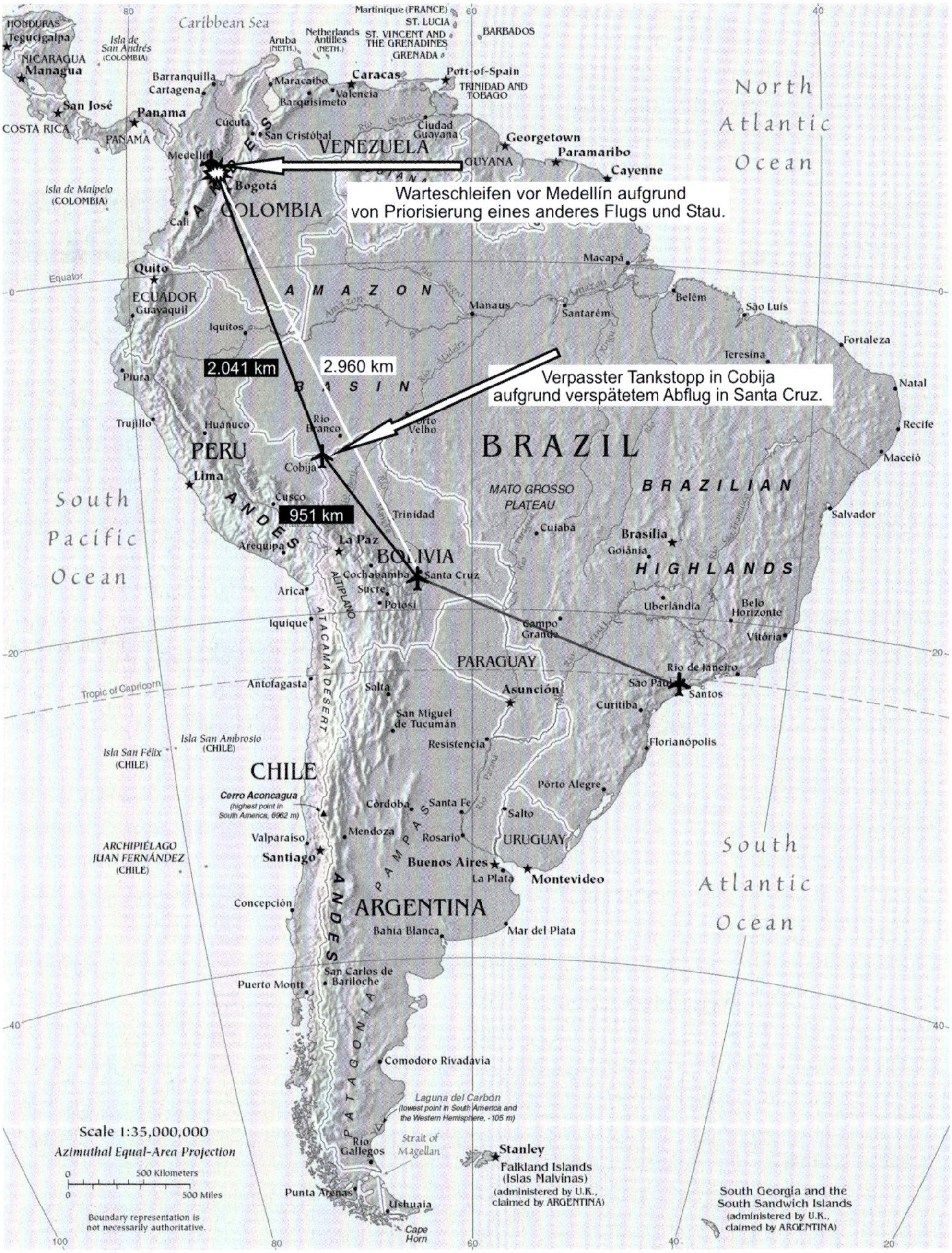

Der geplante Streckenverlauf ab Santa Cruz ist mit einer schwarzen Linie gekennzeichnet, der tatsächlich geflogene mit einer weißen Linie. Das Auslassen von Tankstopps in Cobija an der nordwestlichsten Stelle Boliviens bzw. in Bogotá sowie das Fliegen von Warteschleifen über der Zielregion sind ausschlaggebend für einen leeren Tank und damit den Absturz.

Torhüter Danilo gehörte zu den Spielern, die schwer verletzt abtransportiert werden konnten. Er telefonierte noch mit seiner Frau, überstand aber die notwendige Operation nicht. Einem anderen Torhüter, Jakson Follmann, neben den Spielern Hélio Neto und Alan Ruschel einer der drei überlebenden Spieler, musste sein rechtes Bein unterhalb des Knies amputiert werden. Der Radioreporter Rafael Henzel war der einzige Journalist, der den

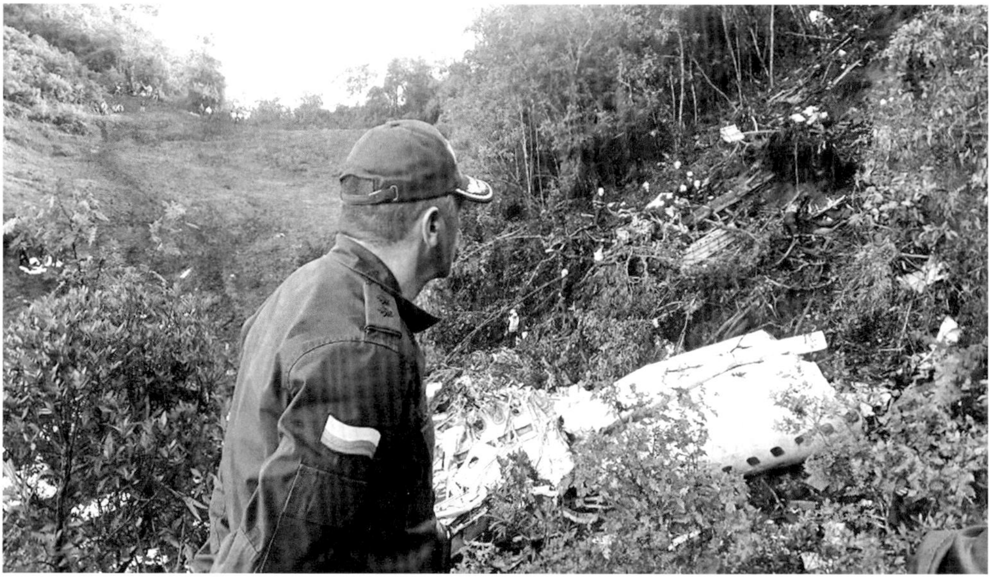

Ein kolumbianischer Polizist beobachtet die Rettungsarbeiten.

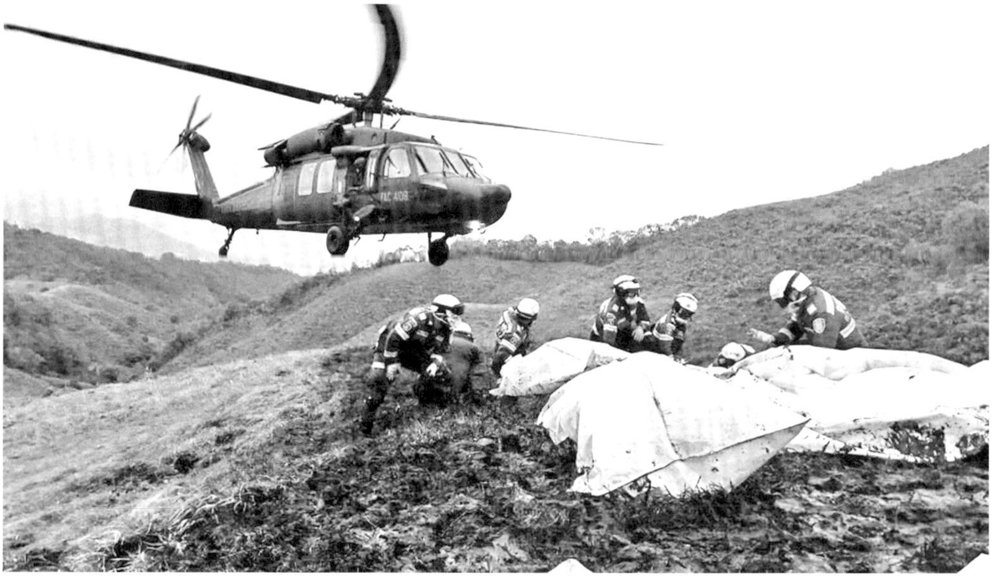

In dem schwer zugänglichen Gelände werden die Verletzten und Leichen per Hubschrauber ausgeflogen.

Absturz überstand. Nach zehn Tagen Intensivstation und 20 weiteren Tagen in einem anderen Krankenhaus kehrte er mit dem Wunsch zurück, das erste Spiel von Chapecoense in der Copa Libertadores im Jahr 2017 zu übertragen. Er starb 2019 45-jährig an einem Herzinfarkt. Die Flugbegleiterin Ximena Suárez und der von einer anderen Gesellschaft für diesen Flug angeforderte Flugmechaniker Erwin Tumiri befanden sich beim Absturz im hinteren Teil des Flugzeugs und wurden beide nur leicht verletzt. Tumiri berichtete, dass es keine Hinweise von der Crew für eine beabsichtigte Notlandung gegeben habe, wodurch sich die Passagiere nicht darauf hätten vorbereiten können. Lediglich die Landung sei angekündigt worden und dass alle ihre Sitzplätze einnehmen sollten.

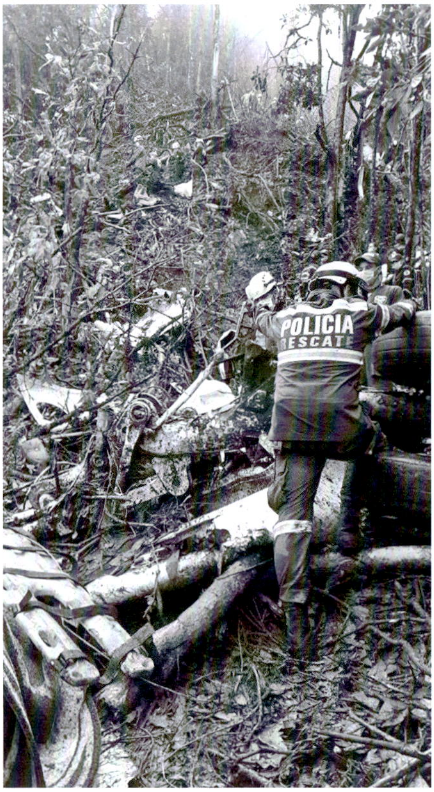

Die Rettungsarbeiten gestalten sich in steiler Hanglage extrem schwierig.

Die Untersuchung brachte haarsträubende Fehler der Piloten zum Vorschein. Offenbar wurde das maximal zulässige Startgewicht aufgrund zu viel Gepäcks um knapp 400 Kilogramm überschritten – in den Dokumenten der Airline war ein falsches Gewicht eingetragen, das unterhalb des Limits lag. Die Flugstrecke war knapp 30 Kilometer länger als die vom Hersteller angegebene treibstoffbedingte maximale Reichweite. Die Piloten waren die Strecke Medellín – Santa Cruz bereits dreimal geflogen, jeweils ohne Kraftstoffreserven. Das passte aufgrund der unterschiedlichen Höhenlagen der Flughäfen in Richtung Santa Cruz, aber nicht mit längerem Steigflug in umgekehrter Richtung nach Medellín. Es wurden weder eine Reserve- noch eine Notkraftstoffmenge oder der Mindesttreibstoff für die Landung getankt. Drei Optionen zum Nachtanken wurden während des Flugs diskutiert, aber verworfen. Die direktere Flugroute sparte etwas an Zeit und Treibstoff. So flog man an Bogotá vorbei. Eine Landung in Bogotá hätte neben weiteren Flughafengebühren auch einen Erklärungsnotstand für die Piloten und damit das Risiko einer einkassierten Pilotenlizenz bedeutet. Experten waren irritiert, dass der Voice Rekorder ab einem bestimmten Zeitpunkt nicht mehr die Gespräche aus dem Cockpit aufzeichnete und glaubten, dass die Piloten diesen bewusst abgeschaltet haben, um eine Dokumentation zu verhindern. Es stellte sich heraus, dass der kommandierende Pilot Mitgesellschafter von LaMia war und Interesse hatte, die Kosten gering zu halten. Er flog regelmäßig mit zu wenig Sprit. Weiter wurde bekannt, dass LaMia große finanzielle Schwierigkeiten hatte und Personal und Wartungen nicht bezahlen konnte, wodurch auch zwei von drei Flugzeugen nicht mehr einsatzbereit waren. Der Flug hätte trotz der prekären Situation noch sicher landen können, doch die Piloten erklärten gegenüber der Lotsin keine Notlage und wurden in eine Warteschleife geschickt. Zudem sorgte das zu frühe Betätigen der Landeklappen und des Fahrwerks für eine stärker sinkende Flughöhe, wodurch das Flugzeug letztlich zu tief flog und nicht flacher Richtung Flughafen gleiten konnte. Dass beide Piloten Schwächen in der Erklärung einer Notlage hatten, war bereits durch Bewertungen bei der Aktualisierung ihrer Fluglizenz für diesen Maschinentyp aktenkundig gewesen.

Am Morgen des 29. November verbreitete sich die Nachricht des Unglücks um die ganze Welt. In Chapecó wanderten die geschockten Anhänger des Klubs intuitiv zu ihrem Stadion, um dort gemeinsam zu trauern. Am eigentlichen Tag des Finalhinspiels, dem 30. November, war das Stadion in Medellín trotz der Absage durch den südamerikanischen Fußballverband CONMEBOL bis auf den letzten Platz gefüllt. Die Anhänger von Atlético Nacional sangen „Siempre Chapecó“ (Für immer Chapecó), die Vereinshymne von Chapecoense. Ohne dass nur ein Ball gespielt war, herrschte 90 Minuten lang Fußballstimmung. Atlético Nacional erklärte, auf den Titel zu verzichten und forderte den Verband auf, stattdessen Chapecoense als Titelträger auszurufen. Dem folgte der Verband am 2. Dezember.

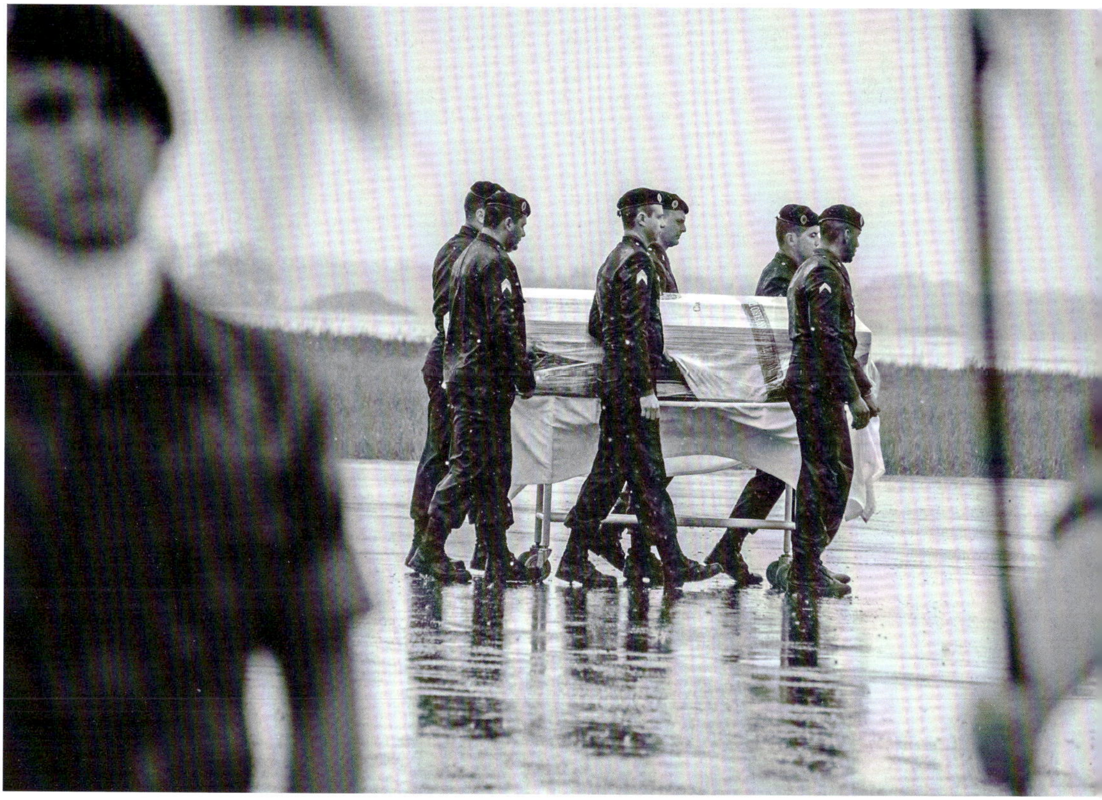

Die Verstorbenen kommen zurück nach Chapecó.

In der Arena Condá in Chapecó fand am 3. Dezember die Trauerfeier statt. 20.000 Trauergäste waren gekommen, darunter Staatspräsident Michel Temer und FIFA-Präsident Gianni Infantino. Alle 50 verstorbenen Vereinsmitglieder wurden in ihren Särgen in offenen Lastwagen zum Stadion gefahren und danach in strömendem Regen von Soldaten des brasilianischen Militärs hineingetragen. In der bewegenden Verfilmung „Unser Team: Nossa Chape", die den Wiederaufbau der Mannschaft thematisiert, wird die Trauer der Hinterbliebenen und Fans bei den Bildern von der Trauerfeier für jeden zum Greifen nah.

Ein Meisterschaftsspiel stand in 2016 eigentlich noch aus, doch Gegner Atlético Mineiro erklärte, dass er nicht antreten würde. Alle brasilianischen Erstligisten boten Chapecoense an, kostenfrei Leihspieler für die folgende Saison zur Verfügung zu stellen. Chapecoense nahm einige dieser Angebote an. Der von mehreren Vereinen gestützte Vorschlag, dass dem Klub ein Schutzrecht zugesprochen werden sollte, wonach er für drei Jahre nicht absteigen könnte, wurde vom Klub selbst aber abgelehnt.

Alan Ruschel wurde bei dem Absturz aus dem Sitz geschleudert, von Bäumen abgebremst und lag dann Stunden in der kalten Nacht zwischen Trümmern und Leichen, bevor die Rettungsmannschaft an der Unglücksstelle eintraf. Er kam auf der Intensivstation zu sich. Becken, Schienbein und der zehnte Brustwirbel waren gebrochen. Die Ärzte wollten ihm keine Hoffnung auf die Fortsetzung seiner Karriere machen. Er kämpfte sich aber zurück,

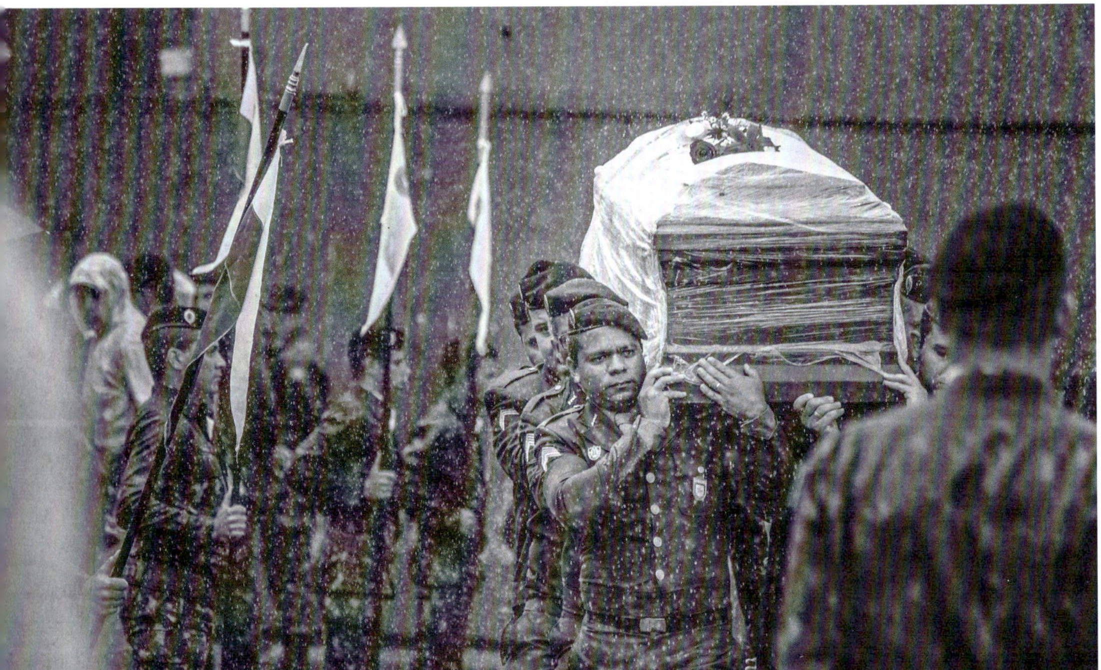

Trauerfeier im Stadion von Chapecoense.

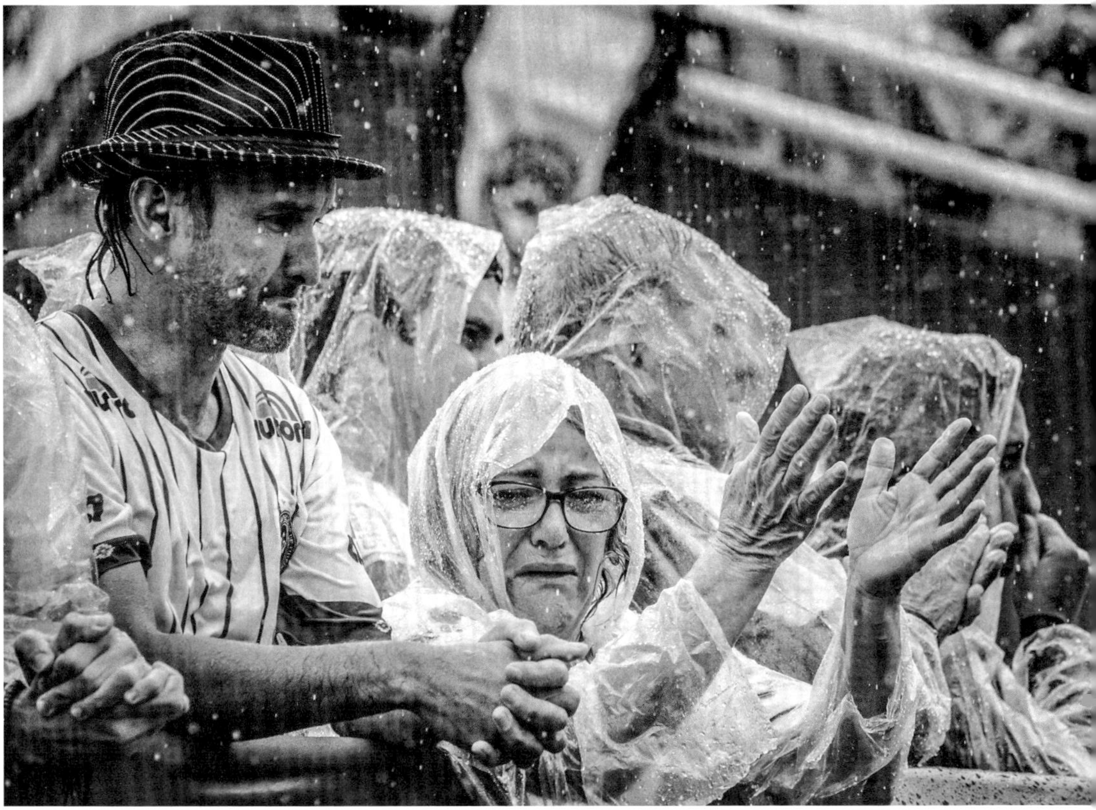

Nicht nur der Himmel weint …

lernte wieder zu sitzen, zu stehen und zu gehen und quälte sich im Kraftraum. Anfang Mai 2017 besuchte er mit einer großen Delegation des Klubs – samt den Überlebenden und deren Angehörigen – die Unglücksstelle und traf die Retter von damals. Am 7. August 2017, 252 Tage nach dem Absturz stand Ruschel erstmals wieder für Chapecoense auf dem Platz. Beim traditionellen Turnier des FC Barcelona, der „Trofeo Joan Gamper", hielt er 35 Minuten mit, bis er nicht mehr konnte und ausgewechselt wurde. Die Zuschauer erhoben sich, alle Spieler klatschten. Im November erfolgte der erste Pflichtspieleinsatz nach dem Unfall.

Hélio Neto gelang es trotz seines Albtraums, während des Flugs ruhig zu bleiben. Er saß auf einem mittleren Sitz, umgeben von Mitspielern, die lachten und schon zur Probe den Sieg feierten, den sie erreichen wollten. Als die Lichter ausgingen und Neto spürte, dass die Maschine wackelte und die Motoren nicht mehr liefen, hatte er sich an Gott gewandt: „Ich weiß, dass du da bist. Ich bitte dich, uns zu helfen. Wenn du mich am Leben lässt, wenn ich überlebe, werde ich mich dafür einsetzen, dass die Welt erfährt, dass es dich gibt." Sechs Stunden nach dem Absturz wurde er als der letzte Überlebende gerettet. Niemand hatte mehr damit gerechnet, dass es noch Lebende geben könnte, als ein Polizist Netos Stöhnen hörte. Eine Erinnerung daran hat er nicht. Er lag zehn Tage im künstlichen Koma, wachte dann auf und fand seine Familie und Freunde vor, verstand aber nicht, was passiert war, bis ein Arzt ihn aufklärte. Man erzählte ihm auch, er könne trotz mehrerer Verletzungen seine Karriere wieder aufnehmen. Doch es kam zu keinen weiteren Einsätzen mehr. 2019 trat er mit der Begründung zurück, dass „der Schmerz die Freude überwiegt". Dafür wurde er Teamchef der Mannschaft. Er schrieb ein Buch mit dem Titel „Posso crer no amanhã" (Ich kann an morgen glauben) und arbeitete an einer Mitte 2022 begonnenen Verfilmung des Unfalls (Titel: „The Last Survivor") mit, die die finanziell nicht entschädigten Hinterbliebenen unterstützen soll. 2017 und 2021 war Neto noch einmal an der Absturzstelle. 71 Bäume, einen für jeden Verstorbenen, wurden 2021 gepflanzt.

Im April und Mai 2017 wurde die Recopa Sudamericana ausgetragen, bei der sich die Gewinner der beiden großen internationalen Wettbewerbe Copa Libertadores und Copa Sudamericana aus 2016 gegenüberstehen sollten. Chapecoense traf dadurch ausgerechnet auf Atlético Nacional, das im 1. Halbjahr 2016 die Copa Libertadores gewonnen hatte. Die Brasilianer siegten daheim 2:1 und verloren in Kolumbien mit 1:4. Die 45.000 Zuschauer beim Rückspiel feierten beide Mannschaften. Mit einem Avianca-Linienflug war die neue Mannschaft angereist. Mitgeflogen waren auch die neuen Funktionäre, die Überlebenden Alan Ruschel, Jakson Follmann, Hélio Neto und Rafael Henzel, Angehörige und Anhänger. Im Sinkflug auf die Metropole wurde es still. Vor der letzten Bergkette schauten alle Fußballer durch die Fenster und wussten, dass es da unten passiert war. Zur Begrüßung nach der Landung gab es durch die Flughafenfeuerwehr Wasserfontänen. Im schon sechs Monate zuvor vorgesehenen Teamhotel wurde bei der Ankunft die Vereinshymne gespielt; die Belegschaft verteilte weiße Rosen. Nach dem Spiel besuchte die Reisegruppe das Krankenhaus, in dem die Erstversorgung vorgenommen worden war. Ein Bus brachte sie ins Gebirge in Richtung der Unglücksstelle; das letzte Stück durch nicht befahrbares Gelände musste zu Fuß zurückgelegt werden. Der unterschenkelamputierte Jakson Follmann wurde dabei von einem Polizisten gestützt. Die Retter empfingen sie. Die großen Wrackteile waren inzwischen beseitigt. Was sonst in der Maschine gewesen ist – ein paar Sätze Trikots, Bälle, Fußballschuhe, Laptops und Geldbeutel – hatten „Unfalltouristen" in den Tagen nach dem Absturz einkassiert. Ein lokaler Radiosender hatte dazu aufgerufen, diese Gegenstände zurückzugeben. Tatsächlich fanden viele den Weg nach Brasilien zu den Überlebenden bzw. Angehörigen. Der Berg wurde inzwischen umbenannt: aus dem Cerro Gordo wurde der Cerro Chapecoense.

Als offizieller Titelträger war Chapecoense auch für die 2017er Auflage der Copa Libertadores startberechtigt. In sechs Gruppenspielen im März, April und Mai holte das Team sieben Punkte, schied damit aus, war aber noch für die folgende Copa Sudamericana qualifiziert. Hier war dann im Achtelfinale gegen Flamengo Rio de Janeiro Schluss. Die Staatsmeisterschaft konnte der Verein im Mai verteidigen. Ein besonderes Pflichtspiel fand im August in Japan statt: In der Copa Suruga Bank treffen jährlich die Sieger der Copa Sudamericana und des japanischen Ligapokals aufeinander. Chapecoense unterlag den Urawa Red Diamonds mit 0:1. Die nationale Meisterschaft wurde nach Schwierigkeiten im ersten Halbjahr 2017 mit

Rang 8 abgeschlossen, was punkteseitig etwa dem Vorjahresniveau entsprach. 2019 stieg Chapecoense aus der Série A ab, im folgenden Jahr wieder auf, 2021 aber erneut ab.

Erwin Tumiri, der überlebende Mechaniker beim LaMia-Absturz, konnte sich über ein drittes Leben freuen: Er kam im März 2021 mit leichten Verletzungen davon, als sein Bus auf der Fahrt von Cochabamba nach Santa Cruz gut 150 Meter einen Abhang hinunterstürzte. 30 Insassen überlebten, 21 starben.

Mindestens neun Bücher widmen sich inzwischen komplett diesem Unglück, das kein Fan des Klubs je vergessen wird. Die Fans von Chapecoense rufen in jedem Heimspiel in der 71. Spielminute „Vamos, vamos, Chapé!“ zu Ehren der 71 Verstorbenen.

Verfilmungen:
Unser Team – Nossa Chape, 2019, 98 min
Neto – The Last Survivor, angekündigt für 2023, ? min.

TV-Dokumentationen:
CNN em Espanhol veröffentlichte 2018 den Film „O lado obscuro da tragédia“ mit Originalbildern in spanischer Sprache.
https://www.youtube.com/watch?v=1RUtIrg1pLs, 67 min.

Der Unfall wurde zudem vom National Geographic Channel unter dem Titel „Tragödie der Fußballer“ (Football Tragedy) in der Episode 9 der Staffel 19 von „Mayday - Alarm im Cockpit“ verfilmt.
https://www.dailymotion.com/video/x75zjhu, 44 min.

Vertiefende Literatur (Auswahl):
Steven Bell: From triumph to tragedy – The Chapecoense story, Sussex 2019.
Sam Borden: Die ewigen Champions. Chapecoense – Das tragische Ende eines Fußball-Traums und sein Neubeginn, Ostfildern 2017.
Hélio Zampier Neto: Posso crer no amanhã – Relato de superação e esperança de Neto, sobrevivente de Chapecoense, São Paulo 2017.

Die Natur kennt kein Erbarmen

Die Flutwelle von Taroudant, Tizert, Marokko 2019

Der nationale Wetterdienst von Marokko hatte gewarnt. In mehreren Regionen des Landes würde es nach einer Trockenperiode zu Unwettern kommen. Gerade abgelegene Regionen mit Tälern ohne Bebauung sind bei Unwettern besonders gefährdet, da sich die Wassermassen ungehindert ihren Weg bahnen können. Eine Sturzflut füllte am 28. August 2019 in der Region Taroudant die sonst meistens ausgetrockneten Flussbetten. In Tizert schwoll der Fluss plötzlich an und drückte reißende Wassermassen auf den örtlichen Fußballplatz, auf dem ein Amateurspiel stattfand.

Die Spieler und Zuschauer kämpften um ihr Leben und versuchten, höheres Gelände zu erreichen oder Gebäude zu erklimmen. Mindestens zwölf Personen befanden sich auf den Dächern der Umkleidekabinen. Doch dann riss die Flut die hölzernen Tribünen rund um das Spielfeld und den Großteil der Umkleidekabinen mit. Acht Menschen wurden von den Wassermassen mitgerissen und starben.

Unter den Opfern befand sich auch der frisch verheiratete Hanafi Hilali, der auf dem Dach einer Umkleidekabine Zuflucht gesucht hatte, aber von den tosenden Wassermassen mitgerissen wurde, wie sein Bruder Mohamed Hilali gegenüber Associated Press erklärte. Die beiden waren auf dem Spielfeld quasi eingesperrt, aber Mohamed rannte los, um seinen Sohn und seinen Cousin, beides kleine Kinder, zu retten. „Was geschah, war entsetzlich und schockierend. Ich konnte nicht zurückkehren, um meinen Bruder zu retten“, schilderte Mohamed weinend.

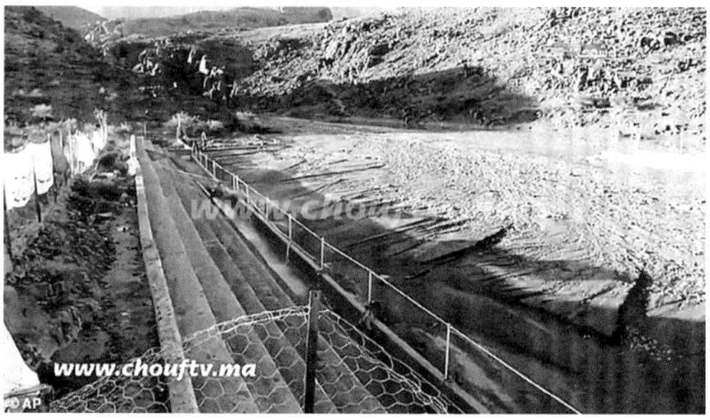

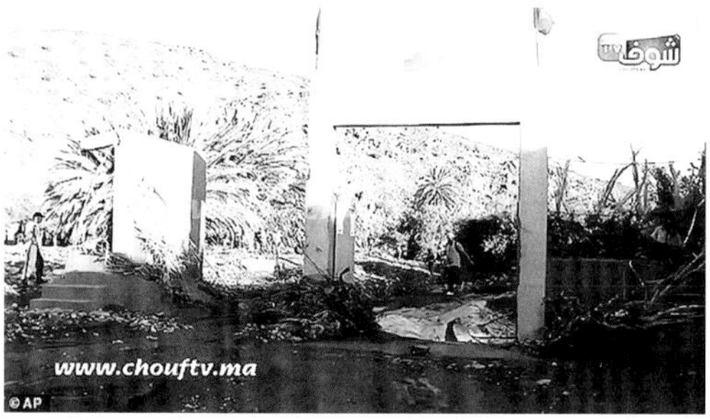

Die geflutete Anlage in Tizert.

Die Anzahl der Verletzten ist unklar. Die letzte Leiche wurde nach vier Tagen etwa 20 Kilometer von dem Dorf Tizert entfernt in der Nähe eines Amateurfußballturniers gefunden.

Später kam heraus, dass man vor Ort eigentlich konkret gewarnt worden war: Ahmad Afif, der Organisator des Spiels, erklärte, er sei zusammen mit Dutzenden anderer Fans auf dem Dach der Umkleidekabinen gewesen, als sie Anrufe aus einem nahe gelegenen Dorf erhielten, die sie vor dem überfluteten Fluss warnten: „Wir waren wirklich aufgeregt. Der Fluss ist seit Jahrzehnten nicht mehr vollgelaufen, und wir wollten das mit Videos festhalten. Während wir filmten, stellten einige von uns fest, dass der Fluss tatsächlich sehr stark war und zu Schäden führen konnte, und brachten sich in Sicherheit. Diejenigen, die zurückblieben, wurden vom Fluss mitgerissen." Afif gehörte zu jenen, die an einen sicheren Platz abseits des Flusses geflüchtet waren. Afif: „Wir sahen unsere Brüder, unsere Söhne, unsere Cousins sterben. Sie schrien uns um Hilfe an, sahen uns verzweifelt an, aber wir konnten nichts tun, um zu helfen."

Eindrücke vom Unglück:
https://www.thesun.co.uk/sport/football/9820974/morocco-football-match-flash-flood-seven-killed/,
42 sec

Weitere Naturunglücke:

Am 3. Juni 1995 kam es in Puerto Lempira in Honduras bei einem Spiel lokaler Mannschaften zu einem Blitzeinschlag. 16 Menschen wurden getötet, 38 verletzt.

Die um die Welt gegangene Meldung, dass bei dem Spiel zwischen Bena Tshadi und Basanga in der Demokratischen Republik Kongo im Jahr 1998 elf Spieler einer Mannschaft von einem Blitz getötet und 30 Zuschauer verletzt wurden, war hingegen nicht korrekt. Es kamen bei dem Vorfall zwei Spieler ums Leben.

Zwei tote Spieler und zehn verletzte Personen aufgrund eines Blitzeinschlages gab es auch beim Army-Pokalfinale zwischen dem Royal Armoured Corps aus Bovington und dem 121. Trainingsregiment der Royal Artillery aus Oswestry im April 1948. Dies gleiche Ursache führte zu einem toten und sieben verletzten Spielern bei einem Amateurspiel in Birmingham im Jahr 1967 zwischen Highgate und Enfield.

Einen Erdrutsch gab es am 27. Januar 2013 im türkischen Şırnak. In Ostanatolien nahe der Grenze zum Iran wurden beim Spiel zweier lokaler Mannschaften viele Menschen begraben, von denen sieben starben und drei verletzt wurden.

Ein Geländeabbruch ereignete sich am 14. Juli 1962 in Libreville, Gabun, bei einem Länderspiel von Gabun gegen die Bundesrepublik Kongo. Hier kamen neun Menschen ums Leben, 30 erlitten Verletzungen.

Die Katastrophe, die darauf wartete, zu geschehen

Die Stadionkatastrophe von Kepanjen, Indonesien 2022

1938 nahm die Nationalmannschaft Indonesiens – seinerzeit noch als Niederländisch-Indien – tatsächlich einmal an einer Weltmeisterschaft teil. Qualifiziert hatte sie sich durch einen kampflosen Sieg gegen das zurückziehende Japan. Nach einem 0:6 gegen den späteren Vizeweltmeister Ungarn war der Höhepunkt der Fußballhistorie des Landes aber bereits wieder vorbei. In der Asienmeisterschaft wurde noch nie die Gruppenphase überstanden. Als Erfolge gelten fünf Vizetitel in der Meisterschaft der südostasiatischen Länder, zuletzt im Jahr 2021. Und doch strebt der Fußball in diesem Land nach viel mehr. Die Leidenschaft für den Fußball in der Bevölkerung ist größer als wohl in jedem anderen asiatischen Land. In Anlehnung an die englische Freizeitkultur und die frühere italienische Ultrabewegung engagieren sich Massen junger Menschen, richten ihr Leben am Fußball aus und produzieren auch aufwendige Choreographien. Hooligans und Spielmanipulationen haben die Entwicklung im Fußball hier allerdings immer wieder zurückgeworfen. Die Sicherheitskräfte sind mit dem existierenden Gewaltproblem überfordert. Zu viele Personen haben ihre eigenen Interessen verfolgt. Die Zahl der Fußballtoten in dem Land ist bestürzend. Die Mannschaften werden in der Regel in Sicherheitstransporten in die Stadien gebracht. Die Stadien selbst entsprechen meist nicht mehr den Anforderungen, Einlassverfahren sind unkoordiniert, und der Schwarzmarkt macht die Situation unübersichtlicher, fassen es Experten zusammen.

Am 1. Oktober 2022 empfing Arema FC aus Malang im Kanjuruhan-Stadion im Distrikt Kepanjen Persebaya Surabaya zum „Ost-Java-Derby", bei dem Gästefans aus Sicherheitsgründen nicht zugelassen waren. Für die Gastgeber lief es nicht gut. Als das Spiel abgepfiffen wurde, stand mit einem 2:3 die dritte Heimniederlage in Folge zu Buche. Gleichzeitig war es die erste Heimniederlage gegen den Rivalen nach 23 Jahren. Während des Spiels blieb es auf den Rängen – abgesehen von verbalen Unmutsbekundungen und einer kleinen, von der Polizei beendeten Schlägerei in der Halbzeitpause – ruhig. Mit einer zeitlichen Verzögerung von zehn bis 15 Minuten nach dem Abpfiff, nachdem sich die Spieler des Gastgebers vor der eigenen Kurve für die Leistung entschuldigt hatten, begannen etwa 3.000 Heimanhänger, in den Innenraum zu klettern und das Spielfeld zu betreten. Dieses Verhalten ist für den indonesischen Fußball nicht ungewöhnlich. Regelmäßig wird damit die Enttäuschung des Anhangs dokumentiert. Vorausgegangen war in diesem Fall jedoch, dass ein oder zwei Zuschauer in den Innenraum gingen und mit den Spielern kommunizierten bzw. sogar zum Trost in den Arm nahmen. Die Anhänger wurden jedoch von der Polizei ins Visier genommen. Ihnen wurden die Hemden ausgezogen, und sie wurden mit einem Stock geschlagen. Das brachte die Menge auf, die schrie, sie würde über die Absperrung hinweg auf das Spielfeld springen. Und so kam es.

Während die Polizei sonst abwartet und beobachtet, ob sich die Situation zuspitzt, richteten die Polizisten diesmal ihre Waffen auf die Fans und schossen sofort Tränengas in die Menge. Daraufhin flohen viele der Menschen – auf dem Spielfeld und den Tribünen nach Luft schnappend – in dieselbe Richtung. Obwohl die Tribünen noch voller Zuschauer waren, wurde parallel das Flutlicht ausgeschaltet. Die Tore des Stadions waren fast alle geschlossen. Folglich entstand an den Ausgängen ein Druck, der sich zu einem schlimmen Gedränge auswuchs.

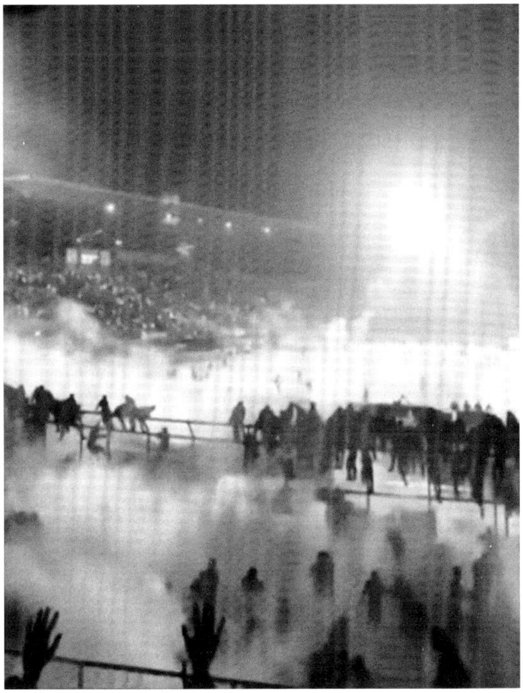

Tränengas auf den Tribünen.

Nach Angaben der Polizei hätten die Fans randaliert und Spieler und Mannschaftsoffizielle angegriffen – die Polizei hätte versucht, diese zu schützen, woraufhin es zu Zusammenstößen zwischen Anhängern und Polizei gekommen sei. Dadurch sei auch der Tränengaseinsatz erforderlich gewesen. Was die Polizei hierbei verschwieg: Sie schoss das Tränengas auch auf die Tribünen, also auch auf Anhänger, die nicht auf das Spielfeld kamen. Ein vom Tränengas verursachtes weißes Wolkenmeer soll fast die komplette Kurve auf der Südseite des Stadions bedeckt haben, die mit älteren Menschen, Kleinkindern, Kindern und Jugendgruppen gefüllt war. Auch außerhalb des Stadions wurde Tränengas eingesetzt.

Journalist Aditya Wahyu Pratama berichtete: „In den Pressebereichen tauchten immer mehr Verletzte auf. Einige von ihnen schwebten in Lebensgefahr, was dazu führte, dass die Journalisten Wiederbelebungsmaßnahmen einleiteten. Viele starben direkt vor unseren Augen ... Ich habe mein Bestes getan, um zu helfen. Das taten viele Leute. Auch einige Polizisten versuchten zu helfen, aber die Bergungsaktion wurde schnell von Militärs übernommen. Ich sah, wie Spieler von Arema halfen, zusammen mit Trainern und anderen Vereinsfunktionären ... Ich weiß, dass viele Kinder gestorben sind.“ Viele Menschen wurden erdrückt bzw. erstickten – bei einigen Toten wurden Kopfverletzungen festgestellt. Die Behörden veröffentlichten eine Liste mit den Namen von 131 Toten, darunter 33 Kinder. Die Anzahl der Verletzten wurde mit bis zu 323 angegeben. Arema FC stellte die offiziellen Zahlen infrage und meinte, dass möglicherweise mehr als 200 Menschen getötet wurden, da einige der Leichen sofort zu ihren Familien gebracht wurden, anstatt ins Krankenhaus transportiert zu werden. Dies würde zu ersten Meldungen passen, die noch von 174 Toten

Die Fußballwelt nimmt Anteil, hier mit einer Schweigeminute beim Champions-League-Spiel Eintracht Frankfurt - Tottenham Hotspur.

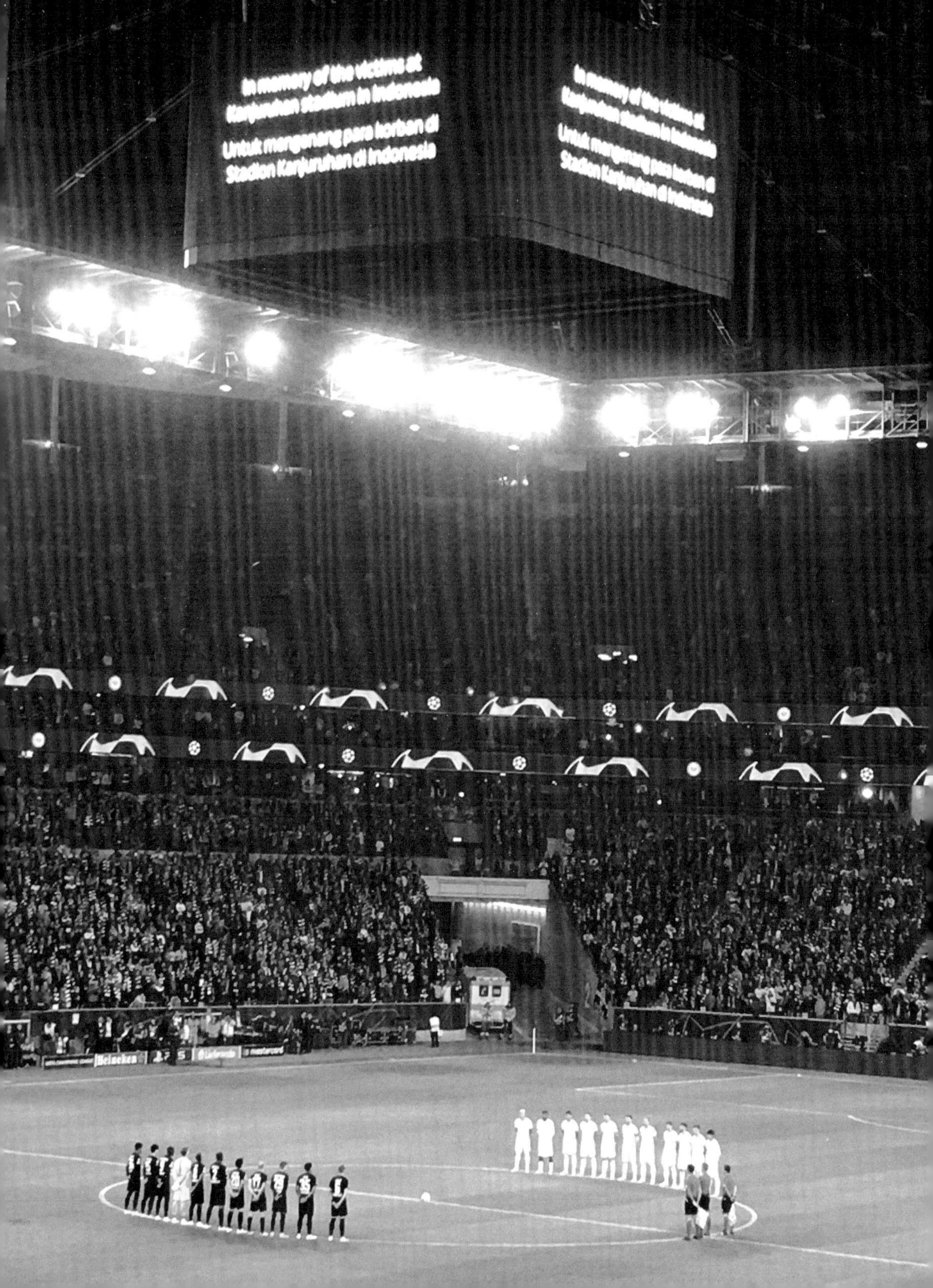

berichteten. Die Polizei informierte, dass zehn Polizeifahrzeuge und drei Privatfahrzeuge des Heimklubs zerstört wurden.

Der indonesische Sicherheitsminister Mohammad Mahfud erklärte bald, das Stadion sei überfüllt gewesen. 42.000 Zuschauer seien im Stadion gewesen – aus Sicherheitsbedenken hatte die Polizei beantragt, nur 38.000 Karten auszugeben und das Spiel bereits nachmittags statt erst um 20 Uhr Ortszeit beginnen zu lassen, doch die Verantwortlichen der Liga und die Spielorganisation hätten dies abgelehnt. (Mitte Juni des Jahres kam es bei einem Spiel zwischen Persib Bandung und Persebaya Surabaya auch schon zu zwei Todesfällen im Gedränge, als in einem Stadion mit einer Kapazität von 38.000 etwa 45.000 Menschen Einlass fanden – wie ermittelt wurde, auch mittels gefälschter Zugangskarten. Das Erstaunliche dabei: Laut Information von Persib seien nur 15.000 Karten zur Verfügung gestellt worden.) Tränengas setzte die Polizei im Kanjuruhan-Stadion bereits 2018 bei Ausschreitungen nach dem Spiel von Arema FC gegen Persib Bandung ein, um die Menge zu vertreiben – schon hier kam es zu einem Todesfall.

Die FIFA hat erklärt, dass Tränengas und Schusswaffen bei Spielen auch nicht von Ordnern und Polizei mitgeführt bzw. eingesetzt werden dürfen – für Spiele außerhalb von FIFA-Wettbewerben gilt dies nur als Richtlinie. „Es gab keine Befehle, Tränengas gegen die Menge einzusetzen", erklärte Albertus Wahyurudhanto, ein Beamter der Nationalen Polizeikommission – einer Aufsichtsbehörde, die dem Präsidenten des Landes unterstellt ist –; nur außerhalb des Stadions sollte dieses eingesetzt werden.

Bereits kurz nach dem Unglück sperrte der indonesische Fußballverband den Sicherheitsbeauftragten des Vereins und den Leiter seines Organisationskomitees lebenslang und verurteilte den Verein zu einer Geldstrafe in Höhe von 250 Millionen Rupiah (etwa 16.730 Euro). Der Heimklub erhielt eine Heimspielsperre von einem Jahr. Mindestens neun Polizisten (inklusive dem Polizeichef der Stadt) wurden suspendiert, dutzende Ermittlungsverfahren wurden eingeleitet, so auch gegen den Direktor der Liga, den Sicherheitschef von Arema und das Organisationskomitee für das Spiel. Ein Video, das Übergriffe von Sicherheitskräften dokumentiert, zeigt, dass Anhänger geschlagen und getreten wurden. Dies führte zu Strafverfahren gegen die Sicherheitskräfte.

James Montague, ein britischer Experte für weltweite Fankultur, der auch indonesische Fans begleitet hat, wurde zur Katastrophe wie folgt zitiert: „Schreckliche Organisation, schreckliche Einrichtungen, schreckliche Polizeiarbeit und eine Kultur der Gewalt innerhalb bestimmter Teile der Fankultur – es war eine Katastrophe, die nur darauf wartete, zu passieren." Der Schweizer Andrin Brändle – wie Montague Buchautor – schätzte dies genauso so ein und sah eine „suboptimale Infrastruktur", eine „mangelnde Koordination zwischen den Sicherheitskräften" und eine „unglaubliche Dynamik auf den Tribünen" als Gründe für das Geschehen. Brändle weiter: „Im Fall des Kanjuruhan-Stadions sind viele Evakuierungswege durch Fahrzeuge blockiert, weil das Stadion im Distrikt Kepanjen liegt, so dass die meisten Fans mit dem Auto aus dem nahe gelegenen Malang anreisen müssen … Neben engen und unzureichenden Eingängen fehlt es oft an den üblichen Sicherheitselementen wie Kapazitätsbeschränkungen, Blocktrennung und Absperrungen. Außerdem sind die Zäune oft mit Stacheldraht versehen, was eine schnelle Evakuierung auf das Spielfeld unmöglich macht." Montague ergänzte, dass die Ereignisse in Kepanjen „einen völligen Zusammenbruch darstellten, der früher oder später zwangsläufig eintreten musste".

Ein Bericht von Sky England über die Geschehnisse
im Kanjuruhan-Stadion:
https://www.youtube.com/watch?app=desktop&v=QWDAZvjF8vA

Anhang

Übersicht: Fußballkatastrophen in zeitlicher Reihenfolge

In Listen von Fußballkatastrophen in Büchern oder im Internet tauchen auch Unglücke auf, die eigentlich keine „Fußballkatastrophen“ waren. Da mögen namhafte Agenturen von Vorfällen bei Fußballspielen berichtet haben, ohne zu überprüfen, ob tatsächlich Fußballspiele der Anlass dafür waren, dass große Mengen von Menschen zusammengekommen sind. Aus wenigen Informationen wie der Ortsangabe eines Fußballstadions wird einfach abgeleitet, dass sich die Unglücke im Rahmen eines Fußballspiels ereignet haben.

Die Recherche zu einer Massenpanik 1979 in einem Fußballstadion in Medan in Indonesien ergab z. B., dass hier ein Konzert gespielt wurde. In Gwangju in Südkorea fand 1965 ein Sportfest, aber kein Fußballspiel statt, als es zu vielen Todesfällen kam. Ende 1964 lud in Xalapa in Mexiko ein Politiker zu einem Fest ins Stadion, als 24 Menschen im Gedränge erstickten, weil die Ausgängen zu eng waren. Bei einem Vorfall mit zwölf Toten im Nationalstadion von Nicaragua in Managua wurde 1966 die Baseballsaison eröffnet. Dass es keinen Fußballhintergrund hat, macht das geschehene Leid nicht kleiner, jedoch gehören solche Vorfälle dann nicht in eine entsprechende Fußball bezogene Aufstellung.

Ich habe mich intensiv und mit bestem Gewissen mit den Fällen auseinandergesetzt, um korrekte Daten liefern zu können, kann aber nicht in jedem Fall garantieren, dass die Daten vollumfänglich zutreffend sind, da ich mich zu einem gewissen Grad auch auf die zur Verfügung stehenden Quellen verlassen musste.

Erläuterungen:

- Opferzahlen können nach Quelle variieren. Höhere Zahlen ergeben sich auch dadurch, dass es um einige Tage verzögert oder gar durch Langzeitfolgen zu späteren Todeszeitpunkten kam.
- Vereinzelt weichen die Datumsangaben in den Quellen voneinander ab. Grund dafür können auch die unterschiedlichen Zeitzonen von Unglücksort und Sitz der berichtenden Quelle sein.
- Drei Fälle von Unglücken mit Fanbussen wurden exemplarisch berücksichtigt.
- Im Textteil berücksichtigte Fälle, die sich auf lange Zeiträume beziehen, wurden hier nicht aufgenommen.
- Ausschreitungen sind i.d.R. nicht aufgenommen worden (Ausnahmen vorbehalten) – es ist schlicht unmöglich, hierüber einen spezifischen Überblick zu erstellen, ganz davon abgesehen davon, dass der Umfang der Liste dann ein Vielfaches vom jetzigen hätte. Alleine für Argentinien wäre eine nicht geringe dreistellige Zahl an Fällen einzutragen.
- Unglücke mit geringer Opferzahl wurden i.d.R. nicht berücksichtigt.
- Nicht unerwähnt soll bleiben, dass viele Vorfälle nicht bekannt werden oder schwer ermittelbar sind. Entsprechend kann diese Liste per se nicht vollständig sein.

Abkürzungen/Zeichendarstellungen:

?	Die Anzahl der Toten bzw. Verletzten / die Spielpaarung / der Spielort ist unklar
-	keine
>	mehr als
>=	mindestens
(x)	Anzahl x Spieler des Vereins unter den Toten bzw. Verletzten
(x*)	Anzahl x Trainer bzw. Betreuer des Vereins unter den Toten bzw. Verletzten
**	Laut Daniel Künzlers Buch „Fußball in Afrika" im März 1983 anlässlich der Eröffnung des Stade de l'Amitié. Herleitung der hier angegebenen Daten: Hierbei handelt es sich um das Stadion der Nationalmannschaft von Benin. Deren erstes Spiel fand an dieser Stelle am 20. März 1983 gegen Zaire statt. Ein direkter Beleg für die Zuordnung des Unglücks zu diesem Spiel wurde nicht gefunden.

Datum	Art	Anmerkung	Land	Stadt, ggf. Stadion	Beteiligte Teams	Tote	Verl.	Seite
25.12.1888	Stadion	Zaunzusammenbruch	England	Bradford, Valley Parade Stadium	Manningham FC – Heckmondwike FC	1	3	–
05.09.1896	Stadion	Tribüneneinsturz	England	Blackburn, Ewood Park	Blackburn Rovers – FC Liverpool	–	5	–
05.04.1902	Stadion	Tribüneneinsturz	Schottland	Glasgow, Ibrox Park	Schottland – England	25	587	22
14.09.1912	Stadion	Ausschreitungen, Angriffe auf Kabinen	Nordirland	Belfast, Celtic Park	Belfast Celtic – Linfield FC	–	60–100	–
04.02.1914	Stadion	Mauereinsturz	England	Sheffield, Hillsborough Stadium	Sheffield Wednesday – Wolverhampton Wanderers	–	75	33
09.03.1930	Zug	Entgleisung	Brasilien	Teresópolis	Fluminense Rio de Janeiro	8 (1)	Dutzende	25
27.02.1932	Stadion	Eingänge überrannt	England	Huddersfield, Leeds Road	Huddersfield Town – FC Arsenal	–	100	–
08.12.1932	Stadion	Tribüneneinsturz, anschl. Auseinandersetzungen	Chile	Santiago de Chile, Estadio Italiano	Audax Italiano – Colo-Colo	3	130	149
17.02.1934	Stadion	Eingänge überrannt	England	Sheffield, Hillsborough Stadium	Sheffield Wednesday – Manchester City	1	?	–
03.10.1936	Zug	Kollision	Italien	Contigliano	A.S. L'Aquila	>=15 (1*)	69	27
14.05.1939	Stadion	Spielerprügelei, Platzsturm, Polizeischüsse	Argentinien	Lanús, Estadio Ciudad de Lanús – Néstor Díaz Pérez	CA Lanús – Boca Juniors	2	?	–
17.10.1943	Zug	Kollision	Schweiz	Schüpfheim	FC La Chaux-de-Fonds	6 (1*)	etwa 50	28
02.07.1944	Stadion	Verschlossene Ausgänge	Argentinien	Buenos Aires, Estadio Antonio Vespucio Liberti	River Plate – San Lorenzo	9	10/12	79
09.03.1946	Stadion	Mauereinsturz	England	Bolton, Burnden Park	Bolton Wanderers – Stoke City	33	>400	29
04.05.1949	Flugzeug	Wetter	Italien	Turin	AC Turin	31 (18 +10*)	–	34
26.01.1951	Bus	Unfall	Spanien	Loja	UD Melilla	3 (2+1*)	>1	126
05.07.1951	Bus	Unfall	Island	Óshlíð	Þór Akureyri	2 (1)	?	–
01.06.1953	Stadion	Auseinandersetzungen von Fangruppen	Brasilien	Santos, Estádio Urbano Caldeira	Santos FC – CR Vasco da Gama	7	?	–
05.07.1953	Bus	Bus kollidiert mit Zug	Peru	Trujillo	Juan Aurich	24 (12)	>18	40

Datum	Art	Anmerkung	Land	Stadt, ggf. Stadion	Beteiligte Teams	Tote	Verl.	Seite
04.04.1954	Stadion	Eingänge überrannt, Massenpanik	Sowjetunion	Tiflis, Vladimir Ilyich Lenin Dinamo Stadium	Dinamo Tiflis – Spartak Moskau	150–200?	?	169
02.12.1954	Zug	Entgleisung	Belgien	Wilsele	Fansonderzug Deutschland	21	80	43
30.03.1955	Stadion	Gedränge vor Eingängen	Chile	Santiago de Chile, Estadio Nacional de Chile	Chile – Argentinien	7	500	169
12.10.1955	Stadion	Zehntausende versuchen, SR zu lynchen	Sowjetunion	Eriwan, Hanrapetakan Stadion	Spartak Eriwan – SKA-Sverdlovsk	1	?	–
14.05.1957	Stadion	Volksaufstand	Sowjetunion	Leningrad, Kirow-Stadion	Zenit Leningrad – Torpedo Moskau	?	>107	46
14.12.1957	Stadion	Mauereinsturz	Schottland	Rutherglen, Shawfield Stadium	FC Clyde – Celtic Glasgow	1	50	33
06.02.1958	Flugzeug	Start/Technik	Deutschland	München	Manchester United	23 (8)	21	52
28.05.1959	Stadion	Tribüneneinsturz	Argentinien	La Plata, Estadio Jorge Luis Hirschi	Estudiantes de La Plata – Gimnasia y Esgrima La Plata	2	?	–
16.07.1960	Flugzeug	Wetter	Dänemark	Ostsee bei Kastrup	Nationalmannschaft Dänemark	8 (8)	1	39
1961?	Stadion	Geländerbruch	Chile	Santiago de Chile	Chile – Brasilien	5	300	–
03.04.1961	Flugzeug	Verschollen	Chile	Maule	Green Cross	24 (8)	–	67
16.09.1961	Stadion	Gedränge auf Treppe	Schottland	Glasgow, Ibrox Park	Glasgow Rangers – Celtic Glasgow	2	>=100	83
27.01.1962	Stadion	Geländerbruch	England	Oldham, Boundary Park	Oldham Athletic – FC Liverpool	–	15	–
14.07.1962	Stadion	Geländeabrutsch	Gabun	Libreville, Stade du Révérend Père Lefebvre	Gabun – Bundesrepublik Kongo	9	30	213
16.09.1962	Stadt	Ausschreitungen (auch in Libreville/Gabun)	Bundesrepublik Kongo	Brazzaville / Pointe–Noire	Bundesrepublik Kongo – Gabun	29	400	–
24.05.1964	Stadion	Ausschreitungen nach SR–Entscheid und Abbruch	Peru	Lima, Estadio José Díaz	Peru – Argentinien	328	800	71
06.02.1965	Flugzeug	Falsche Route	Chile	Cajón del Maipo	António Varas	87 (22)	–	70
1966?	Stadion	Steinwürfe und Schüsse	Äthiopien	Asmara, Cicero Stadium	Hamasien – St. George	–	100	–
07.12.1966	Stadion	Gedränge im Nebel	Niederlande	Amsterdam, Olympiastadion	Ajax Amsterdam – FC Liverpool	–	>=200	–
15.03.1967	Stadion	Geländerbruch	England	Leeds, Elland Road	Leeds United – AFC Sunderland	–	32	–

Datum	Art	Anmerkung	Land	Stadt, ggf. Stadion	Beteiligte Teams	Tote	Verl.	Seite
17.09.1967	Stadion	Ausschreitungen	Türkei	Kayseri, Kayseri Atatürk-Stadion	Kayserispor – Sivasspor	44	600	76
30.04.1968	Stadion	Geländerbruch	Schottland	Dunfermline, East End Park	Dunfermline Athletic – Celtic Glasgow	1	49	33
23.06.1968	Stadion	Massenpanik, verschlossene Ausgänge	Argentinien	Buenos Aires, Estadio Antonio Vespucio Liberti	River Plate – Boca Juniors	71	113–200	44
23.06.1969	Stadion	Ausschreitungen, Polizeischüsse	Türkei	Kırıkkale, Fikret-Karabudak-Stadion	MKE Kırıkkalespor – Tarsus İdman Yurdu SK	10	102	77
26.06.1969	Stadion	Kriegsauslöser	Mexiko	Mexiko-Stadt, Estadio Azteca	Honduras – El Salvador	?	?	139
26.09.1969	Flugzeug	Pilotenfehler	Bolivien	Viloco	The Strongest	74/78 (20+3*)	–	122
25.12.1969	Stadion	Massenpanik	DR Kongo	Bukavu, Estadio de Bukavu	?	27	107	–
02.01.1971	Stadion	Gedränge auf Treppe	Schottland	Glasgow, Ibrox Park	Glasgow Rangers – Celtic Glasgow	66	>200	83
23.01.1971	Stadion	Mauereinsturz	England	Oxford, Manor Ground	Oxford United – FC Watford	–	29	33
04.03.1971	Stadion	Ausschreitungen, Feuer, Flutlichtausfall	Brasilien	Salvador, Estádio Fonte Nova	EC Vitória – Grêmio Porto Alegre	4	1500	77
08.05.1972	Stadion	Geländerbruch	England	Wolverhampton, Molineux Stadium	Wolverhampton Wanderers – Leeds United	–	80	–
26.08.1973	Stadion	Zaunzusammenbruch nach Panik	Brasilien	Teresina, Estádio Governador Alberto Tavares Silva	Tiradentes Teresina – Fluminense Rio de Janeiro	5–7	>100	99
17.02.1974	Stadion	Gedränge – völlig überfüllt	Ägypten	Kairo, Zamalek Stadium	Zamalek SC – Dukla Prag	49	47	136
31.10.1976	Stadion	Spieler löst Ausschreitungen aus	Kamerun	Yaoundé, Stade Ahmadou Ahidjo	Kamerun – Volksrepublik Kongo	2	?	171
11.12.1976	Stadion	Massenpanik, Feuerwerkskörper	Haiti	Port-au-Prince, Stade Sylvio Cator	Haiti – Kuba	6	?	99
23.07.1977	Stadion	Aufstand gegen Miliz	Sowjetunion	Tiflis, Vladimir Ilyich Lenin Dinamo Stadion	Dinamo Tiflis – Zaria Woroschilowgrad	?	?	–
12.11.1977	Stadion	Ausschreitungen	Nigeria	Lagos, Surulere Stadium	Nigeria – Tunesien	?	?	–
Mai 1978	Stadion	Mauereinsturz	Ghana	?	?	15	35	–
09.12.1978	Stadion	Massenpanik nach Einsatz der Sicherheitspolizei	Guinea	Conakry, Stade du 28 Septembre	Horoya AC – NA Hussein Dey	>20	?	–

Datum	Art	Anmerkung	Land	Stadt, ggf. Stadion	Beteiligte Teams	Tote	Verl.	Seite
11.08.1979	Flugzeug	Zusammenstoß	Sowjetunion	Dniprodserschynsk	Pachtakor Taschkent	178 (17)	–	89
13.08.1979	Stadion	Massenpanik nach Flutlichtausfall	Nigeria	Lagos, Surulere Stadium	Shooting Stars SC – Bendel Insurance	24–26	80?	99
12.01.1980	Stadion	Geländerbruch	England	Middlesbrough, Ayresome Park	FC Middlesbrough – Manchester United	2	20	–
08.03.1980	Stadion	Einstürze von Tribünen nach Überfüllung	Nigeria	Lagos, Surulere Stadium	Nigeria – Tansania	8	?	–
16.08.1980	Stadion	Ausschreitungen	Indien	Kalkutta, Eden Gardens	Mohun Bagan – East Bengal	16	>100	77
08.02.1981	Stadion	Verschlossene Ausgänge	Griechenland	Piräus, Georgios-Karaiskakis-Stadion	Olympiakos Piräus – AEK Athen	21	57	82
11.04.1981	Stadion	Gedränge	England	Sheffield, Hillsborough Stadium	Wolverhampton Wanderers – Tottenham Hotspur	–	38	128
07.06.1981	Stadion	Brand	Italien	San Benedetto del Tronto, Stadio Fratelli Ballarin	US Sambenedettese – FBC Matera	2	107	106
18.11.1981	Stadion	Geländerbruch	Kolumbien	Ibagué, Estadio Manuel Murillo Toro	Deportes Tolima – Deportivo Cali	19	45	33
07.02.1982	Stadion	Aufstand nach Schiedsrichterentscheidung	Brasilien	São Luís, Estádio Governador João Castelo	Sampaio Corrêa FC – Fortaleza EC	3	?	–
20.10.1982	Stadion	Menschliches Versagen, Gedränge	Sowjetunion	Moskau, Zentrales Lenin-Stadion	Spartak Moskau – HFC Haarlem	340?	500	93
17.11.1982	Stadion	Massenpanik weil aus oberem Rang uriniert wird	Kolumbien	Cali, Estadio Olímpico Pascual Guerrero	América de Cali – Deportivo Cali	24	100–250	97
27.11.1982	Stadion	Dacheinsturz	Algerien	Algier, Stade de 20 Août 1955	Hussein Dey – Algier MP	10	598	174
20.03.1983 **	Stadion	Massenpanik	Benin	Cotonou, Stade de l'Amitié	Benin – Zaïre**	>=2	>=2	–
11.05.1985	Stadion	Brand	England	Bradford, Valley Parade Stadium	Bradford City – Lincoln City	56	>265	103
11.05.1985	Stadion	Mauereinsturz nach Ausschreitungen	England	Birmingham, St. Andrew's Stadium	Birmingham City – Leeds United	1	200	–
27.05.1985	Stadion	Eingänge überrannt	Mexiko	Mexiko-Stadt, Estadio Olímpico Universitario	Pumas de la UNAM – América	8/10	70	170
29.05.1985	Stadion	Ausschreitungen, Gedränge, Mauereinsturz	Belgien	Brüssel, Heyselstadion	Juventus Turin – FC Liverpool	39	600	108

Datum	Art	Anmerkung	Land	Stadt, ggf. Stadion	Beteiligte Teams	Tote	Verl.	Seite
17.11.1985	Stadion	Massenpanik	Senegal	Dakar, Stade de l'Amitié	ASC Jeanne d'Arc – ASC Jaraaf	2	?	–
12.02.1987	Stadion	Bombenluftangriff	Iran	Chavar, Stadion von Chavar	Montakhab-e-Chavar - Montakhab-e-Javanan-e-Ostan-e-Ilam	15	10	114
10.05.1987	Bus	Unfall	Mexiko	San Luis Potosí	Querétaro FC	3 (3)	20	127
01.11.1987	Stadion	Polizei schießt in unruhige Menschenmenge	Ghana	Kumasi, Baba-Yara-Stadion	Asante Kotoko – ?	8	>24	–
08.12.1987	Flugzeug	Menschliches Versagen, Technik	Peru	Pazifik bei Lima	Alianza Lima	43 (23)	1	118
10.03.1988	Stadion	Mauereinsturz	Libyen	Tripolis, June 11 Stadium	Libyen – Malta	30	40	33
12.03.1988	Stadion	Massenpanik, Wetter	Nepal	Kathmandu, Dasarath Rangasala	Janakpur Cigarette Factory – Liberation Army	93	>100	100
23.05.1988	Stadion	Ausschreitungen	China	Sichuan	Sichuan Quanxing – Tianjin Teda (Jugendliga)	–	>110	–
19.01.1989	Bus	Unfall	Türkei	Havza	Samsunspor	5	7	124
15.04.1989	Stadion	Gedränge, Polizeifehler	England	Sheffield, Hillsborough Stadium	FC Liverpool – Nottingham Forest	97	766	128
07.06.1989	Flugzeug	Menschliches Versagen, Wetter	Surinam	Paramaribo	Profis von holländischen Vereinen	176 (16)	11	123
12.08.1989	Stadion	Massenpanik	Nigeria	Lagos, Surulere Stadium	Nigeria – Angola	12	?	82
10.12.1989	Stadion	Raubüberfall, Tränengaseinsatz, Geländerbruch	Ghana	Kumasi, Baba-Yara-Stadion	Asante Kotoko – Sekondi Hasaacas FC	4	30	–
13.05.1990	Stadion	Kriegsauslöser	Jugoslawien	Zagreb, Maksimir-Stadion	Dinamo Zagreb – Roter Stern Belgrad	–	150	137
06.07.1990	Stadion	Security beschießt Regierungskritiker	Somalia	Mogadischu, Garoonka Muqdisho	Jubba – Shabelle	65–109	>100	160
13.01.1991	Stadion	Massenpanik	Südafrika	Orkney, Oppenheimer Stadium	Orlando Pirates – Kaizer Chiefs	42	50	166
15.07.1991	Stadion	Massenpanik	Kenia	Nairobi, Nyayo National Stadium	Kenia – Mosambik	1	24	–
05.05.1992	Stadion	Tribüneneinsturz	Frankreich	Furiani, Stade Armand-Cesari	SC Bastia – Olympique Marseille	18	2357	141

Datum	Art	Anmerkung	Land	Stadt, ggf. Stadion	Beteiligte Teams	Tote	Verl.	Seite
19.07.1992	Stadion	Zaunzusammenbruch	Brasilien	Rio de Janeiro, Estadio Maracanã	Flamengo – Botafogo	3	47?	149
27.04.1993	Flugzeug	Technik	Gabun	Atlantik bei Libreville	Nationalmannschaft Sambia	30 (18)	–	150
01.06.1993	Stadion	Mörserangriff	Bosnien und Herzegowina	Sarajewo, [Parkplatz in Dobrinja]	Spiel bosnischer Soldaten	12	101	117
22.08.1993	Stadion	Geländerbruch	Chile	Santiago de Chile, Estadio Monumental	Colo-Colo – Real Madrid	5	40	33
16.10.1993	Stadion	Ausschreitungen zwischen Fangruppen	Elfenbeinküste	Abidjan, Stade Félix Houphouët-Boigny	ASEC Mimosas – Asante Kotoko	20	?	–
14.02.1994	Stadion	Mauereinsturz	England	Walsall, Fellows Park	FC Walsall – FC Liverpool	–	24	–
04.09.1994	Stadion	Geländerbruch	Liberia	Monrovia, Samuel Kanyon Doe National Stadium	Liberia – Togo	2	26	–
08.04.1995	Stadion	Zusammenbruch des Haupteingangs	Sierra Leone	Freetown, National Stadium	Sierra Leone – Ghana	–	40	–
03.06.1995	Stadion	Blitzeinschlag	Honduras	Puerto Lempira, Estadio Manuel Brown	lokale Mannschaften	16	38	213
16.10.1995	Stadion	Bombenanschlag auf lokalen Kriminellen	Ukraine	Donezk, Zentralstadion Schachtar	Schachtar Donezk – Tawrija Simferopol	6	?	–
16.06.1996	Stadion	Massenpanik nach Falschmeldung	Sambia	Lusaka, Independence Stadium	Sambia – Sudan	9–15	72–78	102
09.07.1996	Stadion	Security beschießt Regierungskritiker	Libyen	Tripolis, June 11 Stadium	Al-Ittihad – Al-Ahly	70	150	156
16.10.1996	Stadion	Massenpanik, falsche Sicherheitstore	Guatemala	Guatemala-Stadt, Estadio Mateo Flores	Guatemala – Costa Rica	84	150	170
Dezember 1996	Stadion	Massenpanik	DR Kongo	Kinshasa, Stade des Martyrs	?	2	?	–
05.04.1997	Stadion	Verschlossene Ausgänge	Nigeria	Lagos, Surulere Stadium	Nigeria – Guinea	5	>12	82
26.09.1997	Stadion	Fallschirmspringer stürzt ins Publikum	Deutschland	Halle, Kurt-Wabbel-Stadion	Hallescher FC – VfL Halle	4	7	–
18.04.1998	Stadion	Eingänge überrannt, Massenpanik	Simbabwe	Harare, National Sports Stadium	Dynamos FC – Highlanders FC	5	?	–

Datum	Art	Anmerkung	Land	Stadt, ggf. Stadion	Beteiligte Teams	Tote	Verl.	Seite
10.05.1998	Stadion	Angriff auf Gästespieler, SR, Sanitäter und Polizei	Mosambik	Matola, Estádio da Machava	Club Ferroviário de Maputo – Dynamos FC	–	15	–
01.11.1998	Stadion	Sicherheitskräfte schießen in Menge	DR Kongo	Kinshasa, Stade des Martyrs	AS Vita Club – DC Motema Pembe	4	?	–
11.01.1999	Stadion	Massenpanik	Ägypten	Alexandria, Alexandria Stadium	El Koroum – Al Ittihad Al-Sakndary	8	13	–
23.05.1999	Stadt	Auseinandersetzungen über drei Tage	Mauritius	Port Louis	Scouts Club – Fire Brigade SC	7	?	–
24.05.1999	Zug (Fans)	Fans setzen Zug in Brand	Italien	Salerno	Fansonderzug US Salernitana	4	20	161
15.06.1999	Stadion	Steinwürfe	Tunesien	Béja, Stade Boujemaa Kmiti	Olympique de Béja – Espérance Tunis	3	?	–
23.04.2000	Stadion	Mauereinsturz bei Überfüllung	Liberia	Monrovia, Samuel Kanyon Doe National Stadium	Liberia – Tschad	3	?	–
08.07.2000	Stadion	Gedränge nach Tränengaseinsatz	Simbabwe	Harare, National Sports Stadium	Simbabwe – Südafrika	13	?	177
06.08.2000	Bus	Anschlag	China	Shanghai	Shanghai Shenhua – Shenyang Haishi	–	>3 (1)	–
30.12.2000	Stadion	Zaunzusammenbruch	Brasilien	Rio de Janeiro, Estádio São Januário	Vasco da Gama – São Caetano	–	159	149
11.04.2001	Stadion	Eingänge überrannt, Massenpanik	Südafrika	Johannesburg, Ellis Park	Kaizer Chiefs – Orlando Pirates	47	160	166
29.04.2001	Stadion	Massenpanik nach Tränengaseinsatz	DR Kongo	Lubumbashi, Stade TP Mazembe	TP Mazembe – FC Saint Eloi Lupopo	14	51	177
06.05.2001	Stadion	Dacheinsturz	Iran	Sari, Shahid-Mottaghi-Stadium	Shamoushak Noshahr – Persepolis	>25	355	172
09.05.2001	Stadion	Massenpanik nach Tränengaseinsatz	Ghana	Accra, Accra Sports Stadium	Hearts of Oak – Asante Kotoko	127	150	175
Juli 2001	Stadion	Massenandrang	Guinea	Labé	?	2	?	–
01.08.2001	Stadion	Ausschreitungen	Bangladesch	Dhaka, Bangabandhu National Stadium	Mohammedan SC – Rahmatganj MFS	–	100	–
09.06.2002	Stadt	Ausschreitungen bei Public Viewing	Russland	Moskau	Japan – Russland	1	>=73	–

Datum	Art	Anmerkung	Land	Stadt, ggf. Stadion	Beteiligte Teams	Tote	Verl.	Seite
28.07.2002	Stadion	Sicherheitskräfte schießen in Menge	Simbabwe	Bulawayo, Barbourfields Stadium	Highlanders FC – Dynamos FC	2	?	–
12.03.2004	Stadion	Ausschreitungen zwischen Volksgruppen	Syrien	Qamishli, 7 April Stadium	Al-Jihad SC – Al-Fotuwa SC	25	?	–
28.04.2004	Stadt	Hinrichtung bei Überfall auf Polizeistationen	Thailand	Saba Yoi	lokale Mannschaft	19	–	–
10.10.2004	Stadion	Massenpanik nach Flutlichtausfall	Togo	Lomé, Stade de Kégué	Togo – Mali	4	8	102
10.10.2004	Stadion	Massenpanik in Warteschlange	Guinea	Conakry, Stade du 28 Septembre	Guinea – Marokko	3?	?	102
10.10.2004	Stadion	Straßenschlachten, Plünderungen, Brandstiftung	Liberia	Monrovia, Samuel Kanyon Doe National Stadium	Liberia – Senegal	3?	?	102
06.03.2005	Stadion	Massenpanik nach Toreschließung	Madagaskar	Antananarivo, Stade Municipal de Mahamasina	USFJ Ravinala – Kaizer Chiefs	2	45	–
25.03.2005	Stadion	Gedränge	Iran	Teheran, Varzeshgah Azadi	Iran – Japan	7	>40	88
18.06.2005	Stadion	Massenpanik	Kenia	Nairobi, Nyayo National Stadium	Kenia – Marokko	1	?	–
02.06.2007	Stadion	Gedränge nach Spielende	Sambia	Chililabombwe, Konkola Stadium	Sambia – Republik Kongo	12	46	88
03.06.2007	Hubschrauber	Absturz	Sierra Leone	Freetown	Sierra Leone – Togo	22	–	–
25.11.2007	Stadion	Tribüneneinsturz	Brasilien	Salvador, Estádio Fonte Nova	EC Bahía – Vila Nova FC	7	40	149
01.06.2008	Stadion	Völlige Überfüllung durch gefälschte Karten	Liberia	Monrovia, Samuel Kanyon Doe National Stadium	Liberia – Gambia	10	?	–
19.09.2008	Stadion	Massenpanik und Ausschreitungen	DR Kongo	Butembo, Stade Matokeo	US Socozaki – Nyuki System	13	54	186
08.11.2008	Stadion	Völlige Überfüllung durch zu viel verkaufte Karten	Ghana	Sekondi, Sekondi-Takoradi-Stadium	Ghana – Lesotho	?	15	–
15.01.2009	Bus	Sturz in Schlucht	Brasilien	Rio Grande do Sul	Grêmio Esportivo Brasil	2 + 1*	20	–
10.02.2009	Stadion	Gedränge – völlig überfüllt	Ghana	Kumasi, Baba-Yara-Stadion	Asante Kotoko – Hearts of Oak	4	?	–
29.03.2009	Stadion	Massenpanik – völlig überfüllt	Elfenbeinküste	Abidjan, Stade Félix Houphouët-Boigny	Elfenbeinküste – Malawi	22	132	136

Datum	Art	Anmerkung	Land	Stadt, ggf. Stadion	Beteiligte Teams	Tote	Verl.	Seite
12.11.2009	Bus	Anschlag	Ägypten	Kairo	Nationalmannschaft Algerien	–	3–4?	193
08.01.2010	Bus	Anschlag von Separatisten	Angola	Nahe des Lagoa Massabi	Nationalmannschaft Togo	3*	9	190
20.02.2010	Stadion	Gedränge	Thailand	Bangkok, Suphachalasai Stadium	Muangthong United – Thai Port FC	–	10	–
08.04.2010	Stadion	Ausschreitungen	Tunesien	Tunis, Stade El Menzah	Espérance Sportive de Tunis – Hammam-Lif	3	?	–
11.07.2010	Stadt	Terroristische Anschläge bei Public Viewing	Uganda	Kampala	Niederlande – Spanien	74	?	–
23.10.2010	Stadion	Eingänge überrannt, Gedränge	Kenia	Nairobi, Nyayo National Stadium	AFC Leopards – Gor Mahia	7	>20	170
31.10.2010	Stadion	Bandenkrieg, Entführungen	Honduras	San Pedro Sula, Campo de fútbol Felipe Zelaya	lokales Spiel	14	>4	–
10.12.2010	Stadion	Angriff auf Gastspieler und -anhänger	Jordanien	Amman, King Abdullah II Stadium	Al-Wehdat – Al-Faisaly	–	250	–
25.09.2011	Stadion	Schüsse der Polizei bei sozialen Konflikten	Westsahara	Dakhla, Stade Mouloudia Dakhla	SC Mouloudia Dakhla – SC Chabab de Mohammédia	7	>20	–
01.11.2011	Bus	Verkehrsunfall	Togo	Atakpamé	Etoile Filante de Lomé	6	28	127
18.11.2011	Stadion	Tribüneneinsturz	Peru	Lima, Estadio Monumental „U“	Universitario de Deportes	–	117	–
21.11.2011	Stadion	Eingänge überrannt	Indonesien	Jakarta, Gelora Bung Karno	Indonesien U 23 – Malaysia U23	2	?	–
01.02.2012	Stadion	Angriff auf Gastspieler und -anhänger	Ägypten	Port Said, al-Masry-Club-Stadion	al-Masry SC – al Ahly SC	74	1000	195
27.05.2012	Stadion	Ausschreitungen	Indonesien	Jakarta, Gelora Bung Karno	Persija Jakarta – Persib Bandung	3	5	–
05.08.2012	Bus	Verkehrsunfall	Angola	Kwanza-Sul	Fanbus Kabuscorp FC do Palanca	23	29	45
27.01.2013	Stadion	Erdrutsch	Türkei	Sirnak	lokale Mannschaften	7	3	213
09.02.2013	Bus	Verkehrsunfall	Chile	Tomé	Fanbus Club Deportivo O'Higgins	16	21	45
11.05.2014	Stadion	Gedränge nach Tränengaseinsatz	DR Kongo	Kinshasa, Stade Tata Raphaël	TP Mazembe – AS Vita Club	15	24	177

Datum	Art	Anmerkung	Land	Stadt, ggf. Stadion	Beteiligte Teams	Tote	Verl.	Seite
08.02.2015	Stadion	Gedränge nach Tränengaseinsatz	Ägypten	Kairo, Air Defense Stadium	Zamalek SC – ENPPI Club	>=22	>=20	200
04.04.2015	Bus	Anschlag	Türkei	Trabzon	Fenerbahçe Istanbul	–	1	193
06.09.2015	Stadion	Rempeleien	Benin	Cotonou, Stade de l'Amitié	Benin – Mali	2	3	–
11.10.2015	Stadion	Polizisten schießen bei Platzsturm	Somaliland	Borama, Haji Dahir Stadium	Awdal – Marodi Jeh	2	?	–
13.11.2015	Stadion	Anschlag	Frankreich	Saint-Denis, Stade de France	Frankreich – Deutschland	4	–	193
19.03.2016	Stadion	Ausschreitungen	Marokko	Casablanca, Stade Mohammed V	Raja Club Athletic – Chabab Rif Al Hoceima	2	54	–
25.03.2016	Stadion	Bombenanschlag des „Islamischen Staates“ (IS)	Iraq	Iskandariyah, al-Asriya	lokale Mannschaften	41	105	–
28.11.2016	Flugzeug	Menschliches Versagen, zu wenig Flugbenzin	Kolumbien	La Unión	Chapecoense	71 (22)	6	201
07.12.2016	Bus	Anschlag	Vietnam	Hanoi	Nationalmannschaft Indonesien	–	2	–
10.02.2017	Stadion	Eingänge überrannt	Angola	Uíge, Estádio 4 de Janeiro	Santa Rita de Cássia FC – Clube Recreativo Desportivo do Libolo	22	76	171
11.04.2017	Bus	Anschlag aus Habgier	Deutschland	Dortmund	Borussia Dortmund	–	2 (1)	193
28.05.2017	Stadion	Polizeifehler	Honduras	Tegucigalpa, Estadio Nacional de Tegucigalpa	CD Motagua – CD Honduras Progreso	5	26	136
03.06.2017	Stadt	Pfefferspray durch Diebe bei Public Viewing, Panik	Italien	Turin	Juventus Turin – Real Madrid	3	1527	–
05.07.2017	Stadion	Gedränge nach Tränengaseinsatz	Malawi	Lilongwe, Bingu National Stadium	Nyasa Big Bullets – Silver Strikers	8	62	136
15.07.2017	Stadion	Gedränge nach Tränengaseinsatz	Senegal	Dakar, Stade Demba Diop	US Ouakam – Stade de Mbour	9	>=88	177
29.07.2017	Stadion	Gedränge	Südafrika	Johannesburg, FNB Stadium	Kaizer Chiefs – Orlando Pirates	2	17	166
29.07.2017	Stadion	Geländerbruch	Frankreich	Amiens, Stade de la Licorne	SC Amiens – LOSC Lille	–	25	–
05.01.2018	Stadion	Glasbarrierenbruch	Kuwait	Kuwait City, Jaber Al-Ahmad International Stadium	Oman – Vereinigte Arabische Emirate	–	40	–

Datum	Art	Anmerkung	Land	Stadt, ggf. Stadion	Beteiligte Teams	Tote	Verl.	Seite
12.08.2018	Bus	Verkehrsunfall	Ekuador	Molleturo	Fanbus Barcelona SC	>=12	30	45
09.09.2018	Stadion	Gedränge vor geschlossenem Tor	Madagaskar	Antananarivo, Stade Municipal de Mahamasina	Senegal – Madagaskar	1	40	–
17.09.2018	Stadion	Gedränge	Angola	Luanda, Estádio 11 de Novembro	CD Primeiro de Agosto – TP Mazembe	5	7	–
20.10.2018	Stadion	Ausschreitungen	Algerien	Bordj Bou Arreridj, Stade du 20 Août 1955	Chabab Ahly Bordj Bou Arreridj – Mouloudia Club d'Alger	–	80	–
13.11.2018	Stadion	Ausschreitungen	Algerien	Algier, Stade 5 Juillet 1962	Mouloudia Club d'Alger – USM Bel Abbès	–	40	–
01.01.2019	Stadion	Ausschreitungen	Algerien	Jijel, Stade Rouibah Hocine	MC Alger – Village Moussa	–	60	–
17.08.2019	Stadion	Ausschreitungen	Honduras	Tegucigalpa, Estadio Nacional de Tegucigalpa	CD Olimpia – CD Motagua	4	7	136
28.08.2019	Stadion	Flutwelle	Marokko	Tizert	lokale Mannschaften	8	>=1	212
05.03.2020	Bus	Verkehrsunfall	Guinea	Mamou	Étoile de Guinée	10 (9)	17	127
15.02.2020	Bus	Verkehrsunfall	Peru	Los Organos	Fanbus Barcelona SC	8	>45	45
30.07.2021	Bus	Anschlag	Somalia	Kismayo	JCCI FC	3	10	194
24.01.2022	Stadion	Eingänge überrannt, Gedränge	Kamerun	Yaoundé, Stade Paul Biya	Kamerun – Komoren	8	38–50	171
05.03.2022	Stadion	Ausschreitungen	Mexiko	Querétaro, Estadio La Corregidora	Querétaro FC – Atlas Guadalajara	–	26	–
13.03.2022	Stadion	Tribüneneinsturz	Marokko	Rabat, Stade Moulay Abdallah	AS FAR – Maghreb de Fez	–	160	–
19.03.2022	Stadion	Tribüneneinsturz	Indien	Poongode, LP School Ground	United FC Nellikuth – Royal Travel Kozhikode	?	>200	–
23.04.2022	Halle	Bandenkrieg	Guatemala	Villa Canales	lokale Mannschaften	6	4	–
17.06.2022	Stadion	Gedränge	Indonesien	Bandung, Gelora Bandung Lautan Api Stadium	Persib Bandung – Persebaya Surabaya	2	?	217
01.10.2022	Stadion	Ausschreitungen, Tränengas, Gedränge	Indonesien	Kepanjen, Kanjuruhan Stadium	Arema FC – Persebaya Surabaya	>131	323	214

Literaturquellen

Bücher

Oliver G. Becker: Voodoo im Strafraum – Fußball und Magie in Afrika, München 2010.

Jürgen Bitter: Als die Sonne vom Himmel fiel – Die großen Katastrophen der Sportgeschichte, Göttingen 2014.

Sam Borden: Die ewigen Champions. Chapecoense – Das tragische Ende eines Fußball-Traums und sein Neubeginn, Ostfildern 2017

Paul Darby, Martin Johnes, Gavi Mellor: Soccer and Disaster – International perspectives, London 2005.

Steve Frosdick & Lynne Walley: Sport & Saftey Management, London 1999.

John Horne & Wolfram Manzenreiter: Football Goes East – Business, Culture and the People's Game in China, Japan and South Korea, New York 2005.

Ryszard Kapuściński: Der Fußballkrieg. Berichte aus der Dritten Welt, Frankfurt am Main 2001.

Daniel Künzler: Fußball in Afrika – Hintergründe zu „Elefanten", „Leoparden" und „Löwen", Frankfurt am Main 2010.

Joseph Chinyong Liow & Don Pathan: Confronting ghosts – Thailand's shapeless southern insurgency, Double Bay 2010.

Mapanza Nkwilimba & Roy Clarke: Gabon Aftermath – The mistreatment of the football widows: Preliminary report of the project to protect the rights of widows and children of the Gabon air crash victims, Lusaka 1994.

Holger Obermann: Mein Fußball hatte Flügel – Erlebnisse von New York bis Kabul, Wehrheim 2015.

Schweizerische Unfallversicherungsanstalt: Ergebnisse der Unfallstatistik 1943-1947.

Peter Semmens: Katastrophen auf Schienen. Eine weltweite Dokumentation, Stuttgart 1996.

Nicola Sly: A Horrid History of Christmas – Horrible happenings and frightening festivities, Stroud 2012.

Stanley Stewart: Flugkatastrophen, die die Welt bewegten, Koblenz 1989.

Thilo Thielke: Traumfußball. Geschichten aus Afrika, Göttingen 2009.

Andrew Ward: Football's strangest matches, London 2016.

Manfred Zeller: Das sowjetische Fieber – Fußballfans im poststalinistischen Vielvölkerreich, Stuttgart 2015.

Magazine und Tageszeitungen

11 Freunde, Berlin
Ballesterer, Wien
Cicero – Magazin für politische Kultur, Berlin
Clarín, Buenos Aires
Der Spiegel, Hamburg
Die Welt, Berlin
El Comercio, Lima
El Mercurio, Santiago de Chile
El País, Cali
El Tiempo, Bogotá
Focus, Berlin
Frankfurter Allgemeine Zeitung, Frankfurt am Main
Gazzetta dello Sport, Mailand
Jornal de Angola, Luanda
kicker, Nürnberg
La Repubblica, Rom
La Stampa, Turin
La Tercera, Santiago de Chile
Le Monde, Paris
Liverpool Echo, Liverpool
Marca, Madrid
Neue Zürcher Zeitung, Zürich
Neues Deutschland, Berlin
Nevskoe Vremya, St. Petersburg (Leningrad)
O Malho, Rio de Janeiro
O País, Luanda
Prawda, Moskau
Público, Porto
Sports Illustrated, New York City
Süddeutsche Zeitung, München
taz, die tageszeitung, Berlin
The Guardian, London
The Herald, Glasgow
The New York Times, New York City
The Scotsman, Edinburgh
The Sports Historian, London
Washington Post, Washington, D.C.
Zeitspiel, Hannover

Internet

www.abc.net.au
www.altravita.com
www.andina.pe
www.apnews.com
www.arabnews.com
www.aviation-safety.net
www.bahnhof-lette.de
www.balkaninsight.com
www.bbc.com
www.bizimelbistangazetesi.com
www.bleacherreport.com
www.boltonrevisited.org.uk
www.cbc.ca
www.championat.com
www.cinematology.narod.ru
www.cnnindonesia.com
www.colgadosporelfutbol.com
www.content.time.com
www.corriere.it
www.cricketsoccer.com
www.cronicaviva.com.pe
www.dailystar.co.uk
www.de.rbth.com
www.dechalaca.com
www.deportes.diarioeltiempo.com.ar
www.derbys.or
www.deutschlandfunknova.de
www.dw.com
www.elprimergrande.com
www.eltiempo.com
www.en.irna.ir
www.english.khamenei.ir
www.es.besoccer.com
www.fcdallas.com

www.fluminense.com.br
www.footballpink.net
www.fourfourtwo.com
www.futbolfierrosytango.wordpress.com
www.futebolmaranhenseantigo.
blogspot.com
www.gallosblancos.blogspot.com
www.ghanaweb.com
www.gkstill.com
www.glasgowlive.co.uk
www.goal.com
www.goal.net.ua
www.goalnoor.com
www.haberturk.com
www.hmdalaho.blogfa.com
www.idrottsforum.org
www.ilfoglio.it
www.ilgiornale.it
www.impresa.lapatria.bo
www.independent.ie
www.iranwire.com
www.iraqfootball.me
www.journaldelacorse.corsica
www.lamarseillaise.fr
www.laquilacalcio.com
www.libyaobserver.ly
www.liverpoolfc.tv
www.livinginperu.com
www.mahamashaibu.com
www.melillaesdeporte.es
www.mexico.as.com
www.momentodeportivord.com
www.n-tv.de
www.nasdaq.com
www.nasljerseys.com
www.newframe.com
www.news.de
www.nilodiasreporter.blogspot.com
www.perusumaq.com
www.prensalibre.com
www.publico.es
www.refworld.org
www.rp-online.de
www.rpp.pe
www.rsssf.com
www.saladellamemoriaheysel.it
www.salvemosalfutbol.org
www.shafaq.com
www.sierra-leone.org
www.skysports.com
www.sport-express.ru
www.sportsdaily.ru
www.sportsdark.com
www.srf.ch
www.storiesport.it
www.surabaya.kompas.com
www.tbsnews.net
www.theathletic.com
www.thejakartapost.com
www.thepaperclip.in
www.thesefootballtimes.co
www.thesun.co.uk
www.thonline.com
www.tonicruzprensa.com
www.torinofc.it
www.transfermarkt.de
www.tremdaserradoriodejaneiro.
blogspot.com
www.tribuna.com
www.trtspor.com.tr
www.tvazteca.com
www.ua-football.com
www.udmelilla.es
www.ultras-tifo.net
www.uol.com.br
www.watson.ch
www.weltwoche.ch
www.wikipedia.org

Bildnachweis

7news.com.au: 215; AAM Group: 167; Arkiv Peru: 73o; Associated Press: 57o; Steve Aubury: 150; Simon Barnett:108; BBC: 151o; BeInSports: 11ol, 11r, 11ml; Chouf TV: 212m, 212u; Cortesia de CAMMP: 71; dpa/picture alliance: Cover, 104, 111, 129u, 143, 144, 159, 168, 181, 184, 195, 202; Ferry Art: 135; Werner Fischdick Collection: 119; Football Association of Zambia: 154; France 3: 142, 145, 146; France 24: 191; Mario Forcherio: 34; Iliya Hazan: 133; Jörg Heinisch: 4, 216; Klaus Hierler/spa: 57m; IHA: 194; Imago: Umschlagrückseite, 118, 120, 121, 130, 131, 179, 197; Juzgado de Aviación de Santiago: 70; Keystone: 35o; KhoPhi: 175; Steve McMetha: 132; Robert Newton: 54; O Malho: 25, 27o; Oxfordshire Churches: 134; Fabió Pelinson: 207, 208, 209; Policía Nacional de los colombianos: 205o, 205u, 206; Popperfoto: 16u, 31, 56, 58; rahsepaar: 173; Sammlung M. Winter: 18; Schweizerische Unfallversicherungsanstalt: 28; Christian Alfredo Situmorang: 129; Graham Speirs: 203; tpa: 171; Trans World Sport: 138; Vasyatka1: 92

Nicht für alle abgedruckten Fotos konnten die Urheber bzw. Rechteinhaber ermittelt werden. Berechtigte Ansprüche werden bei entsprechenden Nachweisen selbstverständlich nachvergütet.

Europa, die Eintracht kommt ...

Jörg Heinisch
Die Eintracht – La Bestia Blanca
Wie Eintracht Frankfurt die Europa League gewann

244 Seiten, € 18,-
ISBN 978-3-96423-094-2

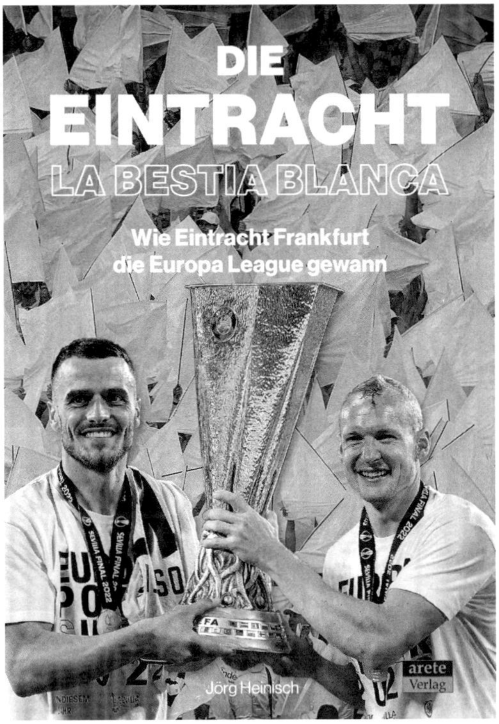

42 Jahre nach ihrem UEFA-Pokal-Sieg hat Eintracht Frankfurt in der legendären Nacht von Sevilla wieder einen Europapokal gewonnen.

In seinem Buch zum Europa-League-Triumph der Eintracht 2021/22 zeigt Jörg Heinisch nicht nur, wie sich die im Wettbewerb unbesiegte Eintracht in allen 13 Spielen bis zum Titel geschlagen hat; er nimmt die Leserinnen und Leser auch auf eine Reise durch Europa mit, indem er die Fans mit ihren Erlebnissen zu Wort kommen lässt.

Er berichtet von der Entwicklung zur „Bestia Blanca" („weißen Bestie") mit den Höhepunkten um die Spiele gegen den FC Barcelona, West Ham United und im Finale in Sevilla gegen die Glasgow Rangers.
Exklusive Fan-Fotos und außergewohnliche Statistiken begleiten die Texte. QR-Codes verlinken zu Videos der Spiele und Feierlichkeiten.

Jörg Heinisch, Jahrgang 1970, ist Autor zahlreicher Bücher und Hörbücher zu Eintracht Frankfurt und Mitherausgeber der Frankfurter Fanzeitung „Fan geht vor".

Pressestimmen:
„für die Fans der Eintracht dürfte ‚La Bestia Blanca' wahrscheinlich schnell zu einem Muss werden" (Gießener Anzeiger)
„Schöne Erinnerungen für alle Fußball-Romantiker – längst nicht nur für eingefleischte Eintracht-Fans." (Mannheimer Morgen)

Arete Verlag • Osterstr. 31-32 • 31134 Hildesheim • www.arete-verlag.de

Weitere Fußball-Bücher aus dem Arete Verlag

Sascha Kurzrock
Fußball – eine Deutschlandreise
100 Orte zum Entdecken, Erkunden und Erleben
280 Seiten, Hardcover fadengebunden, € 24,-
ISBN 978-3-96423-086-7

Armin Burkhardt
Wörterbuch der Fußballsprache
Von Abblocken bis Zweitligist
480 Seiten, kartoniert, € 26,00
ISBN 978-3-96423-089-8

Denis de Haas & Peter Plum
Schweigeminute Fußball-Bundesliga
Verstorbene Stars in über 50 Jahren Bundesliga
146 Seiten, Klappenbroschur, € 18,-
ISBN 978-3-96423-077-5

Olaf Jansen
Woran hat's gelegen?
Der verpasste Traum vom Fußball-Profi in 13 Porträts
240 Seiten, kartoniert, € 18,–
ISBN 978-3-96423-052-2

Miriam Bernhardt & Hermann Schmidt
„Männer trinken keine Fanta"
Eisenfüße, Laufwunder und andere Originale der Fußball-Bundesliga
232 Seiten, kartoniert, € 18,-
ISBN 978-3-96423-047-8

Klaus-Hendrik Mester
Die coolsten Clubs der Welt
40 besondere Vereine rund um den Fußball-Globus
212 Seiten, Klappenbroschur, € 19,80
ISBN 978-3-96423-046-1

Lars Schrodberger
Vom Abgrund
Der größte Abstiegskrimi in über 50 Jahren Fußball-Bundesliga
112 Seiten, kartoniert, € 18,–
ISBN 978-3-96423-065-2

Weitere Fußball-Bücher aus dem Arete Verlag

Albrecht Breitschuh
Ein Schuss! Ein Tor! Die Bayern!
Aber manchmal gewinnen auch die anderen ...
240 Seiten, kartoniert, € 20,00
ISBN 978-3-96423-087-4

Klaus-Hendrik Mester
Fußball leben im Ruhrgebiet
Eine Zeitreise durch 13 Städte voller Fußball-Leidenschaft
144 Seiten, kartoniert, € 9,95
ISBN 978-3-942468-18-3

Michael Jahn
Lucien Favre: Der Bessermacher
Streifzüge durch ein Trainerleben
210 Seiten, kartoniert, € 16,–
ISBN 978-3-96423-012-6

Konstantin Josuttis
Der letzte Ball
Was 1930 auf der Conte Verde wirklich geschah
406 Seiten, kartoniert, € 20,–
ISBN 978-3-96423-074-4

Gerrit Lenssen
Himmel – Hölle – Fußball
Gelebte Geschichten eines Spielers und Fans
166 Seiten, kartoniert, € 16,00
ISBN 978-3-96423-055-3

Mark Hodkinson
Believe in the Sign
Eine Fußballjugend in Nordengland
192 Seiten, kartoniert, € 12,95
ISBN 978-3-942468-10-7

Christoph Rehm
Falscher Einwurf
Die eigenen Gesetze der Kreisliga
104 Seiten, kartoniert, € 10,–
ISBN 978-3-96423-003-4